DE LA CONQUESTE

DE

CONSTANTINOBLE,

PAR

JOFFROI DE VILLEHARDOUIN

ET

HENRI DE VALENCIENNES.

ÉDITION

Faite sur des Manuscrits nouvellement reconnus,

ET ACCOMPAGNÉE DE NOTES ET COMMENTAIRES,

PAR M. PAULIN PARIS,

A PARIS,

CHEZ JULES RENOUARD,

LIBRAIRE DE LA SOCIÉTÉ DE L'HISTOIRE DE FRANCE,

RUE DE TOURNON, N° 6

1838.

# DE LA CONQUESTE

DE

CONSTANTINOBLE.

A PARIS,

DE L'IMPRIMERIE DE CRAPELET,

RUE DE VAUGIRARD, N° 9.

M DCCC XXXVIII.

DE LA CONQUESTE

DE

CONSTANTINOBLE,

PAR

JOFFROI DE VILLEHARDOUIN

ET

HENRI DE VALENCIENNES.

ÉDITION

Faite sur des Manuscrits nouvellement reconnus,

ET ACCOMPAGNÉE DE NOTES ET COMMENTAIRES,

PAR M. PAULIN PARIS,

DE L'ACADÉMIE ROYALE DES INSCRIPTIONS ET BELLES-LETTRES.

A PARIS,

CHEZ JULES RENOUARD,

LIBRAIRE DE LA SOCIÉTÉ DE L'HISTOIRE DE FRANCE,

RUE DE TOURNON, N° 6

1838.

Le Commissaire responsable soussigné déclare que le travail de M. Paulin Paris, pour l'édition de LA CONQUESTE DE CONSTANTINOBLE, *lui a paru digne d'être publié par la Société de l'Histoire de France.*

Fait à Paris, le 1er mars 1838.

Signé **MONMERQUÉ,**
De l'Institut de France.

Certifié,
Le Secrétaire de la Société de l'Histoire de France,
J. DESNOYERS.

INTRODUCTION.

Il y a bien près de trois cents ans qu'un envoyé de Venise, François Contarini, découvrit dans les Pays-Bas un manuscrit qui lui parut d'un grand intérêt pour l'histoire de sa patrie. Il contenoit une relation de la prise de Constantinople en 1204, par les barons françois réunis aux soldats de la sérénissime République. L'auteur, l'un de ceux qui avoient pris à ce grand événement la part la plus honorable et la plus active, se nommoit *Joffroi de Villehardouin*. Il étoit originaire de la province de Champagne; mais le lieu de sa naissance ne sembloit pas avoir fait une seule fois gauchir ses jugemens, et dans la distribution qu'il avoit faite entre les conquérans de la part de gloire qui revenoit à chacun d'eux, il avoit surtout accordé le tribut de ses éloges aux Vénitiens, pour leur loyauté dans la conclusion et l'exécution des traités, pour leur bravoure dans les combats et pour leur prudence dans les conseils. L'ambassadeur acheta le manuscrit: au retour de son voyage, il le déposa dans les archives de la République, et ce fut d'après cet exemplaire qu'à trente ans de là, c'est-à-dire en 1573, le sénat de Venise essaya de publier la première édition de la Chronique de Joffroi de Villehardouin.

Cependant les difficultés d'une pareille publication parurent bientôt insurmontables. Le manuscrit étoit fort ancien; l'écriture en avoit été mal déchiffrée, les noms propres y étoient méconnoissables, le langage dans lequel l'auteur avoit composé son ouvrage étoit lui-même entièrement inconnu aux scribes de la République. Les premières feuilles du précieux volume furent donc seules livrées à l'impression; en les faisant paroître, la Seigneurie prioit ceux qui, par hasard, posséderoient de la même relation un autre exemplaire, de lui en donner communication, afin de pouvoir établir sur deux leçons réunies un texte complet et suffisamment correct. On ignore ce qu'est devenu le commencement d'impression vénitienne. Il est probable qu'on n'en tira qu'un très petit nombre de copies, et les éditions suivantes l'auront aisément fait oublier, dans un temps où la Bibliographie n'embrassoit que rarement les ouvrages des modernes.

Ce qui pourroit expliquer suffisamment la perte de cette édition *princeps,* c'est le peu d'importance que Venise attachoit dans le même temps à la propriété du manuscrit original. Vainement le chercheroit-on aujourd'hui dans les bibliothéques publiques ou particulières de cette grande cité; il est bien certain qu'au moment où les premiers cahiers de Villehardouin étoient livrés à l'impression, un autre personnage de la maison de Contarini l'emportoit de Venise, le montroit en France aux hommes lettrés et sans doute le laissoit dans la patrie de Villehardouin. Cette précieuse particularité nous est révélée par quelques lignes des *Annales Francorum* de Papirius Masso (page 281, première édition de 1577), les voici : « Praeter Choniatum, Villehardinus, Gal-
« licus scriptor, historiam capti Bysantii litteris
« mandavit, cujus librum ex bibliotheca reipubli-
« cae Venetiarum, Contarenus patricius nuper in
« Galliam attulit, cum de fœdere adversus Turcas
« feriendo, nomini reipublicae acturus esset. »

Ou le *nuper* de Papirius Masso nous ramène avant l'année 1573, ou, ce qui doit paroître plus vraisemblable, Contarini n'avoit apporté son manuscrit en France qu'après le malheureux essai de publication fait à Venise. Sans doute, en agissant ainsi, le noble Vénitien nourrissoit l'espérance de trouver en France d'autres textes de la même histoire, ou du moins des littérateurs assez habiles pour surmonter toutes les obscurités du manuscrit qu'il possédoit. Mais, soit qu'il fût las de vainement chercher, soit qu'il pensât au contraire avoir trouvé ce qu'il cherchoit, il laissa son trésor entre les mains d'un fameux libraire de Lyon, non sans en obtenir la promesse d'une publication prochaine. Et quant aux archives de Venise, elles ne gardèrent d'autre trace de la possession du volume acheté dans les Pays-Bas, qu'une copie faite sous les yeux du seigneur Contarini, avant son départ de Venise; copie qui pourroit bien seule avoir servi de guide à l'imprimeur du premier cahier. Elle existe encore à Venise : elle est sur papier, en écriture courante du xvi° siècle; mais le grand catalogue imprimé de Saint-Marc n'en donne pas le signalement, et je n'en aurois pas eu connoissance, sans l'obligeance d'un jeune érudit, M. Emmanuel Miller, qui, dans un voyage dernièrement fait en Italie, le reconnut parmi les manuscrits de la bibliothéque de Saint-Marc et s'empressa de m'en envoyer l'indication. Ainsi donc s'explique le passage de Papirius Masso, rapproché du fait d'une copie vénitienne et d'une édition vénitienne exécutée à la même époque. Ainsi s'expliquera surtout la seconde édition de notre auteur dont nous parlerons tout à l'heure.

J'ai dit que François Contarini avoit laissé dans la ville de Lyon le manuscrit de Joffroi de Villehardouin. Ce fut au fameux libraire Guillaume Rouille ou Roville qu'il le confia; et ce dernier passoit pour en être le propriétaire avant 1585, comme nous l'apprend Antoine Duverdier dans sa *Bibliothèque françoise*[1], mise au jour cette année-là. Précisément à la même époque, Blaise de Vigenère, gentilhomme bourbonnois, fixé depuis long-temps à Paris près du duc de Nevers, achevoit un grand travail sur notre premier historien et le faisoit imprimer sur un autre manuscrit qu'il avoit entre les mains[2]. On conçoit qu'il n'ait pas eu connoissance de celui de Guillaume

---

« Ladite histoire (de Geuffroy de Villeharduin), ecrite en main, est en la puissance du sieur Guillaume Roville, marchand libraire à Lyon. » (Tom. II, p. 28, edition de Rigoley de Juvigny.)

« L'histoire de Geoffroy de Villehardouyn, mareschal de Champagne et de Romenie; de la conqueste de Constantinople par les barons françois associes aux Vénitiens, l'an 1204; d'un coste en son viel langage, et de l'autre en un plus moderne et intelligible, par Blaise de Vigenère, gentilhomme de la maison de Mgr. le duc de Nivernois et de Rethelois, pair de France. A Paris, chez Abel Langelier... 1585 1 vol. in-4° de 186 feuillets, sans l'epître preliminaire.)

Roville; car la difficulté des moyens de communication au XVIe siècle rendoit pour ainsi dire la distance de Paris à Lyon double de ce qu'elle est aujourd'hui pour nous. Vigenère ne put donc collationner son texte que sur les premières feuilles de l'édition vénitienne; et comme il n'avoit entrepris de l'imprimer en entier que pour répondre aux vœux de la République, ce fut à la sérénissime Seigneurie qu'il en fit hommage et que, dans une épître préliminaire, il rendit compte de son travail. « Il y a, » lui dit-il, « environ douze
« ans que, de vostre ordonnance, s'imprima le
« premier cahier de l'Histoire de Geoffroy de Vil-
« leharduyn.... le préambule duquel cahier ex-
« horte ceux qui en auroient quelque exemplaire
« de vous en vouloir faire part, afin de la mettre
« plus correctement en lumière.... Ce premier ca-
« hier donques de vostre impression venu ès
« mains et à la cognoissance du très illustre et
« magnanime prince de Mantoue, monseigneur
« Ludovic de Gonzague, marquis du Montferrat,
« duc de Nyvernois et de Rethelois, comte
« d'Auxerre, pair de France, au service duquel je
« suis; lui sachant que j'en avois une copie fort
« complette pardevers moy, j'ai eu commande-
« ment de Son Excellence de la réduire du viel

« langage ouquel elle fut premièrement composée,
« à une plus moderne et intelligible. Et par mes-
« mes moyens la sarcler de plusieurs superfluitez
« et redittes qui pourroient offenser les lecteurs ;
« n'estant pas le siècle d'alors ainsi heureux ès
« bonnes lettres et art de bien dire, comme celuy
« où nous vivons. » Je ne suis pas bien sûr que notre XIXe siècle soit plus heureux dans l'*art de bien dire* que celui de Blaise de Vigenère ; mais il est certain que, moins délicat, il n'est plus obligé de recourir au travail d'un traducteur pour comprendre et même pour aimer la narration du maréchal de Champagne.

L'édition de Vigenère n'est cependant pas à mépriser : le texte paroît soigneusement transcrit ; la traduction est en général fidèle, et les courtes observations historiques dont l'éditeur a chargé ses marges sont judicieuses et n'ont pas toutes été sans utilité pour Du Cange lui-même. Il est vrai que l'indication des lieux et leur concordance avec leurs noms plus anciens et plus nouveaux sont rarement exactes, mais il faut en accuser l'imperfection des cartes géographiques au temps de Vigenère et surtout les obscurités de la seule leçon manuscrite qu'il eût consultée.

Pour ce qui est du libraire Roville, il avoit

bien eu, comme ses héritiers le dirent plus tard, l'intention de compléter le récit dont les patriciens de Venise avoient publié le début; mais le travail de Vigenère fit sans doute ajourner son projet, et, la mort l'ayant surpris, c'est à ses héritiers que fut réservé l'honneur de donner la seconde édition de Villehardouin. Le titre qu'ils jugèrent à propos de lui donner est parfaitement dans le style des libraires : il est beaucoup plus long et plus pompeux que celui de Blaise de Vigenère, déjà lui-même trop pompeux et trop long. Le voici : « *L'histoire ou chronique du seigneur Geoffroy de Ville-Harduin, mareschal de Champaigne et de Romanie; représentée de mot à mot en ancienne langue françoise, d'un vieil exemplaire escrit à la main, qui se trouve dans les anciens archives de la serenissime Republique de Venise; contenant la conqueste de l'empire de Constantinople faicte par des barons françois, confederez et unis avec les seigneurs venitiens, l'an 1204. Ensemble la description de la prinse de Constantinople, extraicte de la fin des Annales de Nicete Coniates, historien grec, et chancelier des empereurs Constantinopolitains. De nouveau mise en françois, à Lyon, par les héritiers de Guillaume Roville, 1601.* » D'après cette exposition, il semble que le manuscrit dont on reproduisoit le texte dût *se trouver* encore dans les anciennes archives de Venise; il n'en étoit rien pourtant, et Du Verdier, que nous avons cité, prouve suffisamment que la maison Roville en étoit depuis ce temps-là le propriétaire avoué sinon parfaitement légitime. Je prie d'ailleurs les lecteurs de me pardonner le soin minutieux que je mets à rétablir l'exactitude de tous ces petits faits : je ne pourrois expliquer sans cela les contradictions apparentes qui résultent de la mention plusieurs fois simultanée du même texte original, à Venise, à Lyon, à Paris; je ne pourrois démontrer clairement que l'édition des héritiers Roville a été faite sur le fameux code acheté en Flandre ou dans les Pays-Bas vers le milieu du xvie siècle. Elle forme un mince in-folio bien imprimé, et comprend 1°. six pages non chiffrées pour le titre orné, l'épître *au roi tres Chrestien Henry quatriesme* et l'allocution *au lecteur;* 2°. trois gravures précieuses, bien qu'entièrement étrangères au récit de Villehardouin et de Nicétas, mais dont un baile de Constantinople, Marin de Cavalli, avoit apporté les originaux à Venise, en 1559. Ces gravures représentent la figure de Michel Paléologue, de sa femme l'impératrice Théodora, et de leur fils Constantin; 3°. de quatre-vingts pages consacrées au texte de Villehardouin; 4°. de soixante-huit pages pour le texte de Nicétas; et 5°. enfin, de seize pages non chiffrées pour les tables.

Voici comme l'éditeur expose les raisons de son travail, dans l'avis *au lecteur.* « J'ay résolu
« promptement de faire imprimer un très ancien
« exemplaire des Mémoires du seigneur Geoffroy
« de Ville-Hardouin.... Cet exemplaire escript en
« parchemin fort vieux, il y a quatre cents ans,
« avec charactères françois si caducques et usez qu'à
« grand peine les peut-on lire, fut, comme l'on m'a
« asseuré, porté des Pays-Bas, par l'illustrissime
« seigneur François Contarini, conseiller de la sé-
« renissime République de Venise et procureur de
« Saint-Marc...., quand il revint en l'année 1541 de
« sa légation devers l'empereur Charles-Quint. En
« quoy j'ay eu ce très exprès et particulier esgard
« que la susdite histoire sorte en lumière en son
« ancien langage représentée naturellement, sans
« que rien y soit altéré; afin que l'on puisse tirer
« un parfait plaisir et bien grande utilité de la fa-
« çon d'escrire de ce temps-là. J'eusse véritable-
« ment plustost qu'à ceste heure publié cest œu-
« vre, sans l'espérance que j'avois que, de jour à

« autre, il me tomberoit en mains la copie de
« quelque autre texte françois qui peust être pré-
« féré à cestui-cy. Mais pour autant que ny celuy
« que me montra de sa grace, il y a quelques an-
« nées, le très docte monsieur Paradin (lequel a
« esté trouvé imparfait et mal correct, et parti-
« culièrement sur la fin, où il tombe en divers
« récits fabuleux, conformes aux anciens romans
« et contraires à la vérité : lesquels récits je n'ay
« point trouvé dans le mien[1]); ny moins celuy
« que le très sçavant sieur de Vigenère me fit
« voir, ny quant aux choses ny quant aux pa-
« roles, n'estoient en aucune sorte meilleur que
« le susdit ; je n'ay plus voulu différer ceste im-
« pression. »

Je remarquerai dans ce passage plusieurs
points ; et d'abord, dans les explications de
l'éditeur sur le retard de la publication du ma-
nuscrit, je trouve une présomption de plus en fa-
veur des motifs qui avoient dû porter le noble
Vénitien à le déposer, vingt ans auparavant,

---

[1] Il s'agit ici sans doute de la continuation de Henri de Valen-
ciennes, bien plus romanesque par la forme que par le fond, comme
nous le dirons tout à l'heure. Ainsi l'une des meilleures raisons qui
devoient recommander ce manuscrit est alléguée pour justifier le
dédain qu'il avoit inspiré.

dans la maison de librairie de Guillaume Roville. En second lieu, on voit que cet exemplaire de Contarini, écrit sur parchemin et d'une écriture très ancienne, n'étoit ni celui de Blaise de Vigenère, ni celui de Guillaume Paradin, ni la copie moderne sur papier que la bibliothéque de Saint-Marc possède encore aujourd'hui. Du reste, ne croyons pas trop le libraire de Lyon sur sa parole quand il nous assure qu'il n'y avoit pas le moindre profit à tirer des deux autres leçons de Villehardouin. C'est le langage habituel de tous ces méticuleux éditeurs, effrayés de la sagacité laborieuse qu'exige, dans la comparaison de plusieurs volumes, le choix de la meilleure leçon. Que pour une première édition on suive rigoureusement un seul manuscrit, rien, à mon avis, de plus judicieux; mais, quand on fait tant que de réimprimer l'ouvrage, il est convenable de s'entourer du secours des leçons diverses, et de *sarcler* chacune d'elles de toutes les fautes d'ignorance ou d'inattention que l'habileté des meilleurs scribes ne fait jamais complétement disparoître. Pour revenir à cette édition de Lyon, elle a sur celle de Vigenère l'avantage de n'être pas capricieusement divisée en neuf livres, d'offrir des tables assez bonnes et de suivre un exemplaire plus correct. Les lecteurs du commencement du xviie siècle durent d'ailleurs tirer plus de profit de la traduction de Nicétas que n'en firent ceux du xvie de la mise en beau langage du récit de Villehardouin.

La publication de deux éditions du chroniqueur fit faire un pas à la science historique; un grand coin de l'admirable tableau de nos annales fut pour la première fois découvert : en Italie, Paul Ramusio, fils du fameux auteur des Navigations; en Belgique, le jésuite d'Outreman, profitèrent du faisceau de lumière qui jaillissoit du récit de notre Villehardouin, pour en partager les rayons, l'un sur la terre d'Italie, l'autre sur la province de Flandre. Dans ce but, Ramusio composa son livre *de Bello Constantinopolitano et imperatoribus Comnenis per Gallos et Venetos restitutis;* et le père d'Outreman fit sa *Constantinopolis Belgica,* dans laquelle il poursuivit au-delà du viel historien le récit des exploits et de la domination des François dans la Grèce. Pour ce qui touche à leurs commentaires sur Villehardouin, les deux habiles critiques que je viens de nommer ont cessé d'être consultés avec beaucoup de fruit depuis que l'illustre Du Cange, en reproduisant tout ce qu'ils avoient rassemblé de mieux, a joint à leurs explorations les résultats de son ardente patience et de son admirable sagacité dans la recherche et dans l'emploi de tous les monumens inédits ou peu connus.

Pour rappeler exactement le travail de Du Cange, il suffit de se reporter au titre sous lequel il le fit paroître [1]. Ce fut son premier ouvrage, et il avoit plus de quarante ans quand il l'acheva. On ne doit pas douter qu'il n'eût consacré de longues veilles à son exécution; d'ordinaire, en ce temps-là, les livres n'étoient pas annoncés avant d'être composés, et les auteurs avoient tout le temps de leur don-

---

[1] « Histoire de l'empire de Constantinople, sous les empereurs fran« çois; divisée en deux parties, dont la PREMIÈRE contient l'histoire « de la conqueste de la ville de Constantinople par les François et les « Vénitiens; écrit par Geoffroy de Villehardouin.... reveue et cor« rigée en ceste édition sur le Msc. de la Bibliothéque du Roy, et « illustrée d'observations historiques et d'un Glossaire, pour les « termes de l'auteur à présent hors d'usage; avec la suite de cette his« toire jusques en l'an 1240, tirée de l'histoire de France Msc de « Philippes Mouskes, chanoine et depuis évêque de Tournay. La « SECONDE contient une histoire générale de ce que les Francois et les « Latins ont fait de plus mémorable dans l'empire de C. P., depuis « qu'ils s'en rendirent maîtres, jusques à ce que les Turcs s'en sont « emparez; justifiées par les écrivains du temps et par plusieurs chro« niques, chartes et autres pièces non encore publiées. — Paris, de « l'Imprimerie royale, 1657. » 1 vol. in-fol. de 332 pages, précedees de 28 pages non chiffrées pour les titres, l'épitre au Roi, la preface et un extrait de Guillaume Guyart; suivies de 86 pages d'appendice, pour les extraits de chartes et pièces justificatives.

ner la forme qui paroissoit la meilleure et la plus recommandable : il n'en est plus exactement de même aujourd'hui. Ce que l'on doit le plus louer dans l'édition de Villehardouin, c'est l'érudition avec laquelle l'auteur compulse et met en usage les écrivains du Bas-Empire. La collection dite la *Byzantine* s'imprimoit alors à l'imprimerie royale : l'*Histoire de l'empire de Constantinople* dut naturellement en former l'une des parties. Mais si les secours fournis par Nicétas, Acropolis, Nicéphore Grégoras et quelques autres suffisoient bien pour attester jusqu'à l'évidence la bonne foi, la sincérité, le bon sens de Villehardouin, il falloit d'autres secours pour résoudre avec la dernière précision les problèmes topographiques ; les difficultés que présentoient la lecture des noms propres et la nécessité de rattacher aux personnages cités les indications historiques que d'autres documens pouvoient fournir. C'est là, il faut en convenir, la partie foible du travail de Du Cange; la topographie du vieux chroniqueur est généralement assez mal éclairée; les autorités byzantines n'y sont pas toujours invoquées à propos; et les monumens historiques de l'Occident, toujours patiemment étudiés, ne comblent pas le défaut de bonnes cartes, que notre savant critique ne pouvoit, plus que ses contemporains, consulter comme nous en avons aujourd'hui la commodité. Ajoutons qu'au début de sa grande course littéraire, Du Cange n'avoit pas l'immense lecture qui lui fut nécessaire pour composer son admirable *Glossarium ad Scriptores mediæ et infimæ latinitatis.* De tous nos poètes antérieurs au xve siècle, si précieux pour l'intelligence de la langue, des mœurs et des annales contemporaines, il n'avoit guère pris de notes que sur Philippe Mouskes, Guillaume Guyart, et avant tout sur le roman des *Loherains* ou de *Garin le Loherain.* Quant à la traduction de Villehardouin, qu'il refit après celle de Blaise de Vigenère, nous devons convenir qu'elle lui est de beaucoup inférieure, et que l'on n'y retrouve aucune trace de l'allure et du caractère de la relation originale. Elle rappelle d'ailleurs bien foiblement l'élégance recherchée et néanmoins gracieuse qui recommandoit, à défaut d'exactitude, les traductions de Vaugelas et de Perrot d'Ablancourt. La plume de Du Cange, si parfaitement à l'aise au milieu de la phraséologie latine, étoit en général rétive et guindée dès qu'il falloit retourner à la langue françoise. On eût dit alors un Grec du Bas-Empire, ou même un contemporain d'Aulugelle, obligé d'employer un idiome étranger pour se faire péniblement comprendre.

Le jugement que je viens d'exprimer sur l'édition de Du Cange seroit peut-être accusé d'une inconvenante sévérité, si l'on ne rappeloit que l'illustre éditeur avoit lui-même reconnu plus tard la nécessité d'y faire de nombreuses additions. Il existe à la Bibliothéque du Roi un exemplaire de l'*Histoire de l'empire de Constantinople*, criblé de corrections manuscrites et du résultat de nouvelles recherches. Du Cange songeoit à les mettre au jour quand la mort le surprit. Une circonstance entièrement indépendante de ma volonté m'a privé de tout le secours que je pouvois tirer de ces notes. Il est vrai qu'en général elles se rapportent à de nouveaux extraits de chartes et de cartulaires ; et les limites rigoureusement déterminées de mon travail m'ôtoient le plus souvent la liberté d'en profiter. Ajoutons que mieux on connoîtra notre histoire nationale, et moins on se croira forcé de signaler scrupuleusement tous les actes de donation ou de vente, faits par les personnages cités dans les chroniques. Il importe foiblement, à mon avis, de savoir que Simon de Montfort ou Mahieu de Montmorency, croisés en 1199, ont, l'année qui suivit ou précéda, *testé* dans l'acte de vente de tel champ de terre; ou même donné *proprio motu* ledit champ aux moines de telle abbaye. Dans tous les cas, ce n'étoit pas dans les courtes notes d'un seul petit volume que je pouvois m'appesantir sur toutes ces indications *aux familles si chères.*

Cependant, quel manuscrit servit de modèle à l'édition de Du Cange? Après avoir mentionné dans sa préface les deux éditions de Paris et de Lyon, comme lui ayant été d'un grand secours, le savant éditeur ajoute : « Je les
« ai conférées avec le manuscrit qui est en la Bi-
« bliothéque du Roy, qui est sur parchemin, et
« en lettres assez anciennes, que j'ai peine à
« me persuader estre celuy que Papyre Masson
« dit avoir esté apporté en France par le sei-
« gneur Contarini, estimant plus probablement
« que c'est celuy dont on s'est servy pour l'édi-
« tion de Lyon. L'exemplaire qui est à présent
« en la Bibliothéque du Roy porte le nom de
« M. Fauchet, ce qui pourroit faire croire qu'il
« luy a appartenu.... »

Je pense bien avec Du Cange que l'édition de Lyon fut faite sur le manuscrit de Contarini, transporté de Belgique à Venise, et puis en

France ; mais je suis en outre convaincu que ce manuscrit, déposé par les héritiers Roville ou par ceux qui l'achetèrent d'eux immédiatement, dans le cabinet du Roi, est précisément encore celui dont Du Cange s'est servi, et celui que le Roi conserve aujourd'hui sous le n° de l'ancien fonds françois 9644. Ce qui le prouve suffisamment, c'est 1°. l'identité parfaite de l'édition de Lyon et de celle de Du Cange dans tous les cas où elles ne s'en réfèrent pas l'une et l'autre au texte publié par Vigenère; 2°. quelques mots écrits sur les feuilles de garde en françois et en italien : les premiers, d'une écriture évidemment flamande, attestent qu'en 1508 le volume étoit entre les mains d'un Flamand[1] ; les seconds, d'une écriture italienne de la fin du XVIe siècle, doivent avoir été tracés par une main vénitienne[2]. Ce n'est pas tout : les derniers mots de Villehardouin sont, dans cette leçon, presque entièrement effacés; mais à côté se trouve une restitution approximative que l'édition de Lyon a suivie. Or, de quelle main est cette resti-

---

[1] *Somme · CCC XXVIII ans, jusques à cest an* M. D. *et* VIIJ. (A partir de l'an 1298.)

[2] *Historia in lingua franciosa de la espeditione di Franciosi in Ilierusalem e Constantinopoli.*

tution venue si bien en aide à l'imprimeur lyonnois ? De la main de Fauchet, l'auteur de précieux travaux sur nos antiquités nationales. Il faut donc en conclure que le célèbre président avoit été consulté par les héritiers Roville; qu'il avoit eu leur manuscrit à sa disposition et que le manuscrit suivi par Du Cange et possédé maintenant par le Roi est bien encore celui que Contarini avoit acheté dans les Pays-Bas. Ajoutons un dernier argument péremptoire : l'édition de Lyon est de 1601. Précisément sur la première feuille blanche de notre code 9644, on lit ces mots, qui, comme on l'a vu, n'avoient pas échappé à la sagacité de Du Cange : *Mons. le président Faulchet a vendu le présent livre le* 18e *jour de juin* 1601. Ces mots semblent encore autographes, et j'en conclus que ce fut par l'intermédiaire du savant magistrat que le premier manuscrit de Villehardouin fut déposé dans la Bibliothéque du Roi.

Durant tout le XVIIIe siècle, on ne songea pas à donner une nouvelle édition de notre chroniqueur. Alors, on aimoit mieux arranger les faits que d'en réunir toutes les preuves originales. Ce ne fut qu'en l'année 1822 que les continuateurs de l'admirable collection des *Historiens de France*,

MM. de l'Académie des Inscriptions, parvenus aux limites du xiie siècle, se décidèrent à faire entrer dans leur XVIIIe volume la relation du maréchal de Champagne. Dom Brial, ancien bénédictin, fut spécialement chargé de l'illustrer. Son travail est précieux en ce qu'il offre, avec le texte du manuscrit de Venise, la substance heureusement élaborée des notes de Du Cange; de plus, un fort grand nombre de variantes fournies par deux manuscrits consultés pour la première fois, et conservés dans la Bibliothéque du Roi sous les n°˚ 7974 et 207 (Suppl. françois) : mais on doit regretter que ces variantes ne soient pas fondues dans le texte, toutes les fois que la sagacité de dom Brial devoit leur donner la préférence sur la leçon des éditions précédentes. Ainsi tous les passages estimés défectueux n'auroient été conservés qu'à titre de variantes, et les éditeurs suivans ne les auroient pas reproduits plus scrupuleusement que le cortége des bonnes leçons rejetées par l'académicien sur les marges ou dans les notes. Au reste, dom Brial joignit pour la première fois au récit principal la continuation de Henri de Valenciennes, d'après la seule leçon qu'il en eût découverte, celle du n° 207 (Supplément françois). Cette continuation fut également reproduite dans les éditions suivantes, dont il nous reste à dire quelques mots.

Le premier volume de la collection des *Mémoires relatifs à l'Histoire de France* (collection que les judicieuses dissertations de MM. de Monmerqué et Petitot recommanderont toujours à la reconnoissance des bons esprits) est consacré à la réimpression du texte et de la traduction de Villehardouin, donnés par Du Cange. Une longue et bonne notice sur le vieux chroniqueur l'accompagne et résume assez bien le récit principal. C'est donc un bon morceau d'histoire fait, à quelques égards, pour remplacer la chronique, mais qui pourroit bien aussi passer, à ses côtés, pour un hors-d'œuvre. Aussi, MM. Michaud et Poujoulat n'entreprirent-ils pas un travail analogue, quand ils ont réimprimé en 1835 la *Collection des Mémoires*, et par conséquent la *Chronique* de Joffroy de Villehardouin. Les notes judicieuses ajoutées dans cette dernière publication, par les deux célèbres voyageurs en Orient, m'ont été parfois, comme on le verra, d'un important secours.

En 1828, M. Buchon donna place, dans le troisième volume de sa précieuse *Collection des chroniques nationales françoises*, à notre auteur champenois. C'est encore ici le texte du manuscrit de Venise, avec la substance combinée des notes de Du Cange et de dom Brial. M. Buchon a fait cependant quelques additions, fruit du double examen des notes manuscrites de Du Cange, et de la *Chronique grecque de Morée* dont, le premier, il publioit une partie du texte et la traduction complète.

Telles sont toutes les éditions faites, jusqu'à ce jour, de la plus ancienne chronique conservée en langue françoise. Occupons-nous maintenant de décrire les manuscrits, modèles de ces éditions; puis nous parlerons de ceux que nous avons pour la première fois consultés.

I. Bibliothéque royale. *Ancien fonds du Roi*, n° 9644. C'est le code de Contarini dont nous avons déjà tant de fois rappelé les fortunes diverses; il fut certainement copié pour et par des Vénitiens. Au bas de la première page une miniature dont le style et la couleur désignent un artiste italien; l'écriture lourde et ronde; la rudesse jaunâtre du vélin, signes caractéristiques de la plupart des manuscrits de Provence et d'Italie avant le xve siècle; enfin, un *avant-propos* latin écrit de la même main que le reste, et dans lequel on s'est proposé de fortifier le lien qui joignoit déjà le récit de Villehardouin et les *Annales de Venise,* tout nous force à reconnoître dans le n° 9644 un manuscrit enluminé, exécuté, et sans doute long-temps conservé dans la ville de Venise. Cela prouvé, il ne faut pas s'étonner d'en trouver le style infecté des suites d'une prononciation mauvaise et inexpérimentée. Comme tous les anciens textes françois copiés en Italie, celui de notre chroniqueur a subi de cruelles atteintes dont on a jusqu'à présent fait retomber la faute sur l'historien qui en étoit la victime. Voilà ce qui faisoit dire à Scaliger, avec un mélange d'ignorance et de sagacité, que Villehardouin avoit écrit dans le dialecte tourangeau, c'est-à-dire dans celui qui formoit le point intermédiaire entre la langue d'oc et la langue d'oui [1]. Mais, en tous cas, il ne falloit accuser ici que les habitudes de langage d'un copiste, et d'un copiste du XIV° siècle; car dom Brial s'est trompé quand il a dit (*Historiens de France,* tome XVIII°, Préface) que notre manuscrit étoit de la fin du

---

[1] « *Villehardouin* non scripsit lingua Parisiensi sed *Turonensi;* « nam habeo libros vetustiores lingua Parisiensi qui melius loquuntur; « sed magna differentia in vicinis etiam quoad linguas. » (Scaligerana.)

xiiie : l'*avant-propos* latin sur Venise, que l'on peut lire en entier dans l'édition de Du Cange, page 231, prouve évidemment qu'il fut exécuté plus tard. On y remarque ces mots : « Postmo- « dum vero, multo tempore elapso, Veneti cum « comite de Valesio patre istius regis Franciæ « Philippi, qui nunc regnat, se sociarunt, etc. » Or Philippe de Valois occupa le trône, de 1328 à 1350 ; notre manuscrit ne peut donc dater que du second tiers du xive siècle. Il est pourtant resté l'exemplaire modèle de toutes les éditions précédentes, à l'exception de celle de Vigenère : car si dom Brial a consulté deux autres leçons, il n'a, comme je l'ai déjà dit, fait servir leur examen qu'au profit de ses notes marginales.

Ce manuscrit est de format in-4° *maximo*, écrit sur deux colonnes, et relié en maroquin citron.

II. Fonds du Roi, n° 7974. Provenant de la collection du cardinal Mazarin. Il est de format in-4° *parvo*, écrit sur vélin à deux colonnes ; relié en veau racine et d'une bonne conservation. Il doit remonter à la fin du xiiie siècle, et, avant de tomber entre les mains du fameux cardinal, il avoit appartenu à *Jehan Sala*, poète lyonnois, contemporain de François Ier. Il contient 1°. Le roman des *Sept Sages;* 2°. La *Chronique* de Villehardouin; 3°. Le *Roman* de Turpin; 4°. La première partie des *Chroniques de Normandie.* Ce code est précieux sous le rapport grammatical et philologique. Le dialecte en est bon et pur, mais la négligence du scribe l'a trop fait dédaigner des précédens éditeurs, par la raison qu'ils ne pouvoient établir leur texte sur une leçon aussi incorrecte. Cependant il présente de bonnes variantes que dom Brial a soigneusement rapportées.

III. Supplément françois, n° 207. Ce manuscrit ne remonte pas au-delà du xve siècle. Exécuté sur papier de chiffe, à lignes longues, il comprend la continuation de Henri de Valenciennes. Les feuilles de garde, chargées de comptes faits par un homme d'affaires en Flandre, le point d'écriture et surtout le méchant dialecte artésien révèlent l'origine de ce volume et de celui qui l'écrivit. Quand au fond du récit il est ~~fort~~ exact et se rapproche beaucoup du n° 455, dont nous allons parler tout à l'heure.

Indépendamment de ces trois leçons, il en existe aujourd'hui, dans la Bibliothéque du Roi, deux autres qui, jusqu'à présent, avoient échappé aux recherches des érudits. On doit le regretter d'autant plus qu'une légère inspection suffit pour démontrer qu'elles étoient l'une plus ancienne et toutes les deux plus belles, plus correctement écrites et par conséquent d'une autorité plus grave que celle des volumes précédemment consultés. Or, c'est de ces deux précieux textes dont nous nous sommes principalement servi dans le travail que la *Société de l'Histoire de France* a bien voulu nous demander.

Joffroi de Villehardouin est le père de notre histoire en langue romane. Non pas qu'à la même époque, ou même avant lui, quelques autres écrivains n'eussent tenté de reproduire en vulgaire les événemens contemporains. Ainsi nous savons qu'un seigneur croisé du nom de Bechada avoit fait en roman le récit de la première croisade, mais son livre ne nous est pas parvenu. Ainsi les premières traductions d'Aimoin et d'Eginhard semblent remonter au commencement du règne de Philippe-Auguste; mais, après tout, ces chroniques ne sont que des traductions de textes latins, et Villehardouin a composé la première relation historique en françois dont nous ayons conservé l'original.

C'étoit d'ailleurs un personnage fort considérable. Au courage chevaleresque dont il donna tant de preuves signalées, il réunissoit l'éloquence de l'orateur et l'expérience de l'homme d'état. Comme il eut la plus grande part à toutes les négociations et qu'il fut à toutes les grandes affaires militaires, on a de la peine à comprendre qu'il ait eu le temps de décrire l'expédition romanesque que son récit nous fait si bien connoître. Quoi qu'il en soit, on peut dire que son livre est un modèle de candeur et de véracité. Obligé de parler souvent de lui, il le fait toujours sans affectation et avec une modestie que l'on ne sauroit trop recommander à ceux qui désirent capter la bienveillance de la postérité et l'intéresser toujours à leur propre gloire. Mais sans contester dans Villehardouin ces divers mérites, en lui accordant même le talent de vivement intéresser, on lui a refusé la clarté et l'élégance. Ces reproches nous semblent d'une grande injustice : celui d'obscurité ne peut s'appliquer qu'à l'indication des personnes et des lieux, et nous n'aurons pas de peine à démontrer que c'est uniquement de la faute des copistes dont on l'a rendu responsable. Quant au défaut d'élégance, le secours de nos deux nouvelles leçons en fera peut-être également justice complète, surtout si, par *élégance,* l'on entend le naturel enchaînement du récit, la disposition habile des faits, la netteté et la précision harmonieuse du style. Sans doute il y a loin de notre éloquence à celle de Villehardouin ; mais seroit-il juste de n'en retrouver aucune trace dans l'un des récits les plus intéressans qui nous soient restés du moyen âge?

Et puis il ne faut pas oublier un fait : c'est qu'il y avoit en France, au XIII° et au XIV° siècle, presqu'autant de dialectes françois que de provinces. Les plus élégans, ceux qui ont eu sur notre langue actuelle l'influence la plus directe, étoient parlés en Anjou, dans l'Ile-de-France et surtout en Champagne. Celui de Normandie étoit le plus désagréable; ceux d'Artois et de Picardie, d'une intonation dure et saccadée, n'obtenoient guère plus de faveur dans les cours vraiment polies.

Pasquier s'est donc grossièrement trompé quand, pour justifier le mauvais style des manuscrits de Villehardouin, il a prétendu que le maréchal de Champagne avoit suivi le *ramage de son païs*. Ce *ramage* étoit le plus élégant de l'époque. Grâces à Marie de France, veuve de Henri Ier et fille d'Éléonore de Guienne, la cour de Champagne étoit devenue, avant celle même de nos rois, le rendez-vous de tous les romanciers, poëtes et écrivains célèbres. Gautier de Coinsy, le châtelain de Coucy, Auboin de Sezannes, Chrétien de Troyes, sont nos premiers poëtes françois et tous vivoient dans les domaines des comtes de Champagne. Comparez les chansons de Gaces Brullés, du roi de Navarre ou du châtelain de Coucy, à celles de Blondeau de Nesle, ou bien au poëme de Wace, vous trouverez une différence énorme et tout à l'avantage des poëtes champenois. Si donc il étoit prouvé que Villehardouin eût employé un dialecte grossier et dédaigné de ses contemporains, il faudroit démontrer également qu'il avoit négligé de suivre celui de la Champagne; car, je le répète, au commencement du xiiie siècle, c'étoit là que venoient de toutes parts se former nos écrivains les plus polis.

Il est assez remarquable que le livre de Joffroi de Villehardouin ait éprouvé tous les accidens de celui de Joinville. D'abord traduit ou plutôt travesti dans le xvie siècle, Du Cange tenta également de rendre à l'historien de Saint-Louis sa physionomie primitive· mais ce fut un siècle plus tard qu'un manuscrit, plus ancien et plus fidèle que les précédens, permit aux gardes de la Bibliothéque du Roi de représenter le véritable ouvrage de Joinville. Pourquoi les copies précédentes étoient-elles si défectueuses? c'est qu'elles avoient été faites en Artois ou bien en Normandie; c'est qu'elles étoient infectées du dialecte de ces provinces. Il en fut de même de Villehardouin. Les copies que l'on a suivies jusqu'à présent ont été faites en Italie ou d'après celle d'Italie; de là des bévues, des fautes étranges de style, des négligences impardonnables. Mais aujourd'hui qu'enfin un texte plus ancien et plus correct permet de revenir sur un premier jugement, il ne faut plus rendre Villehardouin responsable des fautes de ceux qui nous avoient transmis son ouvrage : il faut lire son livre dans son livre.

IV. Le n° 455, Supplément françois, relié en veau, in-4° *magno*, à deux colonnes, est sur vélin, orné de miniatures, de vignettes et d'initiales. Sa conservation est parfaite, l'écriture en est fort belle, et quand il ne seroit pas facile à la première inspection de juger qu'elle remonte au milieu du xiiie siècle, le caractère des figures et l'histoire d'Angleterre qui termine le volume et s'arrête à l'année 1220 nous en offriroient une preuve suffisante. Outre le récit de Villehardouin, celui de Henri de Valenciennes, et la chronique d'Angleterre, on trouve dans le même manuscrit l'histoire fabuleuse de la comtesse de Ponthieu, petit chef-d'œuvre publié dans le dernier volume des Fabliaux de Méon, et de plus les chroniques de Flandre.

Tous les morceaux que je viens de citer sont du plus haut intérêt. Le texte de Villehardouin est en particulier le plus ancien que nous ayons conservé; seulement, ayant été copié par un scribe de Flandre ou d'Artois, il affecte quelquefois l'orthographe et les désinences de cette province, surtout dans les noms de lieux et de personnes. Aussi, tout en le consultant sur chaque phrase et sur chaque mot, ai-je préféré me régler, pour établir l'ensemble de mon texte, sur le n° 687.

V. Ce dernier manuscrit faisoit autrefois partie de la bibliothéque des ducs de Bourgogne. M. Barrois, auteur de la *Librairie Protypographique,* en a rappelé l'indication exacte dans les précieux catalogues qu'il nous a fait connoître. Il est postérieur au n° 455 de plus d'un demi-siècle, d'une parfaite conservation, de format in-4° *parvo*, écrit sur vélin, à deux colonnes, orné d'une miniature et d'une vignette, et relié en maroquin rouge aux armes de France. L'écriture en est superbe, et le copiste semble avoir mis un soin minutieux a ne jamais écrire le même mot de deux manières ; c'est un avantage que l'on trouve dans un très petit nombre d'anciens manuscrits. Les règles orthographiques exposées par M. Raynouard y sont toujours parfaitement observées, et cette nouvelle circonstance doit surtout nous porter à regarder le n° 687 comme la copie exacte d'une bonne leçon contemporaine de l'historien champenois. En effet, ces règles, ou plutôt ces précieuses habitudes orthographiques, commençoient à se perdre au xiv° siècle et précisément au temps où notre manuscrit fut exécuté. Celui de Joinville sur lequel ont été faites les dernières éditions est de la même époque, mais il s'en faut qu'on y trouve la correction grammaticale de la copie dont nous nous occupons.

La vie de Joffroi de Villehardouin se trouve dans toutes les éditions, depuis celle de Du Cange, et dans toutes les Biographies. On me permettra d'y renvoyer le lecteur et d'arrêter seulement son attention sur le caractère de la chronique de notre illustre maréchal de Champagne. On l'a souvent mise en parallèle avec les mémoires de Joinville : peut-être est-il nécessaire de mieux signaler en quoi ces deux précieux monumens diffèrent entre eux. Le sire de Joinville écrivit un siècle après Villehardouin : il est naïf et loyal; il sait bien tout ce qu'il raconte et il raconte tout ce qu'il sait sans trop d'ordre et sans aucune espèce d'art. Passionné pour tout ce qu'il y a de bon, de grand, de religieux dans les personnages qu'il a connus, il ne remonte pas à la cause des entreprises, il n'en discute pas les moyens d'exécution. C'est le fidèle retentissement d'une foule de sons qui jadis avoient frappé son oreille. Mais il est facile de reconnoître que le bon sénéchal avoit reçu de la nature les vertus du chevalier plutôt que les talens de l'écrivain. Tout en lui nous charme aujourd'hui dans son style, les défauts aussi bien que les qualités; mais comment un digne serviteur de Saint-Louis nous racontant, la larme encore dans les yeux, tout ce que son cœur avoit gardé du saint Roi, auroit-il pu ne pas nous intéresser! Joinville d'ailleurs étoit l'expression fidèle de la chevalerie au XIIIe siècle. Il aimoit son Dieu, son pays, son château, ses compagnons de guerre et de cour. Nous retrouvons tout cela dans son livre, et nous ne désirons pas y trouver autre chose. Mais bien des critiques en plaçant Joinville en regard de Villehardouin ont cru devoir accorder sur tous les points l'avantage au premier. Nous sommes d'un avis entièrement opposé; car le récit de Villehardouin nous semble une œuvre réellement digne des plus beaux morceaux historiques de l'antiquité grecque et romaine. Jamais homme de guerre et de conseil n'écrivit avec plus de précision, de clarté, d'intérêt et de sincérité, la relation d'une grande conquête et de tous ses résultats. Chez lui, pas un mot, pas une pensée que le goût le plus délicat ou la raison la plus haute ne doive avouer. Depuis le moment solennel du tournoi d'Aicri-sur-Aisne, nous demeurons enchaînés par la sympathie la plus vive à la suite des croisés et dans les difficultés sans nombre dont leur enthousiasme chevaleresque pouvoit seul triompher. Cependant Joffroi de Villehardouin, en nous inspirant tant d'admiration pour ses compagnons d'armes, n'a jamais pour but de nous amener à de pareils sentimens : il blâme, il loue, il discute. Attaché de cœur au parti de ceux qui désiroient poursuivre l'expédition, il ne déverse pas l'injure ou les reproches sur ceux qui *vouloient l'ost dépecier;* d'un seul mot il exprime le blâme et d'un seul la louange. Et puis quelle exactitude dans les détails importans! quel vivant tableau du siége et de la prise de Constantinople, de l'élection de l Empereur, de la déroute d'Andrinople! Je ne crains donc pas de le dire, quand on rassemblera en faisceau les diverses qualités qui brillent dans le récit de la conquête de Constantinople, on sera forcé de placer le plus ancien de nos historiens au rang des Thucydide et des Xénophon, des César et des Polybe.

Le chroniqueur françois, comme tous ses contemporains d'Occident, ignoroit le grec ancien et moderne; il ne faut donc pas lui reprocher la mauvaise prononciation de ses noms de lieux et de personnes. Acropolis et Nicétas, dont on a souvent, et bien à tort, fixé la place comme historiens, fort au-dessus de notre Champenois, ont bien autrement estropié ces noms. Mais la meilleure excuse des Grecs et des Latins est la différence des intonations dans les deux langues : et ce qui le prouve le mieux, c'est la manière dont tous les personnages latins sont nommés dans la *Chronique de Morée*, poëme en vers politiques, composé par un Latin établi en Morée, sur le modèle de nos *Chansons de geste* françoises. Si l'un de nos compatriotes rendoit si mal en grec les sons qu'il connoissoit si bien en roman, comment notre Joffroi auroit-il adopté, pour ceux qu'il ignoroit, l'orthographe admise aujourd'hui sur l'autorité de textes qu'il ne pouvoit lire?

Après m'être longuement arrêté sur la chronique de Villehardouin, je dois parler de la continuation du même récit. Dom Brial a semblé plusieurs fois douter qu'elle fût l'ouvrage de Henri de Valenciennes, et qu'elle appartînt à un auteur contemporain. Il est impossible de conserver de pareils doutes, après avoir lu attentivement cet important morceau d'histoire. L'auteur se nomme plusieurs fois dans le cours du récit, et plusieurs fois il se désigne comme témoin oculaire des événemens qu'il raconte. Les savans auteurs de l'*Histoire littéraire* lui reprochent son goût pour la fable; ils sont loin de lui tenir compte de la mention d'une série d'événemens qu'on ne trouve que dans son ouvrage : cependant si, comme on ne peut en douter, son récit embrasse des années sur lesquelles les historiens d'Occident ne nous avoient dit rien, et ceux d'Orient fort peu de chose, il faut en conclure que le chroniqueur de Valenciennes a dû raconter des événemens presqu'entièrement nouveaux pour nous. J'ai d'ailleurs prouvé dans mes notes qu'on avoit eu plusieurs fois tort de ne pas ajouter foi à ceux de ses récits qui paroissent les plus invraisemblables. Or, ceux-là bien constatés, pourquoi refuseroit-on d'accorder quelque confiance au reste?

La défiance des savans qui ont parlé de notre Henri étoit fondée d'abord sur le peu d'ancienneté du seul manuscrit qu'il leur eût été permis d'en consulter, puis sur la forme romanesque de toute la chronique. Mais les n°ˢ du Supplément françois 455 et 687 contenant le même texte, il n'est plus permis de contester son origine ancienne. Pour ce qui est de sa forme romanesque, j'avouerai que dans ma conviction ce morceau dut être d'abord écrit en vers, et faire partie d'une véritable *Chanson de geste,* comme celles de *Godefroi de Buillon,* de *Bauduin de Sebours* et de la guerre des Albigeois. Tout, en effet, dans le texte conservé de Henri, accuse encore aujourd'hui l'ancienne forme poétique. Les discours y sont longs, la chronologie mal observée, les combats singuliers minutieusement décrits. Quand on a lu quelque *Chanson de geste*, il est impossible de ne pas en reconnoître la marche dans un grand nombre de passages, comme le début, les pourparlers aux portes de Salonique, le combat de Pierre Vent et de Baudouin de Soreil, etc., etc.

J'ai tiré, dans mes notes, beaucoup de profit

des deux continuations de Guillaume de Tyr dont le cabinet du Roi possède un grand nombre de manuscrits. L'une des deux a été déjà publiée par dom Martenne dans l'*Amplissima Collectio*, non sans un grand nombre de fautes, et depuis par M. Guizot dans sa *Collection de Mémoires*, avec un cortége d'incorrections plus considérable encore. Espérons que bientôt il nous sera permis de profiter de ces continuations dans la grande collection des Historiens des croisades, confiée par l'Académie des Inscriptions aux soins de mon savant confrère M. le comte Beugnot. De ces deux textes, celui qui reste inédit reproduit les récits de Joffroi de Villehardouin et de Henri de Valenciennes, presque dans leur intégrité; l'autre a souvent présenté les faits sous un autre aspect : mais l'avantage de l'exactitude et de l'impartialité ne lui est pas demeuré. L'on en pourra juger, car j'ai souvent eu l'occasion, dans mes notes, de comparer son récit à celui de nos deux chroniqueurs.

Pour ce qui est de la carte, son exécution présentoit de nombreuses difficultés. Falloit-il reproduire à côté des noms consacrés par notre texte, ceux que nous ont transmis les écrivains de l'antiquité, ou bien ceux que les musulmans y ont substitués. L'échelle restreinte que nous avons adoptée m'a décidé à ne suivre rigoureusement aucun de ces deux systèmes. Quand l'appellation de la chronique m'a semblé obscure, je l'ai fait suivre du nom le plus connu de la même localité, sans trop considérer si ce nom étoit antique ou s'il étoit moderne. Le but que je ne devois pas perdre de vue, c'étoit de rendre l'intelligence de la topographie de Villehardouin plus accessible à tous les lecteurs. Mais tous les soins minutieux que j'ai donnés à ce travail et le zèle éclairé que M. Gombauld a mis à me seconder ne nous avoient pas empêché de commettre plusieurs inexactitudes que l'*omniscience* de M. Hase n'eut pas de peine à distinguer. Par malheur, la gravure de la carte étoit trop avancée pour nous permettre de profiter de toutes ces importantes rectifications. Ainsi, d'après l'*Orbis Vetus* de Reichart, j'ai laissé *Cristople* trop avant de plusieurs lieues dans les terres. « Christopolis, » avoit bien voulu nous écrire M. Hase, « étoit située sur la mer, à l'E. de « *La Cavale*, et, comme nous le supposons, à « peu près à moitié chemin entre cette ville et « l'embouchure du Nestus. Le bourg turc de Bere-« ketli, sur la pente du mont Pangée, paroît s'être

« formé des ruines de la cité bysantine. En 1307,
« l'empereur Andronic II *fit élever à Christopolis*
« *une longue muraille qui s'étendoit depuis le bord*
« *de la mer jusque sur le sommet de la montagne*
« *qui domine la ville, de sorte que personne ne*
« *pouvoit plus passer par ce défilé pour se rendre*
« *de la Thrace en Macédoine sans la permission*
« *du souverain.* (Niceph. Greg., lib. VII, c. 6 et 3.)
« Τὸ περὶ Χριστούπολιν μακρόν ἔκτισε τεῖχος, ἀπὸ θαλάσσης
« πέρι τῆς παρακειμένον ὄρους ἀκρωνοχίας· ὡς ἄβατον εἶναι τὸ
« χωρίον καθάπαξ· τ. κ. λ. Néanmoins, Cantacuzène
« réussit à tourner ce passage difficile, d'après le
« même Nicéphore Grégoras, lib. XIII, cap. 1, § 1 :
« *Etant parti de l'embouchure du Nestus et lais-*
« *sant sur sa gauche les ennemis qui gardoient le*
« *défilé de Christopolis, il franchit, non sans*
« *peine, les monts escarpés qui dominent la ville,*
« *et vint camper dans la plaine de Philippi*. Enfin,
« Cantacuzène lui-même, *Hist.* I, 4, vol. I, p. 24
« de l'édition de Bonn, dit formellement que
« Christopolis se trouvoit *sur le rivage de la mer,*
« παράλιον ὄν, et que son port lui donnoit de gran-
« des facilités pour recevoir des secours de tous
« les côtés. »

Je me garderai bien d'ajouter un seul mot à
cette lumineuse et bienveillante critique. Aux ex-

plications que je voudrois encore donner de ce que j'ai fait ou prétendu faire, le lecteur impatient de juger par lui-même de ce qui peut recommander cette édition nouvelle ne manqueroit pas de répondre : *Nous verrons bien.*

DE LA CONQUESTE

DE

CONSTANTINOBLE.

I. Seigneur, sachiés que mil et cent et quatre-vins et dis-huit ans après l'incarnation Jhesu-Crist, au tens Innocent l'apostole de Rome, Phelippon roi de France et Richart roi d'Engleterre, ot un saint home en France qui ot non Foulque de Nulli. Cis Nullis siet entre Laigni sur Marne et Paris. Il estoit prestre et tenoit la paroisce de la ville. Cis Foulques commença à parler de nostre Seigneur par France et par les autres païs d'entour, et sachiés tout certainement que nostre Sires fist maint espert miracle pour lui. La renommée de cil saint home ala tant qu'ele vint à l'apostole Innocent, et l'apostoles li manda qu'il sermonast de la croix par s'auctorité, et après i envoia un cardonnal qui ert apelés maistre Pieron de Capes, croisié, et manda par lui le pardon tel que je vous dirai : Tuit cil qui se croiseroient et feroient le service Dieu un an en l'ost seroient quites de tous les péchiés qu'il auroient fais, por tant qu'il fussent confés. Et por ce que cis pardons fu si grans, s'esmurent moult li cuer des gens, si que maint s'en croisièrent par le monde.

II. En l'an après que cis preudoms ot commencié à parler de Dieu, ot un tournoi en Champaigne, à un chastel que l'on apele Ecri; et par la grace de Dieu si advint que li quens Thiebaus de Champaigne et de Brie prist la crois, et li quens Looys de Blois et de Chartain; et ce fu à l'entrée des Avens : et cis quens Thiebaus estoit jeunes hons et n'avoit pas plus de vint-dui ans, et li quens Looys n'en avoit mie plus de vint-sept. Cil dui conte estoient cousin germain et neveu le roi de France et neveu le roi d'Engleterre.

III. Avec ces contes se croisièrent dui moult haut baron de France, Symons de Monfort, et Renaus de Monmirail. Moult fu grans la renommée par les terres, quant cil dui se croisièrent. En la terre le conte de Champaigne se croisa Garniers li vesques de Troies, et li quens Gautiers de Braine, Joffrois de Joinville qui seneschaus estoit de la terre, Robers ses frères, Gautiers de Voignori, Gautiers de Montbeliart, Eustaces de Conflans, Guy du Plaissié ses frères, Henris d'Ardilieres, Rogiers de Saint-Cheron, Vilains de Nulli, Joffrois de Villehardouin li mareschaus, Joffrois ses niés, Gautiers de Fulines, Evrars de Montaigni, Miles li Brebans, Manessiers de Lille, Machaires de Sainte-Manehaut, Guis de Capes, Clerembaus ses niés, Renaus de Dampière, Jehans Fuisnons et maintes autres bonnes gens dont li livres ne fait mie mention.

IV. Avec le conte Looys se croisa Gervaises du Castel, Hervis ses fils, Jehans de Vieson, Oliviers de Rochefort, Henris de Monstruel, Paiens d'Orliens, Pierres de Bracuel, Hues ses frères, Guillaumes de Sains', Jehans de Friaise, Gautiers de Gadonvile, Hues de Cormeroi, Joffrois ses frères, Hervis de Biauvoir, Robers de Froiville, Pierres ses frères, Ouris de Lille, Robers du Quartier et maintes autres bonnes gens dont li livres ne fait mie mention.

V. En France se croisa Nevelons li vesques de Soissons, Mahius de Monmorenci, Guis chastelains de Couci ses niés, Robers de Rosoi, Ferris Diare, Jehans ses frères, Gautiers de Saint-Denise, Henris ses frères, Guillaumes d'Aunoi, Robers Malvoisins, Drues de Cressonnessars, Bernars de Montreuil, Enguerrans de Boves, Robers ses frères et maint autre baron dont li livres se taist ores.

VI. A l'entrée de Quaresmes, après ce que on prent cendres, se croisa li quens Bauduins de Flandre et de Haynaut, à Bruges, et la contesse Marie sa feme qui suer estoit au conte Thiebaut de Champaigne; emprès se croisa Henris d'Anjo ses frères, et Tierris ses niés, Guillaumes avoués de Béthune, et Quenes ses frères, Jehans de Neele chastelains de Bruges, Reniers de Trit, et Reniers ses fils; Mahius de Valincourt, Baudes de

Biauvoir, Jaques d'Avesnes, Hues de Biaumès, Girars de Manchecort, Hoedes de Ham, Guillaumes de Gomenies, Droins de Biauraim, Regniers de Marque, Huitaces de Sambruit, François de Coloemi, Gautiers de Bousies, Regniers de Mons, Gautiers des Tombes, Bernars de Sombrangian et pluseur preudomme dont li livres ne parole mie.

VII. Puis se croisa li quens Hues de Saint-Pol, Pierres d'Amiens, Huitaces de Canteleu, Nicholas de Mailli, Ansiaus de Caeu, Guis de Hosden, Gautiers de Neele et Pierres ses frères. Emprès se croisa li quens Joffrois del Perche, Estienes ses frères, Rotrous de Monfort, Yves de La Jaille, Aimeris de Villerai, Joffrois de Biaumont et moult d'autres dont je ne sai mie les nons.

VIII. Emprès, prisrent entr'aus li baron un parlement à Soissons, por savoir quant il mouveroient et quel part il torneroient. Si ne se porent à celle fois acorder, por ce qu'il lor sembla qu'il n'avoient mie encore deniers assez. En tout cel an ne passèrent dui mois qu'il n'assamblassent à Compiegne por tenir parlement. Là furent tuit li conte et li baron qui croisié estoient: maint conseil i ot pris et doné, mais la fin fu tele qu'il envoieroient leur messages avant, por aparellier l'estoire, et leur donroient pooir, par leur letres, que ce qu'il feroient seroit tout plainement tenu.

IX. De ces messages i envoia li quens Thiebaus de Champaigne et de Brie dui; li quens Bauduins de Flandre et de Haynaut dui; li quens Looys de Blois et de Chartain dui. Li quens Thiebaus de Champaigne y envoia Joffroi de Villehardouin le mareschal, et Milon le Brebant; li quens de Flandre y envoia Conon de Béthune et Alart Maqueriel; li quens de Blois y envoia Jehan de Friaise et Gautier de Gadonville.

X. Sur ces sis se mistrent li baron entièrement de leur navie faire aparellier, et de ce leur ballièrent-il bonnes chartes pendans, por confermer tout plainement tex convenances come il feroient. Dont murent li sis message, et s'acordèrent entr'aus à ce qu'il se trairoient envers Venise, que là cuidoient-il trouver plus grant plenté de vaissiaus que à nul autre port. Dont firent tant par leur journées qu'il vindrent en Venise la première semaine de Quaresmes. Li dus de Venise, qui avoit non Henri Dendole, et estoit moult preus et moult saiges, les honora moult et moult volentiers les vit: et quant il li ballièrent les lettres lor seigneurs, si s'esmerveilla moult por quele afaire il estoient venu en la terre. Les lettres disoient que autant les créist-on comme lor seigneurs. Henris li dus lor respondi:

XI. « Seigneur, j'ai bien veues vos lettres et bien
« sai tout certainement que vostre seigneur sont li plus
« haut home qui soient, orendroit, sans corone por-
« ter. Et il nous mandent que nous créons certai-
« nement ce que nous direz de par aus et ferés, et
« il tendront fermement. Or, dites ce que il vous
« plaira. »—« Sire, » font li message, « nous voulons

« que vous aiés vostre conseil, et devant vostre conseil
« vous dirons le mandement de nos seigneurs ; demain
« soit, sé il vous plaist. » Et li dus lors respondi que il
lor requeroit respit jusques au quart jour, et adonc
auroit-il son conseil assemblé.

XII. Il atendirent jusques au quart jour, et il revindrent ou palais qui moult ert riches et biaus, où il trovèrent le duc et son conseil ; et dirent lor message en tel manière : « Sire dus, nous sommes à vous venus, de par
« les barons de France qui pris ont le signe de la crois,
« por vengier la honte Jhesu-Crist, et por conquerre
« Jerusalem, sé nostre Sire le velt consentir ; et por ce
« qu'il savent certainement que nule gent n'ont si grant
« pooir par mer comme vous avés, vous prient-il que
« vous voelliés metre paine comment il puissent avoir
« navie, pour leur pèlerinage acomplir, en toutes les
« manières que vous leur saurés loer né consellier que
« il faire né souffrir puissent. »

XIII. — « Certes, seigneur, » fait li dus, « grant chose
« nous requerés, et neporquant, nous en parlerons
« moult volentiers et le vous ferons à savoir d'ui en
« huit jors : et ne vous mervelliés mie du lonc respit
« que nous y metons ; quar à si grant chose convient-il
« moult à penser. » Au droit terme que li dus leur dist,
il revindrent au palais ; si ot assés paroles dites que je
ne vous puis mie toutes raconter. Mais li dus leur dit
en la fin qu'il avoit parlé à son grant conseil privéement, et sé il au comun de Venise pooit faire

graer ce qu'il i avoit trové, et li message d'autre part fusent aparellié de ce otroier qu'il requeroient, s'il le poïssent soufrir, il metroient bien conseil à leur passer.

XIV. « Nous ferons, » dist li dus, « vaissiaus pour
« passer quatre mille et cinq cens chevaus, et nés
« pour passer quatre mille cinq cens chevaliers, neuf
« mille escuiers et vint mille serjans à pié; et la con-
« venance iert tele que ces gens porteront viande à neuf
« mois à aus et à leur chevaus, et chascuns chevaus donra
« quatre mars, et chascuns homs dui. Toute ceste na-
« vie vous tenrons-nous pour un an, dès le jor que nous
« du port de Venise départirons, pour faire le service
« de Dieu et des pélerins; et aura, en la some de cest
« avoir devant nomé, quatre-vins et cinq mile mars; et
« ferons-nous encore davantage, que nous metrons
« cinquante galies armées en vostre conduit, par tel
« convenant que tant comme nostre compaignie pourra
« ensemble durer, de toutes les conquestes soit de
« terre ou d'avoir que ce soit, ou par terre ou par mer,
« nous en aurons la moitié et vous l'autre. Or, alez,
« et vous conseilliez sé vos ainsi le poriés faire. »

XV. De ce pristrent li message jour de respondre à l'endemain, si parlèrent ensemble et s'acordèrent au faire. Si revindrent à l'endemain devant le duc, et distrent qu'il estoient prest d'asseurer ceste conve-nance : et li dus dist qu'il en parleroit à sa gent : et ce que il i troveroit, il le feroit assavoir. A l'endemain, manda li dus son grant conseil : c'est quarante homes des plus sages de toute la terre ; et les mist à ce qu'il loèrent et créantèrent ce que bon estoit à faire. Ainsi le fist li dus loer à ces quarante, puis à cent, puis après à dui cens, tant que tous le loèrent : puis assembla bien mil homes el moustier Saint-Marc, et leur dit qu'il oïssent messe du Saint-Esperit et proiassent à nostre Seigneur que il les conseillast.

XVI. Quant la messe fu dite, li dus manda les message et leur dist por Dieu que il proiassent au comun pueple que il otroiassent ceste convenance. Li message vinrent au moustier, où il furent moult regardé de maintes gens qui onques mais ne les avoient veus. Adonc monstra Joffrois de Villehardoin li mareschaus de Champaigne la parole, par l'accort et par la volonté as autres ; et commença à dire en tel manière : « Seigneur, li baron de France li plus haut et li plus « puissant nous ont à vous envoiés, et vous crient « merci que il vous preigne pitié de la cité de Jérusa- « lem qui est en servage des mécréans, et que vous « pour Dieu leur compaignie voilliez aidier à vengier « la honte Jhésu-Crist ; et, por ce vous ont-il esleus, « qu'il sevent bien que nule gent qui seur mer soient, « n'ont si grant pooir comme vous avés ; et nous com- « mendèrent que nous vous en chéissiens as piés, et « que nous n'en levissiemes devant que vous le nous « ariés otroié. »

XVII. Lors s'agenouillièrent li sis message à leur

piés, moult plorant, et li dus et tuit li autre commencèrent à plorer de la pitié qu'il en orent, et s'escrièrent tuit à une vois et tendant leurs mains en haut : « Nous l'otroions ! nous l'otroions ! » Là ot si grant bruit et si grant noise qu'il sembloit vraiement que toute terre tremblast; et quant cele noise remest, Henris, li bons dus de Venise, qui moult estoit sages et vaillans, monta ou letrin et parla au pueple, et leur dist : « Seigneur, véez-là moult grant honeur
« que Diex nous fait, quant la meillor gent du monde
« ont guerpie l'autre gent et ont requise nostre com-
« paignie, pour si haute chose comme pour la ven-
« geance nostre Seigneur. »

XVIII. Je ne vous puis mie raconter toutes les paroles que li dus dist, mais ensi fina la chose que de faire les chartres fut pris jors à l'endemain, et bien furent faites et devisées; et distrent tout premièrement à leur conseil que il iroient par Babiloine, pour ce que miex pouroient Sarrasins destruire par Babiloine que par autres terres. Ce distrent-il tout coiement à conseil, et en audience distrent que il iroient outre mer. Il estoit adonc Quaresmes; et de la Saint-Jehan en un an, qui fu mil et dui cens ans et dui après l'incarnation Jhésu-Crist, devoient li baron et li pélerin estre en Venise, et adonc i seroit la navie encontre aus apareillie.

XIX. Quant les chartres furent faites et séelées, si furent aportées au grant palais devant le duc, où li grans consaus estoit et li petis. Et quant li dus leur livra les soies chartres, il s'agenoilla tout plorant et leur jura seur sains que il à bonne foi tenroit les convenances qui estoient ès chartres, et autresi jura tous ses consaus qui estoit de quarente homes, et li message jurèrent les lor chartres à tenir. Sachiez que là ot mainte larme plourée de pitié. Dont envoièrent lor messages, li une partie et li autre, à l'apostole de Rome Innocent, pour confermer les convenances, et il le fist moult volentiers.

XX. Dont empruntèrent li message dui cens mars en la ville, et les baillièrent au duc, pour commencier la navie. Après, prisrent congié pour retorner en lor païs, et chevauchièrent tant par leur journées qu'il vindrent ensemble à Plaisence en Lombardie : là se départi Joffrois li mareschaus de Champaigne et Alars Maqueriaus, et s'en alèrent droit en France, et li autre s'en alèrent à Gienes et à Pise, pour savoir quele aïe il vouldroient faire à la terre d'outre-mer. Et quant Joffrois li mareschaus passa Moncenis, si encontra le conte Gautier de Briene qui s'en aloit en Puille, conquerre la terre sa femme qu'il avoit espousée puis qu'il ot prise la crois, et qui estoit fille au roi Tancré.

XXI. Avec lui aloit Gautiers de Montbeliart et Eustaces de Conflans, Robers de Joinvile et grans partie de la bone gent de Champagne qui croisié estoient; et quant il lor conta coment il avoient esploitié, si en orent moult grant joie et disrent que moult bien l'avoient fait : « Et nous somes jà méu, « et vous nous troverez tuit près quant vous ven- « rez. » Mais les aventures avienent si come à nostre Seigneur plaist; quar onques puis n'orent pooir qu'il assemblassent à leur ost : dont ce fu moult grant damage, quar moult estoient preudome et vaillant durement.

XXII. Ensi se départirent tuit, et tint chascuns sa voie. Tant chevaucha Joffrois li mareschaus qu'il vint à Troies en Champaigne, et trova son seigneur, le conte Thiebaut, malade et deshaitié. Et nepourquant fut-il molt liés de sa venue; et quant il li ot contée la novelle, comment il avoient esploitié, si en fu si liés qu'il dit qu'il chevaucheroit bien et qu'il ne sentoit nul mal. Il se leva sus, ce que il n'avoit fait piéça. Halas! quel damage! car il onques puis ne chevaucha que cele fois. La maladie li enforsa si durement qu'il fist sa devise et départi ce qu'il devoit porter outre mer à ses homes et à sa mesnie et à ses compaignons; dont moult avoit à cel tans de bons; nus homs à celle heure n'en avoit plus de lui : et si comanda come chascuns recevoit son don que il jurast seur sains l'ost de Venise à tenir, einsi come il avoit promis. Moult i ot de ceus qui mauvaisement le tindrent, dont il furent moult durement blasmé.

XXIII. Une autre partie de son avoir commanda li quens à retenir, pour porter en l'ost, et pour départir là où l'on verroit qu'il fust miex emploiés : puis morut li quens. Et dient cil qui morir le virent que ce fu uns des homes du monde qui plus bele fin fist. Là ot moult grant pueple assemblé de son lignage et de ses gens; dou duel qui y fu fais ne convient-il mie parler, car trop fu merveillement grant; et il le dut bien estre, car onques ne fu homs qui tant fust amés de ses homs et d'autre gent com il estoit. Que vos diroie-je? enterrés fu dejouste son père el moustier Saint-Estienne à Troies. Sa feme la contesse remest, qui avoit non Blanche et fu fille le roi de Navarre. La dame si ot de son seigneur une fille, et si estoit grosse d'un fil.

XXIV. Quant li quens fu enterrés, Mahius de Monmorenci, Symons de Monfort, Joffrois de Joinvile li séneschaus et Joffrois de Villehardouin li mareschaus alèrent à l'ostel le duc Eudon de Bourgoigne, et li distrent : « Sire, vostre cousins est mors : or « poés véoir le damage qui à la terre d'outre-mer est « avenus : si vous prions pour Dieu que vous prei- « gniés la crois en leu vostre cousin, et nous vous « ferons tot son avoir baillier, et vous jurerons seur « sains et le vous ferons as autres jurer, que nous, en « aussi bone foi vous servirons en l'ost come nous « féissions lui. »

XXV. La volenté du duc fu tele que il refusa; et sachiés que il péust bien mieus faire. Dont envoièrent Joffroi de Joinvile au conte de Bar-le-Duc, pour ce qu'il autretel offre li féist; car il avoit esté cousins au comte qui mort estoit, et li quens de Bar-le-Duc refusa autresi. Moult fu grans desconfors aus pélerins qui devoient aler ou servise nostre Seigneur de la mort au conte Thiebaut de Champaigne. Adonc pristrent un parlement au chief du mois, à Soissons, pour savoir que il porroient faire. Là fu li quens Bauduins de Flandre et de Haynaut, et li quens Looys de Blois et de Chartain, et li quens Joffrois del Perche, li quens Hues de Saint-Pol et maint autre preudome. Joffrois li mareschaus de Champaigne monstra la parole et l'offre qu'il avoient faite au duc de Bourgoigne et au conte de Bar-le-Duc, et comment il l'avoient refusé. « Seigneur, » fait-il, « escoutés : je vous loeroie une « chose, sé vous vos i accordez :

XXVI. « Li marchis Bonifaces de Monferrat est « moult prisiés et uns des plus doutés homs qui oren- « droit vive, et sé vous li mandés qu'il venist là et « préist la crois en lieu du conte Thiebaut, ce me sem- « bleroit moult bon, et que l'en li en donnast toute la « seignorie. » Dont s'i acordèrent tuit et grant et petit, et firent faire les letres, et li message furent esleu. Ainsi fu envoiés querre le marchis, et il vint au jor que il li orent mis : si fu moult honorés par France et par Champaigne; et drois fu, car il estoit cousins germains au roi de France. Enfin vint au parlement de Soissons, où la grant foison de contes et de barons fu qui se croisioient.

XXVII. Quant il oïrent que li marchis venoit, si

alèrent encontre lui et l'ennorèrent moult durement. Au matin fu li parlemens en un vergier, droit à l'abaïe Nostre-Dame de Soissons. Là requistrent le marchis Boniface qu'il préist la crois, et qu'il pour Dieu receust la seignorie de l'ost, et fust el lieu Thiebaut de Champaigne, et préist son avoir et ses homes : dont li chaïrent aus piés tout en plorant, et li marchis refist tout autretel et dist que moult le fera volontiers. Ensi fist li marchis leur prière et reçut la seignorie de l'ost : dont l'enmenèrent maintenant au mostier maistres Fouques de Nulli et li vesques de Soissons, et dui blanc abbé qu'il avoit amenés avec lui de son païs, et li atachièrent, de par Dieu, la crois en l'espaule.

XXVIII. Ensi fina cis parlemens; et l'endemain prist congié li marchis pour aler en son païs et pour atorner son affaire; et dist que chascuns endroit soi atornast le sienne, et que il seroit encontre aus en Venise au jour qui nommés estoit. Adonc s'en ala li marchis au chapitre à Citiau, qui est à la Sainte-Crois de septembre. Là trova-il moult grant gent, et maint abbés, et maint barons, et maint autres homes du païs de Borgoingne; et maistres Fouques méismes i ala pour parler des crois. Là se croisa Eudes li Champenois de Chanlite, Guillaumes ses frères, Richars de Dampierre et Eudes ses frères, Guis de Pesme, Haimes ses frères, Guis de Coulans et maintes bonnes gens dont li nom ne sont mie escrit né embrievé en livre.

XXIX. Puis se croisa li vesques d'Otun, Guis li quens de Forois, Hugues de Bregi, li pères et li fils, et Hugues de Colemi. A val, en Provence, se croisa Pierres de Bromont et autres gens assez dont nous ne savons mie les noms. Ensi s'atornèrent li baron de par toutes terres et li pélerin. Halas! quels damages leur avint el Quaresmes devant ce qu'il déussent movoir, que li quens Joffrois del Perche s'acoucha de maladie, et fist sa devise en tel manière que il commanda, avant qu'il morust, qu'Estiennes ses frères eust son avoir et menast ses homes en l'ost. De ce change se souffrissent moult bien li pélerin, se Diex vousist.

XXX. Einsi fina li quens del Perche et morut; dont fut moult grans damages, car moult estoit haus homs et redoutés et pleins de grant pooir. Après la Pasque, entour la Pentecouste, commencièrent à movoir li pélerin; et sachiés que mainte larme i ot plourée au départir de lor pays, et de lor gens et de lor amis. Parmi Borgoigne et parmi les mons de Montgeu et par Moncenis et par Lombardie se commencièrent à assembler en Venise, et se logièrent en une ille que l'en apele Saint-Nicholas ens el port. En celui point vint une estoires de Flandres par mer où il ot moult de bone gent armée. De cele estoire fu chevetains Jehans de Neele, chastelains de Bruges, et Tierris qui fu fils le conte Phelippe, et Nicholas de Mailli. Cil jurèrent sur sains au conte Baudouin de Flandres qu'il iroient par les destrois de Maroc, et qu'il assembleroient à l'ost de Venise et à lui, en quelconque lieu qu'il oroient dire qu'il tourneroit; et, por ce, envoia li quens et Henris ses frères de lor nés chargiés de dras et de viandes et autres belles choses.

XXXI. Moult fu cis estoires biaus et riches, et moult i avoit grant fiance li quens Baudouins et li pélerin, pour ce que la plus grant plenté de bone gent s'en alèrent en cele estoire. Mais mauvesement tindrent convenant à leur seigneur et à tous les autres, pour ce que cist et maint autre doutèrent le grant péril que cil de Venise avoient empris. Einsi leur failli li vesques d'Ostun et li quens Guis de Forois, et Pierres Bromons et maint autre assés, qui moult en furent blasmé : car moult petit conquistrent là où il alèrent; et des François leur fallirent Bernars de Montrueil, Hues de Chaumont, Henris d'Araines, Jehans de Viliers, Gautiers de Saint-Denis, Hues ses frères, et maint autre qui eschivèrent le passage de Venise pour le grant péril qu'il savoient qu'il i avoit, et s'en alèrent passer à Marseille, dont il reçurent grant honte et moult en furent durement blasmé; et puis leur en avint grant mésaventure. Mais nous vos leirons de cels; si vous dirons des pélerins dont grant partie estoit jà venue en Venise. Li quens Bauduins de Flandres et de Hainaut i estoit jà venus, et maint des autres.

XXXII. Cil jour, leur vindrent les novelles que moult des pélerins s'en aloient par autres chemins à autre port; si en furent moult durement esbaï et esmaié, por ce que il savoient bien que il ne poroient mie tenir la covenance, né l'argent païer qu'il devoient aus Véniciens. Dont pristrent conseil qu'il envoieroient à l'encontre du conte Looys de Blois et de Chartain qui encore n'estoit mie venus, por lui haster et crier merci, que il eust pitié de la terre d'outremer, qu'il ne lessast en nule manière qu'il ne venist passer au port de Venise. A cel message furent esleus li quens Hues de Saint-Pol et Joifrois li mareschaus de Champaigne; dont chevauchièrent tant qu'il vindrent à Pavie. Là trovèrent-il le conte Looys, à moult plenté de bone gent et de moult bone chevalerie; et par leur confort et leur prières en tornèrent mains à aler à Venise, qui devoient aler par autre chemin et par autre port. Nepourquant, de Plaisance se départirent unes moult bones gens qui s'en alèrent en Puille par autres chemins. Là fu Vilains de Nulli qui bien estoit uns des bons chevaliers du monde, Henris d'Ardillières, Renaus de Dampierre, Henris de Lonc-Champ et Giles de Trasegnies : cil estoit hons-liges au conte Baudoin et li avoit li quens donné cinq cens livres pour ce qu'il alast avec lui el voiage.

XXXIII. Avoec cels alèrent moult de sergens et de chevaliers dont li nom ne sont mis en escrit. Moult fu grant décroissement à l'ost de ceus qui en Venise aloient, et en avint moult grant mésaventure, si comme vous porrés oïr conter çà avant. Einsi s'en ala li quens Looys et li autre baron en Venise, et furent receu à moult grant joie et à moult grant feste, et se logièrent en l'ille Saint-Nicholas avec les autres. Moult fu li os bel et de bones gens : onques nus hons n'en vit de tant de gens, et li Vénicien leur firent marchié plenteureus de toutes choses que il convenoit à cors d'ome et à cors de cheval; et la navie qu'il orent fu si riches et si biaus que onques nus hons chrestiens plus riche ne pot véoir, si come des nés et des galies, bien à trois tant de gent qu'il n'avoit là.

XXXIV. Ha! biaus sire Diex, com grans damages que cil alèrent as autres pors, et qu'il n'alèrent là! Bien fust la crestienté essaucie, non mie abaissie! Moult leur ont bien li Vénicien toutes leur convenances et plus assés attendues, et il resemondrent les contes et les barons que il leur tenissent les leur, et que li avoirs leur fust rendus; car il estoient prest de mouvoir. Li avoirs fu porchaciés par l'ost, et assés i ot de ceus qui ne porent mie leur passage paier. Nepourquant li baron en prenoient ce qu'il pooient avoir.

XXXV. Einsi paièrent le passage au miels qu'il porent. Quant il orent paié, si ne furent né à-mi né à-son; dont parlèrent ensemble li baron et disrent : « Sei« gneur, li Vénicien nous ont bien leurs convenances « attendues; mais nous ne somes mie tant de gent que « nous puissions estre acquités de nostre passage paier, « et c'est par la défaute de ceus qui sont alé as autres « pors. Pour Dieu, si i mete chascuns de son avoir,

« car encores vaut-il miels que nous metons ici tous
« nos avoirs que nous perdissions ce que nos i avons
« mis, et que nous faussions nostre convenance ; car
« si cest ost remaint, la rescousse d'outre-mer est
« faillie. »

XXXVI. A ces paroles, ot grant discorde de la plus grant partie des barons et de l'autre gent, et distrent : « Nos avons paié nostre passage ; sé il nos en vuellent « mener, nous en irons volentiers, et sé il ne vuelent, « nous nos empartirons et irons à autres pors. » Et il le disoient por ce que il voussissent moult volentiers que li os se départist, et s'en r'alast chascuns en son païs : et li autre disrent tout espertement qu'il voloient miels ilec metre tout leur avoir et aler povre en l'ost nostre Seigneur, que li os se départist et défallist : « Quar nostre Sire, » font-il, « le nous rendra bien « quant li vendra à talent et à plaisir. »

XXXVII. Lors mist li quens Baudoins de Flandres avant quanques il avoit et quanques il pot empruntier; et li quens Looys de Blois, et li marchis de Montferrat, et li quens Hues de Saint-Pol et tuit cil qui à leur partie se tenoient refirent autretel. Lors péussiés véoir tante bele vesselemente d'or et d'argent porter à l'ostel le duc de Venise pour paiement faire; et quant il orent tout porté, si i failli-il trente-quatre mil mars d'argent de la convenance : et de ce furent moult durement lié cil qui rien n'i voldrent metre; quar ore cuidièrent bien que li os se déust départir. Mais nostre

Sires qui les desconseilliés conseille ne le voult mie ensi soufrir.

XXXVIII. Lors parla li dus de Venise à sa gent et lor dist : « Seigneur, ceste gent ne puent plus paier,
« et quanques il nous paient nous l'avons tout gaagnié,
« pour la convenance qu'il ne nos tienent mie. Mais
« nostre droit ne seroit mie conté par tout; si em-
« porrions recevoir grant blasme, et nous et nostre
« terre. Or leur requerons un plait : Li rois de Hon-
« grie nos tolt Jadres en Esclavonnie, qui est une des
« plus fors cités del monde; né jà, pour pooir que nos
« aions, ne sera recouvrée sé par ceste gent non.
« Prions-leur que il nous aident à conquerre la cité,
« et nous leur respiterons ces trente mil et quatre
« mars d'argent que il nos doivent, jusque à tant que
« nostre Sires le nous consente à conquerre avec eus
« ensemble. » En ceste manière que je vos di fu li plais requis; mais il fu moult contredit de ceus qui volentiers vosissent que li os se départist; et nepourquant en la fin fu li plais otroiés.

XXXIX. Adonc assembla tous li pueples de Venise à un diemenche qu'il fu moult grans feste de Saint-Marc. Et i furent li pluseur des barons de la terre et de nos pélerins. Ains que l'en commençast à chanter la grant messe, li dus de Venise monta el letrin pour parler au pueple et leur dist : « Seigneur, il est einsi que nous,
« pour la plus haute chose qui soit, somes à compai-
« gnie à la plus haute gent du monde né qui orendroit

« soit en vie en la crestienté; et je sui uns viels homs
« et foibles de cors et mehaigniés. Si auroie dès ore en
« avant mestier de reposer : mais je ne voi orendroit
« nul home en nostre comun qui, avant moi, vous
« séust conduire né guerroier. Sé vos voliez otroier
« que mes fils demorast en la terre en mon lieu pour
« garder la et gouverner, je prendroie maintenant la
« crois et iroie avec vos vivre ou mourir, lequel que
« Dex m'aura destiné. » Et quant li communs l'oï si
s'escria communalment : « Nous l'otroions einsi, et
« nous vos prions por Dieu, chiers sire, que vous
« preigniez la crois et que vous en vengniez avec
« nous. »

XL. Moult ot ilec grant pitié au pueple de la terre
et as pélerins, et mainte larme i ot plorée, por ce
que li dus éust droite ochoison de demorer s'il vosist;
car il estoit viels homs, et sé biaus ielx avoit en sa
teste, si n'en véoit-il goute; car perdue avoit la vue
par une plaie qu'il avoit eue el chief. Mais il estoit de
moult grant cuer. Ha Dex! com mar le ressambloient
cil qui as autres pors ierent alés eschiver le péril!
Ensi li dus avala le letrin et s'ala agenoiller devant
l'autel Saint-Marc, moult plorant; et li atachièrent la
crois en un grant chapel de coton pardevant, pour ce
qu'il voloit que tous le véissent.

XLI. Dont se commencièrent li Vénicien à croisier
à moult grant foison; en icel jor en i avoit-il moult
poi de croisés. Nostre pélerin orent moult grant joie

et moult leur prist grant pitié de la grant douceur qu'il virent ou duc. Einsi fu li dus croisiés comme vos avés oï. Lors commença-l'on à livrer les nés et les vaissiaus pour movoir, dont termines estoit jà tant passés que setembres aprochoit. Or oiés une des grans merveilles et des greignors aventures que vous onques oissiés :

XLII. A celui tans, avoit un emperéour en Constantinoble qui avoit non Sursac. Si avoit un frère qui avoit non Alexis, que il avoit rachaté de la prison des Turs. Cil Alexis print l'emperéour son frère; si lui traïst les iex de la teste, et se fist emperéour par tel traïson come vos oez. Et un sien fil aussi, qui avoit non Alexis, tient-il moult longuement en prison. Cil fils eschapa et s'enfui en un vaissiel jusques à une cité sur mer qui a non Anconne. De là s'en ala-il vers le roi Phelippe d'Alemaigne, qui sa serour avoit à fame. Si vint à Véronne en Lombardie et se héberja en la ville; et là trova-il pélerins assés et gens qui s'en aloient en l'ost. Et cil qui l'avoient aidié à eschaper et qui avec lui estoient présentement li distrent : « Sire, vois-ci l'ost « près de vos, en Venise, de la meillor gent et de la « meillor chevalerie du monde qui vont outre-mer; « quar leur cries merci que il aient de toi pitié, et de « ton père, qui, à si grant tort, a esté déshérité; et sé il « te vuellent aidier, tu feras quanques il deviseront de « bouche : et espoir il leur enprendra pitié. » Et il dit que il le fera moult volentiers, et que cis consaus est moult bons.

XLIII. Dont prist ses messages et les envoya au marchis Boniface de Monferrat qui sires estoit de l'ost, et as autres barons. Et quant il les virent, si s'en merveillèrent moult et distrent : « Nous entendons « bien ce que vous dites. Nous envoierons nos messages « avoec lui au roi Phelippe, et si nous velt aidier à « conquerre la terre que nos avons perdue, nous li « aiderons la soie à recovrer. Car bien savons que est « tolue à tort à lui et à son père. » Ensi furent li message envoié en Alemaigne au roi Phelippe, avoec le vallet de Constantinoble. Devant ce que nous vous avons ci conté, vint une novele en l'ost dont li baron furent moult courecié et les autres gens; car maistres Foulques de Nulli, qui premiers parla des crois, morut. Après ceste nouvelle lor vint en Venise une compaignie de bone gent d'Alemaigne, dont il furent moult lié.

XLIV. Là vint li evesques de Havestach et li quens Bertous de Thascelène en Tosces, Garniers de Bolande, Tierris de Los, Henris d'Ourme, Tierris de Dyes, Rogiers de Suitres, Alixandres de Vilers, Horris de Thone, et maintes autres bonnes gens qui ne sont mie retrais ici. Dont furent apareillié vessel, et huissier pour metre chevaus, et quant les nés furent chargies d'armes et de viande et de chevaliers et de serjans, et li escu furent pourtendu es chastiaus tout environ les nés, si drecièrent les banières dont il avoit moult de beles. Et sachiés qu'il portèrent es nés perrières et mangoniaus plus de troi cens, et tous engins qui ont mestier à ville prendre. Oncques mais à nul jor ne parti de nul port plus biaus estors. Et ce fu as huitaves de la Saint-Remi en l'an de l'incarnation nostre Seigneur mil dui cens et dui ans. Einsi se partirent de Venise come vous avés oï. La veille de la feste Saint-Martin vindrent devant Jadres en Esclavonie. Si virent la cité fermée de haus murs et de grans tours, et pour noient demandissiés plus bele cité né plus fort : et quant li pélerin la virent, si s'en esmaièrent moult et distrent li uns à l'autre : « Comment porroit estre tele cité prise, sé nostre « Sires meisme ne le faisoit ? »

XLV. Les premières nés qui vindrent devant la ville ancrèrent et atendirent les autres. Au matin fit moult biau jour et moult cler. Dont vindrent les galies toutes et li huissiers et les autres nés qui estoient arrière, et pristrent le port par force et rompirent la chaene qui moult estoit fort ; et descendirent à terre, si que li pors fu entre aus et la vile. Lors véissiés maint chevalier avoec maint bel serjant issir des nés, et maint biau destrier traire des huissiers et maint riche tref et maint bel pavellon.

XLVI. Einsi se logea li os, et fu Jadres asségié droit au jor de feste Saint-Martin. A cele fois n'estoient mie venu tuit li baron, si comme li marchis de Montferrat qui demorés estoit arrières, pour afaires que il avoit ; Estiennes du Perche estoit demorés malades en Venise, et Mahius de Monmorenci ; et quant il furent gari, si vint Mahius de Monmorenci à l'ost devant

Jadres. Mais Estiennes du Perche ne le fist mie si bien come il déust, quar il guerpi l'ost et s'en ala séjourner en Puille. Avoec lui s'en ala Rotrous de Monfort, Yves de la Jaille et maint autre qui moult en furent blasmé ; et tuit cil passèrent en Surie au passage de mars.

XLVII. L'endemain de la feste Saint-Martin, issirent hors de ceus de Jadres une partie, et vindrent parler au duc de Venise, qui ert en son pavillon ; si distrent que il rendroient à lui la cité et toutes les choses, sauves leur vies : et li dus dist qu'il ne recevroit né ce plait né autre d'eus, fors par le conseil des princes et des barons, et qu'il en parleroit à eus. Endementiers que li dus ala parler as contes et as barons, la partie de ceus dont vous avés oï, qui voloient l'ost dépecier, parlèrent as messages et leur disrent : « Pour« quoi volés-vous rendre vostre cité ? Li pélerin ne vous « asaudront mie : né d'eus n'avez-vous garde sé vous « vos volés deffendre des Véniciens, dont vous estes « quités. » Einsi pristrent un d'eus qui avoit non Robert de Boves, et l'envoièrent as murs de la ville ; et dist à ceus de léans ceste meismes parole.

XLVIII. Einsi revindrent li message en la ville, et fu li plais remés : et quant li dus de Venise fu venus as contes et as barons, il leur dist : « Seigneur, en « tele manière vuellent cil de la cité rendre la ville en « ma merci, sauves leur vies ; mais je n'entreprendrai « cestui plait né autre, sé par vos consaus non. » Si

refont li baron : « Nous loons que vous le prengiés, et
« moult vous en prions. » Et il dist que il le feroit. Adonc
s'en torna li dus à son pavillon et li baron avec lui,
pour plait prendre, et trovèrent les messages en alés,
par le conseil à ceus qui l'ost voloient dépecier. Adonc
se leva uns abbés de Vaus, de l'ordre de Citiaus, et
leur dist : « Seigneur, je vous deffens, de par l'apostole,
« que vous n'asailliez mie ceste cité : quar elle est de
« crestiens et vous estes pélerin. » Quant li dus de
Venise ot ceste parole, si en fu moult durement cou-
rouciés. Dont dist as contes et as barons : « Seigneur,
« je avoie plait à ma volenté de ceste cité, et vostre
« gent le m'ont tolue, et vos m'avez créanté que vos
« le m'aideriés à conquerre, et je vous semons que
« vous le faciez. » Li conte et li baron et cil qui à els
se tenoient parlèrent ensemble, et disrent : « Certes,
« moult ont fait grant damage à nous et au duc cil qui
« ce plait ont deffait, et il ne fu onques jor qu'il ne
« méissent peine en ceste ost dépecier ; or somes-nous
« honis sé nos ne leur aidons à prendre. » Lors vin-
drent au duc et li disrent : « Sire, nos le vous aide-
« rons à prendre, por mal de ceus qui le voelent
« destourner. »

XLIX. Einsi fu li consaus pris ; et quant vint au
matin, si s'alèrent logier devant la porte de la cité, et
drescièrent perrières et mangoniaus et les autres en-
gins, dont il y avoit assés ; et drescièrent les eschieles
sur les nés, par devers la mer. Dont commencièrent
les perrières à geter viguereusement as murs de la cité

et as tours. Einsi dura li assaus par cinc jors, et lors mistrent leur trenchieurs à une porte, et cil commencièrent à trenchier les murs. Et quant cil de la cité virent ceste afaire, si requistrent plaist autretel come il avoient fait devant et refusé par le conseil de ciaus qui voloient l'ost dépecier. Einsi fu la ville rendue en la merci le duc de Venise, sauves leur vies. Et lors vint li dus as contes et as barons, et leur dist : « Sei-
« gneur, nos avons ceste ville conquise, la merci Dieu
« et par la vostre ! Or est yvers entrés, et nos ne
« poons mais de ci movoir devant la Pasque, quar
« nous ne troverions mie chevance en autre leu, et
« ceste ville si est moult riche et moult bonne, et de
« tous biens garnie. Nos la partirons par mi : si en
« prendrés la moitié et nous l'autre. » Einsi come il devisèrent fu fait. Li Vénicien si orent la partie devers l'iaue où les nés estoient, et li François orent l'autre. Lors furent li ostel départi à chascun endroit soi, tel comme il aféroit. Si se délogea maintenant li os, et vint herbregier en la ville dedens. Et quant il furent herbregié, si avint, au tiers jor, une grant mésaventure illuec, entour l'eure de vespres. Quar une meslée commença des Véniciens et des François moult grant et moult fière ; et courrurent as armes de toutes pars, et fu si grant la meslée que poi i ot de nés où il n'eust grant estor de maces, ou d'espées, ou de lances, ou d'arbalestes ; et moult i ot gens navrés et mortes. Mais en la fin ne porent li Vénicien l'estour soufrir, si commencièrent durement à perdre. Mais li preudome de l'ost qui ne voloient mie le mal vindrent à

la meslée tout armé, et les commencièrent à départir ; et quant il les avoient en un leu dessevrés si recommençoient en un autre.

L. Einsi dura la meslée jusques à grant pièce de la nuit, et toutes-voies les départirent à grant travail et à grant martyre ; et sachiés que ce fu une des grans dolors qui avenist en l'ost, quar petit s'en failli que toute l'os n'en fust perdue. Mais dame Diex ne le volt mie soufrir. Moult i ot grant damage d'ambedeus pars. Là fu mors uns haus hons de Flandres, qui avoit nom Giles de Landast. Il fu ferus parmi l'ueil et fu mors à la mellée. Aussi furent meint autre dont il ne fu mie si grans parole. Moult orent li baron de peine toute la nuit et toute cele semaine, et li dus de Venise ausi, pour faire la pais. Nepourquant, tant i travellièrent, la Dieu merci ! que pais en fu. Après cele quinsaine vint li marchis de Montferrat qui encore n'estoit mie venus, et Mahius de Monmorenci et Pierres de Braiecuel et maint autre preudome. Et après une autre quinsaine revindrent li message qui estoient envoié au roi Phelippe d'Alemaigne et au vallet de Constantinoble.

LI. Lors assemblèrent li baron et li dus de Venise en un palais où li dus estoit à ostel ; et parlèrent li message et distrent : « Seigneur, li rois Phelippes
« nous envoie à vous et li fils l'empereour de Constan-
« tinoble qui est frères sa feme, et dit en tele ma-
« nière : Seigneur, je vous envoierai le frère ma feme,

« si le mets en la main Dieu et en la vostre, pour ce
« que vos estes meus pour droit et pour justise. Si de-
« vés à ceus qui sont déshiretés à tort rendre leur
« hiretages, sé vos poés, et cist vous fera la plus haute
« convenance et la plus haute offre qui onques fu faite
« à nule gent, et la plus riche aïe à la terre d'outre-
« mer conquerre. Tout premiers, sé Diex ce donne
« que vos en son héritage le puissiés remettre, il me-
« tra tout l'empire de Constantinoble à l'obedience de
« Rome, dont ele estoit départie piéça. Après il sait
« bien que vos avés mis el voiage Dieu, et que vos estes
« povres. Si vous donra deus cens mil mars d'argent,
« et mande à tous ceus de l'os, et à petis et grans,
« que ses cors méismes ira aveques vous en la terre
« d'outre-mer, ou envoiera, sé vos cuidiés que ce soit
« miels, à tout dis mil homes de sa despense. Et ce
« servise vous fera-il par un an; et à tous les jors de
« sa vie il tendra cinc cens chevaliers en la terre d'ou-
« tre-mer à sa despense, qui garderont la terre. — Et ce,
« dient li message, avons-nos plains pooir d'asséurer,
« sé vos volés; et sachiés qui telle convenance refu-
« sera, il n'a mie volenté de conquerre. » Et il dirent
que il en parleront ensemble.

LII. Einsi fu pris li parlemens à l'endemain. Et
quant il furent ensemble, lor fu ceste parole mostrée.
Adont parla li abbés de Vaus et cil qui l'ost voloient
dépecier, et distrent qu'il ne s'i acorderoient mie : que
s'il aloient seur crestiens il iroient contre la loi de
Rome, et pour ce n'estoient-il mie méu : et l'autre

partie dist : « Biaus seigneur, en Surie ne poés mie
« aler; quar vos n'i porriés riens faire, et si le poés
« bien véoir par ceus qui sunt alés as autres pors; et
« sachiés veraiement que par la terre de Babilone ou
« par Grèce ert recovrée la sainte terre d'outre-mer,
« sé jamais est recovrée; et sé nous refusons ceste
« convenance, nos somes honis à tous jours. » Einsi
estoit l'os en discorde comme vous oés, et ne vos merveilliés mie de la laie gent sé il se descordoient, quant
li blanc moine de Citiaus qui estoient en l'ost se descordoient aussi. Li abés de Los, qui moult estoit preudons, et autres abbés qui à lui se tenoient, prééchoient
toute jor que pour Dieu se tenissent ensemble, et
que il féissent ceste convenance : « Quar c'est la chose
« par quoi l'on puet miels recovrer la terre d'outre-
« mer. » Et li abés de Vaus et cil qui à lui se tenoient
reprééchoient, et disoient que tout ce estoit mals,
mais alassent en la terre de Surie et féissent ce que il
porroient.

LIII. Lors vinrent li marchis de Montferrat et li
quens Baudoins de Flandres et de Hénault, et li quens
Looys de Blois et de Chartain, et li quens Hues de
Saint-Pol et cil qui à eus se tenoient; et dient qu'il
loent ceste convenance, quar il seroient honi sé il le
refusoient. Einsi s'en alèrent à l'ostel le duc, et furent
mandé li message, et firent cest aséurement par seremens et par chartres pendans; et tant nous retrait li
livres que il ne furent, par devers la partie as François, que douze qui le serement jurassent, né plus

n'en porent avoir de ces douze. Fu premiers li marchis de Montferrat, li quens Baudoins de Flandres fu li autres, li quens Loys de Blois fu li tiers, li quars fu li quens Hues de Saint-Pol et huit autres qui à eus se tenoient. Einsi fu faite la convenance et otroié, et furent les chartres baillies, et li termes mis quant li vallés de Constantinoble venroit; et ce fu à la quinsaine après Pasques.

LIV. Einsi séjorna li os de France à Jadres tout l'iver; et sachiés que li cuers des gens ne fu mie en pais, quar une partie de l'ost se travelloit à ce que il se volsissent bien départir, et l'autre partie se travelloit à ce que il se tenissent ensemble. Mainte menue gent s'en emblèrent par les nés de marchéans, et en une nef s'en embla une fois bien cinq cens, qui tuit furent noiés, et une autre partie s'en embla par terre, qui bien s'en quida aler sainement par Esclavonie. Mais li païsant de la terre les assallirent, et ocistrent tous, fors quatre, sans plus, qui s'en retornèrent à l'ost. Einsi aloit li os amenuisans de jor en jour. En celui tens se travella tant uns haus barons d'Alemaigne, qui avoit non Garniers de Bolende, que il s'en ala en une nef de marchéans et guerpi l'ost, dont il reçut grant blasme. Après ce, ne demoura mie granment que uns moult grans hons de France, qui avoit non Renaut de Monmirail, pria tant par l'aide del conte de Blois qu'il fu envoiés el message en Surie en une des nés de l'estour. Si jura seur sains et tuit cil qui avoec li alèrent que dedans la première semaine qu'il seroient arrivé en

Surie et auroient leur message forni qu'il repaireroient arrière en l'ost. Par ceste convenance s'en parti-il de l'ost, et uns siens neveus avoec li, qui avoit nom Hervis del Chastel. Avec lui se départi Guillaumes li Vidames de Chartres, et Joifrois de Biaumont et Jehans de Foreville, Pierres ses frères, et maint autre. Mais li sairement qui furent juré ne furent mie bien tenu. Car il ne repairièrent pas en l'ost. Lors revint une nouvele en l'ost qui moult volentiers fu oïe, que li estores de Flandres dont vous avés oï arrière estoit arrivés à Marseille; et Jehans de Neele, chastelains de Bruges, qui ert chevetain de cele ost, et Tierris, qui fils estoit au conte Phelippe, et Nicolas de Mailli, mandèrent le conte Baudoin, leur seigneur, qu'il estoient à Marseille et qu'il leur remandast sa volonté. Li quens Baudoins leur manda, par le conseil le duc de Venise et des autres barons, qu'il méussent à l'issue de mars, et venissent à l'encontre de lui au port de Michou en Romanie. Et cil orent en convenant que si feroient-il. Halas! il le firent si mauvaisement, que il onques convent ne li teindrent, ains s'en alèrent en Surie où il savoient bien que il ne feroient nul esploit. Et par ce, poés-vos savoir certainement que sé nostre Sire n'aimast tant celle ost, mauvesement se péust tenir ensemble, à ce que tant de gent li queroient mal.

LV. Lors parlèrent ensemble li baron, et distrent qu'il envoieroient à Rome à l'apostole, pour ce qu'il leur savoit mauvais gré de la prise de Jadres. Dont eslurent dui messages clers et dui chevaliers, tex come il sorent que bon leur estoit. Nevelons li vesques de Soissons fu li uns des clers, et maistres Jehans de Noion li autres : cis estoit chamberlens au conte Baudoin. Jehans de Friaise fu li uns des chevaliers et Robers de Boves fu li autres. Cil jurèrent seur sains le message à tenir en bonne foi, et à repairier emprès à l'ost. Moult le tindrent bien li trois, et li quars le tint mauvaisement : ce fu Robers de Boves; quar il s'en parjura, et s'en ala en Surie avec les autres. Li autre trois firent leur message si come il lor fu enchargié, et distrent à l'apostole que li baron li crioient merci de la prise de Jadres : « Quar il le firent come cil qui, por la défaute de ceus qui alèrent as autres pors, ne povoient mie l'ost retenir; et seur ce, si mande aus barons son conmandement. » Dont dist l'apostoles as messages que, par la défaute de ceus qui alèrent as autres pors, savoit-il bien qu'il lor covenoit grant meschief faire : si en ot moult grant pitié, et manda aus barons qu'il tenissent l'ost ensemble pour Dieu, et il les assoloit come bons fils, quar il savoit bien certainement que sans cele ost, ne pooit li servises nostre Seigneur estre acomplis. Et dona pooir à le vesque Nevelon de Soissons de lier et deslier les péchéeurs, jusques à tant que li cardonaus vendroit en l'ost. Ensi fu jà tant de tans passé que Quaresmes fu. Si atornèrent leur afaire pour movoir à la Pasque.

LVI. A l'endemain de Pasques, quant les nés furent chargiés, se logièrent li pelerin dehors la ville seur le port : et li Vénicien firent abatre de Jadres les murs et les tors. Dont avint une aventure dont moult pesa à ceus de l'ost : quar uns des haus barons de l'ost, qui avoit nom Symon de Monfort, avoit fait plet au roi de Hungrie, qui anemis estoit à ceus de l'ost. Si guerpi l'ost et à lui s'en ala, et, avec lui, ses frères Guis de Montfort, Symons de Nesle, Robers Malvoisins, Drues de Cressonnessars et li abbés de Vaus qui blans moines estoit, et maint autre. Après ce, ne demora mie granment qu'uns autres barons qui avoit nom Enguerrans de Boves r'ala au roi de Hungrie, et Hues ses frères et les gens de leur païs, et ce qu'il en porrent mener. Ensi se départirent si come vos avés oï. Si fu moult grant honte pour eus et moult grant damage à ceus de l'ost. Dont commencièrent cil de l'ost les nés et les huissiers à atorner, et fu devisés qu'il prendroient port à Corfol, et que li premier atendroient les derreniers tant qu'il seroient ensemble, et il si firent. Mais ains que li dus de Venise né li marchis de Montferrat se partissent du port de Jadres, vint Alexis li fils à l'empereour de Constantinoble : et li envoia li emperères Phelippes d'Alemaigne, et il fu receus à moult grant honeur, et li dus li bailla de vaisseaus et de galies tant come il li en convint. Ensi se départirent du port, et orent bon vent, et errèrent tant qu'il vindrent à Duras la vile, et ce firent-il moult volentiers : dont se partirent d'ilec et vindrent à Corfol, et trouvèrent l'ost devant la vile, et avoient tendus trés et paveillons, et avoient mis les chevaus hors des huissiers por rafreschir. Et quant li fils à l'empereour de Constantinoble fu arivés au port, si véissiés maint bon chevalier et maint bon serjant aler encontre, et mener maint bon destrier et maint roncin.

LVII. Ensi le receurent à moult grant joie, et ilec fist tendre son paveillon emmi l'ost; et li marchis de Montferrat, en la cui garde li rois d'Alemaigne, qui Phelippes avoit nom et sa serour avoit à fame, l'avoit mis, fist ausi tendre le sien tref encoste lui.

LVIII. Ensi séjornèrent en celle ile, qui moult estoit plantureuse de tous biens; et dedans cel jor leur avint une mésaventure qui moult fu grans et annieuse, quar une partie de ceus qui encontre l'ost avoient esté parlèrent ensemble et distrent que ceste chose leur sembloit estre trop longue et périlleuse, et distrent qu'il remaindroient en l'ile, au conduit à ceus de Corfol, et en laisseroient l'ost aler; et quant il s'en seroient alé, si se metroient au chemin pour encontrer Gautier de Braine, qui adont tenoit Brandis, et li manderoient qu'il leur voiast envessiax : si iroient à lui à Brandis. Ne vos puis mie nommer tous ceus qui furent à ceste euvre faire, mais je vos en nomerai une partie des plus grans. De ceus fu li uns Eudes li Champenois de Chanlite, Rogiers de Saint-Chéron, Jaques d'Avesnes et Pierres d'Amiens, et Guis li chastelains de Couci, Guis de Capes, Clerembaus ses niés, Guillaumes d'Aunoi, et Guis de Pesme, et Haimés ses frères, et Guis de Coulans, et Richars de Dampière et Eudes ses frères, et meint autre qui lor avoient créanté

en derrières qu'il seroient à lor partie ; mais au devant il ne l'osoient démostrer pour honte ; et bien tesmoigne li livres apertement que plus de la moitié de l'ost estoient en leur acort. Et quant li marchis de Montferrat et li quens Baudoins de Flandres, li quens Looys de Blois et li quens de Saint-Pol et li autre baron qui à leur acort se tenoient oïrent ceci, si en furent moult esbahi, et distrent : « Seigneur, nos somes moult
« malement bailli, sé ceste gent se départ de nous
« en tel manière, avoec les autres qui parti s'en sont.
« Ensi ne porrions-nous faire nul conqueste. Mais
« alons à eus et leur chéons au piés, et leur prions,
« por Dieu, qu'il aient pitié d'eus meismes tout avant
« et de nos après, et qu'il ne se honissent mie né
« toillent la rescousse de la sainte terre d'outre-mer. »

LIX. Ensi fu li consaus acordés, et alèrent tout ensemble en une valée où il tenoient leur parlement, et menèrent avec eus le fil l'emperéour de Constantinoble et tous les vesques et les abbés de l'ost, et descendirent de lor chevaus, et cil qui les suirent firent ausi ; et quant cil qui là estoient ensemble virent ce, si descendirent tuit à pié encontr'eus ; et li baron lor chaïrent as piés, et distrent tout en plorant qu'il ne se movroient jamais d'ilec devant qu'il leur auroient créanté qu'il ne se movroient d'avec els. Et quant cil oïrent ce, si en orent moult grant pitié, et quant il oïrent leur amis et leur seigneurs qui merci leur crioient, si distrent qu'il en parleroient, si se trairent à une part ; mais ne sai mie toutes recorder leur paroles, fors tant que la fin du conseil fu tele qu'il distrent qu'il demorroient avec eus jusques à la feste saint Michel, par convent qu'il leur jureroient seur sains que dès lors en avant qu'il les en semondroient, qu'il lor donroient navie en bone foi et sans mal engin, par laquele il pouroient bien aler en la terre de Surie. Ensi fu otroié et juré, et lors ot grant joie par tout l'ost. Dont si recueillirent les nés, et mistrent leur chevaus ès huissiers, et se partirent du port Corfol la vegile de Pentecouste, qui fu mil et dui cens et trois emprès l'incarnation nostre Seigneur Jhésus-Crist. Dont furent toutes les nés ensemble et toutes les galies de l'ost et tuit li huissier, et assés autres nés de marchéans qui avoec eus estoient à ce port arestés.

LX. Li tans fu biaus et clers et li vens bons et soués; si laissièrent leur voiles aler au vent; et bien tesmoigne Joffrois li mareschaus qui ceste œvre dicta né onques n'en menti à son escient de mot, come cil qui à tout les consaus fu, qu'onques mais si grans estoire ne fu veue, et bien sembloit estoire qui terre deust conquerre; quar tant come on pooit voir aus iels ne paroient fors voiles de nés et de vaissiaus, si que li cuers de chascun s'en resjoïssoit moult durement. Ensi coururent par mer tant qu'il vindrent à Cademalée, en un trespas qui siet seur mer; et lors encontrèrent deus nés de pélerins et de serjans qui venoient de Surie, et ce estoient cil qui passèrent au port de Marseille; et quant il virent l'estoire qui tant estoit biaus et riches, si orent si grant honte qu'il ne s'osèrent monstrer; et li quens de Flandres si fist envoier la barge de la nef pour savoir quel gent c'estoient. Lors uns serjans se laissa couler contreval la barge de la nef, et dist à cils que il leur clamoit quite quanqu'il en la nef avoit, quar il voloit aler avec eus por ce qu'il sembloient bien gent qui grant terre doient conquerre. Moult fu atorné à ce serjant à grant bien, et moult fu volentiers veus en la nef et en l'ost; et pour ce dit-on que *cil fait que saiges qui de male voie se retorne*. Ensi corurent les nés jusques en Nigrepont, et pristrent li baron conseil que il feroient. Dont se trairent li marchis de Montferrat, li cuens Baudoins, et moult grant partie des barons avoec le fils de l'emperéour, et arrivèrent en une ile qui avoit non Andre, et s'armèrent li chevalier et corurent par la terre; et les gens du païs vindrent à merci au fil l'emperéour de Constantinoble, et tant li donèrent que pais firent à lui. Puis rentrèrent en leur vessiaus et corurent par mer. Si lor avint uns grans domages, quar uns haus hons de l'ost qui avoit à nom Guis et estoit chastelains de Couci moru et fu getés en la mer. Les autres nés qui par là n'alèrent mie, furent entrés en Bouche de Avie : c'est là où li bras Saint-George chiet en la grant mer. Dont corurent contremont le bras, jusques à une cité qui a nom Avie, et siet par-devers le bras Saint-George encoste la Turkie. Si est moult biele et moult bien assise : là pristrent-il port et descendirent à terre, et cil de la cité vindrent encontre aus; et leur rendirent la ville si que il ne perdirent vaillisant un denier.

LXI. Ensi demorèrent huit jors pour atendre les nés et les huissiers et les galies qui encore estoient à venir : et dedans ces jors pristrent-il les blés en la terre, et il en avoient bien mestier, quar il en avoient petit. Dedens ces huit jors furent venus tuit li vaissiel et li baron, et Diex leur dona bon tens : adonc se départirent du port d'Avie. Dont péussiés véoir le bras Saint-George flori tout contremont de nés, et de vessiaus et de galies et d'huissiers. Moult grans merveille estoit leur biauté à regarder. En tele manière corurent contremont le bras, tant que la veille de saint Jehan-Baptiste en juing vinrent à Saint-Estienne, une abaie qui estoit à trois liues de Constantinoble. Et lors virent tout à plein Constantinoble. Cil qui onques mès ne l'avoient véue ne cuidoient mie que si riche cité péust avoir en tout le monde. Quant il virent ces haus murs et ces riches tours dont ele estoit close, et ces riches palais et ces hautes yglises, dont il avoit tant que nus nel péust croire s'il ne le véist proprement à l'ueil : et il virent le lonc et le lé de la vile qui de toutes autres estoit soveraine, sachiés qu'il n'i ot si hardi à qui la char ne frémesist; et ce ne fu mie merveille s'il s'en esmaièrent, quar onques si grans afaires ne fu empris de nulle gent puis que li mons fu estorés.

LXII. Lors descendirent à terre li conte, et li baron et li dus de Venise, et fu li parlemens el mostier Saint-Estienne. Là ot maint conseil pris et donné que li livres ne raconte mie; mais la some du parlement fu tele que li dus de Venise leur dist : « Seigneur, je

« sai plus du covine de cest païs que vous ne savés,
« quar j'i ai esté autre fois. Vos avés empris le plus
« grant afaire et le plus périlleus que onques mais gent
« entrepréissent; et pour ce convenroit-il qu'on ou-
« vrast sagement. Sé nous en alons à terre ferme, la
« terre est grande et large, et nostre ost est povre,
« et nostre gent sont besoigneus de viandes. Si s'es-
« pandront de toutes pars parmi la terre pour querre
« viandes, et y a moult grant planté de gent del païs,
« si ne les porrions mie tous garder que nous n'en
« perdissions, et nous n'avons mie mestier de perdre
« nos homes, quar trop en avons petit à ce que nos
« en avons à faire. Il a illes près de ci, que vos poés
« véoir, qui ne sont mie habitées sé de labouréeurs
« de blés non; alons-i prendre port, et requeillons les
« viandes et les blés; et quant nous arons ce fait, dont
« porrons-nous aler devant la cité, et faire ce que
« Dieu nous a porvéus : que plus seurement guerroie
« cil qui a à mengier que cil qui n'en a point. » A
ce conseil s'acordèrent li conte et li baron. Dont alè-
rent chascuns à son vaissel, et se reposèrent la nuit;
et au matin de la feste mon seignor saint Jehan, furent
dréciés les voiles es nés, et furent ostées les housées
des escus et furent pendus au bort des nés; et chas-
cuns regardoit ses armes, teles come il les avoit; quar
bien savoient que prochainement en auroient mes-
tier. Li marinier traïrent leur ancres, et laissièrent
leur voiles aler au vent; et Diex donna tel vent come
il leur convenoit, et passèrent par-devant Constanti-
noble, si près des murs qu'on péust traire desus et

seur les tours, et sembloit qu'el monde n'éust gent sé là non. Ensi s'en alèrent à la ferme terre au plus droit qu'il onques porent, et pristrent port devant le palais l'emperéour Alexis, qui ert apelés Calcidoines, et fu encontre Constantinoble de l'autre part du bras, devers la Turkie. Cis palais fu uns des plus biaus et des plus délitables de tous les délis qu'il conviengne à cors d'ome et qui à riche home doie estre, en tout le monde.

LXIII. Li conte et li baron descendirent à terre, et se hébergièrent el palais et en la vile entour; et li pluseur tendirent leur paveillons. Lors furent li cheval trais des huissiers. Li chevalier et li serjant descendirent à terre, à toutes leur armes, et ès nés ne remest fors les mariniers. La contrée fu bele et riche, et orent des blés les moies qui estoient demorés parmi les chans : chascuns en ot tant come il en voult prendre.

LXIV. Ensi séjornèrent le jour et l'endemain en cel palais, et el tiers jour leur donna Diex bon vent, et li marinier resachièrent leur ancres et drécièrent leur voiles, et puis s'en alèrent contremont le bras, une liue au-desus de Constantinoble, à un palais l'emperéour Alexis que l'en apèle lo Scutarie. Là, s'ancrèrent les nés, et li huissier et les galies; et la chevalerie, qui hébergiée estoit el palais de Calcédoine, ala de joste par terre. Ensi se hébergièrent seur le bras

Saint-George à lo Scutarie, et quant li emperères Alexis vit ce, si fist son ost issir de Constantinoble, et se hébergia d'autre part encontre els, et fist tendre ses paveillons, pour ce que cil ne péussent terre prendre seur lui par force. Ensi séjorna li os de France par neuf jours; et se porchaça de viande cil qui mestier en ot, et ce fu chascuns. Dedens ces neuf jours issi une compagnie de nostre ost pour aler en fuerre et cerchier la contrée. En cele compagnie fu Eudes li Champenois de Chanlite et Guillaumes ses frères, Rogiers de Saint-Chéron et Manessiers de Lille, et li quens Gerars, un quens de Lombardie qui estoit de la mesnie le marchis Boniface de Montferrat, et orent avec eus quatrevins chevaliers. Si choisirent au pié d'une montaigne très et paveillons bien à trois lius de l'ost : et ce estoit li Mèghedus l'empéréour de Constantinoble, et avoit bien ilec avec lui jusques à cinc cens chevaliers grius.

LXV. Quant nostre gent les virent, si firent quatre eschièles, et fu leur consaus tels qu'il s'iroient combatre à els; et quant Grieu les virent venir, si ordenèrent leur batailles, et les atendirent tuit coi devant leur paveillons, et nostre gent les alèrent férir moult vigucresement. Petit dura cil estors, quar Grieu tornèrent les dos et furent desconfis à cele première pointe, et nostre gent les enchaucièrent bien une grant liue, et moult i gaagnièrent chevaus et roncins et palefrois, et muls et tentes et paveillons : et tout ce leur estoit bien mestiers. Dont s'en revindrent en l'ost, où il furent moult volentiers véus, et départirent l'eschec si come il durent entièrement. Un autre jour emprès, envoia li emperères de Constantinoble un message as contes et as barons ensemble. Cil mesages avoit nom Nicoles Rous, et estoit nés de Lombardie; il parla as barons de France, au palais de lo Scutarie, où il estoient à conseil, et il les salua de par l'emperéour Alexis, et leur bailla les lettres qu'il aportoit de par son seigneur. Li marchis les reçut et les fist lire devant tous les barons. Assés i ot de paroles dont nostre livres ne fait nule mention, et en la fin disoient les lettres que on créeust Nicole Roux, qui avoit aportées les lettres, de tout ce qu'il diroit de par l'emperéour Alexis.

LXVI. « Biau sire, » distrent li baron, « nous
« avons vos lettres véues qui nous dient que nous vos
« créons de tout ce que vos dirés. Or, dites ce qu'il
« vos plaira, et nos l'orrons. » — « Seigneur, » dist
Nicoles, « li emperères Alexis vos mande qu'il sait
« bien tout vraiment que vous estes la meilleur gent
« du monde, si a moult grant merveille pour quoi
« vos estes entrés en sa terre né en son reigne. Quar
« il est crestiens tout ausi come vos estes, et bien sait
« certainement que vous ne méustes que pour la
« sainte terre d'outre-mer, et pour le sépulcre et la
« sainte crois conquerre. Sé vos estes povres né be-
« soigneus, il vous donra volentiers de son avoir, par
« tel covent que vous li vuiderés sa terre; que nul
« autre mal ne vous veut faire : néporquant si en

« a-il bien le pooir, sé vos estiés ore vint tans de gent
« que vos n'estes. »

LXVII. Lors, par le commandement des princes et des barons se leva en piés Quènes de Béthune, qui bons chevaliers estoit et sages et bien éloquens. Si respondi au message et dist : « Biaus sire, vous avés
« dit que vostre sire se merveille moult pour quoi
« nostre seigneur sont entré en sa terre né en son
« règne; en sa terre né en son règne ne sont-il mie
« entré, car il le tient à tort et à pechié, et contre
« Dieu, et contre raison; et li sires de la terre est son
« neveu qui ci est en une chaière entre nous, et fils
« est de son frère l'empereour Kirsac. Mais, sé à la
« merci de son seigneur voloit venir, et il li rendist sa
« corone et l'empire, nous proierons qu'il li donast
« sa pais et tant du sien que il péust richement vivre;
« et gardés que pour ce message ne revenés plus, sé
« ce n'est pour otroier ce que vos avés oï. » Seur ce, s'en parti li messages et s'en ala arrières à l'emperéour en Constantinoble.

LXVIII. L'endemain parlèrent li baron ensemble, et distrent qu'il montreroient Alexis au peuple de Constantinoble. Dont firent armer toutes les galies, et li dus de Venise et li marchis de Montferrat entrèrent en une, et mistrent avec els le fil l'emperéour Kirsac, et ès autres entrèrent li chevalier et li baron, qui i voudrent aler. Ensi s'en alèrent li baron rès à rès de Constantinoble, et moustrèrent l'enfant au

puepple, et disoient : « Véés-ci vostre seignour naturel,
« et sachiés que nous ne venismes mie ci pour mal faire,
« mais pour vos aidier et desfendre, sé vos en avés mes-
« tier; et vos, faites ce que vos devés; que cil cui vos
« obéissés vos le seignorissiés à tort et à péchié contre
« Dieu et contre raison, et bien savés comment il a des-
« loiaument ovré vers son seigneur et vers son frère,
« cui il a les yels crevés et son empire tolu à tort et à
« péchié; et vés en ci le droit oir. Sé vos à lui vous
« tenés, vos ferés ce que vos devés; ou sé ce non, sachiés
« certainement que nous vos ferons du pis que nous
« porrons. » Onques nus de la terre né de la cité ne
fist semblans que se tenist à lui, pour la cremeur qu'il
avoient de l'emperéour Alexis. Einsi revindrent ar-
rières en l'ost, et ala chascuns à sa heberge.

LXIX. L'endemain, come il orent la messe oïe, si
s'asemblèrent à parlement enmi les chans, à cheval.
Là fu devisés li consaus des batailles, quantes il en
auroient et queles. Assés i ot parlé d'une chose et d'au-
tres. Mais la fin du conseil fu telle, que l'avangarde
fu commandée au conte Baudoin, pour ce qu'il avoit
moult grant plenté de bonne gent et d'archiers et d'ar-
balestriers, plus que nus qui fust en l'ost. Emprès fu
devisés que Henris ses frères feroit l'autre bataille et
Mahius de Valincourt et maint autre bon chevalier
avoec, et Baudes de Biauveoir i fu. La tierce bataille
fist li quens Hues de Saint-Pol et Pierres d'Amiens,
ses niés, et Huitaces de Canteleu, et Ansiaus de
Caeu, et maint autre bon chevalier qui estoient de

leur païs. La quarte bataille fist li quens Looys de Blois et de Chartain; et moult ert grans et redoutée, que moult i avoit de bone gent et bons chevaliers. La quinte bataille fist Mahius de Monmorenci; Joffrois, li mareschaus de Champaigne, fu en cele bataille et Rogiers de Saint-Chéron, et Manessiers de Lille, Miles li Brebans, Machaires de Sainte-Manehaut, Jehans Fuisnons, Guis de Capes, Clerembaus, ses niés, Robers de Rosoi; tuit cil furent en la quinte bataille, et sachiés qu'il i ot maint bon chevalier. La siste bataille orent cil de Bourgoingne. En cele fu Eudes li Champenois de Chanlite, Guillaumes ses frères, Richars de Dampierre, Eudes son frère, Othes de la Roche, Guis de Coulans, et les gens qui de leur terre estoient et de leur païs.

LXX. La setiesme bataille fist li marchis de Montferrat; mais moult fu fiers outréement et grans, quar il furent Lombart et Toscan et Alemant et toutes les gens qui furent des mons de Moncenis jusques à Lyons seur le Rosne. Tuit cil se tindrent en la bataille, et sachiés qu'il i ot maint bon chevalier. Là fu li marchis et maint autre bon chevalier avec lui, et fu devisé qu'il feroient l'arrière-garde. Li jors fu devisés qu'il se devoient ès nés recueillir et qu'il devoient prendre port à force, si come por vivre ou por morir. Et sachiés que ce fu une des plus douteuses choses qui onques fust à faire. Lors parlèrent li évesque et li clergiés au peuple, et leur monstrèrent qu'il fussent confès et fesist chascuns d'aus sa devise; car il ne savoient quant Dieu feroit son commandement d'aus. Ensi le firent moult volentiers par tout l'ost, et par moult grant dévocion le firent. Li termes vint si come il fu devisés. Li chevalier entrèrent es huissiers à tout leur chevaus, et furent tuit armé et li hiausme lacié et li cheval furent tuit couvert et enselé; et les autres menues gens qui n'avoient mie si grant mestier à la bataille furent ès grans nés et les galies furent amenées et atornées. La matinée fu bele; un poi devant soleil levant, l'emperères Alexis les atendoit à grant batailles et à grans conrois d'autre part. Et chascune galie fu atachie à un huissier pour passer séurement. Né il ne demandèrent mie qui doit aler avant né qui emprès : mais qui ainçois pot ainçois ariva, et li chevalier issirent maintenant des huissiers et saillirent en la mer jusques aus ceintures, les hiaumes laciés, les lances ès poins, les glaives ès mains; et les trompes commencent à sonner trop merveilleusement et trop envoisiement, et li bon serjant et li archier trairent chascuns devers sa compaignie, ensi come il arivoient. Et li Grieu firent molt grant semblant d'els recevoir à bataille, et quant ce vint as lances baissier, si leur tornèrent les dos erramment et s'en alèrent, et leur guerpirent le rivage; et sachiés que onques mais nus pors ne fu pris plus orgueilleusement né plus fièrement.

LXXI. Adonc commencièrent li marinier à ovrir les portes des huissiers, et à giter les pons hors, et commencièrent à monter ès chevaus, et les batailles se commencièrent à rengier. Et li quens de Flandres, qui la première bataille conduisoit, chevaucha, et les autres batailles chascune emprès, si come eles devoient aler ; et alèrent jusques là où li emperères avoit esté logiés, et il s'en fu destornés vers Constantinoble, et avoit fait destendre très et paveillons. De nos barons fu teus li consaus qu'il se hébergeroient seur le port devant la tour Galatas, où la chaîne fremoit qui movoit de Costantinoble ; et sachiés certainement que par cele chaîne convenoit passer qui au port de Constantinoble voloit entrer ; et bien virent espertement li baron, s'il ne prenoient cele tour et cele chaîne, qu'il seroient mort et mal bailli.

LXXII. Ensi se hébergièrent devant la tour, en la Juierie, qu'on apeloit Lestanor, où il avoit moult bone vile et moult riche. Bien se firent la nuit eschargaitier : à l'endemain quant vint à hore de tierce, si firent cil de Galatas une asaillie ; et cil de Constantinoble leur venoient aidier en barges et en nés, et nostre gent corurent maintenant aus armes. Là asemblèrent premièrement Jaques d'Avesnes et sa mesnie après, tout à pié ; et sachiés que il fu moult cargiés et fu férus d'un glaive parmi le cors, et uns siens chevaliers fu montés à cheval, qui avoit nom Nicoles de Joulain. Cis le fist moult bien ; il secoru son seigneur si qu'il en ot moult grant pris ; lors fu li cris levés en l'ost, et nos gens vinrent de toutes pars, et les mistrent ens moult laidement ; et assés en i ot de mors et de pris, si que de tex i ot qui ne retornèrent mie à la tour, eins s'en alèrent ès barges dont il

estoient issus, si que assés en i ot de mors et de pris :
et cil qui guenchirent vers la tor, cil de l'ost les tin-
drent si tost qu'il ne porent les portes refremer. Là
fu li estours dedens la porte moult grans et moult
merveilleus, et leur tolirent par force la porte et
les mistrent ens. Là en ot assés de mors et de pris, et
li pors de Constantinoble i fu gaaigniés.

LXXIII. Moult en furent reconforté cil de l'ost
et moult en loèrent nostre Seigneur ; et cil de la vile
en furent moult durement desconforté. L'endemain
firent totes les nés traire as pors et tous les vessiaus.
Adonc pristrent cil de l'ost conseil qu'il porroient
faire, s'il asaudroient la vile ou par mer ou par
terre : et li Vénicien s'acordèrent à ce qu'il asausis-
sent par mer, et li François distrent qu'il ne se sa-
voient mie si bien aidier par mer conme il faisoient
par terre. Mais quant il auroient lor chevaus et lor
armes, si se sauroient mieus aidier à la terre.

LXXIV. Ensi fu la fin del conseil que li baron
de l'ost asaudroient la vile par terre, et li Vénicien
par mer. Ensi séjornèrent quatre jors : au cinquiesme
après s'arma tous li os, et chevauchièrent les ba-
tailles ensi come eles estoient devisées, par-desus
le port, jusques en droit le palais de Blaquerne. Et la
navie vint par dedens le port et de ci endroit aus : et là
si a un flum qui fiert dedens la mer, et l'en n'i pot
passer sé par un pont de pierre non. Li Grieu avoient
ce pont rompu, et li baron firent toutejor labourer l'ost

et le pont affaitier toute la nuit. Einsi fu li pons refais; et les batailles des barons furent armées au matin, et chevauchièrent li uns après l'autre, si comme les batailles estoient ordenées, et alèrent devant la ville; et nus de la ville n'issi encontre aus, dont mout fu grans merveille, car pour quatre qu'il estoient en l'ost, estoient-il en la cité dui cent. Lors fu li consaus des barons teus, que il se herbergeroient entre le palais de Blaquerne et le chastel de Buiemont, qui est une abaïe close de murs; et lors furent tendu li nef et li paveillon. Mout fu merveilleuse chose à esgarder; car de Constantinoble, qui tenoit trois liues devers la terre de front, ne pooit li os ataindre que l'une des portes. Et li Vénicien furent en la mer, ès nés et ès vaissiaus, et drecièrent les eschièles et les mangoniaus et les pierrières, et ordonnèrent leur assaus mout bien; et li baron ratornèrent le leur par terre de perrières, de mangoniaus et d'autres engins; et sachiés qu'il n'ièrent mie en paix, car n'iert eure, né de jor né de nuict, que l'une de leur batailles ne fust toute armée devant la porte, pour garder les engins et les saillies; et, pour ce, ne demoroit mie qu'ils n'en fésissent assés par cele porte ou par autres; si qu'il les tenoient si court, que sept fois ou huit les convenoit le jour armer; né il n'avoient mie pooir de pourchacier viandes quatre arbalestrées loing de l'ost, si en avoient-il mout poi sé de fèves non; et de bacons avoient-ils pou, et de fresche char n'avoient-ils point, fors de chevaus que on ocioit: et sachiés qu'il n'avoient viandes entr'aus tous à plus de trois semaines, et mout estoit périlleusement; car onques de si poi de gent tant de pueple ne fu assegié en une vile.

LXXV. Lors se pourpensèrent d'un mout grant engien; car il fermèrent tout l'ost de mout bones lices, de bons mairiens et bones barres : si en furent plus fort et plus seur. Néporquant li Grieu leur faisoient si sovent saillies que il ne les laissoient reposer; et nostre baron les remetoient ens mout durement; et toutes les fois qu'il issoient fors, y perdoient li Grieu. Un jor faisoient li Bourguegnon le guet et li Grieu leur firent une saillie et issirent de leur meilleures gens une partie; et li nostre leur corurent sus et les menèrent si près de la porte que on lor gietoit grant fais de pierres sor les cors. Là ot pris un des meillors Grieus, qui avoit non Coustantins li Acres, et le prist Gautiers de Nulli tout monté seur son cheval; et là ot Guillaumes de Champlite le bras brisié d'une pierre, dont mout fu grant li domages, car mout estoit preus et vaillans. Tous les navrés né tous les mors, né quanque s'en issit ne sai-je mie deviser. Mais ains que li estors finast vint uns chevaliers de la mesnie le frère Baudoin de Flandres, qui avoit non Quennes dou Marchais, et ne fu armés que d'un gambeson et d'un chapel de fer, son escu à son col; cil le fist merveilleusement à l'ens-metre, si que le pris l'en dona-on.

LXXVI. Que vos diroie-je? Poi estoit eure que on ne féist saillies; mais je ne vos puis mie tout retraire. Tant tenoient li Grieu nostre gens près qu'il ne pooient dormir né reposer, né mangier né boire, sé armé non. Une autre saillie firent-il par une autre porte qui estoit amont, où li Grieu reperdirent assés; mais il i fu mors uns chevaliers qui avoit non Guillaumes d'Ogi. Là le fist mout bien Mahius de Valaincourt, car il perdi son cheval, droit à la porte devers Blaquerne. Cele porte, où li Grieu issoient plus sovent, ot Pieres de Braiecuel en garde : si en ot le pris seur tous, pour ce qu'il estoit plus près logiés que li autre. Einsi leur dura cis périls et cis assaus près de dis jors; tant qu'à un jeudi matin fu leur assaus atornés, et leurs eschièles furent ordenées si comme eles devoient; et Vénicien orent le leur atorné par mer. Einsi fu li assaus devisés que les trois batailles des sept devoient l'ost garder par defors, et les autres quatre devoient aler à l'assaut. Li marchis de Monferrat garda l'ost par devers les chans; et la bataille des Bourguignons et des Champenois, et Mahius de Monmorenci, li quens de Flandres, et Henris ses frères, li quens de Blois et li quens de Saint-Pol, et toutes les autres gens qui à aus se tenoient alèrent à l'assaut, et drecièrent les eschièles à une barbacane emprès la mer. Li murs fu mout bien garnis d'Englois et Danois, et li assaus fu fors et durs, si que nostre chevalier et nostre sergant montèrent par vive force sur les eschièles et conquistrent le mur seur aus. Bien furent jusques à seize seur le mur et se combatoient main à main de haches et d'espées; et cil de dedens se renforcièrent tant qu'il les remistrent hors mout laidement, et en reteindrent deus; cil furent mené devant l'empereour Alexis, qui mout en fu liés.

LXXVII. Ensi remest li assaus devers nostre gent, et mout en i ot de bléciés et de navrés. Si en furent li baron mout corroucié. Et li dus de Venise ne s'atarja mie; ains ot fait ses nés et ses vaissiaus ordener tout d'un front; et dura-il bien cis frons trois arbalestrées, et commença aprochier la rive qui desoz les murs et desoz les tours estoit. Lors véissiés mangoniaus jeter des nés et des huissiers, et quarriaus d'arbalestes traire mout delivrement, et les eschielles aprochier de la vile si durement qu'en plusieurs lieus s'entreferoient de lances et d'espées; et li cris estoit si grans que il sembloit que terre et mer déust fondre: et sachiés que les galies n'osoient terre prendre.

LXXVIII. Or poés oïr estrange fierté que li dus de Venise fist, qui viels homs estoit et rien ne véoit. Il estoit tout armés au chief de sa galie, et avoit devant lui le gonfanon Saint-Marc. Il escria as siens qu'il le méissent à terre vistement, ou sé ce non il feroit justice de leur cors; et il firent tantost son commandement, car la galie où il estoit prist terre tout maintenant. Et cil qui dedens estoient saillirent fors et portèrent le gonfanon Saint-Marc à terre.

LXXIX. Quant li Vénicien virent le gonfanon Saint-Marc à terre, et la galie leur seigneur qui ot prise terre, si se tint chascuns à honis s'il ne faisoit ausinc. Dont vindrent tuit à terre, et cil des huissiers saillirent fors, et cil des grans nés entrèrent ès barques et saillirent hors qui ains ains, qui miels miels. Lors véissiés assaut grant et merveilleus; et bien le tesmoigne Joffrois li mareschaus de Champagne, qui ceste œuvre traita et tout vit cela à l'ueil, et plus de quarante barons tesmoignent que il virent le gonfanon Saint-Marc de Venise sur une des tours de Constantinoble, et onques ne sorent qui l'i porta. Et par la volenté de nostre Seigneur, cil de la cité s'enfoïrent et guerpirent les murs, et Véniciens entrèrent ens ens, qui miels miels, si qu'il saisirent vint-cinq des tors et les garnirent de leur gent.

LXXX. Lors prist li dus de Venise un batel et manda erramment as barons de l'ost que il avoit vint-cinq tors prises, « et bien sachent de voir que ne les y pooient reperdre; » et li baron en furent si lié que il ne le pooient croire sé à peine non; et li Vénicien commencièrent à envoyer chevaus et palefrois en lor batiaux de ceux qu'il avoient en la ville pris et conquis. Et quant li emperères Alexis vit qu'il estoient ainsi entré en la cité, si commença sa gent à grant foison à envoier vers els, que cil virent bien tout espertement qu'il ne les porroient soufrir. Dont boutèrent le feu entr'ex et les Grieus; et li orages venoit devers nos gens. Si commença le feu si grans à esprendre que li Grieu ne pooient nos gens véoir. Ensi se retraitrent li Vénicien à leurs tors que il avoient laissiées et conquises. Adont issi li emperères Alexis par une autre porte, à toute sa force, bien loing à demie-liue de l'ost; et commencièrent si grant gens à issir que ce sembloit vraiement tous li mondes. Lors fist les batailles ordener parmi la champaigne, et chevauchièrent vers l'ost des François molt efforciement; et quant nos François les virent venir, si saillirent as armes de toutes parts.

LXXXI. Cil jor, fist Henris, li frères au conte Baudoin, entre lui et ses gent la gaite as engiens, devant la porte de Blaquerne; et Mahius de Valaincourt avec lui, et Baudoins de Biauveoir et les gens qui à aus se tenoient. Et l'emperères Alexis avoit apareilliés grans gent pour assaillir aus trois portes, comme il se ferroit en l'ost d'autre part. Lors vindrent avant les sis batailles des barons de France qui estoient armées, et se rengièrent par devant les lices, et lor sergent et lor escuier à pié, par derrière, seur les cropes de leur chevaus, et li archier et li arbalestier par devant els; et firent une bataille de leur chevaliers à pié, dont il y avoit bien dui cens qui n'avoient mais eu nul cheval : einsi se tindrent coi devant lor lices, et firent mout grant sens; car sé il allassent avant à la grand foison de Grieus assembler, cil avoient si grand foison de gent que tuit fussent noié et ja n'i reparussent. Il sembloit que toute la champaigne fust coverte de batailles, et sans faille si estoit-ele. Il venoient le petit pas tuit ordené, et mout sembloit estre périlleuse chose, quar nostre gent n'avoient que dis batailles et li Grieu en avoient plus de quarante; et n'i avoit celle qui ne fust graindre de une des nostre; mais les nostre estoient ordenées en tel manière qu'on ne pooit à eus venir sé par devant non.

LXXXII. Que vos diroie-je? Tant chevaucha li emperères Alexis qu'il fu près de nostre gent, si que bien porent traire des uns batailles aus autres; et quant li dus de Venise le sot, si fist ses gens retraire, et leur fist guerpir les tours qu'il avoient prises, et dist qu'il voloit vivre ou morir avec les pelerins. Einsi s'en vint li dus de Venise par devers les pelerins, et descendi il-meismes devers l'ost à terre, et ce qu'il pot metre hors de sa gent il mist. Einsi furent les batailles longuement front à front; et onques li Grieu n'osèrent venir seur nos pelerins né leur lices eslongier; et quant l'emperères Alexis vit ce, si commença ses gens à faire traire arrières, à toutes ses batailles ordenées, et s'en commença à r'aler arrières en tele menière comme il estoient venus. Et quant nostre gent virent ce, si commencièrent à aler le petit pas emprès les batailles des Grieus, et les batailles des Grieus se trairent vers un palais l'empereour qui estoit apelés li Phelipos. Et sachiés certainement qu'onques nostre Sires ne traist nule gent de plus grant péril comme il fist nos pelerins celui jor; et sachiés qu'il n'i ot si hardi qui n'éust grant joie.

LXXXIII. Ensi remest cele saillie, que plus n'i ot fait à cele fois. L'emperères Alexis s'en ala arrières en la cité, et nostre gent retornèrent arrières en leur herberges. Dont se désarmèrent come cil qui mout estoient lassé et travaillié. Petit mangièrent et burent, car petit avoient viande. Mais or oés un biau miracle que nostre Sires i fist. En cele nuit, li emperères Alexis prist de son trésor quanqu'il en pot porter et enmena de gent ce que il en pot mener et qui aler s'en vodrent avec lui; et s'enfoï et laissa la cité, et cil de la ville demorèrent mout durement esbahi. Dont vindrent en la prison où li emperères Kyrsac estoit, cil à qui l'emperères Alexis avoit les iels crevés, et puis le vestirent impérialment et l'enmenèrent el haut palais de Blaquerne et l'asistrent en haute chaière, puis obéirent à lui come à seigneur.

LXXXIV. Dont pristrent messages et les envoièrent as barons et au fil l'empereor, et leur mandèrent que li emperères Alexis s'en estoit fuis, et qu'il avoient l'empereur Kirsac levè à seigneur. Quand li vallès de Constantinoble oï ces nouvelles, si manda le marchis Boniface, et li marchis manda les barons par l'ost. Et quant il furent assemblés au pavillon, le fil l'empereour Kirsac si leur conta ceste novele; et quant ils l'oïrent ne convient mie à demander s'il en orent grant joie. Molt fu nostre Sires piteusement loés et merciés par les pelerins, pour ce que il les avoit en tele manière secorus, en poi de tans; et de ce que il estoient mis au desor de ce dont il soloient estre au-desous; et pour ce puet-on dire tout séurement que qui nostre Sire veut aidier, mauvais hom ne li puet nuire.

LXXXV. Lors commença à ajorner, et li os se commença à armer tout communalment, pour ce qu'il ne créoient mie veraiement des Grieus : et li message commencièrent à issir dui à dui et trois à trois, et contèrent ces meismes noveles au conseil le duc de Venise. Li parlemens fu tex qu'il envoieroient por savoir comment l'affaire estoit, et sé ce estoit vérités qu'on leur avoit dit; et mandèrent à l'empereour Kyrsac que il asseurast les convenances que ses fils avoit asseurées; ou autrement il ne le lairoient mie entrer en la vile.

LXXXVI. Que vos diroie-je? Li messaige furent esleu. Mahius de Monmorenci en fu li uns, et Joffrois li mareschaus en fu li autres; et dui Vénicien furent envoié avec aus de par le duc de Venise. Si furent li message conduit jusqu'à la porte, et on leur ovri, et il descendirent à pié; et li Grieu avoient mis Englois et Danois, à toutes leur haches, de la porte jusques au palais de Blaquerne. Li message errèrent tant qu'il vindrent ou palais. Là trovèrent l'empereour Kyrsac moult richement apareillié come emperères devoit estre, et l'empereris sa feme, moult bele dame qui estoit suer le roi de Hongrie. Des autres homes et des autres dames i avoit-il tant qu'on n'i pooit son pié tourner. Et tout cil qui avoient devant esté contre lui estoient celui jour à sa volenté. Li message vinrent devant l'empereour et les barons, et tuit li autre les honorèrent moult durement. Li message li distrent que il voloient à lui parler privéement de par son fil, et de par les barons de l'ost. Li emperères se dressa tout meintenant et entra en une chambre, et n'i mena fors l'empereris sa fame, et son drughemant et son chancelier, et les quatre messages. Par l'acort aus autres messages, Joffrois li mareschaus mostra la parole, et dist en tele manière à l'empereour Kyrsac : « Sire, tu vois le servise que nos avons fait à ton fil, « et coment nos li avons bien sa covenance tenue; « né il ne puet ceans entrer devant qu'il aura fait à « nostre créant les covenances qu'il a à nous. Si man- « de-il à toi come à seigneur que tu nos confirmes « nostre covenance en tele meniere come il le nous « a fait. »

LXXXVII. « Quelle est la covenance ? » fait li emperères. « Tele come je vos dirai, » fait li messa- ges. « Tout premiers, mettre tout vostre empire en « l'obedience de Rome, si come il i a autrefois esté; « après, doner dui cent mile mars d'argent à ceus de « l'ost, et viande à un an as petis et as grans; et si de- « vés mener dis mil homes à pié et à cheval; tels à pié « come nous vorrons; tels à cheval come vous vorrés, « à vos navie et à vos despens tenir en la terre de Ba- « bilone un an; et en la terre d'outre-mer tenir six « cens chevaliers à vos despens tant come il vivra, qui « la terre garderont. Ce est la covenance que vostre fils « a à nous, et si la nous a asseurée par chartres et par « serement, et par le roi Phelippon d'Alemaigne mees- « mement, qui vostre fille a; et ce vos requerons que « vos aussi le nous asseurés. « Certes, » fait li empe- rères, « la covenance est mout grans, né je ne puis « maintenant véoir né penser comment elle puisse estre « ferme; et nonporquant, vos avés servi tant moi et « lui que sé l'en vos donoit tout l'empire, si l'avés-vos

« plus que deservi. » En meintes manieres i ot paroles dites et retraites que je ne vos sai mie né ne vous puis toutes conter; mais la fin du conseil fu tele que li emperères asseura les covenances en tele manière come le fils les avoit asseurées par chartres et par seremens. Dont prisrent li message congié à l'empereour Kyrsac, et retornerent arriere en l'ost, et conterent ceste afaire aus barons. Li baron distrent qu'il avoient bien fait la besoigne, et lors monterent à cheval, et menerent le vallet à son père en la cité, à moult grant joie; et li Grieu si ovrirent la porte et le reçurent à mout grant honeur. La joie du père et du fils fu mout grant, car grant piece avoit qu'il ne s'estoient mie entrevéus. Einsi fu la feste mout grans dedens Constantinoble, et en l'ost defors des pelerins, pour l'oneur que Dieu leur avoit donée. A l'en demain, pria li emperères Kyrsac et ses fils as contes et as barons de l'ost que il pour Dieu s'alassent hébergier d'autre part del port par devers l'Escanor et devers Galatas : car sé il en la vile se hébergéoient, il avoit peor que descorde ne vénist entr'aus et les Grieus, et sé ce li venoit, la cité en porroit bien estre destruite. Et li baron respondirent que il l'avoient tant servi en maintes manieres qu'il ne refuseroient rien que il lor priast. Ensi s'alerent herbergier d'autre part du port, à grant plenté de bones viandes. Or poés savoir que maint de ceus de l'ost alèrent véoir Constantinoble, les riches palais et les hautes églises, dont il i avoit tant que onques mais en une cité n'en ot autant; des saintuaires né des hautes reliques qui i estoient ne covient-il mie parler, quar il en i avoit plus qu'en tout le remanant del monde. Ensi furent communement li Grieu et li François ensemble de toutes choses et de marcheandises et d'autres biens; et par le commun conseil des François et des Grieus fu devisé qui li noviaus emperères seroit coronnés à la feste Saint-Piere, à l'entrant d'aoust.

LXXXVIII. Ensi come il fu devisé fu-il fait. Couronnés fu si noblement et si richement come l'en couronnoit à celui tans les emperères Grieus. Après commença à paier l'avoir que il devoit à ceus de l'ost, et il le despendirent par l'ost, et rendirent à chacun son passage, tel come il avoit paié en Venise. Li noviaus emperères aloit sovent véoir les barons de l'ost et les honora tant come il pot, et il le devoit bien faire, quar moult bien l'avoient servi. Un jour vint en l'ost parler privéement droit à l'hostel au conte Baudoin. Là fu mandés li dus de Venise et li autre baron, et li emperères leur mostra une parole et dist : « Seigneur, je suis emperères de par Dieu et de par « vous ; et bien m'avés fait le plus haut servise que mais « nule gent féist à home. Mais sachiés certainement « que moult de mes gens me mostrent mout grant « semblant d'amor qui ne m'aiment mie, et moult « torne aus Grieus à grant despit que je suis par vos- « tre force rentré en mon heritage ; li termes est près « que vos en devés aler, et la compaignie de vos et « des Véniciens ne doit durer que jusques à la Saint- « Michiel. Dedens si court terme je ne vos puis nostre

« covenant tenir, et sé vos me laissiés, li Grieu me
« héent durement pour vos, et je reperdrai la terre.
« Mais faites s'il vos plaist une chose que je vous dirai :
« demorés jusques en mars, et je vos alongnerai vostre
« estoire de la feste Saint-Michiel en un an, et paierai
« tout vostre coust as Véniciens, et vous donerai tout
« ce qu'il vos sera mestier jusques à Pasques; et dedens
« celui terme aurai-je ma terre mise en tel point à l'aide
« de Dieu et la vostre, que jamais ne la pourai perdre,
« et vostre covenance sera atendue. Quar je aurai l'a-
« voir qui me vendra de toute part de ma terre, et si
« serai-je bien atornés d'aler avec vos ou d'envoier
« si come je vous ai en covenant. Dont auriés-vos tout
« plainièrement l'esté pour ostoier. » Li baron distrent
que il parleroient ensemble sans lui. Dont en par-
lèrent, et connurent bien qu'il ne leur disoit sé vérité
non, et que ce estoit moult bien à faire pour l'em-
pereour, et pour els-meesmes; si distrent que il ne le
pooient faire sé par le comun esgart non, et il en par-
leroient ensemble à ceus de l'ost, et puis respon-
droient ce qu'il i auroient trové.

LXXXIX. Ensi se parti li emperères d'aus et
s'en rala en Constantinoble : et il remestrent en l'ost
et prisrent l'en demain un parlement, et furent tuit
mandé li baron et li chevetaine de l'ost et la plus
grande partie des chevaliers; et adont fu ceste chose
retrete à tous comunément, ensi come li emperères
leur avoit dit. Lors ot mout grant descorde en l'ost,
si come il avoit eu maintes fois, de ceus qui volis-

sent que l'on se départist, quar il lor sembloit qu'il durast trop longuement. Dont vindrent avant cil qui se descordoient et semondrent les autres de leur seremens, et distrent : « Bailliés-nous les vaissiaus, ensi « come vos l'avés juré ; quar nous en volons aler en « Surie. » Et li autre leur crient merci, et distrent : « Ha, seigneur ! pour Dieu, ne perissons mie la grant « honeur que nostre Sire nos a faite : sé nos alons en « Surie, yvers enterra maintenant que nos y venrons, « et ne porrons nous ostoier ; ensi sera la besoigne « dame Dieu perdue ; mais sé nos atendons jusques en « mars, nos laisserons cest empereour en bon estat, et « nos irons riches d'avoir et de viandes, et corrons en « la terre de Babilone, et nostre estoire durera jus- « ques à la Saint-Michiel, et de la Saint-Michiel durera « jusques à la Pasque ; pour ce qu'il ne se poront dé- « partir de nos por l'iver; et ensi porra la terre d'ou- « tre mer estre restorée. » Il ne chaloit à ceus qui l'ost voloient depecier del meilleur né del peieur, mais que li os se départist ; et cil qui l'ost voloient ensemble tenir travaillièrent tant à l'aide de nostre Seigneur que li afaires fu mis à fin en tele maniere que li Vénicien leur jureroient un an, de la feste Saint-Michiel, à tenir l'estoire, et li emperères leur dona tant que fait fu, et li pelerin leur jurerent compaignie à tenir, si come il avoient fait autre fois, à celui terme meismes ; et ensi fu la concorde et la pais mise en l'ost. Lors avint une grant mésaventure ; quar Mahius de Monmorenci, qui bien estoit uns des bons chevaliers de l'ost, et du roiaume de France des plus prisiés et des plus amés, acoucha malades, et tant fu agrevé qu'il morut; dont moult fu grans domages, un des greigneurs qui onques avenist en cel ost pour le cors d'un home : et fu enterrés à une eglise de Saint-Jehan de l'ospital de Jerusalem. Après, par le conseil des Grieus et des Frans, issi li emperères à mout grant ost de Constantinoble por l'empire acliner et metre en sa volenté. Avoec lui s'en ala grans partie des barons, et li autre remest pour l'ost garder. Li marchis Bonifaces de Monferrat ala avoec lui, li quens Hues de Saint-Pol, et Henris li frères au conte Baudoin, et Jacques d'Avesnes, et Guillaumes de Chanlite, et Hugues de Colemi et autres gens dont nous ne faisons nule mention.

XC. En l'ost remest li quens Baudoins de Flandres et de Haynau, et li cuens Looys de Blois et de Chartrain, et la graindre partie des pelerins; et sachiés qu'en cel ost où li emperères ala, que tout li Grieu de l'une partie et de l'autre del bras Saint-George vindrent à son commandement, et li firent feuté et homage come à leur seigneur, fors seulement Johannis li rois de Blaquie et de Borgherie. Cil Johannis estoit uns Blas qui s'estoit revelés contre son père et contre son oncle, et les avoit guerroiés vint ans, et tant avoit de la terre conquise que rois s'en estoit fait riches. Et sachiés que de cele partie del bras Saint-George devers occident, poi s'en faloit qu'il n'en ot tolu la moitié. Et cis ne vint pas à la volenté de l'empereur né à sa merci.

XCI. Endementiers que li emperères Alexis fu en l'ost, ravint une moult grans mésaventure en Constantinoble. Car une meslée commença des Grieus et des Latins qui en Constantinoble estoient estagier, dont moult i en avoit; et ne sai queles gens mistrent par mal le feu en la vile. Cis feus fu si grans et si oribles que nel pot nus abaissier né estaindre; et quant li baron de l'ost qui de l'autre part du port estoient hebergié virent ceste aventure, si en furent moult dolent et moult irié, et moult en eurent grant pitié. Car il virent ces hautes yglises et ces riches palais fondre, et ces grans rues marchéandes ardoir à feu, et il n'en pooient plus faire. Ensi pourprist le feus de defors le port en travers jusques parmi le plus espeis de la vile, et tresques en la mer d'autre part, rés-à-rés del mostier Sainte-Soufie; et dura li feus dui jors et dui nuit, que ainc ne pot estre estains par nule home, et tenoit bien li frons del feu si come il aloit ardant, demie-liue de terre. Dou domage né de l'avoir et de la richesce qui là fu perdue ne vos porroit nus raconter, et des homes et des femes dont il i ot moult ars; et tout li Latin qui estoient hebergié en Constantinoble, de quelque terre que il fussent, n'i osèrent puis demorer; ains pristrent leur femes et leur enfans, et de leur avoir ce qu'il porent traire del feu né eschaper, et entrèrent en barges et en vaissiaus, et passèrent le port par devers nos pelerins; et ne furent mie si poi que il ne fussent encore quinse mile, que petit que grant et puis fu-il grans mestiers aus pelerins qu'il fussent ensi outre-passé. Ensi furent desacointié li Franc et li Grieu, et ne furent mie si commun come il avoient esté devant. Si furent descompaignié et ne s'en sorent à qui prendre, quar il leur en pesa durement d'une part et d'autre. — En celui termine leur avint une chose dont il furent moult irié; car li abbés de Los, qui moult estoit preudons et sains homs et qui de bon cuer avoit volu le bien de l'ost, morut.

XCII. Ensi demora li emperères Alexis mout longuement en l'ost où il estoit alés, jusques à la feste Saint-Martin, et lors revint-il en l'ost arrières. Mout firent grans joie de sa venue li Grieu et la gent de Constantinoble; et les dames de la vile alèrent encontre leur amis, à grans chevauchiées; et li pelerin r'alèrent encontre les leur à grant joie. Ensi s'en entra li emperères en Constantinoble et ala el palès de Blaquerne, et li marchis de Monferrat et li autre baron s'entornèrent en l'ost arrières. Li emperères qui mout avoit bien fais ses afaires, et cuidast bien del tout estre au-desus, s'enorgueilli mout envers les barons et envers ceus qui tant bien li avoient fait et servi, et ne les ala mie véoir si sovent come il souloit; et il envoièrent sovent à lui, et li demandoient qu'il leur féist paiement de l'avoir qu'il lor avoit en convenant, et il les menoit de respit en respit, et leur faisoit d'eures en autres petis paiemens et povres, et en la fin fu li paiemens néans. Li marchis Bonifaces, qui plus l'avoit servi et miels estoit de lui que nus des autres, y aloit mout sovent et li blasmoit le tort qu'il avoit envers els, et li reprovoit sovent le grant servise qu'il li avoient fait, que onques si grans ne fu fait à home; et il les menoit tout adès par respit; né chose que il créantast ne tenoit; tant que il virent et conurent clerement que il ne queroit vers els sé mal non.

XCIII. Dont pristrent li baron de l'ost et li dus de Venise un parlement ensemble, et distrent qu'il véoient bien tout apertement que li emperères ne leur tenoit nule convenant, et qu'il ne leur disoit onques voir, et bon seroit que il envoiassent à lui bons messages pour demander leur covenances, et pour bien reprover leur servise; et sé il le voloit faire, si le préissent, et sé ce non si le défiassent de par els, et bien li déissent apertement que il pourchaceroient le leur si come il porroient. A ce message fu esleus Quenes de Béthune, Joffrois de Villehardoin li mareschaus et Miles li Brebans de Provins; et li dus de Venise y envoia haus homes de son conseil; ensi montèrent li message seur leur chevaus, les espées ceintes, et chevauchièrent ensemble jusques el palès de Blaquerne; et sachiés que selonc la grant traïson qui es Griex estoit, il i alèrent en grant péril et en grant aventure. Quant il furent venus jusques au palais, il descendirent à la porte et entrèrent ens, et trovèrent l'empereour Kyrsac le père, et l'empereeur Alexis son fil, séant ambedui lez-à-lez en dui chaieres, et de lès els séoit l'empereris, qui feme estoit au père et marastre au fil, et estoit suer le roi de Hongrie, bele dame et bone durement. Et avoec els avoit grant plenté de bone gens, et mout sembloit bien cour à riche prince. Par l'assentement des autres messages monstra la parole Quesnes de Béthune, qui plus estoit sages et bien emparlés que nus des autres, et dist en tele manière :

XCIV. « Sire, nous somes à vous venu de par
« les barons de l'ost et de par le duc de Venise; et
« sachiés que il reprouvent le service que il ont à
« vous fait, tel come toute la gent sevent, et come
« il est aparissant : vos et vostre pères lor avés juré
« leur convenances à tenir; il en ont vos chartres.
« Vous ne leur avés mie si bien tenu come vous
« déussiés. Meintes fois vous en ont semons et encore
« vous en semmonnons-nous, voiant tous vos barons.
« Sé vous le faites, mout leur sera bel, et sé ce non,
« il ne vos tiennent né pour seigneur né pour ami.
« Ensi porchaceront que il auront leur raison, en
« toutes les manières que il porront : et bien vous
« mandent ce; que, sans defiance, il ne feroient mal
« né à vous né à altrui, quar il ne firent onques trahi-
« son, et en leur terres n'est-il mie acoustumé que il
« le facent. Vous avés bien oï ce que nous vous avons
« dit; si vous conseilliés ensi que il vous plaira. »
Mout tindrent li Grieu à grant merveille et à grant outrage ceste deffiance, et distrent que onques més nus home el monde ne fu tant hardis qu'il osast deffier l'empereour de Constantinoble en sa chambre méismes.

XCV. Mout fist li emperères mauvais semblant as messages, et ensi firent li Grieu qui mainte fois leur avoient bel fait. Li bruis fu mout grans par là dedans, et li message s'en tornèrent sans autre delaiement et vindrent à la porte, si montèrent seur leur chevaus; et quant il furent hors de la porte, si n'i ot celui qui moult ne fust liés, et ce ne fu mie grans merveille; car de mout grant péril furent eschapé, et à mout poi se tint qu'il ne furent maubaillis. Ensi s'en revindrent en l'ost, et contèrent as barons comment il avoient esploité; et ensi conmença la guerre, et forfist qui forfaire pot par terre et par mer. En maint leu assemblèrent li François as Grex, né onques, Dieu merci, n'assemblèrent que plus n'i perdissent li Grieu que li François. Ensi dura la guerre grant pièce, jusques au cuer d'iver; et lors se porpensèrent li Grieu d'un mout grant engin; car il pristrent dix-sept grans nés et les emplirent de grans merriens et d'estoupes et de pois, et de tonnauts vuis; et atendirent tant que li vens devers els monta mout durement; et une nuit endroit mienuit, il mistrent le feu en ces nés et laissièrent les voiles aler au vent, et li feus aluma mout haut, si qu'il sembloit que toute la terre ardist.

XCVI. Ensi vindrent ces nès vers la navie as pelerins, et li cris lève en l'ost, et il saillent as armes de toutes pars. Li Vénicien courent à leur vaissiaus et tuit li autre qui vaissiaus avoient et les commencent à rescoure moult viguereusement dou feu; et bien tesmoigne Joffrois li mareschaus de Champaigne, qui ceste œvre dita, que onques gens ne se aidièrent plus asprement sor mer; car il sailloient ès barges et ès galies des nés, et prenoient les nés toutes ardans à cros de fer et les tiroient par vive force fors du port, voiant tous leurs anemis, et les menoient el corant del bras, et les laissoient aler ardant contreval le bras. Des Grieus i avoit tant venus, que toute la rive en estoit pleine et coverte, et estoit li cris si grans qu'il sembloit que la terre et la mer déust fondre; et entroient ès barges, et traioient à nous qui rescouroient le feu; et en i ot assés de bléciés. Et la chevalerie de l'ost quant elle oï le cri, si s'armèrent tuit, et issirent les batailles as chans et chascune là où ele estoit hebergiée, droit encontre leur anemis; et doutèrent-il que li Grieu ne les venissent assailir par devers les chans. Ensi soufrirent ce travail et cele angoisse, jusques au cler jor : mais, la Dieu merci, ne perdirent-il riens fors une nef de Pisans qui pleine estoit de marcheandise : cele fu arse du feu.

XCVII. Moult eurent esté en grant péril celle nuit; car sé la navie fust arse, il fussent tout perdu, si ne s'en péussent aler par mer né par terre. Tel gueredon leur voult rendre li emperères Alexis del servise que il li avoient fait. Et lors, virent li Grieu que il estoient si meslé as François qu'il n'i avoit mès point de pais. Lors pristrent conseil privéement pour lor seigneur traïr. Il i avoit un Grieu qui miex estoit de l'empereour que tuit li autre, et plus li ot enorté à faire la bataille contre les François que nus. Cis Grieus avoit non Morchufles. Or avinst que li emperères Alexis se dormoit un soir à la mienuit en sa chambre, et cil Morchufles vint en sa chambre par le conseil des autres Grieus méesmement, et le prist en son lit et le jeta en une prison; et Morchufles chauça erramment les hueses vermeilles, par l'aïe et par l'enortement des autres Grieus. Si firent de lui empereour; et après le couronnèrent el mostier Sainte-Sophie. Or oiez sé oncques mais fu faite si grant traïson par nulle gent, puis Jhesu-Crist!

XCVIII. Quant li emperères Kyrsac oï que ses fils estoit pris et Morchufles couronnés, si ot grant peour de lui, et li prist une maladie dont il morut: et cil emperères Morchufles fist l'empereour Alexis dui fois ou trois empoisoner, mais à Dieu ne plot mie que il en morust: et après, quant il vit ce, si l'estrangla et fist dire partout que il estoit mort de sa mort, et le fist moult honorablement sévelir come empereour, et mettre en terre, et fist grant semblant que il l'en pésast. Mais murdres ne puet longuement estre celés. Et clèrement fu seu prochainement des Grieus et des François comment il avoit esté estranglés, et comment Morchufles avoit ovré. Lors pristrent li baron de l'ost et li dus de Venise un parlement: si i furent mandé li évesque et tous li clergiés, et mostrèrent cil qui de par l'apostole estoient en l'ost as barons et as pelerins que cil qui tel murdre avoit fait n'avoit droit a terre tenir, et tout cil qui en estoient consentans en estoient parçonnier; et, avec tout ce, que cil estoient soustrait de l'obedience de Rome; « pourquoi « nous disons, » fait li clergiés, « que s'il n'avoient « autre meffait, si seroit-il droit qu'on alast seur eus, « et qu'il perdissent la terre; et quant il est ensi qu'il « ont fait si vilain murdre, nous otroions le pardon « de par l'apostole de Rome, à tous ceus qui confès « morront, por cest forfait adrecier. »

XCIX. Ceste parole fu grans confors as pelerins et as barons. Dont commença mout grans la guerre entre les François et les Grieus. Ele n'apetisa mie, ains crut plus et plus; et poi estoit de jour que il n'assemblassent par terre ou par mer. Lors fist Henris, li frères le conte Baudoin, une chevauchie, et mena avoec lui grant partie de la bone gent de l'ost : Jacques d'Avesnes i ala, et Baudoins de Beauvoir, et Eudes de Chamlite et Guillaumes ses frères, et les gens de leur païs. Dont se départirent à une avesprée de l'ost, et chevauchièrent toute nuit; et l'en demain de haute heure vinrent à une bonne ville que l'on apele Afilée, et la pristrent et i firent grant gaaing de proies et de prisons, de robes et de viandes, qu'il envoièrent ès barges en l'ost, tout contreval le bras. Car la ville séoit seur le bras de Roussie. Ensi séjornèrent en la ville dui jour à mout grant plenté de viandes, de quoi il avoient assés. Au tiers jour s'en partirent à toute leur proie et à tout leur gaaing, et chevauchièrent arrières vers l'ost. Li emperères Morchufles oi novelles que cil estoient fors de l'ost Dont se parti par nuit de Constantinoble à grant partie de son ost, et se mist en un aguet où cil devoient venir. Si les vit passer à tout leur gaaing, et les batailles venir l'une après l'autre tant que l'arrière-garde vint; et l'arrière-garde faisoit Henris, li frères le conte Baudoin de Flandres et la soie gent. Et li emperères Morchufles lor couru sus à l'entrée d'un bois, et cil recorurent encontre lui et assemblèrent mout durement. Mais à l'aïe de Dieu fu desconfis li emperères Morchufles, et il méismes i dut estre pris. Là perdi-il son gonfanon roial, et une ancone qu'il faisoit porter devant lui, où il se fioit mout durement, aussi faisoient li autre Grieu; car l'image Nostre-Dame i estoit fremée. Et i perdi bien jusques à vint chevaliers de la meilleure mesnie que il avoit.

C. Ensi fu desconfis l'emperères Morchufles, et fu grans la guerre entre lui et les François; et fu jà de l'iver grant partie passée et entour la Chandelor estoit et prochoit li Caresmes. Mais or vous lairons de ceus qui sont devant Constantinoble. Si parlerons de ceus qui alèrent as autres pors, et de l'estoire de Flandres qui avoit, l'iver devant, séjorné à Marseille et furent tuit, en l'esté, passé en la terre de Surie. Et furent assés plus que cil qui estoient devant Constantinoble. Or entendés come grans domages ce fu, quant il ne furent avec aus ajousté; tous jors mais en fust crestienté haucie! mais Diex ne le voult, pour leur pechiés. Li un morurent pour les infermetés de la terre, et li autre retornèrent en leur païs, si qu'il ne firent oncques en la terre nul esploit né nul bien. Seulement, une compaignie de bonne gent s'esmurent pour aler au prince Buiemont en Antioche, qui en estoit princes et quens de Triple, et avoit guerre au roi Lion, qui estoit sire des Hermins. Cele compaignie ala au prince en soudées, et li Turc du païs le sorent; si leur firent un aguet là où il devoient passer : à aus se combatirent, et furent tuit li nostre ou mort ou pris que oncques nus n'en eschapa. Là fu mors Vilains de Nulli qui bien estoit uns des bons chevaliers du monde, Giles de Traseignies et mains des autres; et fu pris Bernars de Montreuil, Renaus de Dampière, Jehans de Vilers, Guillaumes de Nuilli. Sachiés que de soixante-neuf chevaliers qu'il avoit en la compaignie, nus n'en eschapa onques, si que tous ne fussent mort ou pris. Et bien tesmoigne li livres veraiement que onques nus n'eschiva l'ost de Venise, que maus ou hontes ne li avenist; et pour ce fait que sages qui se tient avoec les bons.

CI. Or vous lairons à tant de ceus ester. Si vous dirons de ceus qui devant Constantinoble seient, qui mout bien firent leur engins atorner, et leur perrieres, leur mangoniaus drecier, et giter par les nés et par les huissiers, et tous engins qui mestier ont à vile prendre; et firent les eschièles des hautes nés drecier seur les grans mas. Et quant li Grieu sorent ce, si recommencièrent la vile à hourder par devers els, car mout estoit bien fremée de haus murs et de hautes tours; et n'i avoit si haute tor qu'il n'i féissent deus estages ou trois de fust pour plus haucier : né onques nule vile ne fu si bien hourdée. Ensi labourèrent d'une part et d'autre li Grieu et li François grant partie del karesme. Lors parlèrent cil de l'ost ensemble et pristrent conseil comment il se contendroient ; assés i ot parlé avant et arrière ; mais la fin fu telle que sé Diex donnoit qu'il entrassent en la ville par force, tous li gaains qui i seroit fait seroit aportés ensemble, et départis communément si comme il devroit ; et s'il estoient poestis de la cité, sis homes seroient pris de France et sis de Venise, et cil jureroient seur sains qu'il esliroient à empereour celui qu'il cuideroient que plus fust au pourfit de la terre : et que emperères seroit par élection de ceus ; si auroit le quart de toute la conqueste et dedens la cité et defors, et en oultre le palais de Blaquerne et celui de Bouche de Lion : et les trois pars qui demorroient seroient parties, la moitié à ceus de l'ost, et l'autre moitié as Véniciens, et lors seroient pris douze des plus sages de l'ost et douze Vénicien, et cil départiroient les fiés et les honors as princes et as homes, et puis deviseroient quel servise l'en en feroit à l'empereour.

CII. Ensi fu ceste convenance asseurée et jurée d'une part et d'autre des Véniciens et des François, de l'issue de mars qui venoit en un an ; et lors s'en porroit aler qui vodroit, et cil qui vodroient en la terre demorer seroient tenus de rendre le servise à l'empereour, tel come il seroit devisés et ordonnés.

Ensi fu faite la convenance et asseurée d'une part et d'autre, et furent escoménié dou clergié cil qui ne la tenroient.

CIII. Dont fu li navies bien atornés et hordés; et furent recuellies toutes les viandes as pelerins. Li joesdi après la mi-caresme, entrèrent tuit ès nés et mistrent les chevaus dedens les huissiers, chascune bataille por soi; et furent tuit arengié li uns encontre les autres, et furent départies les nés entre les galies et les huissiers. Mout fu grans merveille à regarder : car bien tesmoigne li livres que la navie duroit bien largement demie-liue françoise, et li assaus. Le vendredi par matin, se traïrent les nés et les galies et li huissier vers la ville, si come il estoit ordenés. Adonc commença li assaus fors et mout durs. En mains lieus descendirent à terre et alèrent jusques as murs, et en mains lius refurent les eschièles des nés aprochiés as murs, si que cil des tors et des nés s'entreferoient des glaives main à main. Ensi dura li assaus mout durs et mout fiers jusques vers l'eure de none, en plus de cent lius. Mais, por nos péchiés, furent li pelerin resorti de l'assaut, et cil qui estoient ès galies et qui estoient descendu à terre refurent mis ens à force; et sachiés que cil de l'ost perdirent plus à celle fois que ne firent li Grieu; dont li Grieu en furent mout durement resbaudi. Tels i ot qui se traïrent arrière de l'asaut et tous les vaissiaus où il estoient, et tels i ot qui se remestrent à encre, si près de la vile et si près de l'assaut, que il gietoient as perrèires et as mangoniaus li uns as autres. Lors pristrent à la vesprée cil de l'ost un parlement et cil de Venise, et assemblèrent en une yglise de cele part où il estoient logié un poi avant; là ot maint conseil pris et donné, et furent mout esmaié cil de l'ost, por ce qu'il leur estoit le jor meschéu. Assés i ot de ceus qui loèrent que on alast d'autre part la ville, de cele part où ele n'estoit mie si hordée. Et li Vénicien, qui plus savoient de la mer, distrent que s'il y aloient, li corans les menroit par force contreval le bras, si ne porroient leur vaissiaus retenir né arester. Et sachiés que il i avoit assés de ciaus qui bien vousissent que li corans enmenast les vaissiaus contreval le bras ou li vens, né leur chausist comment l'aventure avenist, mais qu'il se départissent de la contrée et alassent leur voie; et ce n'estoit mie merveille, car il estoient en mout grant péril. Assés i ot parlé et avant et arrières, mais la fin du conseil fu tele qu'il r'atorneroient leur afaire l'en demain qui samedis estoit, et le diemenche toute jor; et le lundi iroient à l'assaut, et lieroient de leur nés dui à dui ensemble, de celes où les eschièles estoient. Ensi assemblèrent-il deus nés à une tor, si estoient trop durement grevés cil de l'eschièle; car cil de la tor estoient plus que cil d'une eschièle. Pour ce fu bon porpensement que plus greveroient dui eschièles à une tour que ne feroit une tant seulement.

CIV. Ensi come il fu devisés fu fait, et ensi atendirent le samedi et le diemenche. Li emperères Morchufles estoit venus herbergier devant l'assaut en une place à tout son pooir, et avoit tendues ses tentes vermeilles. Ensi demoura li afaires jusques au lundi par matin, et lors furent armés cil des nés et des galies et des huissiers; et cil de la ville les doutèrent mains qu'il n'avoient fait premiers; tant furent esbaudi que sur les murs et sur les tors n'avoit sé gent non. Et lors comença li assaus fiers et merveilleus, et chascuns vessiaus asailloit endroit lui; et li bruis et la noise estoit si grans qu'il sembloit que terre et mer deust fondre. Ensi dura li assaus mout longuement, tant que nostre Sires fist lever un vent qu'en apele byse, qui bouta les nés et les vessiaus plus près que il n'estoient devant seur la rive; et dui nés qui lors estoient ensemble, dont l'une avoit non *la Pelerine* et l'autre *li Parevis*, aprochièrent si la tor l'une par devant et l'autre d'autre part, si come Diex et li vens les mena, que l'eschièle de la *Pelerine* se joint à la tour; et maintenant uns des chevaliers de France et uns Véniciens entrèrent en la tor, et avoit non li chevaliers Andris d'Urbaise; puis entrèrent autres gens assés après eus, et cil de la tor se desconfirent et se tornèrent fuiant.

CV. Quant li chevalier qui estoient ès huissiers virent ce, si descendirent à terre et drécièrent les eschièles au plein du mur, et montèrent tout contremont par force; et conquisrent bien quatre des tours. Et commencièrent à saillir des nés et des galies et des huissiers, qui ains ains, qui mius mius, et brisièrent bien tresqu'à quatre des portes, et entrèrent ens, et commencièrent à metre hors les chevaus des huissiers. Et li chevalier commencièrent à monter et chevauchièrent droit vers la herberge de l'empereour Morchufle, et il avoit ses batailles rangiés devant ses tentes; et quant il virent les chevaliers venir à cheval, si se desconfirent erramment, et s'en ala li emperères Morchufles fuiant parmi les rues, tant qu'il vint au chastel de Bouche-de-Lion. Lors véissiez grifons abatre et gaaignier chevaus et palefrois, et murs et mules, et autres avoirs assés. Là ot tant des mors et des navrés que n'estoit fins né mesure. Grans partie des haus homes de Grèce guenchirent vers la porte de Blaquerne, et il estoit jà basses vespres. Et mout estoient durement lassés de la bataille et de l'ocision. Dont se commencièrent nostre pelerin à assembler en une grant place dedens Costantinoble, et pristrent conseil qu'il se herbergeroient près des murs et des tors que il avoient conquises : quar il ne cuidoient mie qu'il deussent avoir la vile conquise en un mois, né les fors yglises, né les palais, né le grant pueple qui estoit dedens la cité.

CVI. Ensi come li consaus fu pris, fu fait, et ensi se herbergièrent près des murs et des tours, et de leur vaissiaus. Li cuens Baudoins se herberja dedens les vermeilles tentes l'empereour Morchufle, que il avoit lessiés tendues, et Henris ses frères se herberja devant le palais de Blaquerne. Et li marchis de Monferrat et ses gens se herbergièrent vers les prés de la ville, et près de la mer. Ensi come vos avés oï fu li os herbergiés, et Constantinoble prise le lundi de Pasques flories. Li cuens Looys de Blois et de Chartain avoit langui tout l'yver d'une fièvre quartaine, si qu'il ne se pooit armer; et sachiés que mout estoit grans domages à ceus de l'ost, quar mout estoit preudons et bons chevaliers; il se gisoit en un huissier. Ensi reposèrent ceus de l'ost, qui mout èrent lassés celle nuit. Mais li emperères Morchufles ne reposa mie; ains assembla toutes ses gens et dist qu'il iroit assaillir les François : mais il ne fist mie ensi come il le dist : ains chevaucha vers autres rues le plus loing que il pot de l'ost, et vint à une porte que on apele porte Oirée : par iluec s'en fui et guerpi la cité; et après lui s'en fui qui fuir s'en pot. De ce ne savoient rien cil de l'ost : dont mistrent le feu en cele nuit, entre aus et les Grius, devers les herberges au marchis de Monferrat, ne sai quels gens qui se doutoient que li Griu ne les assausissent; et la vile commença à esprendre et alumer mout durement, et ardi toute cele nuit et l'en demain jusques à la vesprée. Et ce fu li tiers feus qui fu en Constantinoble puis que li pelerin i vindrent; et plus i ot arses maisons à ces trois feus, qu'il n'a ès trois meillors cités de France.

CVII. Cele nuit trespassa, et vint li jors qui fu au mardi matin. Lors s'armèrent tuit par l'ost chevalier et serjant, et trait chascuns à sa bataille; et issirent de lor herberges et cuidièrent plus grans batailles trover que il n'avoient fait le jor devant; car il ne savoient pas que li emperères Morchufles s'en fust fuis; si ne trovèrent nule ame qui venist encontre aus. Li marchis Bonifaces de Monferrat chevaucha toute la marine droit vers le palais de Bouche-de-Lion; et quant il vint là, si li fu li palais rendus, sauves les vies de ceus qui dedens estoient. Là furent trovées les plus hautes dames dou monde qui estoient afuies ou chastel. Là fu trovée la suer au roi Phelippe de France qui avoit esté empereris, et la suer au roi de Hongrie qui aussi avoit esté empereris, et mout d'autres dames. Del trésor qui estoit ou palais ne covient-il mie à parler; quar tant en i avoit que ce n'estoit fins né mesure. Et tout ausi come li palais de Bouche-de-Lion fu rendus au marchis de Monferrat, fu rendus cil de Blaquerne à Henri, le frère au comte Baudoin, sauves les vies à ciaus qui estoient dedens. Là fu li trésors si grans trovés qu'il n'i en avoit mie mains qu'en celui de Bouche-de-Lion. Ensi fu li palais rendus et li trésor bien gardés. Les autres gens qui furent espandus parmi la vile gaaignèrent assés, et fu si grans li gaaings que nus ne vos en sauroit dire le nombre; si come d'or et d'argent, de vesselemente, de pierres précieuses, de dras de soie, de samis, de robes vaires et grises, et hermines, et de tous les fiers avoirs qui onques furent en terre trovés. Et bien tesmoigne Joffrois li mareschaus de Champaigne que puis que li mondes fu estorés n'ot en une cité tant de gaaigné. Chascuns prist ostel tel come lui plot, car assés en i avoit. Ensi fu herbergié li os des pelerins et des Véniciens, et fu grans la joie de l'oneur et de la victoire que Diex leur avoit donée, car cil qui povre estoient et avoient ilec esté, s'estoient en richece et en delit embattu.

6

CVIII. Ensi furent la Pasque florie et la grant Pasque après, en cele grant honeur et en cele joie que Diex leur avoit donnée : et bien durent nostre Seigneur loer, car il n'avoient mie plus de vint mil homes à armes; et par l'aide de Dieu, avoient pris en la vile plus de trois cens mil, et meismement en la plus fort cité du monde, en la plus grant et en la mius fremée. Lors fu crié par toute l'ost, de par le marchis de Monferrat Boniface, qui sires en estoit, et de par les autres barons et de par le duc de Venise, que tout li avoirs que il avoient gaaigné fust assemblés, si come il estoit trovés, et que fut fait escommuniement seur qui point en retenroit. Et furent nommé trois yglises où li avoirs seroit aportés, et le mist l'en là en la garde des François et des Véniciens et des plus loiaus qu'on put trover. Et lors commencièrent à aporter le gaaing et à metre ensemble. Li uns aporta bien et li autre mal; car covoitise, qui est racine de tous maus, ne leur laissa : ains commencièrent li covoiteus de là en avant à retenir les choses. Et nostre Sire les en commencha mains à amer que il n'avoit fait. Ha! comme il s'estoient loiaument demené jusque à celui jour! et dame Diex leur avoit bien demonstré s'amor; car il les avoit essauchiés et honorés seur totes autres gens. Mais maintes fois avient que li bon perdent pour les mauvais. Assemblés fu li trésors et li gaaings, et non mie tout; car assés en i ot de ceus qui en reçurent, seur l'escomniement l'apostole. Ce qui au moustier fu aportés fu départis aus François et aus Véniciens par moitié, si come la covenance estoit jurée : et sachiés quant li pelerin orent parti, il paièrent de leur partie cinquante mil mars d'argent qu'il devoient aus Véniciens, et bien départirent cens mil à leur gens : et savés-vous coment? dui serjant à pié orent encontre un serjant à cheval, et dui serjant à cheval encontre un chevalier : et bien sachiés certainement que onques nus homs n'en ot plus por hautesce né por proesce, sé ensi non come il fu ordenés, sé ne fust emblé. Et de ceus qui furent repris d'embler, en fist l'en justise, et assés en i ot de pendus. Li cuens Hues de Saint-Pol en pendi un sien chevalier, l'escu au col; por ce qu'il en avoit retenu, et assés en i ot de ceus qui en retindrent coiement. Bien poés-vous savoir que li avoirs fu mout grans, car sans celui qui fu emblés en vindrent bien huit cens mil mars d'argent, et bien dis mil chevaucheures, que unes que autres.

CIX. Ensi come vos avés oï, fu départis li gaains de Constantinoble. Lors assemblèrent à parlement; et requist li comuns de l'ost que ils voloient empereour, si come il avoit esté devisé. Et tant parlèrent qu'il pristrent un autre jour, et à cel jor seroient esleus li douze qui l'empereour devoient eslire. Car à si grant chose come à l'empire de Constantinoble poés croire que mout en i avoit abaans et envieus. Mais la graindre descorde qui i fu, si fu dou conte Baudouin de Flandres et del marchis Boniface de Monferrat. De ces deus disoient toute la gent communaument que li uns seroit empereour; et quant li preudome de l'ost virent que il tendoient ou à l'un ou à l'autre, si parlèrent ensemble, et distrent : « Seigneur, « sé l'on eslist l'un de ces deus haus homes, li autres « en aura si grant envie que il enmenra toute sa gent, « et ensi porrons-nous perdre la terre; car toute ensi « dut estre cele de Jerusalem perdue, quant il eslurent « Godefroi de Buillon, et la terre fu conquise; et li « quens de Saint-Gile en ot si grant envie que il por- « chaça as autres barons, et à tous ceus qu'il pot qu'il « se départissent de l'ost, et tant s'en alèrent de l'ost « de gens, que cil remestrent si poi en la terre que « sé nostre Sires proprement ne les eust soustenus, la « terre fust toute reperdue. Et pour ce, devons-nous « garder qu'il ne nos aviegne autresi, et au mains « pourchassons que nos les reteignons ambedeus : et « acordons que celui cui Diex donra que il soit esleus « à empereour, que li autres en soit liés; et cil qui « emperères sera, doint à l'autre toute la terre qui est « d'autre part del bras Saint-George, devers la Turquie « et l'ile de Grece, et cil en devendra ses homes : et « ensi les porrons-nous ambedui retenir. »

CX. Ensi come il fu devisé si fu fait, et l'otroiè-rent ambedui li baron mout debonairement. Et vint li jors du parlement, esleus furent li douze; li six d'une part et li six d'autre; et cil jurèrent seur sains qu'il esliroient en bonne foi celui que il quideroient qui plus grant mestier y auroit, et qui mieus vau-droit à l'empire governer. Ensi furent esleus li douze, et fu jors pris d'eslection. Et à celui jour qui pris fu, assemblèrent-il au riche palais où li dus de Venise estoit, uns des biaus palais del monde. Là ot si grant assemblée de gens, que ce ne fu sé merveille non; car chascuns voloit savoir qui seroit esleus. Adonc furent li douze apelé qui l'eslection devoient faire, et furent mis en une mout riche chapele qui dedens le palais estoit, et leur ferma l'en l'uis par defors, si que nus ne remest avec aus; et li baron et li chevalier remestrent en un grant palais qui defors estoit, et dura tant leur consaus que il furent tuit à un acort. Et chargièrent leur parole, par l'assentement de tous, à Nevelon l'evesque de Soissons, qui estoit un des douze; et vindrent defors, là où tuit li baron estoient, et li dus de Venise avec aus. Or poés savoir que il furent moult regardé de maintes gens, pour savoir li quex seroit esleus; et li evesques de Soissons leur monstra la parole, oiant tous, en tele manière come il estoit chargiés des autres, et dist: « Seigneur, « la Dieu merci, nos nous somes tuit acordé de faire « empereour, et vos avés tuit juré seur sains que celui « que nos eslirons, vos pour empereour le recevrés et « pour seigneur; et sé nus en voloit aler encontre, « vos li aideriez encontre ceus qui contre li seroient : « ET NOS NOMMONS LE CONTE BAUDOIN DE FLANDRES. » Lors fu li quens levés à grande joie au palais, et fu portés ou moustier Sainte-Sofie; et li marchis de Monferrat l'emporta tout avant de l'une part el mostier, et li fist toute l'onneur que faire li pot.

CXI. Ensi fu esleus li quens Baudoins de Flandres

à empereour, et fu pris li jors de son couronement trois semaines après Pasques. Or poés savoir que mainte riche robe i ot faite pour le couronement, et i ot bien de quoi. Dedens le termine del couronement, espousa li marchis Bonifaces de Monferrat l'empereris qui feme l'empereour Kyrsac avoit esté, et qui suer estoit au roi de Hongrie. En celui termine morut un des plus haus barons de l'ost qui avoit non Odes li Champenois de Champlite. Cil fu durement plains et plorés de Guillaume son frère et des autres barons, et fu enterrés el mostier des Apostres à grant onneur. Lors aprocha li termes del couronement. Si fu couronés à mout grant joie et à mout grant oneur li emperères Baudoins, el mostier Sainte-Sofie en l'an de l'Incarnation mil et dui cens ans et quatre. De la joie et de la feste qui fu ne covient-il mie parler. Car tant en firent li baron et li chevalier come il plus porent. Li marchis de Monferrat et li quens Looys de Blois et de Chartain l'onorèrent comme lor seigneur.

CXII. Après la grant joie del couronement en fu li emperères menés à grant oneur et à grant pourcession el riche palais de Bouche-de-Lion, et bien sachiés que onques plus riches ne fu onques véus. Et quant la feste fu passée, si parla li emperères de lor afaires. Li marchis de Monferrat li requist ses covenances, ce fu la terre d'outre le bras, par devers la Turquie et Grece : et li emperères conut apertement que il le devoit faire et dist que volentiers le feroit ; et

quant li marchis vit que li emperères li voloit tenir ses
covenances debonairement, si li requist qu'il li donast,
en eschange de cele terre, le royaume de Salenique,
pour ce qu'il iert devers le roi de Hongrie cui sereur il
avoit à feme. Assés en fu parlés en maintes manières.
Mais toutes voies fu la chose menée à tel fin que li
emperères li otroia, et li marchis l'en fist homage.
Si fu mout grant la joie par tout l'ost de ce que li
marchis estoit retenus, pour ce qu'il estoit uns des
proisiés chevaliers du monde, et des plus amés des
gentis homes; quar nus princes ne donoit plus lar-
gement que il faisoit.

CXIII. Ensi esploita li marchis de Monferrat come
vos avés oï. Li emperères Morchufles n'ert mie à ce-
lui jour esloingiés de Constantinoble plus de quatre
jornées, et si avoit avec lui mené l'empereris, qui
fille fu l'empereour Alexis. Cil emperères Alexis
s'en estoit foïs en une cité qui avoit non Messinoble
à toute sa gent, et tenoit encore grant partie de la
terre. Et lors se départirent li haut home de Grèce, et
grant partie en passa outre le bras, devers la Turquie,
et seisit chascuns de la terre endroit soi ce qu'il pot.
Adonc ne demora mie gramment quant li emperères
Morchufles prist une cité qui estoit venue à la merci de
l'empereour Baudoin, et avoit à non Locurlot : si la
prist et roba quanque il i trova, et quant la novelle en
vint à l'empereour Baudoin, si prist conseil as barons
qu'il en porroit faire; et li consaus fu teus qu'il issist
fors à tout son ost pour reconquerre sa terre, et laissast

Constantinoble garnie, car novelement estoit conquise : si estoit encore mout pueplée de Grius, por quoi elle fust seure. Ensi fu li consaus acordés, et fu devisés li quiex barons demorroient en Constantinoble, et li quiex iroient en l'ost avec l'empereour Baudoin. Li quens Looys de Blois et de Chartain, qui malades avoit esté né encores n'estoit mie bien fermement gueris, remest en Constantinoble, et li dus de Venise et Quenes de Bethune remestrent au palais de Blaquerne et en celui de Bouche-de-Lion ; et pour la ville garder demoura Joffrois li mareschaus de Champaigne, Miles li Braibans de Provins et Manessiers de Lille et lor gens. Et tout li autre s'atournèrent por aler avoec l'empereour.

CXIV. Ainçois que li emperères se partist de Constantinoble, en issi Henris ses frères par son commandement, et ot bien avec lui cent chevaliers de mout bonnes gens. Il chevaucha de cité en cité, et à chascune vile où il vint li fist-on la féaulté l'empereour. Ensi ala jusques à Andrenoble, qui mout estoit bonne cité et riche ; et cil de la cité le reçurent mout volentiers, et firent à lui la féaulté l'empereour. Dont sejorna tant Henris en cele cité que li emperères Baudoins i vint, et quant li emperères Morchufles oï dire qu'il venoient, si ne les osa atendre, ains s'enfoï tous jors dui jornées ou trois devant aus.

CXV. Ensi ala Morchufles jusques vers Messinoble, où li emperères Alexis estoit, et li envoia ses messages por enquerre sé il li aideroit et il feroit son commandement. Et Alexis respondi que bien fust-il venus come ses fils qui auroit sa fille à femme, et qu'il feroit de lui son fils. Ensi se hebergea li emperères Morchufles devant Messinoble et i tendi ses très et ses pavellons; et l'emperères Alexis fu herbergiés dedens la cité, et lors parlèrent ensemble; et li dona Alexis sa fille et s'alièrent ensemble en tel menière, et distrent qu'il seroient de ore mais tuit un. Ensi séjornèrent cil de l'ost ne sai quans jors et cil de la vile ausi, et lors semont li emperères Alexis Morchufle qu'il venist avec lui mengier, et puis si iroient ensemble as bains. Ensi comme il le semont, vint-il priveement à poi de compaignie; et quant il fu en la maison venus, li emperères Alexis l'apela en une chambre, puis le fist jeter à terre et li fist traire les iels fors de la teste. Or oés sé ceste gens devoient terre tenir, qui si grant cruauté faisoient li uns envers l'autre? Et quant cil de l'ost Morchufle oïrent ce, si se desconfortèrent mout durement et tornèrent en fuie, li uns çà et li autres là; et de tiex i ot qui alèrent à l'empereour Alexis, et obéirent à lui come à seigneur et demorèrent entor lui. Lors s'esmut li emperères Baudoins de Constantinoble à tout son ost, et chevaucha jusques à Andrenoble. La trova-il Henri son frère, et les autres barons qui avoec lui aloient. Toutes les gens qui avoec lui estoient par où li emperères Baudoins passa, vindrent à merci. Lors oïrent les noveles que li emperères Alexis avoit fait crever les iels à l'empereour Morchufle. Mout en fu grans la parole entr'aus, et distrent que si faite gent ne devoient avoir droit en terre tenir, quant il si desloialement traïoient li uns les autres. Dont fu tiex li consaus de l'empereour Baudoin qu'il chevauchast droit vers Messinoble, où li emperères Alexis estoit; et li Grieu d'Andrenoble li requistrent come à seigneur qu'il leur laissast la vile garnie, pour la peor de Johanis, qui estoit rois de Blaquie et de Bouguerie qui guerre leur faisoit : et li emperères leur laissa Huistace de Sambruic, qui ert uns chevaliers de Flandres mout preus et mout vaillans, à tout quarante chevaliers et cent serjans à cheval.

CXVI. Ensi se parti li emperères Baudoins d'Andrenoble, et chevaucha vers Messinoble, où il cuida trover l'empereour Alexis. Toutes les terres où il passa vindrent à lui à merci, et quant Alexis oï ce, si vuida Messinoble et s'enfoï; et l'emperères Baudoins vint devant, et cil de Messinoble issirent contre lui et lui rendirent la ville. Lors dist li emperères Baudoins que il séjorneroit là pour atendre le marchis Boniface de Monferrat, qui n'estoit mie encore venu en l'ost, pour ce qu'il n'i pot mie si tost venir come fist li emperères. Si en amenoit avoec lui l'empereris sa femme, et chevaucha par ses jornées tant qu'il vint à Messinoble seur un flum. Là se herbeja et fist tendre ses très et ses paveillons, et l'en demain ala parler à l'empereour Baudoin, et li requist la covenance : « Sire, » dist li marchis à l'empereour, « noveles
« me sont venues de Salenique, et les gens du païs

« mandent et dient qu'il me recevroient volentiers
« et à gré; et je en sui vostre hons liges et la tieng de
« vos. Si vos pri mout doucement que vos m'i laissiés
« aler, et quant je serai saisis de ma terre et de ma
« cité, je vos revenrai à l'encontre, et vos enmenrai
« les viandes, et venrai apareilliés de vostre comman-
« dement faire. » — « Non ferés ore, » dist li empe-
rères, « je irai à Salenique avant, et verrai que ce
« est. » — « Non ferés, » dist li marchis, « mais alés
« avant seur Johanis le Blac, qui tient grant partie de
« la terre à tort. » Et l'emperères dist que il i vou-
loit aler toutes voies, et feroit ses autres afaires en
la terre. « Sire, » ce dist li marchis, « je vos pri,
« dès que je puis ma terre conquerre sans vos, que
« vos n'i entrés, et sé vos i entrés, ce me desplest,
« et ne sera mie pour mon bien; et sachiés que je n'i-
« rai mie avoec vos. » Et li emperères dist que pour
ce ne lerra mie qu'il n'i aille. Ha Diex! come mauvais
conseil orent li uns et li autres! et come firent mortel
péchié cil qui ceste meslée firent! car sé Dex propre-
ment n'i éust mis conseil, toute éust esté perdue la
conqueste qu'il avoient faite, et la crestienté en fust
mise en aventure de périr.

CXVII. Ensi se départirent lors par mautalent li
uns de l'autre par mauvais conseil : et li emperères
chevaucha toutes voies vers Salenique si come il avoit
empris et à toute sa force; et li marchis, qui avoit
petit de bonne gens, retorna arrière. Avoec lui fu Jac-
ques d'Avesnes, Guillaumes de Champlite, Hugues de

Colemi et li quens Bertous de Tasselene en Tosse, et la graindre partie de tous ceus de l'empire d'Alemaigne qui se tenoient à lui. Ensi chevaucha li marchis arrières jusques à un chastel qui avoit non le Dimos : si estoit mout biaus et mout fors et mout riches. Cil li fu rendus par un Grieu qui dedens la vile estoit, et quant il fu dedens, si le garni. Lors se commencièrent li Grieu devers lui à torner par l'acointement de l'empereris que il avoit à fame, et venir à sa merci de toute la terre d'entour à une jornée ou à deus.

CXVIII. Li emperères Baudoins chevaucha vers Salenique à tout tiex gens come il avoit, et vint à un chastel qui avoit non Cristople, qui estoit uns des plus fors dou monde: et li fu rendus et en ot la féauté de ceus de la vile. Et après vint à un autre chastel mout fort et mout riche qui avoit non Lablanche, et li fu rendus autresi et en ot la féauté. De là chevaucha-il droit à la Serre, qui riches cités estoit et mout bele, et vint à son commandement. Puis vint d'ilec à Salenique et se herberja devant la cité, et i fu trois jors; et cil dedens li rendirent la vile, qui bien estoit une des plus fors et des plus riches villes de la crestienté; et par tel covenant li rendirent qu'il les tenroit as us et as coustumes que li emperères Grieus les avoit tenus jusques à ore. Endementres que li emperères Baudoins estoit vers Salenique et que la terre venoit à son plesir et à son commandement del tout, li marchis de Monferrat à tout la siene gent et à tout la multitude des Grieus qui à lui se tenoient, chevaucha vers Andrenoble et l'asist, et tendi ses très et ses paveillons entor, et Huitaces de Sombruic fu dedens et les gens que li emperères y avoit laissées; et montèrent aus murs et aus tors et s'atornèrent pour desfendre; et lors prist Huitaces de Sombruic deus messages et les envoia par jor et par nuit en Costantinoble au duc de Venise et au conte Looys de Bloys et à ceus qui remès estoient en la vile de par l'empereour Baudoin, et leur distrent que Huitaces de Sombruic leur mandoit que li marchis de Monferrat et l'empèrères Baudoins estoient ensemble mellé, et que li marchis estoit saisis del Dimot, qui estoit bien uns des plus biaus chasteaus de Romenie, et si avoit assise Andrenoble. Quant il oïrent ce, si en furent mout dolens: quar lor pensèrent-il bien que toute la conqueste que il avoient faite seroit perdue.

CXIX. Lors assemblèrent au palais de Blaquerne li dus de Venise et li quens Looys de Bloys et de Chartain, et li autre baron qui estoient en Constantinoble; et furent mout destroit et irié et mout durement se plaintrent de ceux qui la mellée avoit faite de l'empereour Baudoin et du marchis de Monferrat. Que vos diroie-je? par la prière del duc de Venise et del conte Looys de Bloys fu requis Jofrois li mareschaus de Champaigne que il alast à Andrenoble et qu'il méist conseil à ce que ceste guerre fust abaissiée, pour ce qu'il estoit bien du marchis, et cuidoient par aventure qu'il i eust plus de pooir que il n'avoit; et cis, pour leur proiere acomplir, et pour le besoing qu'il véoit, dist que il iroit mout volentiers. Si mena avoec lui Manessier de Lille, qui bien estoit uns des bons chevaliers de l'ost et des plus honorés. Atant se départirent de Constantinoble et chevauchièrent tant par lor jornées qu'il vindrent à Andrenoble, où li siéges estoit, et quant li marchis sot leur venue, si issi de l'ost et ala encontre aus. Avoec lui ala Jacques d'Avesnes, Guillaumes de Champlite, Hugues de Colemi, et Ottes de la Roche, qui plus grans estoient del conseil au marchis, et quant il vit les messages si les onnora mout et leur fist mout biau semblant. Et Jofrois li mareschaus, qui mout estoit dou marchis, bien l'occoisonna mout durement comment né en quele guise il avoit prise la terre à l'empereour, né pourquoi il avoit sa gent ségie dedens Andrenoble, devant ce qu'il l'eust fait à savoir en Costantinoble as barons, qui bien li féissent amender et adrecier, sé li emperères li éust nul tort fait; et li marchis s'en descoupa mout, et dist que pour le tort que li emperères li avoit fait avoit-il ensi esploitié.

CXX. Tant se traveilla Jofrois li mareschaus à l'aide de nostre Seigneur et des barons qui estoient dou conseil au marchis, de cui il estoit mout assés, que li marchis l'asséura et dist que il s'en metroit seur le duc de Venise et seur le conte Looys de Bloys, et en Quenne de Bethune, et en Jofroi le mareschal, qui savoient bien la covenance d'aus deus. Ensi fu la trève prise de cels de l'ost et de la cité; et sachiés que mout furent volentiers veus li message de tous ceus de l'ost communaument, et de ceus de la cité, qui mout voloient la pais d'ambedeus pars : et aussi voiant come li Franc en estoient, en furent li Grieu dolent ; car mout vosissent volentiers la guerre et la meslée.

CXXI. Ensi fu Andrenoble delivrée del siége et s'en retorna li marchis arrières à toute sa gent au Dimot, où l'empereris sa femme estoit, et li message s'en revindrent en Constantinoble, et contèrent comment il avoient esploitié. Mout orent grant joie li dus de Venise et li quens Looys de Bloys et li autre baron de ce que li marchis s'estoit mis del tout seur aus de la pais. Lors pristrent bons messages et escristrent letres et les envoièrent à l'empereour Baudoin ; et li mandèrent que li marchis s'estoit mis seur aus de la pais, et bien l'avoit asseuré, et encore s'i devoit-il miels metre : si li prioient que il s'i méist, car il ne souferroient à nule manière la guerre, mais asséurast qu'il tenroit pleinement ce qu'il diroient, ensi come li marchis leur avoit asséuré.

CXXII. Endementres que ce fu fait, li emperères Baudoins avoit jà fait tous ses afaires en Salenique. Si s'en parti, et la laissa garnie de sa gent, et i laissa Renier de Mons pour chevetaine, qui mout estoit preus et bons chevaliers et vaillans. Dont li furent noveles venues que li marchis avoit pris le Dimot et qu'il estoit dedens, et avoit grant partie de la terre d'entor ; et qu'il avoit assise sa gent dedens Andrenoble. De ce fu mout courroucié li emperères Baudoins quant la novele fu venue, et mout s'ahasti que il iroit dessiégier Andrenoble et feroit au marchis tout le mal qu'il porroit. Ce dut estre une male descorde, car sé Diex n'i éust mis conseil, toute en fust la crestienté perdue et destruite. Ensi repaira li emperères Baudoins par ses jornées; mais male aventure li fu avenue devant Salenique, quar une mout grant partie de sa gent furent acouchié de maladie, et mout en remenoit par les chasteaus où ils passoient qui mais ne pooient venir, et assés en aportoit-on en litière qui à mout grant mesaise venoient, et mout en ot de mors. A la Serre mourut maistres Jehans de Noion, qui estoit chanceliers l'empereour Baudoin et mout estoit bons clers et preus et sages, et mout avoit conforté l'ost par la parole de Dieu : dont mout furent dolent et corroucié tuit li baron de l'ost. Puis ne tarda mie granment après que il leur avint une autre mésaventure qui mout fu grans; quar Pierres d'Amiens fu mors qui mout estoit haus homs et riches et bons chevaliers. Si en fist li quens Hues de Saint-Pol, qui cousins germains li estoit, mout grant duel et mout en furent dolent et corroucié tuit li preudome de l'ost. Après si fu mors Girars de Manchecort, qui assés fu proisiés chevaliers, et Giles d'Aunoi et mout d'autres bones gens; et bien furent mort en cele voie quarante chevalier. Dont li os fu durement afebloiés et apovris.

CXXIII. Tant chevaucha li emperères Baudoins par ses jornées qu'il encontra les messages qui venoient encontre lui que cil de Constantinoble li envoioient. Li uns des messages fu uns chevaliers le conte Looys de

Blois et fu apelés Begues de Fransures : sages homs estoit durement et bien emparlés. Cil dist à l'empereour Baudoin mout vivement le message son seigneur et as autres barons : « Sire, » dist-il, « li dus de Venise « et li quens Looys de Blois, mes sires, et li autre baron « qui sont dedens Constantinoble vos mandent salut « come à leur seigneur, et se plaignent à Dieu et à « vous de tous ceus qui la descorde ont mise entre vous « et le marchis de Monferrat ; car petit s'en faut qu'il « n'ont destruite la crestienté, et vos faites mout mal « quant vos les créistes. Or, vous mandent que li mar- « chis s'est mis del tout sour aus del contens qui est « entre vous et li; si vous prient come à seigneur que vos « vous i metés autresinc, et que vos asseurés ausi la mise « à tenir, et sachiés que il ne souféroient en nule ma- « nière la guerre. » Et li emperères dist que il en parleroit volentiers. Mout i avoit de ceus del conseil l'empereour qui la descorde avoient aidié à faire, qui tindrent à mout grant outrage le mandement que cil de Constantinoble avoient fait, et li distrent : « Sire, « vos oés que cil de Constantinoble vous mandent, « que il ne souferroient mie que vos vous vengissiés de « vostre anemi : or est dont semblance qu'il seroient « contre vous sé vos ne faisiés ce que il vous ont « mandé. » Assés i ot de grosses paroles dites, mais la fin del conseil fu tex que l'emperères dist que il ne voloit mie perdre l'amor del duc de Venise né del conte Looys de Blois né des autres barons qui dedens Constantinoble estoient. Dont respondi as messages : « Je ne's asseurrai ore mie que je me doie metre seur

« aus, mais je m'en irai en Constantinoble sans riens
« forfaire au marchis. »

CXXIV. Dont fist tant li emperères par ses jornées que il vint en Constantinoble, et li baron et les autre gent alèrent encontre lui et le reçurent à mout grant honeur come leur seigneur. Dedens le tiers jor connut li emperères apertement que il avoit mauvais conseil eu, quant il s'estoit del marchis corrouciés. Lors parla à lui li dus de Venise et li quens Looys, et li distrent : « Sire, nos vous volons prier que vos vous metés seur « nous autresi com li marchis s'i est mis. » Et li emperères dist que si feroit-il volentiers. Lors furent esleu li message qui iroient querre le marchis et qui le conduiroient. Des messages fu li premiers Gervais del Chastel et Reniers de Trit fu li autres, et Joffrois li mareschaus de Champaigne fu li tiers, et li dus de Venise i envoia deus des siens. Ensi chevauchièrent li message par leur jornées tant que il vindrent au Dimot. Si i trovèrent le marchis et l'empereris sa fame à grant plenté de bone gent, et li distrent ce qu'il estoient venus querre, et que il vinst en Constantinoble pour tenir la pais tele come il deviseroient et ensi come il avoit asseuré ; et cil sour qui la pais estoit mise conduiront lui et ceus qui avec lui vendront. De ce se conseilla li marchis à ses homes. Si ot de tiex que li loèrent qu'il i alast, et de tex qui ne li loèrent pas. Mais la fin del conseil fu tiex qu'il ala avec les messages en Constantinoble et mena avec lui cent homes. Mout fu li marchis volentiers véus en la cité ; et alèrent encontre lui li dus de Venise et li cuens Looys de Bloys et de Chartain et grans plenté d'autre gens; car il avoit esté mout amé en l'ost. Lors assemblèrent à parlement. Si fu la convenance retraite de l'empereour et del marchis tele come ele avoit esté, et li fu Salenique rendue par tele manière que il mist en la main Joffroi le mareschal le Dimot, dont il estoit saisis. Et Joffrois li créanta qu'il le garderoit jusque à tant que il auroit vrai message, et ses lettres ouvertes que il seroit saisi de Salenique, et adont rendroit le Dimot à l'empereour ou à son commandement.

CXXV. Ensi fu la pais faite de l'empereour et del marchis, et mout en firent grant joie par l'ost, car la descorde estoit une chose dont grant maus péust avenir. Lors prist li marchis congié et s'en ala vers Salenique entre lui et ses gens et sa femme; et chevaucha par ses jornées de chastel en chastel, et li fu par tout la terre rendue de par l'empereour. Dont vint à Salenique et li gardeour qui de par l'empereour i estoient li rendirent, et li chevetaines que li emperères i avoit laissié qui avoit à non Renier de Mons fu mors, dont grant domages fu à la crestienté. Lors se commença la terre et li païs à rendre au marchis, et tuit vindrent à son commandement fors que uns Griex haus homs que l'en apeloit Lasgur. Cil n'i volt mie venir, car il estoit saisis de Naples et de Corinte, deus cités qui sient sur mer, les plus fors qui soient el païs. Cil commença le marchis à guerroier, et grans partie des Grieux se tindrent à lui. Et uns autres Griex qui avoit à non Micaelis, et avoec le marchis estoit venus en Constantinoble et mout estoit bien de lui, s'emparti, que onques li marchis n'en sot mot, et s'en ala à une cité que l'en apele Larche, et prist la fille d'un riche Grieu qui tenoit la terre de l'empereour et se saisi de la terre. Et commença le marchis à guerroier et la terre de Constantinoble, jusques en Salenique qui en bone païs estoit devant, et le chemin i estoit si seur que bien i pooit aler séurement qui aler i voloit, et si avoit bien de l'une de ces cités jusques à l'autre deus jornées; et si avoit jà tant de tems alé avant, que il estoit à l'issue de septembre.

CXXVI. Li emperères Baudoins estoit en Constantinoble, et la terre fu en pais et asseurée. Lors furent dui mout bon chevalier mort en Constantinoble, dont li uns avoit non Huitaces de Chanteleu, et li autres Aimeris de Villeroi, dont mout fu grand domages à leur amis. Lors commença l'en les terres à départir. Li os des pelerins ot sa part et li Venicien l'autre, et quant chascuns s'ot à sa terre assené, la convoitise del monde qui tant a maufait nes lessa mie en pais, ains chascuns commença à faire mal en sa terre, li uns plus, et li autres moins, et li Grieu les commencièrent à enhaïr et à porter mauvais cuer. Lors dona li emperères Baudoins au conte Looys de Bloys la duchée de Nique qui bien estoit uns des plus grans honeurs de toute la terre de Romenie, et séoit d'autre part del bras, de vers la Turquie; et ne pour quant toute la terre d'autre part del bras n'estoit mie venue en la merci de l'empereour, ains estoit encontre lui. Après dona la duchée de Finepople à Renier de Trit. Lors envoia li quens Looys de Bloys et de Chartain de ses homs pour sa terre conquerre bien sis vint chevaliers. De ce fu chevetaines Paiens d'Orliens et Pierres de Braiecuel; et cil s'en partirent à feste Tous Sains de Constantinoble et passèrent à navie le bras Saint-George, et vindrent à l'Espigat, une cité qui sour mer séoit et estoit pueplée de Latins. Lors commencièrent la guerre mout vigueresement encontre les Grieux del païs.

CXXVII. En celui termine avint que li emperères Morchufles qui les iels avoit trais, (cil qui avoit ocis son seigneur l'empereour Alexis, que li pelerin avoient amené en la terre), s'enfuioit outre le bras à petit de gens coiement. Tierris de Los le sot, à qui il fu enseigniés; si le prist et le mena à l'empereour Baudoin, et li emperères en fu mout liés : si prist conseil à ses homes que il feroit de tel home qui tel murdre et tele traïson avoit fait de son seigneur. Li consaus s'acorda à ce qu'il avoit une colombe en Constantinoble aucques el mileu de la ville qui estoit une des plus hautes et des mius ouvrées de marbre qui onques fust véue. Là le fist-on mener et le fist-on monter sus et saillir jus, voiant tout le monde. Car si haute justise devoit bien tout li mons véoir. Ensi fu menés li emperères Morchufles à la colombe et tous li pueples de la vile acourut cele part pour la merveille véoir. Dont fu jus boutés li emperères Morchufles et chaï de si haut que quant il vint à terre il fu tout esmiés. Or oiés une mout grant merveille : en cele colombe dont Morchufles chaï avoit ymages de maintes menières ovrées el marbre, et entre les autres en avoit une qui estoit en forme d'empereour et cele chaoit contreval. Et de lonc tens estoit porphetisié que il auroit un empereour en Constentinoble qui seroit gietés contreval cele colombe : ensi fu cele prophécie avérée. En celui termine avint meismement que li marchis Bonifaces de Montferrat qui estoit vers Salenique prist l'empereour Alexis, celui qui avoit à l'empereour Kyrsac, son frère, les iels trais, et l'empéreris sa femme avoec ; si envoia les hueses vermeilles et les dras empériaus en Constentinoble à l'empereour Baudoin, qui mout bon gré l'en sot, et puis envoia l'empereour Alexis et l'empéreris sa femme en prison à Monferrat.

CXXVIII. A la Saint-Martin après, s'en issi Henris li frères l'empereour Baudoin de Constentinoble, et s'en ala tout contreval le bras, jusques à Bouche-d'Avie, et mena avoec lui bien jusques à sept vint chevaliers de mout bone gent, et passa le bras à une cité qu'en apèle Avie, et la trova mout bien garnie de blé et de viandes et de toutes les choses qui mestier lor estoit. Si se saisi de la cité et se herberja dedens, et lors commença la guerre encontre les Grieus endroit lui. Et li Hermin de la terre, dont il i avoit mout, se commencièrent tuit à torner devers lui, car mout haoient durement les Grieus. A celui termine se parti Reniers de Trit de Constentinoble, et s'en ala vers Finepople que li emperères li avoit donée, et mena bien avoec lui sept vint chevaliers de mout bone gent, et chevaucha par ses jornées, et trespassa Andrenoble, et fist tant qu'il vint à Finepople; et la gent de la terre le reçurent mout liement et obéirent à lui come à seigneur. Car il avoient grant mestier de seigneur et de secors, que Johannis, li rois de Blaquie et de Bouguerie, les avoit mout opressés de guerre. Et il lor aida mout bien et tint grant partie de la terre; et l'autre partie se tornèrent devers Johannis, et illec refu la guerre mout grans entre els. L'emperères avoit bien envoié cent chevaliers de mout bone gent passer le bras Saint-George endroit Constentinoble. De ceus fu chevetaines Macaires de Sainte-Manehout, et avoec lui ala Mahius de Valaincort et Robers de Rosoi, et chevauchièrent à une cité que l'en apele Nicomie, et siet seur un goufre de mer. Bien i a deus grans jornées de Constentinoble.

CXXIX. Quant li Grieu oïrent dire qu'il venoient, si vuidièrent la cité et s'en alèrent, et li crestien herbergièrent dedens et la garnirent, et refermèrent pour guerroier contre cele marche, endroit eus. Et cil de la terre d'autre part del bras avoient fait un seigneur d'un Grieu que l'en apeloit Thodres li Acres, si avoit la fille à l'empereour Alexis que li Franc avoient chacié de Constentinoble; et pour ce, clamoit-il la terre et la tenoit encontre les Frans, et les gaitoit partout là où il estoient. Li emperères Baudoins estoit remès en Constentinoble, et li quens Looys de Blois à poi de gent et li quens Hues de Saint-Pol qui malades estoit d'une grant maladie de goute qui le tenoit ès genols et ès piés, et li dus de Venise qui goute ne véoit. En celui termine vint uns grans passages de Surie de ceus del païs et de ceus qui l'ost avoient lessié et qui estoient alé passer à autres pors. A celui passage vint Estiennes del Perche et Renaus de Monmirail : cil dui estoient cousin au conte Looys de Blois qui mout les honera, et mout fu liés de leur venue; et l'emperères Baudoins et toutes les autres gens les virent mout volentiers, car mout estoient haut home et mout riche, et amenoient grant plenté de bone gent. De la terre de Surie vint Hues de Tabarie et Raous ses frères, et Tierris de Tenremonde et grans plenté de la gent del païs, comme de chevaliers, de Turcoples et de serjans; et tout meintenant dona li emperères à Estiennon dou Perche la duchée de Phinadelphe.

CXXX. Entre les autres choses vint une novèle à l'empereour Baudoin, dont il fu mout dolens : car la contesse Marie, sa feme, qui remèse estoit grosse en Flandres pour ce qu'ele ne se pooit movoir avoec lui, si acoucha d'une fille, et après quant ele fu relevée, si s'esmut et ala outre-mer après son seigneur, et passa au port de Marseille. Et quant ele vint à Acre, si n'i ot mie granment esté, quant la novèle vint de Constantinoble des messagés son seigneur qui li firent primes savoir la prise de Constentinoble, et que ses sires estoit emperères. Et quant ele oï chou, si li prist une maladie de joie, dont ele morut : dont grans domages fu à la crestienté. Et cil qui remesrent à celui passage por venir en Constentinoble en distrent les novèles à l'empereour Baudoin, dont il et tuit li baron de la terre orent mout grant duel, car mout la convoitoient à veoir et à avoir à dame, pour ce que mout estoit pleine d'amor et de grant bonté. En cel termine, cil qui estoient alé à la cité de l'Espigat (ce fu Pierres de Braiecuel et Payens d'Orliens et leur compaignie) fermèrent un chastel que l'en apèle Palorme, et le garnirent de leur gens, puis chevauchièrent outre pour conquerre la terre.

CXXXI. Thodres li Acres se fu pourchaciés de toute la gent qu'il pot avoir ; si avint, le jor de la feste Saint-Nicholas devant Noël, qu'il s'entre-encontrèrent ès plains d'un chastel que l'on apèle le Puiménior, et se férirent ensemble à mout grant meschief de la nostre gent. Car li Grieu avoient tant de gent que ce n'estoit sé merveille non ; et li nostre n'avoient mie plus de sept vint chevaliers, sans les serjans à cheval. Mais Diex done les aventures ensi come il lui plaist ; car à celui point li Franc vainquirent les Grieus et les desconfirent ; dont il reçurent grant domage dedans la semaine ; car on leur rendi grant partie de la terre ; on leur rendi le Puiménior, qui mout estoit fors chasteaus et le Lupaire, une de bones cités qui fust en la terre, et le Pulmach qui séoit sour un lac de douce aigue, uns des fors chasteaus et des meilleurs qu'il convenist ac querre. Et sachiés que mout avint bien puis à cele gent, et mout firent bien leur volenté en la terre, à l'aide nostre Seigneur. En celui termine après, par le conseil des Hermins, se parti Henris li frères à l'empereour Baudoin de la cité d'Avie, et la laissa bien garnie de sa gent. Si chevaucha à une cité que l'en apèle Landromite, à deus jornées de Avie. Cele li fu rendue, si héberja dedens. Et lors se rendi une grant partie de la gent de cele terre à lui; car la cité estoit bien garnie de blés et de viandes, et d'autres biens; et lors se tint la guerre entre les François et les Grieus.

CXXXII. Thodres li Ascres, qui desconfis avoit esté vers le Puiménior, pourchaça gent tant come il pot avoir, et en assembla tant que c'estoit merveille. Si les charja Constantin, son frère, qui estoit uns des meillors Grieus de Roménie, et chevaucha vers la cité de Landromite droit. Et Henris, li frères l'empereour, sot par les Hermins que mout grant ost venoit sour lui. Si atorna son afaire et ordena ses batailles, et il avoit avoec lui grant partie de mout bone gent; car là estoit Baudoins de Beauvoir, Nicolas de Mailli, Anseau de Caieu et Tierris de Los, et Tierris de Tenremonde. Ensi avint que le samedi devant mi-quaresme vint Constantin li Ascres et sa grant ost devant Landromite : et quant Henris, li frères l'empereour Baudoin, sot sa venue, si prist conseil et dist que jà ne se lerroit asségier, ains istroit fors. Et Constantin vint à toutes ses gens à grans batailles, à pié et à cheval, et nostre gent s'en issirent fors, et commencièrent la bataille. Mais par l'aide de Dieu, si avint que les vainquirent li Franc, et desconfirent. Et en i ot mout de pris et de mors, et i fu mout grans li gains. Lors furent li nostre mout à aise et mout riche; car les gens du païs se tornèrent tuit à aus, et commencièrent tuit à aporter as nostres leur rentes, leur avoirs et leur gaaings.

CXXXIII. Or vous lairons à tant de ceus de Constantinoble et retornerons au marchis Boniface de Monferrat, qui estoit vers Salenique, et s'en fu alés sur Lasgur qui tenoit Naples et Corinthe, deux des plus fors cités dou monde; si les assiégea amdeus ensemble. Jacques d'Avesne demora devant Corinthe, et li autre alèrent devant Naples, si l'assistrent. Si avint une aventure ou païs : car Joffrois de Ville-Hardoin, qui niés estoit Joffroi le mareschal de Champaigne, et fils de son frère, fu meus de la terre de Surie avoec celui passage qui venus estoit en Constentinoble. Si le mena vent et aventure au port de Michon. Là fu sa nés empiriés, et par estevoir li convint séjourner au païs; et uns Griex, qui mout estoit sires dou païs le sot, si vint à lui, li fist mout grant oneur, puis li dist : « Biau sire, li Franc ont conquis Constan« tinoble, et ont fait empereour. Sé tu te voloies « acompaigner à moi, je te porteroie foi et loiauté, « et porrions conquerre assés de ceste contrée. » Ensi se tinrent ensemble entre le Grieu et Joffroi de Vile-Hardoin, et conquistrent grant partie de la terre. Mout trova Joffroi bone foi el Grieu; mais aventure avint, si come Diex vot, que li Griex amaladi et morut, et li fils del Grieu se révéla encontre Joffroi et le traï, et se torna tout maintenant encontre lui, et fist torner tous les chasteaus qu'il avoient conquis entre lui et son père. Quant Joffrois vit ce, si en fu mout corrouciés, et adonc oï-il dire que li marchis séoit devant Naples, et il, à tant de gent come il peust avoir, ala à lui. Si chevaucha en mout grant péril bien sis jornées parmi la terre, pour aler en l'ost, où il fu mout volentiers veus et mout onorés del marchis et de tous les autres qui ì estoient : et il estoit bien drois, quar mout estoit preus et vaillans. Li marchis li vout assés doner terre et avoir, par un si qu'il demorast avec els, et il n'en volt point prendre. Ains parla à Guillaume de Chamlite, qui mout estoit ses amis, et li dist : « Sire, je viengs d'une terre qui « mout est riche et a nom la Morée. Prenés des gens « ce que vos en porrés avoir, et nos départons de cest « ost, et alons cele terre conquerre, et ce que vos « m'en voldrez doner, je le tenrai de vous, et en serai « vostre hom-liges ». Et cil, qui mout le crut et ama, ala au marchis et li dist ceste chose, et li marchis li otria que il i alast. Ensi se départirent de l'ost Guillaumes de Champlite et Joffrois de Vile-Hardoin, et enmenèrent bien cent chevaliers armés et grant partie de serjans à cheval, et entrèrent en la terre de la Morée et chevauchièrent jusques à la cité de Michon.

CXXXIV. Quant Michaelis oï dire que il estoient entré à si poi de gent en la terre, si assembla mout

grant planté de gent et chevaucha après els si come
cil qui les cuidoit avoir tous pris en sa main; et quant
cil oïrent dire qu'il venoient, si hourdèrent Michon
qui de long tems devant avoit esté abatue, et laissièrent
ilec leur harnois et leur menue gent. Si chevauchièrent
un jor, et ordenèrent leur batailles de tant de gent
come il avoient, et furent à trop grant meschief; car
il n'avoient mie plus de trois cens homes à cheval, et
cil en avoient plus de cinq mille. Mais ensi com Diex
veult les aventures avienent. Il se combatirent aus
Grieus, et les vainquirent. Mout i perdirent li Grieu,
et li nostre i gaignièrent chevaus et harnois à mout
grant plenté, et lors s'en retornèrent mout lié et
mout joians à Michon.

CXXXV. Après ce, il chevauchièrent à une cité
qu'on apèle Coronne, qui siet sour mer, et l'assistrent
et n'i sistrent guères longuement quant la cité leur
fu rendue. Guillaumes la dona à Joffroi de Ville-Har-
doin, et cil en devint ses hom et la garni de sa gent.
Après alèrent à un chastel qu'en apèle la Calemate, qui
mout estoit fors et biaus : si l'assistrent. Cil chasteaus
les travailla mout longuement, et nepourquant tant i
sistrent que rendu leur fu. Adont, se tindrent plus li
Grieu à els qu'il n'avoient fait avant. Li marchis de
Monferrat sist à Naples, où il ne pot riens faire; car
trop estoit la vile fors, et il greva mout sa gent. Jacques
d'Avesnes retenoit le siège devant Corinthe, si come
li marchis li avoit laissié. Lasgur, qui estoit dedens
Corinthe, et mout estoit sages et engigneus, vit que

Jacques d'Avesnes n'avoit mie grant gent et qu'il ne se gaitoit mie bien. A une jornée lor en fist une saillie mout grant, et ala jusques à lor paveillons; si en ocistrent mout, avant qu'il poïssent estre armés. Là fu mors Dreues d'Estruein, qui mout estoit preus chevaliers et vaillans. Et Jacques d'Avesnes, qui chevetaines estoit de cele ost, fu mout corrouciés de son chevalier, et ne demora guères que il fu navrés en la jambe mout durement, et bien li portèrent tesmoignage cil qui là furent, que par son bien fère furent rescous, et bien furent tous près d'estre perdus. Mais par l'aide de Dieu, les remistrent-il tous ou chastel, par force. Et li Grieu n'orent mie encore la félonie fors du cuer, car mout estoient desloial à celi tans. Si virent que li François estoient espandus par les terres, et que chascuns avoit afaire endroit soi, si pensèrent que ore les porroient bien traïr. Dont pristrent lor mesages privéement de toutes les cités de la terre, et les envoièrent Johannis le Blac qui les avoient guerroiés et les guerroioit tout adès, et li mandèrent qu'il le feroient empereour, et qu'il se rendroient tuit à lui et ociroient tous les Frans, et li jureroient que il obéiroient tuit à lui come à seigneur, et il leur jurast ausi qu'il les maintenroit come les siens.

CXXXVI. Ensi furent fait li serement d'une part et d'autre. Et en celui termine avint uns grans domages en Constantinoble; car li quens Hues de Saint-Pol, qui longuement avoit géu malades de goute, morut; dont mout fu grans domages et mout fu plains de ses homes et de ses amis; et fu enterrés à mout grant honeur el moustier Saint-George de la Manche. Cil quens Hues tenoit un castel à sa vie, qui avoit non le Dimot, et mout estoit fors et riches; si avoit dedens de ses chevaliers et de ses serjans. Li Grieu qui les seremens avoient fais au roi de Blaquie, pour les Frans traïr, si les traïrent ou chastel, et en ocisrent et pristrent grant partie; et petit en eschapa. Cil qui eschapèrent s'en alèrent fuiant à une cité qu'en apele Andrenoble, qui se reveloit ausi; et cil qui dedens estoient s'en issirent à grant péril et vuidièrent la cité; et la novele en vint à l'empereour Baudoin, qui dedens Constentinoble estoit à mout petit de gent; et il et li quens Looys de Blois furent mout triste et mout esmaié.

CXXXVII. Ensi leur commencièrent à venir noveles de jor en jor mauvaises; car partout se reveloient li Grieu, et là où il trovoient les Frans qui bailli estoient des terres, si les ocioient; et cil qui avoient Andrenoble perdue, li Venicien et li autre qui avoec estoient, s'en vindrent à une cité qu'en apeloit le Curlot, qui estoit à l'empereour Baudoin. Ilec trovèrent Guillaume de Beaumes; qui de par l'empereour Baudoin la gardoit; et par le confort qu'il leur fist, et par ce qu'il voloit aler avoec els à tant de gent come il pot avoir, il retornèrent arrières à une cité bien à douze lieus près, qui Cardiople estoit apelée, et estoit as Veniciens. Si la trovèrent vuide, dont entrèrent en la vile et la garnirent. Dedens le tiers jor s'asemblèrent li

Grieu del païs, si vindrent à une ajornée devant Cardiople, et commencièrent l'asaut grant et merveilleus; et cil dedens se defendirent mout bien et ouvrirent les portes et firent une saillie mout grant; et, si com Diex vout, desconfirent les Grieus, et les commencièrent à abattre et à ocirre; si les chacièrent ensi une liue, si en ocistrent mout et guagnièrent assés chevaus et autres harnois. Ensi s'en revindrent à mout grant joie en la cité de Cardiople, et cele victoire mandèrent-il l'empereour Baudoin de Constentinoble, qui mout en fu liés. Nepourquant n'osèrent-il mie detenir la cité de Cardiople, et l'endemain la guespirent et revindrent à la cité du Curlot. Là s'arestèrent-il à grant doute, car il doutèrent ceus de fors, et autant doutoient-il ceus dedens, car estoient-il par serement tenus vers le roi de Blaquie, qui devoit les Frans traïr; et maint en i ot qui n'i osèrent demorer, ains alèrent en Constentinoble. Lors prist li emperères Baudoins conseil et li dus de Venise et li quens Looys, et virent que cil perdoient toute la terre. Lors fu tex li consaus que l'emperères mandast Henri son frère, qui estoit à Landromite, que il guerpist quanques il avoit conquis, et le venist secorre. Li quens Looys envoia à Paien d'Orliens et à Pierre de Braiecuel, qui estoient à Luparie et à toutes les autres gens que il avoient avoec els. Dont guerpirent toute la conqueste qu'il avoient faite, fors seulement l'Espigat qui séoit sour la mer. Celui garnirent-il au miels qu'il porent de gent et de viandes, et li autre alèrent au secors l'empereour. Si manda Macaire de Sainte-Manehout et Mahieu de Valaincort et Robert de Rosoi, qui bien avoient cent chevaliers entre aus et estoient à Nicomie, et leur manda qu'il la guerpissent et le venissent secorre.

CXXXVIII. Par le commandement l'empereour, Joffrois de Ville-Hardoin, li mareschaus de Roménie et de Champaigne, issi de Costentinoble, et Manessiers de Lille avoec, à tant de gent come il porent avoir; et ce fu molt poi, car il estoient tuit parti en la terre; et chevauchièrent jusques à la cité du Curlot, qui estoit à trois jornées de Costantinoble. Ilec trovèrent Guillaume de Braiecuel et cex qui avoec lui estoient, qui mout estoient à grant paor; et lors refurent mout asseur. Ilec séjornèrent par quatre jors. Li emperères Baudoins renvoia après Joffroi, le mareschal de Champaigne, à tant que il pot avoir de gent; tant firent qu'il orent au quart jor quatre-vins chevaliers au Curlot. Adonc mut Joffrois li mareschaus et Manessiers de Lille et leur gent; et chevauchièrent avant jusques à la cité de Cardiople. Là séjornèrent un jor, et de là revindrent et séjornèrent à une cité qu'on apèle Burgarofle. Si se herbergèrent ens, car li Grieu l'avoient toute vuidié. L'en demain chevauchièrent jusques à une cité qu'on apèle Nequise, qui mout estoit bele et bien garnie de tous biens; et trovèrent que li Grieu l'orent guerpie et s'en estoient tuit alé à Andrenoble; et cele cité ert à douze lieues françoises près d'Andrenoble; et à Andrenoble estoit toute la grant plenté des Grieus; et fut tiex li consaus qu'il atendroient ilecques l'empereour.

CXXXIX. Or, conte li livres une grant merveille : Reniers de Trit estoit à Finepople, qui siet à nuef jornées de Costantinoble, et avoit bien sis vint chevaliers avoec lui. Il avint que Reniers ses fils le guerpi, et Gilles ses frères et Jaques de Bondie ses niés et Achars de Verdun qui avoit sa fille; et li tolirent trente de ses chevaliers, et s'en cuidièrent venir en Costantinoble, et l'avoient laissié en grant péril, si come vous oez. Et il trovèrent la terre revelée encontr'els, et furent asailli et desconfit, et les pristrent li Grieu, qui puis les rendirent à Johannis le Blac, qui puis leur fist les testes coper. Et sachiez que mout petit furent plaint de la gent, por ce qu'il avoient si meffais envers celui à qui il ne déussent mie faire; et quant li autre chevalier qui estoient avoec Renier de Trit, et qui si privés n'en estoient mie, oïrent ce, si en doutèrent moins la honte et vergoingne, et le guerpirent quatre-vins tout ensemble, et s'en alèrent par une autre voie. Et Reniers de Trit remest entre les Grieus à mout poi de gent; car il n'avoit mie plus de quinze chevaliers à Finepople et à Estameniac, qui mout estoit fors chasteaus, où il fu puis mout longuement assis.

CXL. Or, vos lairons de Renier de Trit, si revenrons à l'empereour de Constantinoble qui dedens Constantinoble estoit mout corrouciés et mout destrois, à mout poi de gent; et atendoit Henri son frère et toutes les autres gens qui estoient contre le bras; et li premier qui à lui vindrent d'outre le bras, ce furent cil de Nicomie, Macaires de Sainte-Manehout, Mahius de Valaincort et Robers de Rosoi. Bien vindrent en cele rote cens chevalier; et quant li emperères les vit, si en fu mout liés. Si parla au conte Looys de Bloys et de Chartain, et fu tiels li consaus que il s'en istroient fors, à tant de gent come il avoient, et qu'il sivroient Joffroi de Ville-Hardoin, le mareschal de Champaigne, qui devant s'en estoit alés. Ha Diex! quel domages ce fu qu'il n'atendirent tant que li autre fussent tuit venu qui estoient d'autre part del bras! Car poi avoient de gent pour aler en si périlleus lieu come il aloient. Ensi de Constantinoble issirent bien à set vins chevaliers, et chevauchièrent tant, de jornées en jornées, qu'il vindrent au chastel de Nequise, où Joffrois li mareschaus estoit herbergiés. La nuit, pristrent entr'aus conseil et s'acordèrent à ce qu'il iroient au matin devant Andrenoble et l'asiégeroient, et ordeneroient leur batailles de tant de gent come il avoient.

CXLI. Quant ce vint au matin, il chevauchièrent si come il estoit devisé; et quant il vindrent devant Andrenoble, si la trovèrent mout bien garnie, et virent les banières Johannis le Blac seur les murs et seur les tors; et la ville fut mout fort et mout riche et mout plaine de gent; et il les assistrent à mout poi de gent devant deus portes; et ce fu le mardi devant Pasques flories. Ensi furent par trois jors devant la ville, mout à grant mesaise et à mout poi de gent. Lors vint li dus de Venise qui viels homs estoit et ne veoit goute, et amena de tiex gens come il ot, bien autant come li emperères Baudoins en avoit et li quens Looys; si se loja devant une des portes. L'en demain se recrurent d'une route de serjans à cheval; mais bien volissent et mestiers fust qu'il vausisent miels que il ne valoient; et il avoient poi de viande, car nus marcheans ne's povoit sivre, né il ne pooient aler fourrer, car tant il avoit des Grieus par le païs qu'il n'i pooient mès aler; et Johannis, li rois de Blaquie et de Bouguerie, venoit secorre ceus d'Andrenoble à mout grant gent de Blas et de Bougres et de bien quatorze mille Comains qui mie n'estoient baptisiés. Li quens Looys ala fourrer le jor de Pasques flories pour la destrece de viande. Avoec lui ala Estienes du Perche qui frères estoit au conte Joffroi, et Renaus de Monmirail qui frères estoit au conte Henri de Nevers, et Gervaise du Chastel et toute la moitié des meillours de l'ost. Si alèrent à un chastel que l'en apele Pentates, et le trovèrent bien garni de Grieus, dont l'asaillirent mout forment, si n'i porent rien forfaire, ains s'en revindrent arrières, sans nule rien conquerre. Ensi furent la semaine entre les deus Pasques, et firent engins chappuisier de maintes manières. Si misrent mineurs par desous terre, pour le mur faire verser.

CXLII. Ensi furent à la Pasques devant Andrenoble, à mout poi de gent et à poi de viande. Dont leur vint une novele de Johannis le Blac, qui venoit seur els por la ville secorre. Si ordenèrent erramment leur batailles, et fu devisés que Joffrois, li mareschaus de Champaigne, et Manessiers de Lille garderoient l'ost, et li emperères Baudoins et tuit li autre istroient fors sé Johannis le Blas venoit à la bataille. Ensi demorèrent jusques au merquedi de Pasques. Johannis, li rois de Blaquie, fut jà tant aprochiés qu'il se fu lôgiés à cinc liues d'els, et envoia corre devant leur ost ses Commains; et li cris lève en l'ost, si s'en issirent à desroi et chascièrent les Commains une grant liue et plus mout folement; et quant il s'en vodrent revenir, li Commain commencièrent à traire seur els mout durement, si leur navrèrent assés de leur chevaus. Ensi s'en retornèrent en l'ost, et furent mandé li baron en l'ostel del conte et de l'empereour Baudoin, et pristrent conseil; et distrent que mout firent grant folie qui tel gent avoient chasciés qui tant estoient armés legièrement. La somme de leur conseil fu tiex que sé Johannis li Blas venoit seur els, qu'il istroient fors et se rengeroient devant leur ost, et qu'il là se tienroient, né d'illec ne se mouveroient, et firent crier par tout l'ost que nul ne fust si hardi qu'il passast cele ordenement pour noise né pour cri qu'il oïst; et fu devisés que Joffrois li mareschaus garderoit par devers la cité, et Manessiers de Lille seroit avoec lui.

CXLIII. Ensi trespassèrent cele nuit, jusques au

jor au matin de Pasques; et oïrent la messe, et puis mengièrent : et Commain corurent erramment as armes, et s'en issirent de l'ost à tout leur batailles ordenées, si come il avoient le jor devant devisé. Li quens Looys de Bloys et de Chartain s'en issi premièrement à tout sa bataille, et coumença les Commains à porsivre, et manda à l'empereour qu'il le sivist. Halas! come malement il tinrent ce qu'il avoient devisé le soir devant! Ensi porsivirent les Commains bien deus liues loing, et assemblèrent à els et les chacièrent une grant pièce; et li Commain retornèrent seur els et commencièrent à huer et à traire, et li nostre orent batailles d'autres gens que de chevaliers, qui ne savoient mie assés d'armes. Si se commencièrent à effréer et à desconfire, et li quens Looys qui premièrement fu assemblés, fu navrés en deus lieus mout durement; et li Commain et li Blac les commencièrent à envaïr, et li quens ot esté cheus, quant uns siens chevaliers qui avoit à non Jehans de Friaise fu descendus et le mist sor un cheval. Assés i ot de la gent au conte Looys qui li distrent qu'il s'en alast, por ce qu'il estoit navrés, et il dist : « Jà ne plaist à
« Dieu qu'il me soit jà reprové que je foïe del champ,
« où j'en ai laissié l'empereour! » Et li emperères, qui mout estoit durement chargiés, en droit lui rapeloit ses gens, et disoit qu'il ne fuiroit jà et qu'il ne le laissassent mie, et bien tesmoignent cil qui là furent que onques chevaliers ne se desfendi miels de lui.

CXLIV. Ensi dura cil estors mout longuement; et tiex i ot qui le guerpirent et de tiex qui bien le firent à la parfin : si come nostre Sires sueffre à avenir les aventures, si furent li nostre desconfis. Illec remest li emperères Baudoins, come cil qui foïr ne volt, et li quens Looys et li emperères Baudoins furent pris vif; puis fu li quens Looys ocis. Là fu perdus Estienes du Perche, li frères au conte Joffroi, et Renaus de Monmirail, li frères au conte de Nevers, et Mahius de Valaincort, et Robers de Rosoi, et Pierres l'evesques de Belléem, et Jehans de Friaise, et Gautiers de Nully, et Ferris Diarre, et Jehans ses frères, et mout des autres dont li livres ne parole mie. Et li autre qui eschaper porent s'en vindrent fuiant au miels qu'il porent vers l'ost; et quant Joffrois de Ville-Hardoin, qui gardoit devant une des portes vit ce, si issi fors erramment au plus tot qu'il pot, à toute sa gent, et manda à Manessier de Lille qui l'autre porte gardoit qu'il le sivist tost et isnelement. Dont chevaucha à toute sa bataille vers les fuians grant aléure, et li fuiant se ralièrent tuit à li, et Manessiers de Lille au plus tost qu'il pot à toute la siene gent; et lors orent-il plus grant bataille, et tous retindrent avoec eus cels qui venoient en la chace qu'il porent retenir : et ceste chasce fu entre none et vespres. Li pluseur furent tuit effréé, qui fuioient par devant els tresqu'en leur paveillons et en leur ostiex, où il estoient herbergié.

XCLV. Ensi fu cele chasce recouvrée come vos

avés oï; et li Commain et li Blac et li Grieu chacièrent et hordoièrent à cele bataille, à ars et à saietes, et li nos se tinrent tuit quoi, les viaires devant els. Ensi furent jusques à bas vespre, et li Commain et li Blac se commencièrent à retraire. Lors manda Joffrois li mareschaus le duc de Venise, qui en l'ost estoit et qui estoit mout viex homs, et avoec tout ce, il ne véoit goute, mès mout estoit sages et preus. Il i vint, et quant li mareschaus le vit, si l'apela d'une part à conseil et li dist : « Sire, vos savés bien la mésaven-
« ture qui nos est avenue : Nos avons perdu l'empe-
« reour Baudoin et le conte Looys, et le plus de nos-
« tre gent et la meilleur. Or, pensons del remanant
« garder; car si n'en prent pitiés à nostre Seigneur,
« nos somes tuit perdus. » Que vaut ce? La fin del conseil fu tele que li dus de Venise s'en r'iroit en l'ost pour leur gent reconforter, et que chascuns fust armés à son pooir, et se tenist quois en sa tente; et Joffrois li mareschaus remaindroit en sa bataille defors l'ost, tant qu'il seroit nuit, por ce que leur anemi ne les véissent remuer; et quant il seroit nuit, si moveroient de devant la vile, et li dus de Venise s'en iroit devant, et Joffrois li mareschaus feroit l'arière-garde. Ensi s'empartirent quant il fu anuitié, le petit pas; et en menèrent leur gent à pié et à cheval, et navrés et autres, que onques n'i laissèrent nullui; si chevauchièrent droit vers Rodestoc, qui bien estoit trois jornées loing d'ilec. Ensi se partirent d'Andrenoble come vos avés oï; et ceste mésaventure si avint en l'an de l'incarnation nostre Seigneur mil et dui cens et cinc. En

cele nuit meesmement que li os se parti d'Andrenoble avint ensi que une compaignie s'en parti pour aler plus tost en Constantinoble : si en reçurent mout grant blasme. En cele compagnie fu uns quens de Lombardie qui avoit à non li quens Gerars, et estoit au marchis de Monferrat; avoec cestui fu Huedes de Ham en Ponti, et Jehans de Maseroles, et bien des autres jusques à quinze chevaliers que li livres ne raconte mie ci endroit. Ensi s'en alèrent après la desconfiture, le jeudi de Pasques au soir, et vinrent en Constantinoble le samedi; et si i avoit cinc jornées. Il contèrent ceste mésaventure au chardonal maistre Piéron de Capes, qui ilec estoit de par l'apostole Innocent, et à Quesnon de Béthune qui gardoit Constantinoble, et à Milon le Brebant, et as autres bones gens; et sachiés que mout furent durement effréé; quar il cuidièrent vraiement que li remenans fust perdus de ceus qui estoient devant Andrenoble; car il n'en savoient nulle nouvelle.

CXLVI. Or vos lairons à tant de ceus de Constantinoble qui en grant doleur furent; si revenrons au duc de Venise et à Joffroi le mareschaus qui chevauchièrent toute la nuit qu'il se partirent d'Andrenoble, tres qu'à l'enjornée; et lors vindrent à une cité qui a non la Pamphilée. Or oiés des aventures qui avienent si come il plaist à nostre Seigneur : en cele cité avoit la nuit géu Pierres de Braiecuel, Paiens d'Orliens et tuit cil de la terre au conte Looys, qui mout estoient bone gent; et estoient bien cinc cens

chevaliers, et bien set cens serjans à cheval qui venoient d'outre le bras Saint-Jorje, et aloient en l'ost devant Andrenoble. Et quant il virent la route venir, si corurent as armes mout isnelement, et cuidièrent que ce fussent Grieus; et quant il furent tuit armé, si envoièrent pour savoir quele gent c'estoient. Cil qui retornoient de la desconfiture corurent à els, et leur distrent que li emperères Baudoins estoit perdus, et leur sires ausinc, li quens Looys, de cui terre et de cui mesnie il estoient. Plus anuieuses noveles ne leur peust l'en conter. Adonc véissiez ilec mout grant duel faire et meinte lerme plorer, dont alèrent encontre els tuit armé, si come il estoient; tant qu'il vindrent à Joffroi le mareschal¹, qui l'arrière-garde faisoit, à mout grant mesaize; car Johannis li rois de Blaquie ert venus dès l'enjornée devant Andrenoble, à toutes ses gens, et trova que cil s'en estoient alés. Dont chevaucha après la route, tant qu'il fu grant jor, et quant il ne les trova, si en fu mout dolans; et ce fu mout grant joie as nostres; car tuit fussent mort et pris s'il les éust trovés. « Sire, » font cil à Joffroi, « que volés-vos que nos faciemes ! nos fe-
« rons ce qu'il vos plaira. »—« Seigneur, » fait Joffrois,
« vos veés bien coment il nos est, et vos et vostre
« cheval estes tuit frais et tuit reposé; si ferés l'ar-
« rière-garde, et je m'en irai devant, pour detenir
« nostre gent qui grant mestier en ont. » Tout ausinc come il le devisa, le firent-il; quar il firent l'arrière-garde mout bien et mout bel come cil qui mout bien le savoient faire; quar bien en estoient

acostumé. Et Joffrois li mareschaus chevaucha devant et les conduit trèsqu'à Cardiople. Si vit que leur cheval estoient durement lassé et travaillié de ce qu'il avoient esté chevauchiés toute nuit. Si entra en la cité, si fist herbergier la compaignie, en droit eure de midi, et donèrent à leur chevaus à mengier; et il meesmes mengièrent ce qu'il trovèrent; mais ce fu poi. Ensi furent tout ce jor en la cité jusques à la nuit, et Johannis li Blas les ot toute jor pourseus. Si se herberja à deus liues près d'els; et quant il fu nuit, cil qui estoient en la cité s'armèrent tuit et s'en issirent; et Joffrois li mareschaus fist l'avant-garde, et cil firent l'arrière-garde qui l'avoient le jor faite. Si chevauchièrent toute nuit et l'en demain à grant doute, tant qu'il vindrent à Rodestoc, qui mout estoit riche cité, et bien pueplée de Grifons. Cil ne les osèrent atendre, ains s'en fuirent, et cil entrèrent ens et se herbergièrent; et adonc primes furent-il asséur.

CXLVII. Ensi eschapèrent cil d'Andrenoble come vos avés oï. Lors pristrent conseil entr'eus et distrent qu'il avoient mout grant peor de ceus de Constantinoble, qu'il ne se desconfortassent trop. Dont par nuit et par jour mandèrent à ceus de la vile qu'il ne s'esmaïssent point, car il estoient eschapé et repaireroient à els au plus tost qu'il porroient. En ce point que li messages vint estoient cinc nés bien chargiés de pelerins, de chevaliers et de serjans en Constantinoble qui s'en vouloient départir; et sachiés que c'estoient Venicien. Mout estoient ces nés grans et beles, et ensi voloient vuidier la terre et voloient retorner en leur païs et avoit bien es nés set mil homes armés. Si i estoit Guillaumes li avoés de Béthune et Baudoins d'Aubegni, et Jehens de Vieson qui estoit de la terre au conte Looys de Bloys et ses homes liges, et bien cent autre chevalier que li livres ne raconte mie; maistres Pierres de Chapes qui chardonaus estoit de par l'apostole, et Quenes de Béthune qui gardoit Constantinoble, et Miles li Brébans, et grant partie des autres bones gens alèrent aux cinc nés, et proièrent à plaintes et à pleurs, à ceus qui dedens estoient, qu'il eussent, pour Dieu, merci de la crestienté et de leurs seigneurs liges, qui estoient perdus en bataille, et qu'ils demorassent pour Dieu; mais ils ne voldrent: ains se partirent du port, et les mena li vens au port de Rodestoc; et ce fu droit à l'en demain que cil i estoient venu qui repairié estoient de la desconfiture, et tout autre tele proière come cil de Constantinoble leur avoient faite de demorer leur fist Joffrois li mareschaus de Champaigne et cil qui avoec lui estoient, que il, por Dieu, eussent pitié et merci de la terre, et qu'il remansissent; car jamais à si grant besoing ne secorroient nule terre; et cil respondirent qu'il s'en conseilleroient, et leur en respondroient l'en demain.

CXLVIII. Or oiés de l'aventure qui la nuit leur avint. Il avoit en la ville un chevalier de la terre au conte Looys de Bloys, qui avoit non Pierres de Froevile, et ert prisiés et de grand renom; il s'en embla la nuit, et laissa tout son avoir et ses gens, et se mist en la nef. Jehan de Vieson et cil des cinc nés qui respondre devoient à l'en demain à Joffroi le mareschal de Champagne et au duc de Venise, si tost comme il porent apercevoir le jor, cueillirent leur voiles et s'en alèrent sans parler à nulli; et ce fut une chose dont il reçurent mout grant blasme ou païs dont il se départirent, et en celui meisme dont il furent nés; et Pierre de Froevile en reçut encores plus grant blasme que tuit li autre ne firent. Et pour ce dit-on que trop fait cil mal et vilenie qui, por paour de mort, chose fait qui à deshonneur li peut estre reprovée à tous jours.

CXLIX. Or vos leirons à tant de cels à parler. Si vos dirons de Henri, li frères l'empereour Baudoin. Icil Henris avoit Lendremite guerpie qu'il avoit conquise, et estoit passés à la cité d'Avie, et s'en aloit vers Andrenoble, pour son frère secourre l'empereour Baudoin. Avoec lui estoient passés li Hermin de la terre qui li avoient aidié vers les Grieus, et estoient bien vint mil à tout leur fames et leur enfans, qui n'osoient demorer el païs. Lors li vint la novèle des Grieus qui de la desconfiture estoient eschapé, et que li empererès Baudoins ses frères estoit perdus, et li quens Looys de Bloys, et li autre baron. Et li revindrent les noveles de ceus de Rodestoc qui estoient eschapé, qui li mandoient qu'il se hastast erramment de venir à els. Il laissa les Hermins qui avoec lui estoient qui avoient leurs femes et leurs enfans avec els, por ce qu'il ne pooient pas si tost venir, et cuidoit-il qu'il deussent bien seurement venir sans regart d'autrui. Pour ce ala-il avant herbergier à un chastel qui avoit non Cortacople. En celui jor meisme, Ansiaus de Courceles, qui niés estoit Joffroi le mareschal de Champaigne, qu'il avoit envoié ès parties de Macra et de Trainople et de l'abaïe de Vers, une terre qui li estoit otroïe à avoir, et les gens qui s'estoient parti de Finepople et de Renier de Trit estoient à lui assemblé. En ceste compagnie avoit bien cent chevaliers de mout bone gent, et bien cinc cens serjans à cheval, qui tuit s'en aloient vers Andrenoble pour l'empereour Baudoin secorre. Dont leur vinrent ces meismes noveles qui as autres estoient venues, que l'emperères Baudoins estoit desconfis et toute sa compaignie. Dont retornèrent ausinc pour venir à Rodestoc, et vinrent herbergier à Cortacople, un chastel où Henris li frères l'empereour Baudoin estoit herbergiés; et quant cil les virent venir, si corurent erramment as armes; car il quidièrent veraiement que ce fu Grifon, et cil recuidièrent autretel d'euls meismes. Que vaut ce? Tant aprocha la chose, qu'il s'entre-conurent; si virent les uns les autres mout volentiers, et plus furent seur que devant. Là herbergièrent la nuit tresques à l'en demein, puis murent et vindrent vers Rodestoc, et i furent au soir. Là trovèrent le duc de Venise et Joffroi le mareschal, et les autres qui de la desconfiture estoient eschapé, qui mout volentiers les virent; et i ot mainte lerme plourée por leur amis. Ha! biau sire Dex, con grant domages ce fu que cele assemblée qui fu ilec ne fust avoec les autres devant Andrenoble, quant li emperères Baudoins y fu! Sachiés que sé cil i eussent esté, il n'i eussent rien perdu : mais il ne plot à Dieu.

CL. Ensi séjornèrent le jor et l'en demain et l'autre jor après; et puis atornèrent leur afaire, et fu Henris receu come baus de l'empire el lieu de son frère. Et lors leur avint une mésaventure des Hermins qui venoient après Henri ; car les gens del païs s'asemblèrent tuit, si desconfirent les Hermins, et furent pris et mors et perdus tous. Johannis, li rois de Baquie et de Bourguerie, i fu à tout son ost, et ot toute pourprise la terre et le païs; et li chastel et les cités se tenoient toutes à lui; et si Comain avoient couru jusques devant Constantinoble, et Henris li baus de l'empire, et li dus de Venise et Joffrois li mareschaus, estoient entré à Rodestoc, qui à trois jornées estoit de Constantinoble. Si pristrent conseil entr'ex qu'il porroient faire. Si garni li dus de Venise Rodestoc de Véniciens, et l'en demain ordenèrent leur batailles, et chevauchièrent par leur jornées tant qu'il vindrent à Salembrie, une cité qui avoit esté l'empereour de Constantinoble, et Henris li baus de l'empire la garni de sa gent; puis chevauchièrent, à tante gent qu'il avoient de remanant, tresqu'en Constantinoble où il furent mout volentiers véus; car les gens del païs estoient mout durement effréé, et ce n'estoit mie de merveille; car il avoient si toute la terre perdue qu'il ne tenoient de fors Constantinoble, fors Rodestoc et Salembrie; et toute l'autre terre tenoit Johannis li rois de Blaquie et Bourguerie. Et d'autre part del bras Saint-Jorge ne tenoient fors que seulement le cors de la cité de l'Espigal. Et Todres li Acres tenoit toute l'autre terre. Lors pristrent li baron un conseil entr'els, et distrent qu'il envoieroient à l'apostole de Rome et en France et en Flandres et par toutes les autres terres, pour querre secors. Là furent envoié, por cest message fornir, Nevelons l'évesque de Soissons, et Nicolas de Mailli, et Jehans Bliaus; et li autre remestrent mout à malaise dedens Constantinoble, et à mout grand mésaize, come cil qui cremoient à perdre toute la terre. Ensi furent de ci à la Pentecouste ensivant.

CLI. Dedans celui termine, avint uns mout grans domages; car au duc de Venise prist une maladie dont il morut, et fu enterrés à mout grant honeur ou mostier Sainte-Sofie. Si fu mout plains et regretés de tos les barons communément. Quant ce vint à la Pentecouste, Johannis, li rois de Blaquie et de Bourguerie, ot fet en la terre mout de sa volenté, si ne pot plus ses Comains detenir; car il ne pooient plus soufrir la terre né ne pooient ostoier pour l'esté; ains s'en reparièrent en leur païs. Johannis, à tout son ost de Bougres et de Grifons, s'en ala seur le marchis de Monferrat en Salenique, et li marchis, qui avoit oï conter la desconfiture de l'empereour Baudoin, guerpi le siége de Naples et s'en torna en Salenique, à tant come il pot avoir de gent. Or vos leirons del marchis; si vos dirons de Henri, le bailli de Costentinoble, qui chevaucha à tant de gent come il pot avoir tresqu'à une cité que l'on apeloit le Curlot, qui est à trois jornées de Constantinoble : cele li fu rendue, et li Grieu li jurèrent la féauté qui mauvaisement fu tenue. Dont chevaucha Henris vers la cité de Cardiople, si la trova vuide; car li Grieu ne l'osèrent atendre, et d'ilec chevaucha droitement à la cité de Visoi, qui mout estoit forte et bien garnie de Grieus. Cele li fu rendue, et d'ilec chevaucha droit à Naples, qui estoit ausinc mout bien garnie de Griex; et quant il les vodrent assaillir, si firent plait que il se rendroient. Endementres qu'il queroient lor plait d'une part, cil de l'ost entrèrent de l'autre part en la ville, si que Henris li baillis et cil qui parloient du plait n'en sorent nul mot. Et li Franc commencièrent à ocirre le Grieus, et gaaignièrent les avoirs de la vile et pristrent tout. Si en i ot mout de navrés et de pris. En ceste manière fu Naples prise, et i séjorna Henris li baillis par trois jors; et li Grieu furent si durement effréé de ceste occision, qu'il vuidièrent tous les chasteaus et les cités de la terre, et s'enfoïrent tous dedens Andrenoble et au Dimot.

CLII. Dedens celui termine avint que Johannis li Blas chevaucha sur le marchis de Monferrat à tous ses os, et vint à une cité que l'en apèle la Serre; et li marchis l'avoit mout bien garnie de bones gens; car il i avoit mis Hugon de Colemi, qui mout estoit bons chevaliers et haus homs, et Guillaume d'Aunoi, qui ert son mareschal, et grant partie de sa bone gent. Johannis les assist; mais il n'i ot mie grantment sis, quant il prist le bourc defors par force. Ilec leur avint mout grans domages; car Hugues de Colemi i fu mors, férus і fu d'un quarrel parmi l'ueil, et quant il fu mors si furent li autre mout effréé. Dont se traistrent au chastel qui mout estoit fors; et Johannis les assist et fist drécier ses perrières; et n'i sist mie mout longuement quant cil dedens parlèrent du plait faire, dont il furent mout durement blasmé, et tous jours lor fu puis reprochié. Si fu tex li plais qu'il rendroient à Johanis le chastel, et Johannis leur fist jurer, à vint-cinc des plus haus homes, qu'il les condiroit tout sauvement, à tout leur chevax et lor armes et leur harnois, en Salenique ou en Constantinoble ou en Hunguerie, lequel qu'il vorroient mieus des trois.

CLIII. En ceste manière fu rendue la terre, et Johannis les fist tous issir fors, et les fist logier en chans dejouste lui; si leur fist mout biau semblant et leur envoia ses présens. Ensi furent ilec par deux jors, et puis leur menti de quanques il lor avoit en covenant; car il les fist prendre, et leur fist tolir leur avoirs, et les fist mener en Salenique, nus et deschaus, à pié; et les povres et les menus, qui ne valoient guères, fist-il mener en Hunguerie; et aus autres, qui auques valoient, fist-il les testes coper, et par tel traïson com vos oés les fist-il destruire. Ensi reçut li os une des plus grans pertes qu'ele onques receust. Et Johannis fist abatre le chastel et la cité, puis s'en ala vers le marchis de Montferrat. Et Henris li baillis chevaucha vers Andrenoble, et l'assist à mout grant péril; car il avoit mout grant gens dedens et de fors qui les tenoient près; et ne pooient avoir nul marchié de viande. Lors se clostrent li nostre de lices par defors, et devisèrent une partie de leur gens pour ce qu'il gardassent les lices et les barres, et li autre asaillissent par devers la ville; dont firent engins de maintes manières, et mout mistrent grant peine à la ville prendre. Mais ce ne pot estre adonc; car la ville estoit mout fors et mout bien garnie de Grieus. Que vaut ce? Mout leur mésavint; car assés i ot bleciés des leur; et Pierres de Braiecuel i fu férus d'une pierre d'un mangonel el front, si qu'il dut estre mors; mais nepourquant il en gari et en fu portés en litière. Et quant il virent qu'il n'i porent riens faire, si s'empartirent, et furent mout hardoié de la gent du païs et des Grieus. Dont chevauchièrent tant qu'il vindrent à une cité que l'on apelle Pamphile, et se herbergièrent ilec bien par deus mois, et firent chevauchiées devers le Dimot et en pluseurs leus, où il guagnièrent assés et proies et autres avoirs; et tinrent l'ost en cele partie jusques à l'entrée d'yver, et leur venoit marchéandise à grant plenté de Rodestoc et de la marine.

CLIV. Or vos leirons à tant de Henri le baillif de Constantinoble, et vos dirons de Johannis le Blac, à qui la Serre fu rendue, si con vos avés oï, et qui ceus ocist en traïson qui à lui s'estoient rendu. Il ot chevauchié vers Salenique, et i ot mout longuement séjorné, et avoit gasté grant partie de la terre. Li marchis en fu mout dolens, et encore fu-il plus de son seigneur qui perdus estoit, et des autres barons de son chastel qu'il avoit perdus et de ses homes; et quant

Johanices vit qu'il n'i porroit plus faire, si retorna arrières vers son païs à toutes ses os. Et cil de Finepople, qui estoit à Renier de Trit, cui l'emperères Baudoins l'avoit donnée, quant il orent oï que l'emperères ert pierdus et mout des barons, et virent que li parent Renier de Trit et ses fils et ses niés l'avoient guerpi, et que il i avoit petit de gent, si cuidièrent que jamais li Franc n'eussent force. Une grande partie de la gent de la cité, qui Popelican estoient, s'en alèrent à Johannis le Blac, et se rendirent à lui, et distrent : « Sire, chevauche devant Finepople, ou envoie vigue-« resement, et nos te rendrons la vile. » Quant Reniers de Trit, qui dedens la vile estoit, sot ceste aventure, si ot paour qu'il ne le rendissent à Johannis le Blac. Dont s'en issi à tant de gent come il ot, et chevaucha une jornée parmi un des borcs de la vile où li Popelican estoient à estage qui rendu s'estoient à Johannis le Blac ; dont il bouta le feu et en ardi grant partie, puis s'en ala au chastel de l'Estameniac, qui estoit à quatre lieues d'ilec, et estoit bien garnis de sa gent. Il entra dedens, et il fu puis bien longuement enserés à mout grant mesaise bien par treize mois ou plus. Mout i fu à grant poverté, et manga ses chevaus par destresce ; et bien estoit neuf jornées loing de Constantinoble, si qu'on n'i pot oïr d'els nules noveles né cil de lui. Lors envoia Johannis son ost à Finepople ; il n'i sistrent pas longuement, quant cil de la ville se rendirent à lui ; et il les asseura, et après fist tout maintenant ocirre l'archevesque de la ville, et tous les haus homes fist ardoir ; et tiex i ot qu'il fist ardoir, et tiex i ot cui il fist les testes coper, et tout le remenant en fist mener en chemises, et puis fist toute la ville fondre, et murs et tors, et les biaux palais et riches manoirs fist tous ardoir. En tele manière come je vos ai conté fu destruite la cité de Finepople, qui bien estoit une des trois meilleures cités de l'empire de Constantinoble.

CLV. Or vos leirons de Finepople et de Renier de Trit, qui est enserrés ou chastel de l'Estameniac; si retornerons au baillif de Constantinoble, qui ot séjorné à la Pamphile jusqu'à l'entrée d'yver. Dont prist conseil à ses homes et à ses barons de garder une cité qui avoit non Larouse, et estoit à un mout plentureux lieu emmi la terre. De cele garnison fu chevetaines Tierris de Los, qui séneschaus estoit de la terre, et Tierris de Tenremonde, qui ert conestables; et bien leur chargea li baillis set vint chevaliers et grant partie de sergens à cheval, et leur commanda qu'il tenissent la guerre encontre les Grieus et gardassent la marche. Dont s'en r'ala Henris à tout le remanant de sa gent, et chevaucha tant qu'il vint à la cité de Visoi et i mist Anseau de Caieu pour chevetaine, et li chargea bien set vint chevaliers, et serjens à cheval grant partie; et li Vénicien garnirent une autre cité qui avoit non Cardiople; et Henris li baillis ot rendue la cité de Naples à Livernas, qui avoit à feme la sereur le roi de France; et c'estoit uns Griex qui se tenoit devers les Frans. Et nus Grieus ne se tenoit à els fors que cil tant seulement, et cil des cités maintindrent mout riguereusement la guerre encontre les Grieus, et firent maintes chevalchies, et l'on en refist ausinc sor els. Henris se traist en Constantinoble au remanant de sa gent; et Johannis li Blas ne s'oublia mie, come cil qui mout estoit riches et postéis d'avoir : ains pourchaça grant gent, si come Blas et Commains, et quant ce vint à trois semaines après Noël, si les envoia en Romenie pour aidier à ceus d'Andrenoble, et pour metre avec ceus del Dimot; et quant il furent acreu de gent, si s'esbaudirent plus et chevauchièrent plus seurement que devant.

CLVI. Tierris de Tenremonde, qui chevetaines estoit et conestables, fist une chevauchie au quart jor devant la feste de Nostre Dame-Chandeleur, et chevauchia toute nuit bien à sis vint chevaliers, et laissa garnie Larouse à poi de gent; et quant ce vint à l'ajorner, si vinrent à un casal où Blac et Commain estoient herbergié. Si les seurpristrent si que cil du casal n'en sorent mot devant ce qu'il en orent assez ocis; et bien i gaagnièrent quarante chevaux; puis retornèrent arrières vers Larouse. Et cele nuit meismes orent chevauchié Blac et Commain pour faire mal à nos gens, et furent bien set vint chevaliers, et vinrent à la matinée devant Larouse. Là furent une grant pièce; et la ville estoit garnie de petit de gent; si fermèrent les portes et montèrent sur les murs, et cil s'entornèrent arrières. Dont n'orent mie esloignié la ville plus d'une liue, quant il encontrèrent la chevauchie des François, dont Tierris de Tenremonde estoit chevetaines; et quant li François les virent venir, si s'ordenèrent en quatre batailles qu'il avoient faites. Si fu tiex li consaus qu'il se trairoient à Larouse tout le petit pas, et sé Diex leur donoit qu'il i poïssent venir, là seroient-il à sauveté. Li Commain et li Blac de la terre chevauchièrent vers els; car il avoient mout grant gent; si vinrent à l'arrière-garde, et commencièrent à hordoier. Et la meisnie Tierris de Los faisoit adonc l'arrière-garde, et non mie Tierris; car il estoit en Constantinoble; mais Vilains ses frères estoit chevetaines de cele gent. Li Commain et li Blac et li Grieu les tindrent mout près, et mout navrèrent de leur chevax; et fu li hus et la noise si grans, que par droite force les convint hurter à Andrieu d'Urboise et à Jehan de Choisi.

CLVII. Ensi alèrent soufrant grant pièce; puis les rechacièrent si qu'il les firent hurter seur la bataille Tierri de Tenremonde le conestable, et ne tarja mie grantment après que il les firent hurter seur la bataille Charlon de Fraisne, et orent tant alé soufrant, qu'il virent Larouse à moins de demi-lieue; et Grieu les tinrent adès plus près, et fu la noise mout grant seur els, et mout i ot de leur chevaus bléciés. Mais en la fin, si come Dex volt soufrir les mésaventures, li nostre furent desconfis; car ils furent pesamment armé, et leur anemi mout légièrement. Si les commencièrent à ocire. Halas! come dolereus jor ot ci por la crestienté! car de tot ces set vint chevaliers n'en eschapa mie plus de dis, que tuit ne fussent mort ou pris; et cil qui eschapèrent s'en vinrent fuiant à Larouse, et nostre gent, qui laiens estoient, les recueillirent. Là fu mors li conestables Tierris de Tenremonde et Ouris de Lille, qui mout estoit bons chevaliers et proisiés; et Jehans de Pompone, et Andrieus d'Urboise, Jehans de Choisi, Guis de Coulans, Charles de Fraisne, et Vilains, frères Tierris de Los. De tous ceux qui là furent mort ou pris ne fait mie nostre livres mention. Mais sans faille, là avint uns des plus grans domages qui onques avenist en Romenie à la crestienté. Li Commain et li Grieu et li Blac retornèrent arrières; car mout orent de leur voloir acomplis, et mout i gaaingnièrent chevaus et armes et autres richesces. Ceste mésaventure avint à une vigile de la Nostre-Dame-Chandeleur; et li remenans qui eschapèrent de la desconfiture et cil qui estoient à Larouse guerpirent la ville si tost come il fu nuit, et s'en alèrent toute la nuit fuiant tant qu'il vinrent à la matinée à Rodestoc. Ceste novele vint au baillif de Constantinoble droit au jor de la Chandeleur, si come il aloit à procession à Nostre-Dame en Blaquerne; et de ce furent-il mout effréé en Constantinoble; car par ce cuidièrent-il pour voir qu'il eussent toute la terre perdue. Lors prist li baillis conseil de garnir Salembrie, qui ert à deus jornées de Constantinoble, et i envoia Macaire de Sainte-Mancholt à tout cinquante chevaliers, pour garder la ville. Et quant la novele vint à Johannis le Blac que ensi estoit avenus à sa gent, si en ot mout grant joie; car c'estoit une partie de la meillor gent des Frans. Lor manda par toute la terre quanqu'il pot avoir de gent, et fist une grant ost de Commains et entra en Romenie, et toutes les cités se tinrent à lui, et li chastel; et ot si grant gent que ce ne fu sé merveille non. Quant li Vénicien oïrent dire qu'il venoit à si grant gent, si guerpirent Cardiople, et Johannis chevaucha à toutes ses os, tant qu'il vint à la cité de Naples, qui estoit garnie de Latins et de Grieus. Si estoit dedans Livernas, qui avoit la seror au roi de France à fame et estoit chevetaines des Latins, et Begues de Fransures, uns chevaliers de Biauvoisin. Et Johannis fist asaillir la cité et la prist par fine force. Là ot si grant mortalité de gent que ce fu une grant merveille. Begues de Fransures fu amenés pardevant Johannis le Blac, et il le fist maintenant ocirre; et tous les autres menues gens, fames et enfans, fist-il mener en Blaquie en prison. Lors fist toute la cité fondre et abatre, qui mout estoit bone et riche, et en bon païs.

CLVIII. Ensi fu destruite la cité de Naples, come vos avés oï. D'ilec, à douze liues près, séoit la cité de Rodestoc, qui mout estoit riches et fors et bien garnie de Véniciens; et avoec tout ce, il estoit venus une route de serjans à cheval, et estoient bien dui mille; et n'i estoient mie venu fors que pour la cité garnir. Quant il oïrent dire que la cité de Naples estoit prise par force, et que Johannis avoit fait ocirre tous ceus qui dedens estoient, si se mist uns si grans effrois entr'aus que tuit se desconfirent par eus-meismes, si come Diex seufre les mésaventures à venir as gens. Li Vénicien se ferirent as vaissiaus qui ains ains, qui mius mius; si que par un poi que li uns n'ocioit l'autre. Et li sergent à cheval, qui estoient de Flandres et de France et des autres contrées, s'enfuioient de la terre. Or oiés quele mésaventure leur avint dont il ne lor estoit mestiers : la cités estoit si fors et si close de murs et de bones tours que il ne trovassent jà qui les asausist. Né Johannis ne tourna jà cele part; quant il sot qu'il s'en estoient foïs, il chevaucha cele part. Li Grieu qui en la vile estoient remés se rendirent à lui, et il les fist maintenant tous prendre, et petis et grans, fors ceus qui coiement en eschapèrent, et les fist amener prisons en la Blaquie. Puis fist la cité fondre et abatre, dont mout fu grans domages; car c'estoit une des meillors cités de Romenie et des mius séans.

CLIX. Après cele, en avoit une autre qui Panedoi estoit apelée. L'en li rendi et il la fist fondre et abatre; et li Grieu qui dedens estoient envoia-il en Blaquie avoec les autres. Après, chevaucha droitement à une autre cité qui avoit non Arredoie, qui séoit sur un bon port de mer et estoit as Véniciens. Si l'assailli et la prist par force, et mout i ot grant ocision de gent; et le remenant fist mener en Blaquie, et fist la cité fondre et abatre. Après chevaucha à la cité de Dain, qui mout estoit fort et biéle, et la gens ne l'osèrent tenir. Si li fu rendue et il la fist fondre et abatre. Après chevaucha à la cité du Curlot, que on li avoit rendue, et la fist abatre et fondre, et en fist mener les prisonniers en Blaquie. Ensi come chascune cité et chascuns chastiaus se rendoit à lui, et il les avoit asseurés, il les faisoit abatre, et homes et femes mener en prison, et nule riens el monde qu'il leur eust en covenant ne leur en tenoit. Lors corurent li Commain et li Blac devant les portes de Constantinoble, où Henris li baillis estoit à tant de gent come il pooit avoir; et mout estoit durement dolens et courrouciés de ce qu'il ne pooit mie tant avoir de gent par quoi il péust sa terre conquerre et deffendre. Ensi pristrent li Commain et li Blac les proies de la terre, et homes et femes, et abatirent les chasteaus et les cités; et firent si grant essil que onques homes n'oï parler de plus grant. Lors vindrent à une cité qui estoit à douse liues de Costentinoble, qui Nantyre estoit appelée, et l'avoit Henris li baillis donée à Paien d'Orliens. En cele cité avoit mout grant peuple de la gent du païs, qui estoient tuit afui. Li Commain et li Blac l'asaillirent et la pristrent par force. Là i ot si grant occision de gent qu'il n'avoit onques eu si grant en nule vile où il eussent esté. Et sachiés certainement que toutes les cités et li chastel qui s'estoient rendu à Johannis le Blac, et qu'il avoit asseurés, estoient fondues et destruites, et les homes et les femes en estoient tuit mené en prison si come vos avés oï. Et sachiés que tout environ Constantinoble à cinc jornées, n'i remest nule rien à essilier, fors seulement la cité de Visoi et cele de Salembrie, qui estoit garnie de François mout bien. En cele cité de Visoi estoit Ansiaus de Caieu bien à tout sis vint chevaliers, et en cele de Salembrie estoit Machaires de Sainte-Manehout à tout cinquante chevaliers. Et Henris, qui baillis ert de l'empire, estoit en Constantinoble au remenant. Et sachiés que mout estoient au-desous ; car defors le cors de Constantinoble n'avoit remés que les dui cités. Quant li Griex qui s'estoient rendu à Johannis le Blac virent qu'il s'estoient revelé encontre les Frans, et que Johannis leur abatoit leur chastiaus et leur cités, et nul convent ne lor tenoit, si se tinrent à mors et à honnis. Dont parlèrent ensemble, et distrent que tout ausinc feroit-il d'Andrenoble et del Dimot quant il s'en partiroit ; et sé ces dui cités estoient abatues dont seroit Romenie perdue à tous jors mais. Dont pristrent leur messages tout privééments et les envoièrent en Constantinoble à Livernas, et li prièrent qu'il criast merci au bailli ; que il, por Dieu, féist ferme pais à els, et qu'il donast à Livernat Andrenoble et le Dimot, et li Grieu se torneroient tuit à lui, et ensi porroient estre li Franc et li Grieu bien ensemble. Consels en fu pris, et parlé i ot en maintes manières. Si fu tiex la fin du conseil que Livernas et l'emperéris sa fame, qui seur estoit au roi Phelippe de France, auroient le Dimot et Andrenoble et toutes les apartenances, et Livernas en feroit servise à l'empereour et à l'empire.

CLX. Ensi fu la covenance faite et achevée, et fu la pais ferme entre les Grieus et les Frans. Et Johannis li rois de Blaquie et de Bourguerie ot mout longuement séjorné en la terre des Frans, et ot le païs gasté tout le karesme : et après la Pasque grant pièce, se retraist vers Andrenoble et vers le Dimot ; et ot empensé qu'il en feroit autant come des autres. Quant li Grieu qui avoec lui estoient virent qu'il torneroit cele part,

si se comencièrent à embler de lui, par jour et par nuit, très qu'à dui cens chevaliers; et quant il vint là, il leur requist qu'il le laissassent entrer dedens; et ils distrent que non feroient : « Quar quant nos nous ren-
« dîmes à toi, et nous et nos roiaumes encontre les
« Frans, tu nous juras que tu nous garderoies en bone
« foi et sauveroies. Tu n'as de noiant tenu ton sere-
« ment envers nous, ains as destruite Romenie; et tout
« ensi com tu as fait des autres, savons-nous bien que
« tu feroies de nous. » Et quant Johannis oï ce, si assist tout maintenant le Dimot, et dreça entor seise grans perrières, et commencia à faire engins de maintes manières et à gaster tout le païs entor. Lors pristrent cil d'Andrenoble et del Dimot leur messages, et les envoièrent à Constantinoble, au bailli et à Livernat, que il, pour Dieu, secorussent le Dimot, qui estoit assis; et quant cil de Constantinoble oïrent la novelle, si pristrent conseil de secorre le Dimot. Mout i ot de ceus qui n'osèrent mie loer qu'on issist de Constantinoble à si poi de gent come il avoit, né que l'on se méist en aventure. Toutes voies fu li consaus tiex qu'il distrent qu'il istroient fors et qu'il iroient tresque en Salembrie. Li chardonaus, qui de par l'apostole de Rome estoit, en sermona et en fist pardon à tous ceus qui en la bataille morroient. Lors s'en issi li baillis de Constantinoble à tant de gent come il pot avoir, et chevaucha trèsqu'en la cité de Salembrie, et se logea devant la ville, et bien i fu par huit jors, et de jor en jour li venoient messages d'Andrenoble qui li mandoient, pour Dieu, qu'il eust merci d'els et qu'il les

secorust; car si ne les secoroit, il seroient perdu en la fin. Lors prist li baillis conseil à ses barons, et li consaus fu tiex qu'il alassent à la cité de Visoi. Dont i alèrent et se logièrent devant la ville, et fu droit devant la feste Saint-Jean-Baptiste en juing. Et lors, come il furent logié, vinrent li message d'Andrenoble, qui dirent au bailli que s'il ne secoroit la cité del Dimot, seust-il bien tout certainement qu'ele ne se pooit plus tenir : « Car les perrières Johannis le Blac ont abatus les murs « en trois lieus, et ont jà ses gens esté dui fois seur les « murs. » Lors demanda li baillis conseil que il feroit. Assés i ot parlé en avant et arrières; mais la fin del conseil fu tiex qu'il distrent : « Nos somes tant avant « venus, que nos somes tuit honni sé nos ne secorons « le Dimot; mais soit chascuns confès et commeniés; « car à l'aïe de Dieu nos le secorrons. » Lors ordenèrent lor batailles, et esmèrent que il estoient bien trois cent chevalier, et non mie plus. Dont mandèrent as messages qui erent venus d'Andrenoble combien Johanis pooit avoir de gent; et il respondistrent que bien en pooit avoir quarante mile, sans ceus à pié dont il ne savoient mie le conte. Ha Dex! com périlleuse bataille, de si peu de gent encontre tant!

CLXI. Au matin, le jor de la feste monseigneur saint Jehan-Baptiste, furent tuit confès et comenié. Et l'en demain si murent. Et l'avant-garde fu commandée à Joffroi le mareschal de Champaigne et de Romenie, et Machaires de Sainte-Manehout fu avoec; la seconde bataille fist Quenes de Béthune et Miles li

Brebans; la tierce fist Paiens d'Orliens et Pierres de Braiecuel; la quarte fist Anseaus de Caieu, et Baudoins de Biauveoir fist la quinte; Hues de Biaumès fist la siste; Gautier d'Escornay la setiesme; Henris li frères l'empereour Baudoin et li Flamenc la huitiesme; et l'arrière-garde fist Tierris de Los qui seneschaux estoit. Lors chevauchièrent ordenement par trois jors; et sachiés que onques gent plus périlleusement n'alèrent querre bataille; car il i avoit deus grans périls : li uns, de ce qu'il estoient petit de gent et leur anemi estoient assés; et l'autre, de ce qu'il ne créoient mie les Grieus, à qui il avoient pais fete, que de cuer leur déussent aidier; ains avoient paor que quant ce vendroit au besoing qu'il ne se tornassent vers Johannis que tant avoit aprochié de prendre le Dimot, com vos avés oï. Quant Johannis oï dire que li Franc venoient, si ne les osa atendre. Ains ardi ses engins et se deslogea, et ensi se parti del Dimot. Et bien sachiés que tos li mons le tint à grant miracle. Dont vint Henris li baillis devant Andrenoble au quart jor, et se logea seur les plus beaus prés qui soient en Romenie, et seur la rivière d'Andrenoble. Quant cil d'Andrenoble les virent venir, si issirent fors à toutes leur processions encontre aus, et leur firent la greigneur joie qu'il onques porent; et il le durent bien faire, car il n'estoient pas bien asséur. Lors vint la novele, en l'ost des Frans, que Johannis li Blas estoit logié à un chastel qui avoit à nom Rodestinc. Al matin mut li os des Frans, et chevaucha cele part por querre bataille; et Johannis se deslogea et s'en ala en son païs. Ensi le sivirent par cinc jors, et il s'en aloit tout adès devant els. Lors se herbergièrent, au sisiesme jor, en un mout biau lieu, lès un chastel qu'on apele le Franc. Ilec séjornèrent par trois jors. Lors s'en départi une partie de la bone gent de l'ost par descorde, et fu chevetaines de cele compaignie Baudoins de Biauvoir; Hues de Biaumés fu avoec lui, Guillaumes de Goumenies et Andrieus de Biaurain. Que vaut ce? Bien s'en alèrent en cele route cinquante chevalier; car il cuidèrent que li remenans n'osast mie demorer en la terre pour la paor de leur anemis. Lors prist li baillis conseil as barons qui avoec lui estoient, et fu tiex li consaus qu'il chevaucheroient. Et chevauchièrent par deus jors, et se herbergièrent en une bele valée, près d'un chastel que l'on apele Momac. Et cil chastiaus leur fu rendus; et il séjornèrent par cinc jors, et pristrent conseil qu'il iroient secorre Renier de Trit, qui estoit assis dedens l'Estameniac, et i avoit bien esté treize moys. Ensi remest li baillis en l'ost, et grant partie de sa gent; et li remenans ala secorre Renier de Trit à l'Estameniac. Mais mout i alèrent périlleusement cil qui i alèrent; et petit a l'en véu de si périlleuses rescousses; car il chevauchièrent trois jors parmi la terre de leur anemis. En cele rescousse ala Quenes de Béthune, Joffrois li mareschaus, Machaires de Sainte-Manehout, Miles li Brebans, Pierres de Braiecuel, Paiens d'Orliens, Ansiaus de Caieu, Tierris de Los et Guillaumes dou Percoi; et une bataille de Véniciens, dont Andris Valaires estoit chevetaines, ala avoec els.

CLXII. Ensi chevauchièrent jusques à l'Estameniac où Reniers de Trit estoit. Et Reniers estoit aus bretesches des murs quant il choisi l'avant-garde que Joffrois li mareschaus faisoit et les autres batailles qui venoient après mout ordenéement. Et lors ne sot-il queles gens c'estoient. Et ne fu mie merveille sé il s'en doubta; car grant temps avoit qu'il n'ot oï nule novele d'aus, et bien cuidoit certainement que ce fussent Grieu qui le venissent assegier. Joffrois li mareschaus prist turcoples et arbalestriers pour savoir la covine dou chastel; car il ne savoit de Renier sé il estoit mors ou vis, pour ce que grans temps avoit qu'il n'en avoit oïes noveles. Et quant cil vindrent devant le chastel, Reniers de Trit et sa mesnie les conurent. Or poez savoir que molt i ot grant joie. Lors s'en issirent et alèrent encontre leurs amis, si menèrent grant léesce li uns aus autres. Et lors se herbergièrent li baron en une bone ville qui estoit au pié del chastel, et qui tenoit adès le chastel asegié. Lors distrent li baron que il avoient mainte fois oï dire que li emperères Baudoins estoit mors en la prison; mais il ne le créoient mie; et Reniers leur dist pour voir que il estoit mors voirement, et bien en fussent certain; et il le crurent adonc, si en i ot assez qui mout en furent dolent. Sé il le péussent amender!

CLXIII. Ensi furent la nuit en la ville, et au matin s'en partirent et guerpirent l'Estameniac. Si chevauchièrent par trois jors, et au quart jor vindrent en l'ost où Henris li baillis les atendoit, desous le chastel de Momac, qui siet sur le flum de Charte, où il estoit herbergiés. Mout orent grant joie tuit cil de l'ost de Renier de Trit qui estoit revenus, et mout estoit atornés à grant bien à ceus qui les amenèrent; car mout y alèrent-il périlleusement. Dont pristrent li baron conseil de r'aler en Constantinoble, pour coroner le bailli à empereour. Dont lessièrent Livernat au païs, à tout les Grieus de la terre et à tout quarante chevaliers que Henris li baillis li laissa. Ensi s'en ralèrent en Constantinoble Henris et li autre baron, où il furent mout volentiers véus. Lors le coronèrent à empereour un diemenche après la feste madame sainte Marie, en mi-aoust, en l'église Sainte-Sophie, à mout grant honeur; et fu cil coronemens en l'an de l'incarnation nostre Seigneur mil et dui cens et sis.

CLXIV. Quant li emperères Henris fu coronés en Constantinoble, si com vos avés oï, et Livernas fu remès en la terre d'Andrenople et del Dimot, Johannis, li rois de Blaquie et de Bourguerie, quant il le sot, si assembla ses os et sa gent, quanques avoir en pot. Et Livernas n'avoit mie refait le mur del Dimot que Johannis avoit abatu à ses perières et à ses mangoniaus; ains l'ot povrement garni. Et Johannis chevauchia au Dimot droitement et le prist; puis l'abati et le fondi, et corut par tout le païs, et prist homes et femes et enfans et proies, et en fist grant destruction. Lors mandèrent cil d'Andrenoble secors à l'empereour Henri de Constantinoble; et quant li més li ot ce conté, il issi de Constantinoble et chevaucha par ses jornées vers Andrenoble à tout ses batailles ordenées. Et quant Johannis li Blas oï dire qu'il venoit, si se retrait en sa contrée arrières, et li emperères Henris chevaucha tant toutes voies, que il vint à Andrenoble, et se loja de fors la ville. Lors vindrent li Grieu del païs à lui, si li distrent que Johannis li Blas enmenoit les homes et les femes del païs, et les autres proies; qu'il avoit destruit le Dimot et tout l'autre païs d'entor, et estoit à une jornée près d'ilec. Et li consaus de l'empereour fu tiex qu'il s'iroit à lui combatre, sé il l'atendoit, pour secorre les chaitis et les chaitives que il enmenoit. Dont chevaucha après lui, et Johannis chevaucha devant tout adès. Ensi le sivi par quatre jornées. Lors vint à une cité qu'en apele Veroi. Et quant cil de la cité virent venir l'ost à l'empereour Henri, si s'enfoïrent ès montaignes et guerpirent la cité; et l'emperères i vint à tout son ost et se loja devant la vile, et la trova garnie de blés et de viandes et d'autres biens.

CLXV. Ensi séjorna ilec par deus jors, et fist corre ses homes par le païs entor, si gaaingnièrent assés bues et vaches et bugles, et mout grant plenté d'autres bestes. Lors se parti l'emperères de cele cité à tout son gaaing, et chevaucha à une autre cité qui estoit à une jornée d'ilec et avoit à non Blime. Et tout ausinc come li autre Grieu avoient guerpie l'autre cité, ensi avoient-il ceste relessiée. Et il la trova grant et bien garnie de tous biens, si se herberja devant; et lors li vindrent noveles que en une valée, à trois liues de l'ost, estoient li chaitis et les chaitives que Johannis li Blas emmenoit en prison en Blaquie, à toutes leurs proies. Lors atorna li emperères Henris que li Grieu d'Andrenoble et cil del Dimot les iroient querre, et il leur chargeroit deus batailles de chevaliers. Ensi fu fait come il fu devisés. De l'une bataille fu chevetaines Huitaces, li frères l'empereour Henri; et de l'autre bataille, Machaires de Sainte-Maneholt. Et chevauchièrent entr'ex et les Griex jusques en la valée qu'en lor avoit enseignie, et trovèrent tout la gent Johannis, ensi come en leur avoit dit. Et la gent Johannis assemblèrent à la nostre gent. Si ot assés des navrés d'une part et d'autre, d'omes et de chevaus; mais à cele fois en orent li Franc la victoire par la volenté nostre Seigneur, et retrovèrent les chaitis et les chaitives, et les ramenèrent arrières. Et sachiez que cele rescousse ne fu mie petite; car bien i ot vint mile que homes que femes que enfans, et bien trois mile chars chargiés de leur robes et de leurs hernois, sans leur autres proies, dont il avoient assés; et bien duroit la route, si come il venoient en l'ost, deus liues grant.

CLXVI. Ensi vinrent la nuit en l'ost; et mout liés fu li emperères Henris et tuit li autre baron. L'emperères les fist herbergier d'une part et bien garder, si que puis n'en perdirent vaillant un denier, de chose qu'il éussent. Li emperères séjorna l'en demain, pour le peuple qu'il avoit rescous: si, à l'autre jor se parti del païs, et chevaucha par ses jornées tant, qu'il vint à la cité d'Andrenoble. Lors dona congié à ceus et à celes que il avoit rescous, et chascuns s'en ala là où il vout et en la terre dont il estoit; et les autres proies refurent départies à ceuls de l'ost. Lors séjorna li emperères par cinc jors à Andrenoble, et d'ilec chevaucha trèsqu'à la cité del Dimot, pour savoir comment ele fu abatue et sé l'en la porroit refremer. Si se loja devant la ville. Lors vint uns barons en l'ost, de par le marchis de Monferrat en message, et avoit à non Otes de la Roces, et parla d'un mariage qui devant avoit esté pourparlé, de la fille del marchis Boniface et de l'empereour Henri; et aporta cil message la novele que la dame estoit de Lombardie venue, et que ses sires l'avoit envoié querre, et qu'ele estoit en Salenique. Lors prist li emperères conseil, et li consaus fu tex que li mariages fust confermés de l'une partie et d'autre. Ensi s'en r'ala li messages au marchis en Salenique, et li emperères Henris ot rassemblés ses os qui orent amené leurs guains à garison tresques en l'ost, et chevauchièrent par devant Andrenoble par leur jornées, et tant qu'il vindrent en la terre de Blaquie et de Bourguerie; et vindrent à une cité qu'en apele la Ferme et la pristrent, et mout i firent grant guaing, et i séjornèrent par trois jors, et coururent par le païs, et mout i gaaignèrent grant avoirs et grans proies, et destruistrent une cité qui avoit non Laquile; puis repairièrent à la Ferme, qui mout estoit belle et bien séans; et i sordoient li baing tuit chaut li plus bel de tout le monde. L'emperères Henris la fist ardoir et destruire, et emmenèrent les gaaings mout grans; puis chevauchièrent tant par lor jornées qu'ils vindrent à Andrenoble, et séjornèrent el païs jusques à la feste Tossains. Si ne porent plus ostoier pour l'iver, et lors s'en retornèrent vers Constantinoble, et laissièrent à Andrenoble, entre les Grieus, Peron de Radingehan à tout dis chevaliers mout vaillans.

CLXVII. En celui terme, Thodres li Ascres, qui tenoit la terre de l'autre part del bras devers la Turquie, avoit trives à l'empereour Henri et ne li avoit mie bien tenues, ains les avoit enfraintes. Pour ce prist conseil li emperères Henris, et envoia outre le bras, à la cité de l'Espigal, Peron de Braiecuel, à qui on avoit sa terre devisée en iceles parties, et Paiens d'Orliens, Ansiaus de Caieu et Huitaces le frère l'empereour, et grant partie de mout bone gent, jusques à set vint chevaliers. Cil commencièrent la guerre envers Thodres l'Ascre. Si ot mout grant guerre et mout fière, et mout li firent grant domage en sa terre. Et chevauchièrent jusques en une autre cité, qui estoit apelée Esquise, et estoit toute close de mer fors que d'une part; et à cele partie par où l'en entroit avoit anciennement forteresse de murs, et de tours, et de fossés, et estoient auques decheu. Léans entra li os des François. Et Pierres de Braiecuel, à qui la terre estoit devisée, la commença à refremer et i fist fere deus chastiax et deus entrées; et d'ilec commencièrent à corre en la terre de l'Ascre, et gaaignèrent deus chasteaux, et mout i firent grant gaaing et grans proies, et amenèrent dedans la ville lor proies et lor gaaings. Et Tho-

dres li Ascres venoit souvent à tout ses os devant
Esquise: et mainte fois i ot assemblé, et perdirent assés
d'ambedeus pars.

CLXVIII. Or vos lairons de ceus ester; si vos dirons
de Tierris de Los qui seneschaus estoit de Romenie, cui
Nicomie devoit estre, et estoit à une jornée de Nique-
la-Grant, qui estoit une cité de la terre Thodres
l'Ascre. Cil s'en ala à grant partie de la gent l'empe-
reour, et trova que li chastiaus estoit tout fondus. Si
le referma, et rehourda iluec le mostier Sainte-Sophie,
qui mout estoit biax et haus, et le retint en droit la
guerre. En celui termine revint li marchis de Monfer-
rat de Salenique, et s'en ala à la Serre, que Johannis
li Blas avoit abatue; si la referma, puis ferma un chas-
tel qui avoit non Davie, et séoit el val de Phelippe.
Et toute la terre d'entor se rendi à lui, et il iverna en
cel païs. Endementres fu li temps si avant alés que
Noël fu passés. Lors vindrent li message del marchis
de Monferrat à l'empereour Henri, qui li distrent que
li marchis li avoit envoié sa fille en galies, et estoit en
la cité d'Avie. Lors envoia li emperères Joffroi de
Ville-Hardoin et Milon le Brebant, pour querre la
dame. Si chevauchièrent tant par leur jornées qu'il
vindrent à la cité d'Avie, et trovèrent la dame qui
mout estoit bele et bone. Si la saluèrent de par l'em-
pereour leur seigneur; après l'emmenèrent à grant
fete en Constantinoble. Là l'espousa li emperères
Henris, à mout grant honeur, el mostier Sainte-Sophie,
le diemenche après la feste Nostre-Dame-Chandeler, et

portèrent ambedui corone à grant joie; et furent les noces hautes et plénières el grant palais de Bouche-de-Lion. Ensi furent faites les noces l'empereour Henri de Constantinoble et de la fille le marchis de Monferrat, qui avoit à non Agnès.

CLXIX. Thodres l'Ascres qui l'empereour guerroia, prist ses messages et les envoia à Johannis le Blac, et li manda que toutes les gens l'empereour de Constantinoble estoient outre le bras devers lui, par devers la Turquie; et l'emperères estoit en Constantinoble à poi de gent : or se poroient-il bien de li vengier; car il seroit d'une part et il seroit d'autre : et tant avoit li emperères petit de gent que jà vers els ne se porroit deffendre. A celui point s'estoit Johannis porchaciés de Comains qui venoient à lui, et de Blas et de Bougres, tant come il en pot avoir; et tant estoit jà li temps avant alés qu'il estoit caresme. Machaires de Sainte-Maneholt commença un chastel à faire seur mer, droit au Charac qui siet seur le goufre de Nicomie à sis liues de Constantinoble; et Guillaumes de Sains en recommença un autre à fermer qu'on apele le Civetot, et siet ausinc seur le goufre de Nicomie de l'autre part, devers Nique. Et sachiés que mout ot à faire li emperères Henris en droit lui, et li baron qui avoec lui estoient; et bien tesmoigne Joffrois li mareschaus de Champaigne qui ceste œvre traita, onques en nul termine ne furent aussi chargié de guerre come i furent à celui point, pour ce qu'il estoient par le païs espars en tant de lieues. Lors issi Johannis fors de Blaquie à tout ses os de Blas et de Comains et de Bougres, et entra en Romenie; et corurent Comain jusques as portes de Constantinoble, et il asegia Andrenoble, et i dreça trente perrières qui gitoient en la cité et as murs et as tors. Léans n'avoit sé Grieus non et Perron de Radingeham qui de par l'empereour i estoit à dis chevaliers. Lors mandèrent tuit ensemble li Grieu et li Latin à l'empereour que ensi les avoit Johannis asegiés, et qu'il les secorust. Mout fu li emperères destrois durement, quant il oï que ses gens estoient en tant de leus departi outre le bras, et estoient en chascun lieu si chargiés de guerre que plus ne pooient; si estoit en Constentinoble à poi de gent. Lors fu tiex ses consaus qu'il emprist à issir de Constantinoble à tant de gent come il pot avoir, à la quinsaine de Pasques; et manda en Esquise, où la plus grant partie de sa gent estoient, qu'il venissent à lui, et il s'en commencièrent à venir par mer. Premièrement vint Huitaces, li frères l'empereour Henri, et Ansiaus de Caieu, et de leur gent la plus grant partie; et remest Pierres de Braiecuel et Paiens d'Orliens à poi de gent en Esquise.

CLXX. Quant Thodres li Ascres oï la novele que Andrenoble estoit assegie, et que li emperères mandoit sa gent par estouvoir, et que il ne savoit as queles gens courre premièrement en deçà de là, tant estoit-il cargiés de guerre, si manda efforciement quanques il pot avoir de gent, et fist tendre ses très et ses paveillons devant les portes de Esquise, et i ot assemblé maintes fois et porvu et gaaingnié, et quant Thodres li Ascres vit qu'il avoit si poi de gent céans, si prist une partie de l'ost et des siens, ceus qu'il pot avoir par mer, si les envoia au chastel de Civetot que Guillaumes de Saint fermoit; si les assaillirent par mer et par terre mout durement, le samedi de mi-caresme; laiens avoit quarante chevaliers de mout bone gent, dont Machaires estoit chevetaines, et lor castiaus estoient encore poi fremés, si que cil pooient avenir à aus as espées et as lances. Cil assaus dura le samedi toute jour, et cil se deffendirent mout bien; et bien tesmoigne li livres que onques à si grant meschief ne se desfendirent quarante chevaliers et bien i parut, car il n'en i ot que cinc que tout ne fussent navré, et si en i ot un mort qui estoit niés Milon le Brebant, et avoit à non Gilles. Le samedi matin, avant que li assaus commençast, vint uns messages batant en Constantinoble, et trova l'empereour Henri séant au palais de Blaquerne, au mengier; et li dist : « Sire, sachiez que cil de Civetot « sont assis par mer et par terre, et sé vos ne les se-« corés hastivement, il sont pris et mort. » Avoec l'empereour estoit Quenes de Béthune, et Miles li Brebans et Joffrois li mareschaus, à poi de gent. Dont pristrent conseil qu'il feroient, et li consaus fu tex que l'emperères Henris s'en iroit au rivage et enterroit en un chalant, et chascuns des autres enterroit en tel vessiel come il porroit avoir. Lors fist l'emperères crier parmi Constantinoble que chascuns le sivist à tel besoing, come por ses homes secorre et delivrer. Lors véissiez mout estormir la cité de Constantinoble si come de Frans et de Véniciens, de Pisans et d'autres gens qui de mer ne savoient riens. Il coroient as vessiaus qui ains ains qui mius mius. Avoec els entroient li chevalier à toutes leur armes, et qui ainçois pooit, ainçois se partoit del port pour sivre l'empereur. Ensi nagièrent à force de rames toute la vesprée, tant come jors leur dura, et toute la nuit jusques à l'endemain au jor. Et quant ce vint un poi après le soleil levant, si ot tant esploitié li emperères qu'il vit le chastel de Civetot et l'ost qui entor estoit par terre et par mer. Cil dedens la ville n'orent mie dormi toute la nuit : ains se furent hourdé, si navré come il estoient, come cil qui n'atendoient sé la mort non. Quant l'emperères vit qu'il estoient près et qu'il voloient assallir, et que il n'avoit encore de sa gent sé petit non ; — avoec lui estoit Joffrois li mareschaus en un autre vessel, et Miles li Brebans, et autres chevaliers, tant que il avoient entre grans et petis vaissiaus dix-set, et lor aversaire en avoient bien soixante ; — et vit que sé il atendoit leur gent né il souffroit que cil assausissent ciaus de Civetot, tuit estoient mort ou pris; lors fu tiex li consaus de nostre gent que il s'iroient combatre à aus. Dont s'en alèrent cele part tout d'un front, et furent tuit armé ès vessiaus, les hiaumes lacés. Et quant cil les virent venir qui jà estoient apareillé de saillir au Civetot, si connurent bien que ce estoit secors : adont se partirent dou chastel et alèrent encontre aus à tout leur ost, et se rangièrent seur le rivage à toutes les grans gens que il avoient à pié et à cheval. Et quant il virent l'emperères et la soe gent venir sor aus droit, si reculèrent sor lor gent qui estoient au rivage si que cil del rivage leur pooient aidier de traire et de lancier.

CLXXI. Ensi les tint li emperères Henris assis à ses dix-set vaissiaus, tant que li cris leva de ceus qui estoient de Constantinoble venus; si en i ot tant, ainçois que la nuit venist, que il orent la force en la mer par tout, et jurent toute nuit armés, leur vaissiaus à encres; lors fu tex leur consaus que tout maintenant qu'il verroient le jor il s'iroient à as combatre pour tolir leur vaissiaus. Et quant ce vint endroit la mienuit, si trairent li Grec tous leur vaissiaus à terre et mistrent le feu ens, et les ardirent tous ; dont se deslogièrent et s'en alèrent fuiant. Et li emperères et sa gent en furent mout lié et mout joiant de la victoire que Dieu leur avoit donée et de ce qu'il orent secouru leur gent. Et quant ce vint au matin, li emperères et tuit li autre s'en alèrent au chastel du Civetot, et trovèrent leur gens mout malades et les pluseurs mout navrés ; et li emperères regarda le chastel et ses gens, et virent que le chastel estoit si foibles que il ne fesoit à retenir. Adonc se recuillirent à tout leur gent en lor vaissiaus et guerpirent le chastel et laissièrent. Ensi s'en repaira li emperères en Constantinoble, et Johannis li rois de Blaquie et de Bourguerie qui avoit Andrenoble assise ne reposa mie, ains fist giter ses perrières nuit et jor as murs et as tours, et les empirièrent mout. Puis mist ses trancheours as murs, et firent maintes assaillies; et cil dedens se contindrent mout bien, et mandèrent sovent l'empereour qu'il les secourust ou il estoient perdu sans fin. Et li emperères estoit mout destrois, car quant il voloit secorre sa gent d'Andrenoble, Thodres li Ascres le tenoit si cort, d'autre part, que par fine force arrières le covenoit retorner.

CLXXII. Ensi fu Johannis tot le mois d'avril devant Andrenoble, et l'aprocha si de prendre, qu'il abati grant partie des murs et des tors en deus leus, jusqu'en terre, si qu'il se pooient combatre main à main à espées et à lances à ceus dedens. Ensi firent mout de grans assaus et desfendirent mout bien; et mout en i ot de mors et de navrés d'une part et d'autre. Mais ensi come Diex veult les avantures soufrir, li Comain et li Blac que il avoit envoiés corre en la terre orent gaaingnié assés, et furent venus à l'ost d'Andrenoble à tout leur gaains; et distrent qu'il ne voloient plus demorer à Johannis, ains s'en voloient aler en leur contrées. Ensi se partirent li Comain, et quant Johannis vit ce, si n'osa plus au païs demorer sans aus. Ensi se parti de devant la ville et la guerpi. Et sachiés que mout tint l'en à grant miracle que Johannis qui tant estoit riches homs et postéis, laissast la ville qui tant estoit aprochie du prendre. Cil d'Andrenoble ne targièrent mie de mander l'empereour qu'il venist tost pour Dieu, car bien séust-il certainement que Johannis s'en estoit alés, mais s'il ne veneist il seroient tuit mort sans faille. Et li emperères, à tant de gent come il pot avoir, fist atorner pour aler devant Andrenoble. Lors li vint une novele qui mout li fu grief, car l'en li dist que Esturmis, li amiraus des galies qui estoit fils Thodres li Ascres, estoit entrés à tout dix-set galies dedens Bouche-d'Avie, el bras Saint-Jorje; et fu venus en Esquise là où Pierres de Braiecuel estoit, et l'avoit assis par devers la mer, et Thodres li Ascres par devers la terre; et que gent d'Esquise estoit revelée encontre Perron de Braiecuel, et cil de Marmora qui si home estoient se furent ausinc revelé, et li avoient fait grant domage; et assés avoient mort de ses homes. Et quant ceste novele vint en Constantinoble, si en furent tuit mout espoenté et durement esmaié.

CLXXIII. Lors prist li emperères conseil as barons et as Véniciens ensemble, et distrent que s'il ne secoroient Perron, que il estoient mort et honi, et qu'il avoient la terre perdue. Lors s'armèrent quatorze galies mout isnelement, et les garnirent de Véniciens. En l'une entra Quenes de Béthune et ses gens, en l'autre entra Joffrois de Ville-Hardoin et ses gens, et en l'autre Machaires de Sainte-Maneholt, et en la quarte Miles li Brebans, et en la quinte Ansiaus de Caieu, et en la siste Tierris de Los qui seneschaus estoit de Romenie; en la septisme Guillaumes del Perche, et en l'uitisme Huitace qui frères estoit l'empereour. Ensi mist par toutes ses galies li emperères Henris sa meillour gent, et quant il se partirent du port de Constantinoble, tuit cil qui les virent distrent bien que mout estoient richement apareillies, né que onques galies furent mius, né de meillour gent. Ensi fu à cele fois respités li alers à Andrenoble, et cil des galies s'en alèrent contreval le bras Saint-Jorje vers Esquise droit. Ne sai coment Esturmis le sot, mais Thodres se partist d'Esquise, et s'en ala, fuiant contreval le Bras; et cil les chacièrent dui jors et dui nuis fors de Bouche-d'Avie bien quarante miles. Et quant il virent qu'il ne les pooient ataindre, si retornèrent droit en Esquise, et trovèrent Perron de Braiecuel, si come Thodres li Ascres se fu deslogiés devant et fu retornés arrières en sa terre.

CLXXIV. Ensi fu rescousse Esquise, si come vos avés oï; et cil des galies s'en retornèrent arrières en Constantinoble, et ratornèrent leur oirre pour aler à Andrenoble; mais Thodres li Ascres envoia le plus de sa gent en la terre de Nicomie; et la gent Tierri de Los qui avoit fermé le mostier Sainte-Souphie, et cil qui estoient dedens mandèrent leur seignor et l'empereour Henri qu'il les secorust, ou sé ce non il ne se porroient tenir; en seur que tout, il n'avoient point de viande, si que par fine destresse convint que l'empereour et sa gent lessassent la voie d'Andrenoble et qu'il passassent le bras Saint-Jorje devers la Turquie, à tant de gent come il porent avoir, pour secorre Nicomie. Et quant la gent Thodre li Ascre oïrent dire qu'il venoient, si vuidièrent la terre et se trairent arrières vers Nique-la-Grant. Quant li emperères le sot, si prist conseil à ses barons et li consaus fu tiex que Tierris de Los qui seneschaus estoit de Romenie, remaindroit en Nicomie à tout ses chevaliers et serjans, pour garder la terre; et Machaires de Sainte-Maneholt remaindroit à Caracas et Guillaumes dou Perche à Esquise, et cil desfendroient la terre endroit euls. Lors s'en rala li emperères en Constantinoble au remanant de sa gent, et reprist de rechief à aler à Andrenoble. Endementres que il atornoit son oire, Tierris de Los qui estoit en Nicomie, et Guillaumes dou Perche i alèrent por fourrer, et la gent Thodre li Ascres le sorent, si les seurpristrent et leur corurent sus. Si furent mout grant gent, et li Franc furent poi; si commença li estors et la meslée; mes ele ne dura mie longuement, car li poi ne porent soufrir le trop. Mout le fist bien Tierris de Los et sa gent; et Guillaumes dou Perchoi i fu abatus et remontés. Mais que vaut ce? li Franc ne porent l'estor soufrir; ains furent desconfit; si fu pris Tierris de Los et navrés parmi le vis, et en aventure de mort. Là fu pris avoec lui li plus de sa gent et mout petit en eschapa. Guillaumes dou Perchoi en eschapa seur un roncin, navrés en la main. Cil qui eschapèrent se recueillirent el moutier Sainte-Sophie. Cil qui ceste estoire traita ne sait sé ce fut à tort ou à droit; mais il en oï blasmer un chevalier qui Ansiaus de Remi avoit nom, et estoit hons liges Tierri de Los le seneschal, et chievetaines de sa gent. Lors prisent un message cil qui furent el moustier Sainte-Sophie retourné, Guillaumes dou Perchoi et Ansiaus de Remi, et l'envoièrent batant à l'empereour, en Constantinoble; et li mandèrent que li seneschaus estoit pris et sa gent, et il estoient assis el moustier Sainte-Sophie et n'avoient mie viande à plus de cinc jors, et bien séust-il certainement que sé il ne les secoroit, il seroient tuit perdu. Li emperères passa adonc le bras Saint-Georje, si come il avoit fait autre fois entre lui et sa gent por secorre ceus de Nicomie.

CLXXV. Ensi fu remese la voie d'Andrenoble à cele fois. Quant li emperères ot passé le bras Saint-Georje, si ordena ses batailles et chevaucha tant par ses jornées qu'il vint à Nicomie; et quant la gent Thodre l'Ascre l'oïrent dire, et si frère qui tenoient l'ost, si se trairent arrières et passèrent la montaigne d'autre part devers Nique; et li emperères se loja d'autre part seur un flun, en une mout bele praerie, par devers la montaigne, et fist sa gent corre par le païs : car il se estoient revelé quant il oïrent dire que Tierris de Los estoit pris; si prisent assés proies et prisons. Ensi sejorna li emperères en la praerie; et dedens celui jor Thodres li Ascres prist ses messages et les envoia à lui, et li requist trives à deus ans, par tel convenant qu'il Esquise li laissast abatre et la forteresce del moustier Sainte-Sophie de Nicomie; et il li rendroit tous ses prisons qui avoient este pris a cel desconfiture et as autres, dont il avoit assés par sa terre. Lors prist li emperères conseil à ses homes que il porroit faire; et li baron disent que il ne porroient mie soufrir les deus guerres ensemble, et que mius valoit cist domage soufrir que à perdre Andrenoble né la terre entor; et si auroient departi leur anemis Johannis et Thodre l'Ascre qui estoient bon ami li uns as autres et s'entraidoient de la guerre. Ensi fu la chose octroïée et créantie; et lors manda li emperères Perron de Braiecuel en Esquise, et il i vint; et li emperères fist tant envers lui qu'il lui delivrast Esquise et la livrast à Thodre l'Ascre, et le mostier Sainte-Sophie de Nicomie.

CLXXVI. Ensi fu ceste trive asseurée et ces forteresces abatues; et Tierris de Los fu délivrés et tuit li autre prison. Lors s'en repaira li emperères en Constantinoble, et emprist à aler vers Andrenoble à tant come il pot avoir de gent. Si chevaucha vers Salembrie, et fu jà tant de temps trespassés qu'il fu après la feste monseigneur saint Jehan-Baptiste en esté; et chevaucha tant par ses jornées qu'il vint à la cité d'Andrenoble, et se herberja ès près devant la vile; et cil de la cité qui mout l'avoient désiré, issirent tuit fors, à procession, encontre lui, et le virent mout volentiers; et tuit li Grieu de la terre i furent venu, et il ne séjorna que un seul jor devant la ville tant qu'il ot véu le damage que Johannis li Blas avoit fait par ses mineurs et par ses engins; et l'en demain chevaucha vers la terre Johannis tant qu'il vint à la montaigne de Blaquie, à une cité qui avoit non Aulin, que Johannis avoit nouvelement pueplée de sa gent. Et quant les gens du païs virent l'ost venir, si guerpirent la cité, et s'enfuirent en la montaigne; et l'emperères se loja devant la ville, et li couréeur corurent par la terre et gaaingnièrent bues et vaches et bugles à grant plenté; et cil d'Andrenoble qui leur chars avoient amenés avoec aus, et povre et diseteus estoient de la viande, en chargièrent à mout grant plenté. Ensi séjorna l'os par trois jors, et coururent li couréeur parmi la terre. Et la terre estoit pleine de montaignes et de destrois; si i perdirent cil de l'ost de leur couréeurs, qui i alèrent trop folement.

CLXXVII. Au darrain jor, envoia li emperères por garder ses couréeurs Ansiel de Chaieu et Hustaice son frère, et Tierri de Flandres son neveu et Gautier d'Escornay et Jehan Blyaut. Ces quatre batailles allèrent garder les couréeurs, et entrèrent dedens moult fors montaignes. Et quant les gens orent couru parmi la terre, et il s'en volurent issir, si trouvèrent les destrois moult fors. Car li Blac dou païs i furent venu, si assemblèrent à els et lor fisent moult grant damage d'ommes et de chevaus, et furent moult priès de desconfire, si que par fine force convint les chevaliers descendre à pié. Et par l'aide de Diu s'en revinrent tout droit à l'ost : mais grant damage orent recheu. L'en demain s'en parti li emperères Henris et li os des François, et chevaucièrent par lor journées arrières tant que il vinrent à la cité d'Andrenoble, et i fisent et misent lor garnisons que il amenèrent de blés et de viandes. Et séjorna li emperères en la praerie quinze jors. En cel termine li marchis Bonifaces de Montferras qui ert à la Serre, que il avoit refremée, ot chevauchié tres qu'à Messynople et la terre se fu rendue à son commandement. Et lors si prist ses messages, si les envoia à l'empereour, et li disent que il parleroit à lui sour le flun qui court desous l'Eskipesale. Car il n'avoient mais eu pooir de parler ensamble tres chou que la terre fu conquise. Car il i avoit tant d'anemis entredeus que li un ne pooient venir as autres. Et quant li emperères et ses consaus oï que li marchis ert à Messynople, si en fu moult liés et li manda par ses messages arrières, que il iroit parler à li au jour que il li avoit nommé. Ensi s'en ala l'emperères celle part et laissa Quene de Bethune à Andrenoble à tout ses chevaliers por garder la terre. Et vinrent là où li jours fu pris en une moult biele praerie, près de la cité d'Eskipesale. Et vint li emperères d'une part et li marchis d'autre et assemblèrent à grant joie, et ne fu mie merveille, que il ne s'estoient piechà entrevu. Et li marchis li demanda que sa fille faisoit? et il li dist que sa fille iert ençainte d'enfant, et il en devint molt liez. Lors devint li marchis homme à l'empereour, et tint de lui sa terre, ausi comme il avoit fait de l'empereour Bauduin son frère. Lors donna li marchis à Joffroi de Villeharduin, le maréchal de Romenie et de Champaigne, la cité de Messynople et toutes les apertenances, ou celi de la Serre, laquelle que il ameroit mius. Et cil en devint ses hommes liges, sauve la féauté de l'empereour. Ensi séjournèrent en celle praerie par deux jors à moult grant joie, et disent que puis que Dex avoit donné que il pooient venir ensemble, que encore poroient-il grever lor anemis : et emprisent que à l'issue d'esté el mois d'octembre il seroient à tous leur pooirs en la praerie d'Andrenoble, pour ostoier sour le roi de Blaquie et de Bourgherie. Et ensi se departirent moult lié et moult haitié. Li marchis s'en ala vers Salenyque et li emperères vers Constantinoble. Et quant li marchis fu venus à Messynoble, si ne tarda mais que sept jors que il fist une chevauchie par le consel des Grieus de la terre en la montaigne de Messynople plus d'une grant jornée loing. Et quant il ot esté en la terre et il s'en dut partir, li Bougre se furent assamblé de la terre et virent que li marchis estoit à poi de gent, et il vinrent lors de toutes pars et assallirent à s'arrière-garde. Et quant li marchis oï le cri, si sailli en un cheval tot désarmés, un glaive en sa main, et quant il vint là où ils ièrent assemblés à l'arrière-garde, si lor recourut sus et les chacia une grant pièce arrières. Là fu ferus d'une saiete parmi le gros del bras de soz l'espaule mortellement, et commencha moult à espandre de sanc. Et quant ses gens virent ce, si se commencièrent moult à esmaier et à desconfire et à mauvaisement maintenir. Et cil qui furent entor le marchis le soustinrent. Et il perdi moult de sanc, si se commença à pasmer. Et quant ses gens virent que ils n'avoient nulle ayue de luy, si se commencièrent à desconfire et lui à laissier. Et ensi furent desconfi par ceste mésaventure, et cil qui remesent avoec li furent mort, et li marchis ot la tieste coupée : et envoièrent les gens dou pays le chief à Johannis, et che li fu une des greignours joies que il oncques éust. Halas ! quel damage chi ot à l'empereour et à tous les Latins de la terre de Romenie, de tel home pierdre par telle mésaventure, qui estoit uns des meillors chevaliers et des plus vaillans et des plus larges qui fust el remanant dou monde ! Et cette mésaventure avint l'an de l'Incarnation Jesu-Christ mil deux cent et sept ans.

Ci fenist Joffrois de Ville-Hardouin.

CONTINUATION DE L'HISTOIRE
DE LA CONQUÊTE
DE
CONSTANTINOPLE.

PAR HENRI DE VALENCIENNES

Chi commence l'estore de l'empereur Henri de Constantinoble.

I. Henris de Valenciennes dist que puis que li hom s'entremet de biel dire et de traictier, et il en est graciés de tos discrès et auctorisiés, il se doit bien traveillier que il ensiuce le non de sa grace par traictement de plaine vérité. Et por chou vuet-il dire et traitier aucune chose dont il ait garant et tiesmoignage de vérité o les preudomes qui furent à la desconfiture de Henri l'empereour de Constantinoble, et de Burile; et veut que l'ounours que nostre Sires fist illuec à l'empereour et à cels de l'empire soit seue communement. Car Henris vit oell à oell tous les fais qui là furent, et sot tous les consaus des haus hommes et des barons.

Si dist en son primerain commenchement que quant nostre Sires voit ke li hom et la feme sont en péchié et il tournent à repentance et puis vont au lavement de confiession, plourant en vraie repentance de cuer et souspirant, dont estent-il sor aus la larghece de sa grace et de sa majesté; et quant il voit que il s'atornent à malisse, en persévérant chascun jour plus et plus en leur errour, dont en prent-il si cruel vengance comme nos trouvons en la divine page de la sainte Escriture. Nonporquant ou juer né ou solatier ne gist mie tos li maus; né tos li biens ne regist mie ou plourer ne el simple habit; ançois gist ou cuer de chascun. Et Dex, qui set et voit apertement les repostailles des cuers, rendra à chascun sa deserte selonc le devin jugement. Mais por chou que je ne voell mie qui tourt aucun à annui de tant traitier sor mon prologhe, est-il mestiers que je retorne à traitier sor la propre matière sour laquelle je commençai à traitier ceste oeuvre : dont Dex me prest par son plaisir sens et force et discrétion !

II. Il avint à une Pentecouste, che dist Henris, que li emperères ert à séjour à Constentinoble, tant que nouvieles li vinrent que Comain estoient entré en sa terre et Blachois, et mout malmenoient sa terre. Dont fist erraument li emperères semonre ses os. Et quant elles furent assamblées, si commanda que tous s'en issisent apriès lui; et il fisent son commandement. Puis fist tant li emperères que il vint à toute s'ost en uns prés qui sont par-delà Salembrie, et commanda s'ost à logier, et tant attendi illuec que tout fut assamblé, et petit en falloit. Adonc s'esmu de Salembrie, et chevaucha li emperères tout adiès avant contre Comains et Blas, et tout adiès croissoit li os de jor en jour. Que vault chou? Tant erra qu'il vint en uns prés par delà Andrenoble, et dont primes fu toute sa gens parvenue, si se logièrent. Lors prisent conseil que il iroient vers Blaquie, pour requerre l'ayde et la force d'un hault homme qui avoit nom Esclas, et estoit en guerre contre Burile, qui ses cousins germains estoit, pour chou que chil Buriles li avoit tolue sa tierre en trahison ; et s'il pooient avoir celui en lor ayde, ils envaïroient Burile seurement. Lors commanda li emperères que li os chevauchast comme chil qui moult avoit grant desirier de trouver Burile son anemi ; car Johanisses, ses oncles, li avoit occis son frère l'empereour Bauduin, dont moult fu grans damages à la gent de Flandres et de Haynaut. Que vous diroie-je plus ? Li emperères vint à Bernay. Là dormirent la nuit, et quant che vint au demain que li solaus fu levés, Buriles lor vint en larrecin, et lor fist une envaïe ; et lors n'avoit de tout nostre gent armé fors que l'arrière-garde et l'avant-garde. Qui dont feust là, moult peust veir asprement paleter et bierser les uns contre les autres. Et por che que nostre gens n'estoit encore conréée, sé elle auques en fu espoentée che ne fu mie merveille ; car sé tout chil qui sont en Roumenie fussent encontre Burile et les siens, et si eussent en lor aide tous cels de Flandres et de France et de Normandie, ne péussent-il là riens conquerre sé Dex proprement ne lor aidast. Uns chevaliers de Hielemes qui Lyenars avoit nom, preudom durement et de grant pooir, perchut l'orgueil et le beubant qui iert en eulx, et ot pitié de chou qu'il biersoient si cruellement nostre gent; si mist arrière dos toute couardie, et se feri en els l'espée traicte, et nonpourquant, pour chou que il assembla sans commandement, li preudom de l'ost disent que il avoit fait un fol hardement, et que nus hom ne le deveroit plaindre sé li meschaoit de cette emprise. Que vaut chou ? il n'ot point de suite, si eut esté pris sans faille et retenus, sé li emperères ne fust; mais par la grant cortoisie de son cuer et par le hardement, emprist toz seus la rescousse de son homme.

III. Quant li emperères vit que Lyenars ne pooit eschapper sans mort et sans prison, il monta sor un sien cheval moriel, et le heurta des esperons, et s'adrecha vers un Blas; et quant vint à l'approchier, il le feri parmi le costé de sa lance, si que li fiers en parut d'autre part; et chil qui le cop ne pot soustenir chaï à terre, comme chil qui ne pot mais. Moriaus fut navrés en deux lieus, et quant chil qui Lyenart tenoient virent l'empereour embrasé d'ire et de mautalent, il n'orent cure d'attendre; ains li guerpirent Lyenart, et s'en fui li uns chà et li autres là. Et nonporquant Lyenars fu navrés en la main, ne sai de saiète ou d'espée; et li emperères li dit iréement : « Lyenart! Lyenart! sé Diex me saut, quiconques vous « tiegne pour sage, je vous tieng por fol, et bien sai « que jou meismes serai blasmés por vostre fait. »

IV. Ensi comme vous avez oï fu Lyenart rescous par l'empereour, et li emperères meismes i alla assés folement; car il n'avoit de garnison pour son corps à cel point que un seul gasygau : et nonpourquant il desconrea toz les Blas que il à cette pointe consivi. Et pour chou qu'il ot paour et doute que ses chevaus ne féust mors ou meshaignés, il s'en tourna le petit pas, le pignon el puing tout ensanglanté; et au cheval reparoit auques que il avoit esté espouronnés par besoing; car li sans li raioit par ansdeus les costés, et estoit navrés en deux lius. Et à paines savoient chil encore de la compaignie l'empereour où il estoit alés. Si en estoient auques dolent et desconforté. Et por eus donner confort lor dist-il que il fussent tout asseur. Et quant Pierres de Douay le vit, il vint à li et li dit : « Sire, sire, teus hom comme vous iestes et qui « tant de preudomes a à garder et à gouverner comme « vous avés, ne se doit mie si folement despartir de « ses hommes comme vous à cette fois vous en iestes « départis ; car s'il avenist que vous i fussiés par au- « cune mésaventure ou mors ou pris, ne fussiemes- « nous tous mort et déshouneré ? Oïl, sé Diex me saut : « nous n'avons chi autre fremeté né autre étendart « fors Dieu tant seulement, et vous. Or vous dirai « une cose, s'il vous plaist, que jou voel que vous sa- « chiés, que sé vous, une aultre fois, vous embatés en « tel péril, dont Dex vous gart ! nous vous rendons « chi orendroit tout ce que nous tenons de vous. » Et quant li emperères entent comment Pierres de Douay le vait reprendant por s'ounour, si li respondi moult débonnairement : « Pierres, Pierres, bien sai que jou « i allai trop folement. Si vous prie que vous le me « pardonnés, et je m'en garderai une autre fois. Mais « che me fist faire Lyenars, qui trop folement se embati; « si l'en ai plus laidengiet et dit de honte que je ne déusse. « Et nonpourquant, sé il feust remés, trop fust vilaine « chose à nous ; car qui piert un si preudome comme « il est, chou est damages sans restorer, et mains en « seriesmes cremu. Mais ralés en vostre conroi, et lais- « somes les Blas atant, et tournons viers Phinepople. »

Puis que li emperères l'ot commandé, nus n'i mist contredist. Lors vinrent vers Phinepople, et se logièrent hastivement; et quant li très l'empereour fu tendus, si se fist maintenant désarmer, et puis s'est un petit desjeunés de pain biscuit et de vin. Si firent li autre qui l'orent, et qui ne l'ot, si l'en convint consirer; car bien sachiés qu'en douze grans journées ne croissoit né blés né orges né vins né avaisnes; et quant nostre gens virent que en telle terre s'estoient embatu, nus ne se doit merveillier sé il furent desconforté. Pierres de Douay et Reniers de Trit et Ansiaus de Kaeu et plusour autre chevalier s'en vinrent devant Phinepople en fuerre pour les fourriers esgarder : dont gardent devant els, si ont les Blas coisis qui tout estoient entalenté d'aus faire anui s'il faire le péussent. Nonpourquant il orent nos fourriers aresté devant Phinepople et fourclos de leur gent meismes. Ensi comme il estoient en telle manière, vint uns messages à l'empereour, qui li dist que il montast errant, et qu'il venist secourre ses fourriers; car li Commain et li Blac les avoient assaillis. Et quant li emperères l'oï, si fit maintenant armer ses homes, et puis lor dist qu'il pensassent, chascuns endroit lui, dou bien faire, et ne quidassent pas que chil Sires qui fais les avoit à sa propre semblance et à s'ymage, les éust entroubliés pour cele chienaille : « Sé vous, » fait-il dont, « mettés vostre fiance del tout en luy et vostre espé-« rance, n'aiés jà paour né doubtance que il contre vous « puissent entredurer. » Que vous diroie-je? Tant lor a li emperères preechié de nostre Segnor, et mis avant de boines paroles et amonnestés de bielles proeces, que il n'i ot si coart qui maintenant ne fust garnis de hardement, et désirans de proece faire, s'il en pooit venir en point.

V. Ensi preeche ses hommes li emperères et amoneste de bien faire, tant que tous les a resvigourés. Pierres de Douay et Ansiaus de Chaeu et Reniers de Trit ièrent devant Phinepople, ensi comme vous avez oï, pour les fourriers garder; et croi que il entendoient au furrer, comme chil qui bien besoigne en avoient : atant es-vous venir sour aus Blas et Comains, et envoièrent avant lor archiers huant et glatissant, et faisant noise si grant qu'avis estoit que toute la plaigne en tremblast. Li jours estoit biaus et li cans si plains que il n'i avoit fosse né mont né val; et s'or ne remansist la bataille de la partie des Blas et des Commains, bien croi que de la nostre partie ne remansist-elle pas; car li emperères fu armés et montés sor un cheval bayart, por chou que Moriaus, ses autres chevaus, estoit navrés si comme vous avez oï. Et quant il fu montés si armés et si appareilliés comme à lui convient, bien sembla prince qui terre eust à garder et à maintenir. « Segnour, » fait-il dont à ses hommes, « vous véés ore bien que il est mestiers que cascuns soit « preudom et loiaus endroit soi. Or soit cascuns de « nous faucons, et nostre adversaires soient bruhiers. « Prenge cascuns reconfort en soi-meismes; car descon- « fors ne vaut noient, et nous les desconfirons toz. Et « sé nous avons mains de gens par deviers nous que il

« n'ont, nos avons Deu par deviers nous en la nostre
« aide. » Atant se metent à la voie, et chevauchent
contre Blas et Comains. Et lues que ils perçoivent
l'oriflambe l'empereour et les autres enseignes qui
sont en sa compaignie, et nostre gent qui bien estoient
priès de deux mille, Blac et Commain s'en retor-
nent sans plus faire à ceste fois; et nostre gent s'en re-
tournent arières sans enchaucier. Et nonpourquant sé
il ne fussent si traveillié comme il estoient, volentiers
fussent assemblé; et lor gens s'en rala par deviers la
montaigne, et la nostre retourna à l'ost.

VI. Celle nuit devisèrent leur batalle, et ordenè-
rent qui poinderoit primerains, sé che venoit à l'assem-
bler. Si esgardèrent Pieron de Braiescuel et Nicholon
de Mailly. A ces deus fu la chose commandée. Puis
lors commencha uns chapelains de l'ost qui Phelippes
estoit appelés, à amonester la parole nostre Seigneur,
et dist : « Biau segnor, vous qui chi estes assemblé pour
« le service nostre Seigneur, pour Dieu gardez que la
« paine né le travail que vous avez eu ne soit pierdu.
« Vous estes chi assemblé en estrange contrée, né n'i
« avez castiel né recet où vous ayez espérance de garant
« avoir, fors les escus et les espées et les chevaux; et
« l'aide de Dieu premièrement, laquelle nous sera pres-
« tée, porveu que vous soiez confiés à vostre pooir;
« car confiessions o vraie repentance de cuer si est
« eslavemens de toz visses : et pour chou prions-nous
« à toz que cascuns soit confiés à son pooir. » Tout
ensi lor annonça li chapelains Phelippes la parole nostre

Seigneur, et quant che vint à l'en demain par matin, si se desloja et s'arma; et li chapelain qui estoient en l'ost célébrèrent le service nostre Segneur en l'onnour dou Saint-Esperit, por chou que Dex lor donnast honnour et victoire contre leur anemis. Après che, se confiessèrent li preudome par l'ost, et puis rechurent *corpus Domini* cascuns endroit soi au plus dévotement que il pot. Puis fu prise la sainte croix de no rédemption, et fu commandée au chapelain Phelippe por chou que il la portast. Après che se murent les batailles moult ordenéement, cascuns garnis et appareilliés de son corps défendre et d'autrui assaillir, sé faire le convenist; et fu droit une nuit Saint-Piere, le primerain jour d'auoust. Qui là fust à cel point, assés péust veoir banières et escus de diverses connissances, et desus toutes l'enseigne impérial et l'empereour meismes, qui vait ses batailles ordenant et destraignant de l'une partie, et Pieres de Braiescuel faisoit autel de l'autre part, entre lui et Nicholon de Mailli. Li jors estoit biaus et seris, et li plains tant ingaus que il n'i avoit mal pas né chose qui destorber les péust. Or ne porent-il véoir que il mais péust remanoir sans bataille, à chou que lor anemis estoient près d'aus, dejouste une bruière. Et Buriles, qui avoec eux estoit, ot ordenées ses batailles et mises en conrois; si commenchièrent lors à approchier li uns des autres, si que auques s'entre-connurent. La noise i estoit si grans de toutes pars, et la thumulte et li hanissemens des chevaus, que on n'i oïst neis Diu tonnant. Et li emperères Henris vait sa gent sermonant d'eschiele en

eschiele, et disant : « Seigneur, je vous pri à toz com-
« munement que vous soyez hui cest jour frère li uns
« à l'autre; et sé il a entre vous par aucune mésaven-
« ture courous né ire, que tout soit entrepardonné : et
« ne vous esmaiés point; mais soiez tout hardi et tout
« seur que nous les vaincerons hui, sé Dieu plaist. »
Et il respondirent que de chou ert li consaus pris,
et que jà de couardie n'i aroit parlé né pensé.

VII. Que vous diroie-jou? Par la prédication del
boin emperéour Henri, et por chou que cascuns estoit
confiés selon son pooir et cummeniés, cascuns estoit
convoitans et désirans de conquerre ses anemis. Ende-
mentiers qu'il parloient ensi, li marescaus de nostre
ost esgarda par devers un casal, et pierchut la gent
Burile qui venoient huant et glatissant et menant une
si grant tempieste, que bien cuidoient contrester à nos
fourriers. Joffrois, qui marescaus estoit de nostre ost,
manda à l'empereour que il aroit bataille contre Bu-
rile le trahitour, qui empereour se faisoit contre Dex
et raison, et que il chevauchast. Et quant li emperères
l'oï, si li plot moult durement ce mandement; car
moult estoit désirans à avoir la bataille. « Biau sire
« Dex, » dist-il, « plaise-vous que nous hui nos puis-
« sions vengier des Blas et des Commains. » Lors ap-
pela Pieron de Douay et li dist que il molt se fioit en
lui, et que il, por Dex, ne l'eslongast pas, que il tout
adiès ne li fust priès en ceste besoigne, por son cors
garder : « Car j'ai, » dist-il, « molt grant joie de chou que
« je voi que il atendent; car s'il fésissent semblant de

« fuir, et Buriles vausist apriès lui ardoir la terre,
« sachiez bien que je n'eusse nulle fiance en nostre
« repaire; ains fust cascuns de nous pierdus par droicte
« famine et par soffrance de viande. » Adonc appela
Gossiel le moyne, Nicholon de Biarch, Gadoul et
Alart, et ne sai quans des autres, et lor dist : « Segneur,
« gardés-vous bien que nus de vous ne se desrenge de-
« vant chou que jou le commanderai. Vous véez bien
« que ce n'est mie geus d'enfant né solas; ançois est si
« crueuse bataille et si morteuse, que sé li uns de nous
« tenoit l'autre, je ne quic mie que il le rendist por
« cent mille besans que il ne l'ocesist. — Sire, » dist
Pierres de Douay, « qu'alés-vous chi plaidant? Alés
« avant hardiement; et bien sachiés que, sé mors ne
« l'en destorne, vous ne serez hui devant moi le mon-
« tant de quatre piés. » Et quant l'empereour oï chou,
si se teut et ne dist plus à cele fois; ains chevaucha
viers la gent Burille, dont il ot molt désiré la bataille.
A celui matin, pour la douchour dou tans, chil oiselon
chantoient clèrement, chascuns selon sa manière, et en-
voisiement. Dont Henris de Valenciennes dist bien et
aferme que oncques mais, à nul jor de sa vie, n'avoit
veu plus biel jour de celui. Que vaut alongemens? Les
eschieles s'entr'aprochièrent par grant orguel et par
grant ire. Or en soit en lor aide li sires Dex, por qui
li nostre se mestent en habandon. Atant es-vous Burille
venant à trente-trois mille homes, dont il avoit or-
denées trente-six batailles, et portoient un glaives vers
à un long fier de Bohaigne. Et venoient par grant or-
guel, comme chil qui point ne prisoient nostre empe-

reour né son pooir, ains cuidoient prendre as mains l'empereour et tous chiaux qui o lui estoient. Et li emperères fist chevauchier sa gent, et lor dist que or se contenist chascuns comme preudome; car il véoit bien que li besoins en estoit venus. Adont commanda que on tenist Baiart près de lui. Après che lacha son hyaume, et fist porter devant lui l'enseigne imperial. Et lors s'approchièrent les batailles : et Pierres de Braiescuel, et Nicholes de Mailli, si furent à l'avant-garde, avoec Joffroi le mareschal. Et li disent que il poinderoient avant entre els et Milon le Braibant : et puis Guillaumes dou Parcoi, et Lyenars de Hyelemes, et li emperères garderoient les poigneors. « Por Diu, segnour, » dist Joffrois, « or gardés que chil poindres soit si bien
« fournis et si à point, que nous ne soiesmes blasmés de
« nos anemis né gabés. Et chil qui chi fera mauvais
« semblant doit bien estre banis de la gloire nostre
« Seignour. Por Diu, souveigne-vous des preudomes an-
« ciens qui devant nous ont esté, qui encore sont ra-
« mentéu ès livres des estores; et bien sachiés que qui
« por Diu morra en ceste besoigne, s'ame en ira toute
« florie en paradis pardevant lui; et chil ki vis en
« eschapera sera tos les jors de sa vie honourés et ra-
« mentéus en bien après sa mors. Sé nous créons bien
« en nostre Seigneur, li cans sera nostre; et s'il ont
« plus gens que nous, que nous chaut? Il ne valent
« riens. Che les a hui si enruhis que il nous trouvè-
« rent ier un poi travailliés. Ore dont, seigneur, por
« Diu, n'attendons mie tant que il premièrement
« nos requièrent; car tant sai-je bien de guerre que qui

« requiert ses anemis asprement et justement au com-
« mencier, plus en sont légier à desconfire, et plus en
« sont espoenté; et qui encore se faindra à cestuy be-
« soing, jà Dex de glore ne li doinst onnour. » Atant
guerpissent les palefrois, si sont ès destriers monté,
et sé d'ore en avant ne remaint en la gent Burille, hui
mais ert li estours fel et crueus, si comme vous le
porez oïr.

VIII. Atant s'aprocent les batailles d'ambes-deus
pars, et chevauchent en conroi, et s'entremenent
de si priès que il s'entrevoient tout de plain. Li jors
estoit si biaus comme vous avez oï, et li Blac firent
leurs trompes sonner; et li chapelains Phelippes, qui
tint en sa main la crois de nostre rédemption, lors
commencha à sermoner, et dist : « Segnor, por Diu,
« soiés preudome en vous-meismes, et ayez fiance en
« nostre Seignor, qui por nous soufri paine et tor-
« ment, et qui, por le péchié d'Adan et d'Even, reçu
« martire pour l'occhoison del mors que il morsent en
« la pume, por laquelle tout aliemes ès paines des
« ténèbres d'enfier, et par la propre mort Jésus-
« Christ en fusmes rachaité; et qui chi morra por lui,
« il ira el sein saint Abraham par devant lui. Toutes
« ces gens que vous véés ici ne croient Dieu né sa pois-
« sance, et vous, qui bon chrestien iestes et tout
« preudome sé Dieu plaist, et qui de mains païs iestes
« chi assamblé par le commandement l'apostoile, vous
« iestes tous confiessé et munde de toz péchiés et de
« toutes ordure de vilenie. Vos iestes li grain, et véés là

« de là la paille. Et por Diu, gardés-vous que chascuns
« vaille un castelain au besoing, et que li cuers de cas-
« cun soit plus gros d'un hyaume. Que vaut chou? Je
« vous commande à tous, en nom de pénitence, que
« vous poigniez encontre les anemis Jhesu-Crist; et je
« vous assoil, de Diu, de tous les péchiés que vous
« oncques féistes, jusques au point d'ore. »

IX. Quant li chapelains ot la parole definée, et
il ot monstré la sainte crois où nostre Sires receut,
por son povre pueple racheter, mort et passion, chil
qui poindre devoient devant par son commande-
ment, quant ils virent liu et tans, chascuns en-
droit soi, lance baissie, hurte cheval des esperons
en s'escriant : « Saint Sépulchre ! » moult humblement,
et assemblent as Blas et as Commains, et porte chascuns
le sien par tierre moult felenessement. Et sachiés que
moult en i ot à cel point d'occis et de navrés, et de
cels qui chieent c'est niens que il aient mais pooir del
relever; car tout à fait que li un les abatent, sont ap-
pareillié li autre qui les ocyent. Et si tost comme
Blac et Commain connurent la desconfiture qui sor
eulx tornoit si mortellement et si cruellement, il se
misent au fuir sans plus attendre, et s'esparsent li
uns chà et li autres là, ausi comme les aloes font por
les espreviers. Et les autres batailles qui ordennées
estoient repoignent erramment, si comme Nicholes de
Mailli et Pierres de Braiescuel, et s'abandonnèrent
vers la bataille de Burille, qui seize cent homes
avoit en s'eschiele ; et li nostre de chà ne furent que

vingt-cinq, et si assemblèrent as seize cent moult justement; et Joffrois li mareschaus, et Miles li Braibans, poinsent cascuns o la soie. Que vous diroie-jou? Il se misent à la fuite, et li nostre les ocient en fuiant; et por chou qu'il venissent à garison plutost, cascuns jetoit jus tels armes qu'il portoit. Et li emperères toutevoies chevauche armés si richement comme à lui convenoit; et por sa recognisance, il ot une cotte de vermel samit à petites croisettes d'or, et tout d'autretel manière estoit peins li hyaumes que il avoit en son chief. Que vaut chou? Por noient quesist-on plus biel chevalier de lui, né qui mieulx semblast estre preudome as armes, quant il fu montés sur Baiart, et fit devant lui porter s'oriflamme, de tels desconissances menues com vous avez oï. Et si compaignon chevauçoient environ lui, ardant moult durement de poindre et désirant, et suivoient à espourons cels qui devant broçoient et aloient chaçant. Pour noient en blasmeroit-on un; car tous i furent preudome, et bien en fist cascuns semblant. Chil as quels il fu commandé poinsent premiers, et li autres l'esgardèrent, si com drois fu. Ceste desconfiture fu faite delà Phinepople, un joesdi, et bien avoit à celui point nostre gent mestier de tel secours que nostre Sires leur fist illuec; car bien sachiés il n'avoient viande à demi-jour passer. Que vaut chou? moult fu grans li encaus apriès Burile et apriès sa gent. Et ils s'enfuirent toutevoies, comme chil qui plus n'i osèrent attendre; et nostre gent les enchauche toutevoies, tant que trace leur en dure. Moult fist illuec nostre Sires apiert miracle à nostre gent quant il desconfirent Burile, qui requis les avoit à tous trente-trois mille hommes, dont il avoit trente-six batailles; et nostre gent n'en avoient que quinze, et trois de purs Grifons; mais moult eut grant devise des unes as autres; car en cascune de nos batailles n'avoit que vins chevaliers, fors en la bataille l'empereour, où il i en ot cinquante; et en toute la menour de Burile en ot neuf cent. Ceste chose ne fust mie bien partie, sé Dex n'i mésist consel; mais nostre gent estoient ausi comme li Innocens, et la gens Burile li deable.

X. Que vous diroie-je plus? Quant il furent tout desconfi, nostre Sires envoia si grant plentés de tous biens en nostre ost, que tout furent de joie raempli. Cele nuit n'orent en l'ost fors que grant joie et grant solas. Et pour espérance d'avoir boin hostel dist cascuns le patrenostre saint Julien. Que vaut chou? Tels miracles comme vous avez oï, et tel accroissement à l'empire de Constentinoble et si grant essaucement à l'empire de Rome fist nostre Sires as chrestiens à celui termine. Ensi comme vous avez oï fut Buriles desconfis; et teus menés comme vous avez oï. Que vous diroie-je de plus? Nostre gent vint à Crucemont, et asseurèrent la ville et le castel. Esclas, uns haus hom qui Burile guerroioit, et si estoit ses cousins germains (car chil Buriles disoit que la terre que Esclas tenoit devoit être soie; et Esclas disoit que non; et por chou s'entre-guerroioient-il; si que Esclas couroit souvent sour lui, et l'affoiblioit moult de gent et d'amis et de castiaus). Et chil Esclas, por chou que il vouloit

avoir la force et l'aide de l'empereour Henri, il envoia à lui por pais faire. Tout ensi comme je vous dis, après tout chou, vint chil Esclas à l'empereour, et le trouva seant en sa tente, en la compagnie de ses plus haus barons. Esclas vint en la tente, devant tous les barons qui laiens estoient, et se laissa cheoir as piés l'empereour et li baisa, et puis la main. Que vous diroie-jou? La pais fu faicte et confremée. Et Esclas devint illuec home à l'empereour Henri, et li jura à porter foi et loiauté d'ore en avant, comme à son droicturier segnour. Et lors li dist li mareschaus Joffrois privément, que il rouvast à l'empereour une fille soie que il avoit. Et Esclas se ragenouilla derechief devant l'empereour, et li dist : « Sire, on me fait à entendant
« que vous avez une fille, laquelle je vous prie, s'il
« vous plaist, que vous me doingniés à moillier. Je sui
« assez riches hom de terre, et de trésor d'argent et
« d'or, et assez me tient-on en mon païs pour jentil
« home. Si vous pri, s'il vous plaist, que vous le me
« donnés. » Et tout li haut home qui illuec estoient en présent li loent que il li doinst, por chou que il de meilleur cuer le sierve et plus volentiers. Et li emperères dit : « Segnor, et puis que vous le me conseilliés,
« et je l'otroi. » Puis commencha à sosrire, et si appela Esclas, et li dist : « Esclas, je vous doins ma fille par
« telle manière que Dex vous en laist joïr, et vous otroi
« avoec toute la conqueste que nous avons faicte ichi;
« par telle manière que vous en serez mes homes, et
« m'en servirés. Et si vous ottroi avoec Blaquie la grant,
« dont je vous ferai segnor, sé Dieu plaist et je vis. » De

chou li vait Esclas aus piés, et l'en gracie moult durement, tout en plourant.

XI. Atant s'en retorna Esclas, et nostre gent s'en revinrent à un castel que on appèle Estanemach; et là revint Esclas à nostre gent. Dont vont entre els no baron, devisant là où on espouseroit la damoisiele, et quant. Et li emperères li présenta son cheval, que il amoit mervelleusement, et li carga Vistasse son frère o deux batailles de sa gent. Mais tant i ot que li une fu des Grifons d'Andrenoble, et li autre de nos François; dont ne demourèrent plus nostre gent illuec, ains s'en repairèrent à Andrenoble, sans nul destourbier; et de illoec s'en vinrent à la Pamphile, et là fist tendre ses très, et esgardia le castiel qui tout estoit fondus et desgastés. Dont jura li emperères que jà par son gré ne s'en partira nus devant chou que li mur seront rehauchié et rapareillié; et li marescaus dit que il s'accorderoit bien à son commant. Dont a mandé les ouvriers par tos les lius où il les pot avoir et les machons, et fist porter à tous communément la chaut et le mortier, c'oncques uns n'en fu espairgniés. Là fu li emperères une grant pièce, tant que novelles li vindrent que Thodres li Ascres ot seurecorut Davit, et sé li emperères ne le secouroit hastivement, il aroit sa terre pierdue. Et quant l'emperères l'oï, por chou que David s'estoit adiès maintenus envers lui loiaument, si en fut moult dolans; dont apiela le mareschal, et li dist que il ne se meust tresch'adont que li castiaus fut refremés ensi comme il estoit devant; et li mareschiaus le commanda à nostre Seigneur, et li dist que il feroit bien son commant selon son pooir. Dont s'en alla li emperères viers Constantinoble, por chou que il ne vaut mie que David fesist nul mauvais plait à l'Ascre; et dist qu'il passeroit le bras Saint-George pour assambler encontre lui, et qui dont en puet avoir si en ait; et tout ensi comme il devisa se fist passer le bras, et commanda que nus ne demourast arrières que il ne fust o lui à Chartelenne. Et quant li Ascres sot que li emperères venoit sor lui, s'il fu esmaiés che ne fait pas à demander : dont lassa le siége que il ot mis devant l'Areclée, si s'enfui; et bien sachiés que il en noièrent ès fluns jusques à mil et plus, né oncques li Ascres ne tira ses regnes dusques à tant qu'il vint à Nike-la-Grant. Dont descendi et rendi grâces à nostre Seigneur de chou que il estoit ainsi eschappés ; et sé Dex eust consenti que nostre gent fust venue quatre jours avant tant seulement, tout chil qui manoient de là le bras eussent esté pris, et li Ascres ausi. Mais il remest à chou que il ne plot à nostre Segneur.

XII. Adont fu trop li emperères dolans et courechiés de chou que il ne pot attaindre l'Ascre né plus sivir, par les grans aighes et por les pluies et les grans froidours del tans d'yver qui dont estoit mervelleusement fors et frois; ains s'en torna en Constantinoble à tote sa gent et son harnois. Là séjorna li emperères une grant pièce tout à pais, et li marescaus Joffrois ot fait le castiel de la Panphile refremer et garnir de nos François, puis s'en revint en

Constantinoble. Et si que li mareschaus issoit de la Panphile il encontra Esclas ; et li mareschaus li demanda où il alloit, et il respondi que il alloit à l'empereour por faire ses nueces, comme chil qui de son sairement se voloit acquitter. « Ciertes, sire, » dist li mareschaus, « de « ce sui-je moult liés ; et bien sachiez que moult arez « boin père en mon segneur l'empereour, sé vous de re- « tenir s'amour vous pénés ; et si vous dis que, pour « ore en cest point, en Constantinoble le trouverés, et « tant vous sai-ge bien por voir à dire de ma damoi- « siele vostre feme que est biele, sage, courtoise et « deboinaire et soufrans et entechie de toutes bonnes « teches que damoisiele doit avoir en soi, et si m'a-on dit « que elle est à Salembrie. » Et quant Esclas l'entendi, moult en ot grant joie. Que vaut autre alonge ? Esclas s'en vint droit à Salembrie pour sa feme ; illuec la trova : si li dist que il veut qu'ele s'en viengne à Constantinoble, et elle dist qu'ele estoit preste d'aller. Et Esclas, qui est ainsi come tos embrasés de l'amour à la damoisiele deslors qu'il le vit, fist tant que il l'enmena en Constantinoble : car moult désire le jour que il l'ait espousée ; si li semble bien que uns seus jors en dure quarante. Et quant li emperères entent la novele d'Esclas, il vient contre lui et puis s'en reviennent ensemble en Constantinoble. Et li fait li emperères sa fame espouser. Et sé il y ot assez joie et solas, che ne fait mie à demander ; il i ot si grant plenté de tos biens comme on poroit soushaidier por cors d'omme aasier, et tout ausi comme on les puisast en une fontaine où ils soursissent. Ensi demoura Esclas en

Constantinoble toute cele semaine, et puis se parti
de l'empereour à toute sa femme. Li emperères li fist
tout l'onnour que il faire le pot et li convoia grant
pièce à tout grant gent. Et ançois que il s'en parte-
sist dist-il tout privéement à sa fille : « Biele fille,
« or soiiez sage et courtoise; vous avez un homme
« pris avoec lequel vous vos en alez, qui est auques
« sauvages : car vous n'entendez son langage, né il
« ne reset point dou vostre. Por Diu, gardés que vous
« jà por chou ne soiiez ombrage vers lui ne changans
« de vostre talent. Car moult est grant honte à
« gentil femme quant elle desdaigne son mari, et si
« en est trop durement blasmée à Diu et au siè-
« cle. Sour toute rien, por Diu, gardés que vous ne
« laissiez vo boin usage pour l'autrui mauvais. Si
« soyez simple, douche, debonnaire et souffrans tant
« comme vostre mari vaudra, et si honnerés toute sa
« gent por s'honnour. Mais, deseur tout, gardez
« toutes voies que vous jà, por lor amour né por leur
« accointance, quele que il l'aient à vous né vous à eus,
« retraiiés vostre cuer de nostre gent amer, dont vous
« iestes extraicte. — Sire, » fait-elle, « or sachiés de
« voir, que vous jà de moi, sé Diu plaist, vous n'orés mau-
« vaise novielle. Mais, biaus dous sire, nous sommes au
« départir, che m'est avis; or proi-je Diu que sé il li
« plaist, il nous doing force de surmonter vos anemis,
« et accroissance de vostre honnour. » Atant s'entre-
baisent et puis se départent li uns de l'autre.

XIII. Li emperères retorne en Constantinoble et

mande ses barons, et leur prie que il li doinsent consel sé il séjournera ou chevauchera cest yver. Que vous diroi-jou par alonges? si baron li loèrent que il alast à Salenyque por consellier la terre, et por séjorner illuec, et por chou que li Lombart qui gardien en estoient li féissent hommage et féauté pour la fille dou marchis, et por chou que il ne peust estre mis arrière de son droit par défaute de segnor; et por chou que li baron, qui sevent les atirances de la terre et comment elle doit aler, en rengent à l'empereour son droit et à l'enfant ausi. Et quant l'emperères oï chou, il dist à ses hommes que bien leur otrioit ensi. « Mais il convient, » fait-il, « que nous atirons avant liquel de nos barons re-
« manront ichi pour la terre garder, car toutesvoies jou
« en voel remanoir sans souspeçon. » Dont esgardèrent que li mareschaus remanroit. et Paiens d'Orliens et Miles li Braibans, et laissièrent avoec eus chevaliers et serjans, por chou que sé aucuns leur vausist méfaire par aventure, que il s'en péussent deffendre. Après a fait garnir Salembrie de chevaliers et de siergans, et tous les autres castiaus ausi. Et si envoia Lyenart à Verisse et Herbiert al Visoi. Et atant est li emperères meus pour aler de Constantinoble à Salenyque, por s aoir sé li Lombart seroient envers lui chou que il devoient. Mais il ne sera pas ensi comme il cuide; car il dient que il ont la terre conquise, si le voelent garder avoec l'enfant au marchis. Mais sé il en ceste espérance le féissent, che fust auques priès de rayson : mais il n'y entendoient point de droit; ançois le voloient retenir pour eus.

XIV. Li emperères vint à Rodestoc, si assembla sa gent illuec. Et sachiés que il negoit et gieloit à celui point que il se parti de la ville tant asprement que à paines que la langhe n'engieloit en la bouche de cascun; à l'un engieloit li pié, à l'autre les mains, au tier li doit, et li nés au quart, et au quint crevoit la bouche par destrece. Que vaut chou? Assés i en ot de mors, or voelle Dex que la paine de chascun y soit enploie, si comme il set que mestier lor est, et que li emperères en soit honouré si comme il doit! Mais avant que che soit, il ara enduré maint grant travail et si homme avoec lui. Car li flumaire estoient si roit, si grant, si parfont et si anious, que sé par les miracles de Diu n'i passoit-on, nus hom n'en péust venir à chief. Touz li mons qui l'empereour véoit errer par tel tans s'esmervelloit où il aloit, né que il queroit et quele chose il pensoit à faire. Car bien sachiés nus ne le savoit sé chil non qui de son consel estoient. Que vaut chou? Qui vous raconteroit ses gestes jusques à Salenyque, che seroit uns grans anuis. Mais celle nuit qu'il fit si grant froit, comme je vous ai dit, il gut à Naples. L'en demain par matin il mut de Naples; mais chil qui les hosteus devoient prendre murent avant, si comme ne sais quel escuier qui se levèrent plus matin. Chil chevauchièrent tout désarmé comme chil qui ne doutoient que nus encombriers leur déust avenir, lors regardèrent oultre Mege charrée, et virent à leur encontre venir bien jusques à trois cent Blas qui de toutes pars les fourclosent. Il emprisent aucuns et les autres occisent, et li autre s'en rafuirent à notre segnor l'empereour, et li contèrent ces nouvieles, et li emperères en fut moult courechiés, et dist que il l'amendera s'il puet. Dont s'arma de tout fors que de hyaume, et monta sor un cheval et les prist à enchaucier; et chil qui cure n'avoient de lui attendre, s'en prendent à fuir, et quant li emperères voit que il n'en pourra nul ataindre, por chou ne remaint mie que il par traches ne les face sivir jusques au soir. Mais toutevoies en la fin n'en put-il nul ataindre. Celle nuit se herbregea à la Rousse, et i séjorna l'en demain toute jor por atendre chels qui venoient d'errer. Au tier jour s'est li emperères meus de la Rousse et vint à l'Esquipesale, et i fist logier sa gent. Dont envoia savoir à un flum qui là estoit sé il i poroit passer sans encombrier. Et nostre Sires démonstra bien que il vouloit aidier à nostre gent, car on trouva l'aighe si durement engielée que on pooit bien charier sus. Dont passèrent tout oultre sans damage rechevoir; et de chou furent Grifon moult dolent. Car il avoient sorti que chil qui passeroit cest flum sans moillier seroit trente ans sires de la tierre. Né il ne cuidoient mie que che peust estre sé vérité non, et d'autre part il n'avoient oncques oï dire que chil grans fluns fust engielés au montant de l'espesse d'un seul denier. Car à mervelles estoit grans et parfons, et couroit trop radement, et si avoit bien une grant archie de lé. Et por chou disoient li Grifon entre els que nostre Sires amoit cest empereour, et que ce ne fust mie legière chose de lui chacier hors de la tierre; ains le devoient siervir, si comme il disoient, et, d'autre part, il ne lor faisoit chose qu'il lor anuiast. Toutesvoies erra tant li emperères que il vint à Machre, et puis à Trahinople, et de là vint à Miessynople, et de là fist tant par ses jornées que il vint à Cristople, dont cuida entrer ou castiel à sa volenté, comme chius qui nul malisse n'i pensoit. Mais li castelains dist bien que il n'i meteroit le pié; ains fist commander à ses hommes que on apportast en l'ost chose dont homme né bieste péust vivre.

XV. Or poés oïr la commençaille de la trahison. Et quant li emperères vit que il tenoient contre lui son castiel, sé il fust dolans et courechiés che ne fait pas à demander. Et d'autre part il fait deffendre que on n'assaille mie le castel, car s'il vit longuement il s'en pourra bien vengier. Cele nuit fu li emperères à moult grant meschief defors Cristople, et bien sachiés que il ne demoura mie ou castelain ne en cels dou castiel que il ne morust celle nuit de faim, de froid et de malaise. Et il demenèrent toute la nuit dedans le castiel grant joie et grant déduit, et au matin se parti li emperères de devant Cristople, et chevaucha vers Salenyque parmi le val de Phelippe droitement; et là sist Macedone dont Phelippes fus trois; et là fu nés Alixandres, si comme on treuve : et li rois Phelippes fist apieler le val, apriès son nom, le val de Phelippe, et la cités de Machedone sist desus. Et en che val se combatti Pompeus de Rome contre Julius César, et i fu Julius César desconfis. Que vous dirois je plus? Li emperères vint en cele tierre, si comme en cele que il cuide de son droit avoir. Mais li cuens des Blans dist l'ost fuite garnir encontre lui. Li emperères li manda que il venist parler à lui, et il li manda que il n'i venroit pas; car Lombart s'ahatissoient bien que il ne devoit de riens partir à la terre, né jà n'i partira, si comme il dient. Et quant li emperères l'oï si en fust moult dolans. Dont vint la fieste de la Nativeté. Si séjorna li rois à Vigueri, et là vint Guillaumes de Blendel à l'empereour comme chil qui ne se voloit mie tenir deviers Lombars, ains voloit dou tout obéir à l'empereour comme à son seignour; car hon che dist : Qui à son seignour faut à son besoin ne doit avoir respons en court. Wistasses li frères à l'empereour vint à Dragmes un soir encontre son frère à tout vingt chevaliers que l'emperères avoit envoiés avoec Esclas droit à Vigueri. Si comme je vous ai dit, tint li emperères sa court au Noël; trois jors i séjorna; et quant che vint au quart, il ala à la Ginge et puis s'en torna. Dont encontra-il cele matinée Aubretin, qui tout cel mauvais plait avoit basti. Et luès que li emperères le vit, si le salua, et Aubretins lui, et puis l'enclina et non mie de cuer. Petit l'ot convoié quant il retorna et vint à la Serre, et fist le chastiel garnir por chou que nus des hommes l'empereour n'i pot entrer, et puis s'en vint à Salenyque, et puis basti un tel plait dont Lombart se repentirent à la fin.

XVI. Li emperères chevaucha et passa un flun desous le Gige, et l'en demain en passa un autre plus grant : dont jut la nuit en un bois, et l'en demain jut al Corthiac: chou est une riche abbaye de moines gris. Il fust paralés jusques à Salenyque s'il peust; mais li

cuens des Blans dras l'ot faite fremer encontre lui contre droit et contre raison. Et Aubretins ot tant fait as Lombars, qu'ils misent hors de la ville tos les François qui en garnisons y estoient. Et lors manda li emperères mon seigneur Quenon de Biéthune, que il adiès avoit trové sage chevalier et loial, et Pierron de Douay et Nicholon de Mailly, et leur dit que il alassent à Salenyque parler au comte des Blans dras et aus autres Lombars. « Et lor montrés, » dist-il, « toute
« l'amistié que vous porez de par nous, et lor dites bien
« que il ne me resoingnent pas; car je n'ai nule volenté
« que jou jà mal leur face, tant que jou puisse, en avant;
« ançois leur voel faire bien et honnour s'il ne remaint
« en eus. » Atant se partent chil de lui et viennent à Salenyque, droit devant le conte. Mais je vous trespas le long anui que il orent avant que il fussent entré ens; car il estoit moult durement gielé et negié, et avoec tout chou il estoit nuis; si péust-on bien avoir alé deus grans lieues avant qu'il fussent ens entré. Bien éussent eu mestier à celui point que sains Juliens les éust hébrégiés. Quant il vinrent laiens, si se coucièrent et reposèrent jusques à l'en demain après la messe que il alèrent au castiel où li cuens estoit. Et lors a Quenes de Biéthune la parole monstrée si comme il li feust commandé de l'empereour. « Seigneur, » fait-il, « li emperères nostre maistres vos salue, et vous
« fait à savoir et je de par lui le vous di que il est chi
« venu à vous pour droit faire, et pour droit prendre si
« avant comme il doit. Il n'a encore, che dist, de vous
« eu seremens né hommages, et si avés jà tous les preus

« de la terre recheus. Li marchis fut ses hom, si comme
« vous savez bien et comme il le reconnut; or est tres-
« passé de ce siècle, Diex li pardoinst ses péchiés et
« nous les nostres! De chou que vous iestes acreu est-il
« biel à monseigneur. Or soiés pour Diu sage et cour-
« tois, et prenés entre vous tel consel qui tourt à l'on
« nour de l'empereour no seigneur et de vous aussi;
« que vous ne soiés decheus. Cuens des Blans dras,
« cuens des Blans dras, te deust ore avoir nus esoi-
« gnes tenu, que tu ne fusses alés encontre ton droiturier
« seigneur et que tu çaiens ne l'eusses hébrégié et re-
« cuelli? Avoies-tu paour que il ne fust envers toi
« traistre? Or te dirai que tu feras : fais avant aporter
« la chartre que li marchis ot de l'empereour Bauduin,
« qui faite fu par le commun assentement des haus ba-
« rons qui por cet atirement furent eslcu; et quant
« on aura pourveu par la chartre le droit de l'enfant,
« tout ainsi que li marchis ses peres ot le royaume tenu,
« nos sires li emperères i vaurra si bien garder le
« droit de l'enfant que il de riens n'en sera blasmés,
« né li enfès adamagiés. »

XVII. « Sire, » fait li cuens, « nous avons bien oï
« ce que vous dites; mais nous ne sommes mic encore
« à chou mené, sé Diu plaist, que nos voellons encore
« pierdre ce que nous avons conquesté. Que quiert chi
« li emperères? Nous avons grant pièce esté ichi et nous
« somes combattu souventes fois encontre nos anemis.
« Par Diu, sire Quenes, qui vous vaurroit la terre tol-
« lir, après si grans travaus que vous savez que nous y

« avons eus, trop vous en deveroit peser. Sache bien
« li emperères que caiens ne mettra-il le pié, ne sour
« nous n'aura-il ja seignorie né commandement. » Et
quant Quenes de Biéthune oï ceste response, si fust
moult courechiés, et ne respondi mie son pensé se-
lonc le grant orgueil que il ot. Et sé Quenes de Bié-
thune fu dolans, Nicholes de Mailly et Pierres de Douay
ne furent mie mains, et bien voient que sé il, par sens
ou par engien ou par treuage donnant, n'entrent en
la cité, tos les i converra par force morir de faim et de
froit et de mesaises; à chou que li flun sont grant et
li plouasse et les neges et les gielées; et por chou, leur
consentent-il à dire tos leur boins. Dont offrirent
doubles drois de l'empereour, et lors devisèrent trois
manières de pais. Mais oncques à offre qu'on leur fesist
de par l'empereour ne respondirent; ains s'escondi-
sent tout adiès plus et plus. Dont lor redist arrière
messire Quenes, et pria, por Dieu, que il se consel-
lassent, et que por Dieu ne fesissent chose par quoy li
honnours de Constantinoble fust abaissié : « Nous vos
« partirons trois pais, si verrons laquelle vous prende-
« rez. Or eslisiez deus sages hommes et preudomes et de
« bonne renommée entre vous, et nous d'autre part
« en eslirons aussi deus. Et cil quatre enquiercent
« toutes les vérités; et quant il les aront encuises, si
« en doinsent à cascun son droit. Et cascune partie se
« tiegne à chou que il en diront, et sé vous tout chou
« ne volez faire, si nous en meterons sor le dit de le
« court de Rome, ou sor celi de France, ou sor la court
« de l'empereour de Rome, ou sor la chartre meismes.

« Et ensi ert faite la atirance entre nous, et demoure-
« rons boin ami. Por Dieu, segnor, or vous hastés de
« tost respondre; car li emperères est là hors el Cor-
« thiach, où il n'a mie quanques il vodroit. Et bien
« sachiés, sé Diex me saut, que moult est grant honte à
« vostre oés, quant li emperères est là hors herbergiés
« par vostre defaillement. Et s'il de mesaise moroit par
« aucune mésaventure, sire cuens, li péchiés en seroit
« vostres; et si en seriés au moins retés de traïson. Né
« por destrece que vous sachiés en lui, ne le destrain-
« gniés onques de plait; mais por Diu estraignez vos-
« tre consel entre vous, et faites si que li honnour de
« l'empereour i soit, et que vous n'i soiés pierdant. »

XVIII. Adonc estrainst li cuens son consel entre lui
et ses Lombars. Là fust Aubretins et li cuens de Travas,
Reniers et Pierres Vens, et si y ot autres Lombars que
jou mie ne vous sai nommer. Cist parlèrent ensem-
ble et disent : « Segnor, il est ainsi que nous avomes là
« fors l'empereour. Véés ent chi tout le conseil : gardés
« que nous ne faciemes nulle pais, sé nous n'avons
« toute nostre demande entièrement, et à chou nous
« tenomes. » Et il s'accordent tout à cest conseil, si
s'en departent. Lors furent rappelé nos messages, et li
cuens meismes lor respondi chou qu'il avoit trové à son
consel. « Segnor, » fait li cuens, « nostre consaus nous
« apporte que nous volons avoir toute la tierre de Du-
« ras, deschi à la Maigre, et toute la terre Largut et
« quanque il i appent, et toute l'île de Grèce. Si vou
« lons avoir Chorinthe, et que Michalis et tous ses ba

« rons nous fassent hommage : et si voulons avoir la
« Verre et la Ferme et toute la terre jusques à Phinepo-
« ple. Sé li emperères le nous ottrie ensi, bien le volons
« çaiens recueillir, et autrement non. » Et quant Que-
nes de Biéthune ot cette response, moult li tourna à
grant anui et ne se pot tenir que il au conte ne désist :
« Comment, sire cuens, ne devons-nous riens avoir !
« N'i venismes-nous mie ensamble comme compai-
« gnon ? et i avons autresi bien endurées les paines et
« les travaux por nostre Segnor comme vous avés. Par
« Diu, sire cuens, il ne m'est pas avis que il ait en
« vostre requeste raison, né que vous mie ne déussiez
« telle chose requierre à bregiers, que vous volés avoir
« les cités et les castiaux et toute la seignorie de la
« terre, sauf chou que nous n'i partons. Et si avons
« esté en tout les plus grans besoins de la conqueste,
« tout adiès : par ma foi, dont n'i sai-jou autre chose,
« mais que nous nous apparellons por labourer ainsi
« comme vilains. Sire cuens, sire cuens, » fait soi Quenes
de Biéthune, « sé nous démenomes ensi li un les autres,
« et alommes rancunant, bien voi que nous reperde-
« rons toute la tierre, et nous-meismes seromes pierdu
« sé nous ainsi morons ; car nous morerons en haine
« mortel li uns viers l'autre ; et sé nous nous entre-
« guerrions, dont primes seront Grifon lié. Por Diu,
« cuens, che n'a mestier. Nos vous prions mierchi de
« par nostre seigneur l'empereour, que vous, por Diu,
« lui fachiés raison et si recevez encore assés de la soie
« terre. Certes, moult est laide chose et vilaine que il
« est de çaiens fourclos, et moult i est grans la mesproi-

« son, por vous, et li desraisons de che que il oncques
« le fust. Que vaut chou? Je voi bien que nous ne fai-
« sons rien chi. Sire cuens, or vous dirai-je encore
« que vous ferés, s'il vous plaist : Parlez encore à vostre
« consel, et faites si, por Dieu, s'il estre puet né doit,
« que ceste pais viègne entre nous. Car sé nous met-
« tons arrières dos la paour de nostre Segneur en tel
« manière que nous de mal faire ne le cremons, et nous
« commenchommes guerre li uns viers l'autre, je vous
« di que toute la tierre en sera pierdue et destruite et i
« pierderons quanques nous i avons conquis. Et s'il est
« ainsi toutesvoies que nous nos entr'ocions en telle
« manière, dont n'i a plus mais que nous, avant, re-
« noions nostre Seigneur. Tant mal que mal, encore
« nous vaurroit-il mius que nous nos enfuissions hors
« du païs. Por Diu, sire cuens des Blans dras, ne suefi e
« mie que nous ensi nos destruisions par ta coupe;
« mais prens les biaus offres que nous ichi t'offrons, et
« por Diu, por chou, sé tu ne soeffres les grans mes-
« aises que nous soffrons là hors, por chou ne nous
« destrains mie à che que nous faisons chose qui nous
« tourt à honte né al décroissement de l'onnour de
« l'empire. — Sire Quene, » dist Aubretin, « or sachiés
« bien que nous ne nos 'asséntirons à nul consel que
« nous vous laissons point de la nostre terre né de la
« demande que nous vos avons faite; et sé vous ainsi
« ne le faites, assez poés là fors séjorner por nous; car
« çaiens ne méterés-vous les piés. — Et sé nous n'avons
« nul très né aucube, » dist Pierres de Douay, « où nous
« nous puissions hierbregier, girons-nous donc as

« chans ainsi comme mastins? — Vous girez, » dit
Aubretins, « au mius que vous porez et que vous sarez;
« car s'il ne fait ensi comme vous avez oï, jà çaiens ne
« serez herbregiés. — A chou nous assentons-nous, »
dist li cuens, « né jà de nous vous n'emporterez autre
« chose. — Seigneur, » fait messire Quenes, « et nous
« retornerons dont arrières por dire à nostre seigneur
« che que nous avons trové; et che que il nous respon-
« dra, nous le vous lairons à resçavoir çaiens, ou par
« nous ou par autrui. » Dont montent, et reviennent à
l'empereour, et li ont dit tos les respons et toutes les
demandes que li Lombart li orent faites.

XIX. Quant li emperères oï chou, s'il fust dolans che
ne fait mie à demander. Dont dist as messages : « Cier-
« tes, segneur, il me requièrent si grant tort comme
« vous-meismes le savez bien; et jà sé Diu plaist che ne
« ferommes. Or est ensi que ils sont laiens en grant so-
« las et en grant déduit; et por chou qu'ils sevent que
« je sui à si grant meschief voelent que je me deporte
« de toute cette tierre. Por Diu, comment ferois-je
« chou, né comment m'i porroie-jou accorder? — Sire,
« por Diu, si ferés, » dient si home, « ou sé che non
« véés-nous chi toz mors et honnis; car il fait si fors
« tanz et si cruel comme vous-meismes le véés et le
« sentés; et d'autre part nous ne r'avomes que men-
« gier, et si n'attendons secours de nulle part. Sé nous
« sommes chi tant seulement cinq jours sans autre se-
« cours de viande, grant mervelle iert sé nous ne som-
« mes tous mors; car nous n'arons nul confort d'eus;

« et, d'autre part, nous sommes chi ausi comme pri-
« son. S'il nos font faire et otriier par force chose que
« nous ne doions, en non Diu, la force paist le pré,
« et on doit moult faire pour issir hors de prison. Né
« jà por chou ne feriemes déloiauté de requerre après
« nostre raison, fust hui ou demain, sé nous en poies-
« mes venir en point. Mais porqueré́s messages hasté-
« ment qui bien sacent cest message furnir. » Après
tout che respondi li emperères, qui merveilleusement
estoit dolans et courechiés, et dist : « Segnor, » fait-il
tout en plorant, « je puis avoir en moi-meismes moult
« grant duel et moult grant despit quant Lombart
« m'ont emprisonné si comme vous poés véir, et pour
« tout chou me requerrent que je leur laisse Estives
« tout quitement et Négrépont et toute la tierre qui est
« de Duras jusques à Mascres; et bien tient che qu'il
« me demandent vingt grant jornées ou plus; et por
« chou que il m'ont ore en leur destroit si me con-
« venra par force et par la destrece que il me font que
« je leur octroie leur volenté. Que vaut chou? Je leur
« octroie por chou que je sui en leur prison ; mais jà
« por voir, sé Diu plaist, ne le tenront. — Sire, » dient
li archevesques et li evesques de l'ost, « nous vos assau-
« rons de tout ce méfait et emprenderons le péchié sor
« nous. » Lors apiela li emperères Quenon de Biéthune
pour cest message furnir et Ansiel de Chaeu, et lor en-
charga le message si comme il voloit que il fust dis, et
lor dist : « Seigneur, je jurerai tous premiers et mi
« baron après moi que toutes les convenances ainsi
« comme il les ont devisées, que nous les tenrons

« sans nule défaute, por tant que il soit ensi que
« l'empereris le lot, cele qui fut fille au marchis. » Et
vééz chi le point par coi li Lombart furent engignié.
Dont s'en alèrent li message en Salenyque, si fisent
tant au conte des Blans dras, et disent que il le ra-
meneroient au Corthiach avoec eus. Dont le baisa li
emperères et li pardonna toute male amour, et si ju-
rèrent à maintenir le droit de la dame et de l'enfant.
Et quant che vint apriès mengier, li cuens s'en rala
à Salenyque et li emperères demoura celle nuit à Cor-
thiach. Et quant che vint l'en demain matin, li empe-
rères commanda à quarante chevaliers que il fussent
appareillié d'aller o lui : nequedent bien en i ot autres
soixante qui, avoec les quarante, entrèrent maugré
chiaus qui les portes gardoient. Que vous dirois-jou?
Tant en i ot que chil qui conter les devoient en per-
dirent le conte.

XX. Au matin entra li emperères en Salenyque, et
Hubiers li quens des Blans dras descendi à pié et mena
l'empereour par le règne, jusques au moustier Saint-
Domytre. Et quant il vint à l'entrée de la porte, il y ot
si grant priesse que là où on feroit cascun de baston et
de verghe sur la tieste juroient-il que tout i enter-
roient. Que vaut chou? Tant ont fait Lombart que il
ont jettés ambes-as et le tierc d'uns dés dou plus. Et
d'illuec au tiers jor entrèrent nostre gent, qui remés es-
toient al Corthiac, dedans Salenyque. Et quant il vinrent
as aises et as solas, si orent auques tost entroublié les
paines et les grans travaux que il orent eus. Lombart

disoient que il demandoient la tierre avec l'empereris et avoec l'enfant; mais il pensoient tout el, car il le voloient garder pour le marchis Guillaume de Montferrat, que il avoient mandé par tant de messages que à paine que il ne diervoient, por sa demeure. Et puis que il vers l'empereris et vers son fils ouvroient si vilainement, che n'estoit mie merveille sé Dex voloit consentir que il en éussent leur gueredon. Apriès chou que li emperères ot demouré trois jours en Salenyque ou quatre, li mandoient cascun jor li Lombart que il lor tenist chou que il lor avoit en convent, par son sairement : et tant li mandèrent que il li en laissièrent le mander et li disent ; et il lor respondi que il en estoit appareilliés, et dist au conte que il recordast tout chou que il demandoit et en la présence de tous : « Sire, » fait li cuens, « et je le vous recorderai, puis que il « vous plaist. Premièrement, je vous requiers por « l'enfant dou marchis, toute la terre qui est de Mo- « thon jusques à Macre, et toutes les apertenances « qui sont chi en dedans et qui estre i doivent. « Sire, che vous requiers-jou, pour la partie de l'en- « fant. » Dont appela li emperères les princes et les barons qui laiens estoient, chascuns par son non. Premièrement, l'archevesque de Salenyque, qui delès lui séoit, le conte Biertoul et le seigneur del Cytre, et après tous les autres barons, et leur demanda s'il s'assentoient à la demande que li cuens faisoit pour lui. Et de tous cels que je vous ai chi nommés n'en i ot nul qui s'i assentesist, fors Aubretin qui sires estoit de Estives, et li chanceliers et Pierres Vens. Chil trois trahitour seulement furent devers le conte. Dont dist li emperères au cuens : « Sire cuens, or m'entendez un « pou, s'il vous plaist; je ne voel mie que vous né au- « tres puissiez à droit dire que je vous faille de conve- « nances. Voirs fu que je vous oi covent que toute la « terre que vous avés ichi recordée que je le vos oc- « triai, sé li empereris s'i accordoit; et jou encores le « vous reconnois bien et le vous tenrois, sé elle « l'otroie. Et bien voel que toz li mons sace c'oncques « mais à nul segnor ne fut faite tele demande que il « doinst sa tierre par force né s'onnour. Et bien sai « que chil qui telle requeste me fait n'est mie moult « desirans de m'onnour accroistre né de mon preu « avancier, et poi m'aime plus que Blac ou Commain. »

XXI. Adont apiela li emperères Quenon de Bié- thune, et li dist que il alast à l'empereris et li demandast sé c'iert par lui que li cuens des Blans dras li faisoit tel demande. Lors ala Quenes de Biéthune à l'empereris, et li demandast s'ele le looit, et elle dist qu'elle s'en conselleroit et lors en responderoit demain. Et Quenes li otroia, et revint arrières à l'empereour, et li dist chou qu'il avoit trouvé. Li emperères ala à l'empereris, et li dist : « Dame, ne soiés mie contre mon droit; car « dont feriés-vous desloiauté viers moi et viers vous, « et de moi ne vous cremés oncques; car jà, si m'aït « Diex, viers vous ne feray vilonnie sé vous avant « ne le faites enviers moi. — Sire, » dist la dame, « sé « je m'osois fier en vous, je vous diroie bien pour- « quoi jou obeissoie à eus : il m'avoient si durement

« levé le pied que je n'osoie parler encontre els. Il
« avoient fait sairement enviers moi et enviers mon fils,
« et por chou n'est-il mie remés que il n'aient mandé
« deux fois ou trois le marchis Guillaume de Montferrat
« que il venist à eus, por chou que il voloient moi et
« mon enfant de nostre terre deshériter por le marchis
« mettre ens; et puis que je sai le malisse tant apiert en
« eus, et que il ainsi chacent mon desiretement, je re-
« manrai à vostre volenté, né jamais por chose que il me
« facent dire né faire ne promettre ne m'assentirai mais
« à leur consaus. » Ensi ordennèrent leur affaire entre
l'empereour et l'empereris, et quant Lombart surent
le deffiement de la dame, si en furent moult esbahi.
Adont se rapensèrent d'un autre baras; car il disent
que sé la pais ne pooit en telle manière venir, il pren-
deroient deux homes et li emperères deux, et chil
quatre prendroient le cinquième, et chou que chil en
diroient entre els communément fust tenu por droit
jugement. Et che ne disoient-il fors por detriier. Et
quant li emperères oï chou, si dist que il s'i assentoit
bien : mais que tant que il voloit savoir qui li cin-
quiesmes seroit; et li Lombart disent que che ne fe-
roient-il mie. Mais les deux li nommeroient-il volen-
tiers, si iert li uns li connétables, et li autres li sires
de Négrépont. Ensi remest adonc ceste chose en estrif.
Et li empereris vint à l'empereour et li pria por Diu, sé
il lui plaisoit, que il couronnast son fils, et il dist que
il le couronneroit moult volentiers. Dont fist le jour
de la Thiephane li emperères chevalier l'enfant, à
moult grant honnour; puis le couronna voiant tous.

Et si demoura encore li cuens en sa baillie, et fu raviestus des roiaus gonfanons et refist nouviaus hommages et novieles seurtés jusques à la volenté de l'empereris et non plus. Si cuidoient ore nostre gent avoir ferme pais et boine accorde. Mais ore primes commence la guerre; car li cuens garni Christople et la Serre, et de telle gent qui n'avoient mie moult grant volenté d'accroistre l'onnour de l'enfant, si comme il fu puis seu par droite prouvance.

XXII. Il avint un jor que li cuens vint à parlement au castel à Salenyque. Si i estoit li emperères, Quenes de Biéthune et autre baron assés. Dont commencha à parler li cuens et parla auques folement. Et Quenes de Biéthune li dist que il se conseillast, sé il voloit parler devant si preudome comme par devant l'empereour; et il dist que volentiers le feroit, mais non fist. Puis dist telle chose dont li emperères le tint à parole si comme vous orés. « Sire cuens, » dist li emperères, « or m'entendés un poi s'il vous plaist : on
« m'a fait savoir que vous avez garnis mes castiaux, si
« comme Cristople et la Serre, et si les avés garnis de
« tel gent qui moult n'aiment mie nostre honnour, né
« oncques à moi ne firent seurté né sairement de par
« mon fils. Ains l'ont en tel manière fait à vous que sé
« li marchis Guillaumes de Monferrat, que vous et li
« vostre avez mandé grant piecha, estoit passés chà ou-
« tre, que vous, pour moi desireter et mon enfant, li
« devez rendre mes deux castiaux; et por chou que
« on m'a fait entendant ceste chose por voire, jou

« voel que vous me rendez ambes mes deus cas-
« tiaux. » Et li cuens dist que che feroit-il volentiers,
et l'emperères dist que il l'en donnast seurtés et il dist
que il li donroit boines. Et de chou dist-il folie por
soi; car li cours juga communément et dist por
droit que li cuens devoit demourer deviers l'empereris
jusques à tant que il ses castiaux li ot livrés et que il
eust mises les soies garnisons dedens. Et li cuens dist
à l'empereour que tout ensi comme il l'ont jugié l'o-
troie-il bien. « Et jou prie, » fait l'empereris, « à mon
« seigneur l'empereour, si comme à mon droit avoué,
« que il me tiegne à droict.—Dame, je voel volentiers, »
fait li cuens, « que il, à vous droit tiegne et la vostre
« baillie poés-vous ravoir à moi por assés petit.—Et je, »
fait l'empereris, « le reprendrai volentiers sé vous vou-
« lez. » Et li cuens, comme fols et mal enseigniés, trait
un anelet de son doit, et rend à l'empereris le baillie de
tout le roiaume de Salenyque, dont il estoit saisis par
cet anelet, et puis est demourés par deviers lui en pri-
sons por tant d'affaires comme vos avez oï. Dont fist
tant l'empereris que elle ot chevaliers appareilliés dont
cascuns estoient ses hom et fievés de son fill. Lors com-
manda que il alassent prendre les castiaux et les sai-
sines : et avoec aus ala, de par l'empereour, Guillaumes
de Sains, qui lors estoit marescaus de notre ost, Guil-
laumes de Blenduel et Hervius de Garet, et Guis de
Dant-Ruel et plusieurs autre chevalier. Tous cest
se sont mis au chemin por aller à la Serre; et li cuens
apiela endementiers Vivien, qui castelains estoit de
Salenyque, et Rabe un trahitour, et Engelier un au

tre. « Alés-moi, » dist li cuens, « bientost à Serre, et
« distes au castelain de par moi que por nulle ense-
« gne que je li mange né por nulle lettre, que il
« ne renge le castiel. »

XXIII. Atant se metent li trahitour à la voie
apriès nos chevaliers, et font tant que il les rataignent.
« Segnor, » font li troi trahitour à nos chevaliers, « or
« nous attendez un poi ichi, et nous irons laiens au
« castelain, et li dirons por quele chose vous iestes chi
« venus. » Dont entrèrent li trahitour el castel, et
firent lor message au castelain; et li castelains Hues
lor dist qu'oncques de chou ne feussent en doutance,
que jà n'i meteroient les piés; et lors li disent li tra-
hitour que li cuens estoit en prison. Tout ensi fu
la traïson ordenée. Dont montèrent amont en la tour
li troi trahitour, et disent à nos messages qui de-
hors le castel les attendoient que il allassent à Cristople;
et sé on leur rendoit Cristople, on leur rendroit la
Serre; mais autrement il n'i meteroient les piés. Et
nostre message disent que il iroient. Dont vindrent à
la Gige. Si prisent là un message que il envoièrent à
l'empereour, et li mandèrent tout l'affaire, comment
li troi trahitour ièrent el castel demouré. Quant li
emperères oï ces novielles, mervelles ly anuièrent.
Dont dist à l'emperéris qu'elle fust toute asseur; car il
les iroit revider, et que jà ne l'en boiseroient. « Dame,
« et vous-meismes venrez avoec; et s'il ne vous lassent
« ens, il me samble que il mesprenderont trop. —
« Sire, je ferai vostre commandement; si vous pri,
« por Diu, que vous m'aidiez de mon droit; et sé che

« non, je sai certainement que il feront tous leur
« pooirs de moi honnir. » Et li cuens, qui ces paroles ot, en est moult joians en son cuer; car bien se cuide toutesvoies délivrer et tant faire que li castel li remaignent. Et quant li emperères voit que il ne puet les castiaus avoir par messages, moult lui desplaist; dont dit que il meismes ira pour savoir que chou est; et menra avoec lui la Roïne pour savoir sé on la laira en son castiel entrer; et tant i menra gent que sé on ne l'i laisse entrer volentiers, que il i enterra, che dist, par force. « Sire, » dist li cuens, « or ne vous caut; jà mar
« por chou vous mouverés né ma dame ausi; car jou
« irai sé vous volés, et sarai por coi il ont chou fait.
« Et s'il vous plaisoit que je réusse ma terre, et me
« pardonnissiez vostre ire, je vous rendrai les castiaus
« sans faille; car je i menrai Pieron Vent, par qui je
« les bée bien à ravoir. Dame, or ne vous esmaiés mie, »
fait li cuens, « que vous ne raiez vos castiaus. Laissez
« m'i aller, et entre vous et mon segneur i envoiés teus
« gens por me garder, dont vous me raiez sans souspe« çon; mais que je raie ma terre, et que vous me par« donnés vostre mautalent. — Et je voel bien, » fait li emperères, « que vous et tout li autre rayés ce que
« vous devés, par si que vous à l'emperéris rendiés ses
« castiaus. » Et lors fu li afaires ensi ordenés, que li cuens meismes devoit aler à la Serre por chou que vous avez oï. Si fut commandé à Quenon de Biéthune, à Ansiel de Chaeu, à Bauduin de Soriel et à Mahiu Bliaut que il alassent avoec le conte por lui garder; et tant menèrent avoec aus de chevaliers, que il furent jusques à trente.

XXIV. Entre ces à-Deu-alés, atant es vous venu à l'empereour un message qui le salua de pars es messages que il premièrement avoit envoiés à la Serre; et li dist que li castiaus fut contre aus tenus en telle manière que il n'i porent entrer. Dont s'en alèrent de là à la Gyge, et là se reposèrent et herbrégièrent au mius que il porent. Et chil dou castiel avoient envoiés messages au bailliu Burille, qui moult estoit outrageus, si manoit à Menelic, et disent au bailliu Burille qu'il venist à la Serre, et sé il i amenoit force de gens, li castiaus li seroit rendus et délivrés ; car il amoient mius que il l'éust que li emperères. « Sire, or oiez comme li afaires
« vint à point; car ensi comme il devoit entrer ou
« castiel à toute la gent, et que il commençoit dure-
« ment à approchier, li Grifon de la Serre avoient
« mandé de plain jor, par le commun assentement, à
« nostres messages qui estoient à la Gyge, que il venis-
« sent à la Serre lors que il seroit anuitié, et il le mete-
« roient ou bourc. Que vous diroie-jou? Nostre mes-
« sage i vinrent, et li Grifon les misent dedens le bourc
« sans autre noise. Dont i ot assés pris des Lombars, et
« de lor chevaus gaegniés ; et la noise commencha dont
« primes, et Lombart furent ou castiel amont, et li
« nostre message les assiégèrent lassus et arsent la
« maistre porte. Sire, là furent trois jours, et au
« quart se rendirent, et puis lor fisent li nostre jurer
« sor sains que jamais, encontre vous, ne se mete-
« roient né en castiel né aillours. Sire, tout ensi
« est avenu que je vous ai dit. » De ceste noviele fu li emperères moult liés. Et por chou ne remest-il mie

que Quenes de Biéthune et li autre qui avoec lui furent nommé, n'allassent avoec le conte à Cristople. Dont s'en vinrent à la Serre, et s'i herbrégièrent cele nuit, et moult furent houneré de cels de laiens. Au matin se remisent à la voie por aler à Cristople, et vinrent jusques à Dragmes; et ensi com li cuens dust mander ou castiel que on li apportast les clefs, il apiela Pieron Vent, un fort trahitour, et si li conseilla que il desist au castelain, de par lui, que pour cose que il séust dire, faire né commander, que il le castiel né rendist; car il cuidoit bien estre délivrés sans le castiel rendre. Et Pierres Vens dist que bien seroit fait. Et il bien cuidoit faire tant par son engien que il le délivrast. Mais on dist piechà que teus cuide autrui engignier qui de cel meismes engien ou de semblant est engigniés. Lors ala Pierres Vens à Cristople, et dist au castelain le mandement dou conte, si comme il li mandoit; et li castelains et tous li Lombart s'i accordèrent, puis prisent une trieves à nostre gent, et les créantèrent d'ambes deus pars, tant que ceste chose fust parassommée. Li Lombart avoient une grant trahison pourparlée sor nostre gent. Et nostre gent, qui de riens ne se doubtoient, ains estoient toute asseuré, s'esparsent chà et là par les castiaus. Et Lombart avoient envoié lor espies, un poi avant la mienuit, en un liu où quatre de no gent s'estoient herbrégié. Que vaut che? Lombart leur coururent sus et les prisent tout quatre; et uns de lor sergians eschapa et vint à Dragmes, et conta mon seigneur Quenon s'aventure. Dont il ne fu mie joians. De ces quatre qui là furent pris, ensi comme vous avez oï, fu li uns Ansiaumes de Biaumont, et li autres Hervius de Garet; mais les deux autres ne sai-je mie nommer.

XXV. Quant Quenes de Biéthune sot ceste traïson, si monta entre lui et Ansiel de Chaeu pour aler vers Salenyque, et amenèrent avoec aus li comte de Blans dras; dont laissièrent Bauduin de Soriel à Dragmes, à tout trente chevaliers; et Quenes de Biéthune et Ansiaus de Chaeu vinrent à Salenyque, o tout le conte, et le rendirent à l'empereour, et puis li contèrent toute l'œuvre. De chou fu li emperères merveillieusement iriés. Et li cuens li pria, por Diu, que il éust merchi de lui. « Vous « avez, » dit li emperères, « vostre convenance faussée « en viers moy, et chou que vous avez desiervi si aiez ; « mais sans faille par moi ne serés-vous jà vergondés. » Lors l'envoia li empereour à l'emperéris, et l'emperéris le livra au conte Biertoul, et li cuens Biertoul l'emmaine au castiel de la Serre, et atant le fait enchartrer. Mais atant laisse or li contes à parler de lui, et retorne à Bauduin de Soriel, et as trente chevaliers qui demouré furent à Dragmes. Et dist que si comme nostre chevalier séjornoient à Dragmes et il s'apparcilloient dou païs garder, si lor avint un jour que novielles lor vindrent que li Lombart qui estoient devant Cristople venoient por les proies prendre, et por les castiaus gaster et destruire, et por nostre gent faire anui : dont se coururent armer et montèrent, et les fourclosent à un destroit; et quant li Lombart virent che, si vorrent retorner; mais il ne porent; car nostre gent se penoient d'els approchier au plus que il pooient, et d'aus fourclore. Et quant Lombart virent chou, si furent durement effréé, por chou que il savoient bien que François nes amoient de riens. Il ne désiroient mie moult lor assambler, ançois le resoingnoient. Non por quant, il savoient bien que il estoient assez plus de gent que nostre François n'ièrent. Et de chou que il estoient venus si priès d'eus ne se tenoient-il por sages. Et chou que no François véoient que il se travelloient de leur proies mener en Cristople, les refesoit auques crueus et engriés envers les Lombars. Moult se tenoient à décheus, sé Lombart emmenoient lor proie. Lors baissent les lances et poignent les chevaus, en escriant : « Lombars, banières desploiés ! » Quant Lombart les voient, si se metent au fuir vers Cristople, et au plus efforciement que il oncques purent ; et nostres gent les sivent de si priès que petit fault que il ne les ataignent. Et non por quant, il i ot aucuns Lombars qui orent honte de chou que il fuioient, si rendirent estal ; mais trop le fisent à envis.

XXVI. Por chou que Lombart véoient bien que combatre les estuet par force, s'arrestièrent-il au val de Phelippe ; car autrement cremoient-il que il, en fuiant, ne fussent occis. François lor courent sus, lances baissies, et fiert cascuns le sien, pour lui atierer, sé il péust. Bauduins de Soriel s'est adréciés à Pierron Vent, et Pierres à lui. Si brisent lor lances li uns sur l'autre ; mais nul autre mal ne se font né des selles il ne se remuent. Dont s'en passent oultre pour leur poindre parfurnir. Et quant Bauduins a son poindre repris, si met main à espée, et court sus à Pierron Vent, et Pierres à lui. Ensi commence la bataille des deus, et s'entre-fièrent parmi les hyaumes, tant que tout li lach sont dépéchié, et que li uns l'a l'autre esrachié fors de la tieste. Sé il éust en Pierron Vent autant de loyauté comme il avoit de traïson, merveilleusement fesist à prisier d'armes. Bauduins de Soriel ne les va de riens espargnant, ains le fiert de l'espée parmi la coiffe de fier, si que li espée li coula jusques al tiest, en tel manière que sé il ne se fust souploiés desor le cop, il éust esté mors. Non por quant li cos li coula sour le bras diestre, si que poi s'en failli que il ne li eslossa, et qu'il nel trébucha jus dou cheval. Et quant Pierres vit que Bauduins l'alloit si apriessant, si li rent s'espée et fiance prison à tenir; et nostre gent ont tant fait par la divine souffrance que bien ont retenu la moitié de lor anemis; et Mahius Bliaus a pris Rauoul le castelain de Cristople, et l'a fait loier sur un povre ronci, les piés loiés par dessous le ventre, au plus viument que il péust. Et bien fus drois que gueredons li fust rendus de le grant honte et de le grant vilounie que il fist à son seigneur, quant il son castiel fréma contre lui. Que vaut chou? Il l'emmainent en prison, tout plaié et ensanglanté, et moult esbahi de la grant honte que il atent, dont il jamais ne se verra descargié. Moult se prouvèrent bien nostre gent à celle desconfiture, et grant honnour firent à lor contrée et à tous chiaux dont il estoient estrais. Que vaut chou? Lombart i furent desconfit, pris et loié, ainsi comme vous avés oï. Jehans de Geulaing qui fu frères Simon de Geulaing, Jaquemes Bliaus qui fut nés devers Blaveguies, et tout li autre i firent si bien lor honnour, comme apparans fu. Cascuns i fu ou liu d'Olivier et de Rollant. Moult en i ot de pris, et chil qui fuir porent s'en fuirent viers les montagnes, por lor vies garantir; et Grifon leur saillirent, si les prisent tous et les occisent.

XXVII. Quant li quens Biertous sot que li Lombart estoient ensi pris, si en fu moult liés, por chou que il cuide ore moult bien que, por els atendre et por eus délivrer, lui doive-on rendre Cristople. Dont s'en vint à Dragmes, et mena le conte o lui, et là parlèrent ensemble. De là vinrent devant Cristople, à tous leur prisons, et disent à cels de laiens que sé il vouloient leur rendre Cristople entirement, sauf lor vies et lor membres et lor avoirs, li cuens et tout li autre prison seroient délivrés. Et chil qui laiens estoient ne lor daignèrent respondre, fors que il se traisent en sus d'eus, ou il les trairoient, né que jà ne renderoient le castiel par chose que il faire péussent né séussent, et que il ne prisoient l'empereour le montant d'un denier; et s'on les assaut, il se défendroient bien. Et quant nostre François virent che, si s'en retornèrent arrières, viers Salenyque, et laissièrent les deux contes, et s'en vinrent à tous les prisons; et li emperères apiela le castelain, et li dist : « Raoul, Raoul, n'est-il mie
« bien drois que nous nos vengions cièrement de la
« honte et la souffrance et la malaise que vous nos
« fesistes souffrir devant Cristople, et chou que vous
« nos fesistes gesir as chaus sour la gielée et sor la

« noif, sans loge et sans pavellon? Et la gens qui avoec
« moi fu venue fu encore plus à malaise de moi; je n'oc
« sé bien non aviers aus; et vous estiés en vostre de-
« duit lassus, et aviés tout vostre solas. Par mon chief!
« castelain, chil qui che fait à son seignor, il ne li
« monstre mie que il l'aint par amour, et cele félonie
« n'ai-je pas oubliée en telle manière que vos en aiez
« gueredon tel comme vous avés desiervi. » En telle
manière menace li emperères le castelain, et Pierron
Vent et Vivien, et que vous diroie-je plus? Li empe-
rères s'atourne et garni le castiel et la tour dou
vesque dou Sabba. Et en che que il faisoit sa garnison
et ordenoit, atant es-vous un message de par Rol-
lant, qui donne à l'empereour unes lettres, et li
mandoit que il li envoiast trente chevaliers, por
chou que Lombart, si comme il li mandoit, s'ahatis-
soient de venir sor lui et de prendre dou sien. Et li
emperères dist que puis que il est ses hommes, il n'est
mie drois que il li faille, puis que il li puet aidier. Dont
apiela Ansiel de Chaeu et Guillaume de Sains, et lor
dist que il lor convenoit aler en celui voiage; et si i
fut Guillaumes de Blendel. Que vous conteroie-je?
Trente en i ot qui disent que moult volentiers feroient
le commandement lor seigneur, et que moult volen-
tiers iroient. Dont se metent au chemin. Et li tra-
hitres en la cui aide il aloient s'iert aloiés as Lombars,
parmi deniers et perpes d'or que il en avoit re-
cheus; en tel manière que il devoit destraindre et
guerroyer nos François au castiel : et ensi avoit fait
son marchié as Lombars. Et Ansiaus de Chaeu s'en va

avoec tos ses compagnons à Placemont, en l'aide de celui qui les trahist en son pooir et deçoit; mais Dex lor envoia son confort. Il vinrent jusques à Placemont; si n'entrèrent mie dedens: ains envoia mesire Ansiaus de Chaeu à Rollant Pice; mais il n'estoit pas à ce point ou castiel, ançois estoit alés as Lombars, por chou que il presissent nostre gent quant il seroit enseri. Tel trahison avoit empensée Rollans Pice, enviers nostre gent, et nostre Sires ne le vaut mie consentir; car il mist en volenté à un sergiant que il lor fist à savoir que il erramment retornassent arrières; car sé Rollans puet iestre de nul d'aus en saisine, il aront acreu sous lor piaus; et quant nostre gent oïrent la trahison, si retornèrent à la Gyge, et mandèrent à l'empereour comment il estoit, ensi comme vous avés oï.

XXVIII. Quant li emperères oï chou, si fu moult dolans, et dist que bien le cuidoit li trahitres avoir engignié; mais bien sache-il que il a engignié lui avant et tout son lignage apriès. Et non por quant li emperères ne s'esmaie de rien, ains atourne son affaire en Salenyque, et fait tant que tout si saudoier se tiennent à bien paié de lui. Dont prent congié à l'empereris, et elle le grassie moult de l'onnour que il li a faite. Dont se part de la ville, et a tant fait entre luy et ses hommes, li un par mer et li autre par terre, li un à pié et li autre à cheval, que il sont au Cyntre venu. Et il meismes i vint, lui dixismes de chevaliers, par mer. Et plus n'en laissa-il avoec li entrer; car il avoit pleu et negié si durement, que li flun estoient si creu et si aparfongié que li pré et la tierre en estoit tout couvert, si que à poi que li sommier ne noioient dedens; et li homme estoient si baignié, que tout estoient tout ausi comme mort que de la gielée que du froit. En cele chevaucie estoit Quenes de Biéthune, qui moult maudissoit durement cels qui l'avoient là mené; et disoit que qui si grant pénance soffroit por nostre Seigneur à che, que tout estoit aussi comme trenchié de froidure et de dolour; bien aroient deservi paradis, et s'il orent auques grandes sodées, bien les durent par droit avoir. Que vous diroie-jou? Ils se hébrégièrent une nuit devant la Verre, et de là alèrent au Cyntre. Or sont nostre gent au Cyntre venu. Si ont là trouvé l'empereour et l'ost qui illuec séjornoit. Et messire Orris dou Cyntre lor a fait tout l'onnour que il pot, tant que l'empereour avant et li ost après s'en loèrent moult durement. Dont devisa li emperères sa chose, et s'en ala une vesprée en Salenyque, entre li et Quenon de Biéthune; car on li dist que sa gent se devoit estre toute revelée contre lui. Puis a atorné sa garnison de la tour qui estoit sor la mer, si i laissa Huon Bliaut et autres chevaliers que je mie ne sais nommer. Après che, s'en retorna al Cyntre. Dont apiela Wistasse son frère et Ansiel de Chaeu, et lor dist : « Seignor, vous eslirés jusques à « trente hommes des plus preudomes que vous porez « trover en cest ost; puis vous en alés ou Val de la Ve- « nisce, et passés la Closure. » Entre ces choses mandèrent li Lombart une pais à l'empereour, si comme vous dirai. Et en fust Robiers de Mancicour messages à l'empereour, et dist que il le conte des Blans dras délivrast, et le mesist en possesion de la baillie de Salenyque dont il l'avoit dessaisi ; et puis alast al Corthiac, et il iroit illuec à lui por droit faire. « Or, biaus amis, » fait li emperères au message, « vous-meismes poés ore « bien savoir sé ceste demande est raisnable, et s'il i a « raison. Or me doinst Dex tant vivre, sé il lui plaist, « que je ma pensée puisse d'aus esclairier. » Chis mandemens fu apportés à l'empereour, ensi comme vous avez oï, par un joesdi absolu ; et le jor de la Pasque, après le mangier, se partist li emperères dou Cyntre, à tout son ost, et dist bien que mais ne retornera arrières si aura auques sa volenté accomplie des Lombars, qui tant d'annuis li ont fais.

XXIX. Dont passa li emperères la Closure tout seriement, et vint jusques à la Venisce, où il trova sa gent en joie et en grant solas. Et là renvoièrent Lombart pour tel parole meismes comme vous avez oïe. Li emperères voit bien que Lombart ne le gaitent seulement fors por lui dechevoir. Lors s'en vait vers le pont de l'Arse, et se logent à douze mille priès ; car toutes voies oïst-il lor renonc volentiers ; car il avoit envoié un évesque et un viel chevalier, par lesquels il lor avoit mandés que volentiers feroit pais à aus, s'il offroient chose où il éust raison ; si que il demorassent en la terre, et il lor donroit encore de la soie, por accroistre la lor ; mais que il feussent si home, et que il li fesissent hommage et feuté. Et Lombart di-

sent que il n'en feroient riens; car il ont lor connestable, en cui il ont toute lor espérance. Li message que li emperères i avoit envoiés revinrent à l'empereour, et li disent : « Sire, sé vous volés avoir pais as
« Lombars, il convient premièrement que vous déli-
« vriés le conte des Blans dras, et que vous apriès le
« mettiés en possession de sa baillie; et puis vos en
« alés à Corthiach, et là vous venront faire droit si
« avant comme il le deveront. Et s'il vous desplaist à
« séjorner al Corthiach, retornez-vous en Constenti-
« noble; et là vous referont che meismes par le los des
« Lombars et des François; et bien vous mandent que
« il ne vous en responderont autre chose. » Et quant li emperères oï la response des Lombars et le grant orguel, il fut si durement estains d'ire que il ne desist un mot qui li donnast grant chose. Il séoit adonc. au mengier, et se leva de la table par si grant aïr, qui tresbucha par terre le maistre dois où il séoit. Et il jura que puis que Lombart ne voelent enviers lui faire pais né accorde, que il saura sé Lombart aront pooir contre lui.

XXX. Adont commanda li emperères que si tref fussent destendu; car il vaurra, che dist-il, gesir au pont. Dont fait crier li emperères aval l'ost que cascuns s'armast. Puis chevaucièrent droit viers le pont de l'Arse. L'emperères fist ses batailles rengier et ordenner, et se plainst des Lombars à tous ses chevaliers. Lors envoia chevaliers avant por savoir sé Lombart avoient le pont deffait, ou sé il estoit entiers.

Si i fu envoiés Guillaumes de Sains, et chil de Bielmés, Gossiaus li Moines, Hernous de Vilers, Gautiers de la Rivière, Robiers de Bove; che fut chil qui premier passa le pont. Si i fu Alars de Kieri, Guillaumes d'Arondiel et Raous ses compains, et uns chevaliers qui Pierses fu apielés, et iert de la maisnie Guillaume de Biaumés; si i fu Gadous de Kieri et Gilles de Brébiere, et Gerous de le Vincourt. Lors vinrent nostre chevalier au pont, et arbalestrier avoec els que li emperères i avoit envoié. Et nostre Sires lor aida tant que il trovèrent le pont entier; et Robers de Bove se met sus premièrement, et li autre s'aroutent après lui. Dont voient descendre les Lombars qui lor viennent à l'encontre; et li nostre, comme preu et hardi, les recueillent as glaives. Là ne fu mie Gossiaus li Moines laniers, ains s'i maintint comme chevaliers preus et aidans. Et sovent retornoient entour li si compaignon; et sachiés que il i en ot des autres qui molt furent preudome de lor cors à celui besoing, si come Guillaumes de Sains, Ernous de Vilers, Gautiers de la Rivière et Alars de Kieri; et tant fisent que li pons fu détenus, tant que chil qui estoient arrières fussent venus. Nostre gent passèrent le pont, comme chil qui bien en conquisent l'entrée par lor proesces. Et si i ot un petit siergans, que on apieloit Capitiel, qui molt se prova bien. Et disent tout li nostre que che fu uns de cels qui là feust qui mius fist. Notre gent coisièrent Lombars de si très priès, que il les remisent par droite force au castiel, et conquisent tierre sour aus jusques à la maistre porte, et si abattirent de lor chevaliers et retinrent. Moult i ot grant hustin à prendre le pont. Là s'aidièrent bien Gossiaus li Moines, Arnous d'Armantières et Gautiers d'Allues. Oncques ne s'arriestèrent, si vinrent devant la porte et là lor coururent sus. Gautiers abati un Lombart devant la porte, et conquist le cheval, et Ernaus d'Armentières prit le Lombart sans nulle autre défense, et le fist garder comme prison. Anuis seroit de raconter combien cascuns i gaigna; mais tant vous di-jou pour voir que cascuns s'i monstra comme preudon. Né oncques mais si poi de gens ne se continrent si bien et si biel. Dont lor vinrent deus batailles de nostre gent, qui les secoururent; et s'il un poi se fussent plus hasté de venir au pont, bien éussent retenue la plus grant partie de lor gent; mais il ne savoient mie que nostre gent se feussent as Lombars meslé.

XXXI. Atant vint Quenes au pont, et trouva que nostre gent s'estoient tant combatu as Lombars, que il lor avoient fait guerpir la place. Et puis que Quenes eut passé le pont, Lombart s'enfuirent en lor forteresce, et lor laissièrent tentes et pavellons, et quanques il avoient de harnois. Dont primes vinrent les nouvieles à l'empereour que li pons estoit pris. Et il en ot si grant joie, que à paines le pot-il croire. « Sire, » dist Pierres de Douay, « hastés-vous de tost ensivir nos « deus batailles; car, en nulle manière, je ne vauroie « que nostre gent feussent décreu par Lombars. » Après la bataille Quenon de Biéthune passa Ansiaus de Chaeu, et lors que Lombart les perçurent, li plus isniaus cuida bien estre li plus lens à rentrer ou castiel. Or ne lor prent-il mais nulle volenté d'assembler as nostres, et nostre emperères, qui moult ert joians, vint au pont. Qui gaignier vuet, illuec faire le peut, si come muls et mules, palefrois et chevaus, reubes et covretoirs, or et argent, et autres avoirs. Que vaut che? Bien furent Lombart adamagié à celui point, por leur folie, de mille et cinq cent mars de fin argent. Li emperères s'arma et passa le pont qui fait estoit de planches longhes et estroites, et li aighe ert si parfonde desoz, et si radement courant, que nus n'estoit sor le pont qui ne fust tout esbahis de regarder en l'aighe. Et quant li emperères fu outre, si monta sur un sien cheval ferrant. Après fit lachier son hyaume, et puis prist son escu, tel comme li cuens de Flandres le seut porter. Et quant Lombart le perçoivent, si le manacent entre els durement, et dient que bien lui sera mestiers que li escus que il porte soit fors; car il ne les trovera mie vrais amis. Lors est passés li emperères, et est venus devant la porte. Ensi a les Lombars asségiés, qui mie n'en sont joians; ains vaurroit bien estre li plus hardis aillors que illuec. Dont vient Robiers de Mancicourt à l'empereour, entre lui et Guillaume de l'Arse, et li prièrent, por Diu, que il en laissast aller les Lombars sauf lor cors, et lor amis, et lor avoirs; car bien sevent que il n'ont mie force contre lui. Et che li reprient tous li preudome de l'ost que il, por Diu et por pité, les en laist alter quitement. Il estoient bien laiens sept cent, qui assés estoient fol et anious se il éussent pooir. Et si manoit laiens li frères le marchis, qui au rivage estoit alés entre lui et le connestable et Aubretin, por savoir s'il s en poroient fuir par l'aighe, sé besoin en estoit. Que vous diroie-jou ? Par les proières des preudomes qui là furent et des barons, li emperères en lassa aller tous cuites les Lombars. Et il s'en alèrent vers le Flagre, tant comme il porent, comme chil qui n'orent cure de là faire lonc séjour. Tout ensi avint as Lombars comme vous avés oï. Et quant nostre gent aprocièrent le pont au matin, Robiers de Mancicourt s'enfui à Placemont. Et qui vausist esgarder selonc ses œuvres, il avoit desiervi ore et autre fois que on le pendist plus haut que nul autre larron, quant il n'ose mie venir à son seignor, ains se repont. Que vaut chou? Robers ne vaut mie tant que je plus vous parle de lui. Li emperères s'en vait à Lamiro, entre lui et sa gent. Et Griu li vont encontre, comme chil qui merveilleusement désirent que il venist, et li aportent les ancones, et si li font polucrone.

XXXII. Ensi se tienent nostre gent dedens la ville, sauf chou que à nullui ne meffont riens. Tant que li Grifon dient que moult ont bon restor de segnor, et ne place Diu que jamais Lombart aient signorie sour aus; car os primes se gariront-il à grant onnour, si comme il dient, mais que Dex lor gart l'emperéour. Ensi se tinrent coi une grant pièce, tant que les galies Rollant de Negrepont s'assamblèrent entour une grant nef, laquelle il emmenassent volentiers s'il péussent. Li emperères oï la noise, et demanda que chou estoit qui tel noise faisoit là fors; et on lui a

conté que c'estoit robéour de vassiaus qui assailloient une grant nef. Quant li emperères ot cette nouviele, il saut sus et haste moult durement sa gent de lever, et dist que il n'emmenroient mie la nef, sé Diu plaist. Dont s'arment li chevalier et entrent ès barges, dont i avoit assés sur la rive; et si avoit capieles qui à nostre gent aidièrent moult durement. Il allèrent secourre la grant nef, qui bien éust esté trahie sé nostre François n'éussent mis consel au secourre. Et non por quant la grans nés se deffendoit moult efforciement; mais chil des vaissiaus lor jettoient chau vive ès ielx. Que vaut chou? Il ont guerpi la grant nef; mais il emmenèrent une petite nachiele, où il n'avoit riens. Et ensi comme il estoient illuec, atant ès-vous Henri de Blois, qui venoit deviers Salenyque, et estoit venus par aighe; et quant il voit l'emperéour, si li dist en s'orelle : « Sire, me sire Ponces vous salue, et vous
« mande que il a bien fait vostre besoingne, et amaine
« vos deniers et vostre marchéandise; mais tant i a
« qu'il a eu un poi de destorbier; car la mer a esté
« grosse, et la tempieste chaça nos vaissiaus sur terre,
« et furent brisié; et vous fait à savoir par moi que
« vous lui envoiés gens et chevaliers, par lesquels il
« vous puist aconduire vostre avoir. » Et quant li emperères oï chou, si i envoia Ansiel de Chaeu et autres chevaliers, qui tant firent que il amenèrent tout l'avoir de chi à Lamiro; et là le fist li emperères rechevoir, et paier ses saudoyers. Or avoient Quenes de Biethune et Ansiaus de Chaeu devisé entre eus que bon seroit que il péussent faire entre eus par quoi

cele guerre fust apaisie. Si mandèrent au connestable que il vînt parler à eus; et il i venist, et parlèrent ensemble, tant que li emperères s'amollia auques, et si taillèrent entre els une pais telle que les deux parties s'en iroient à Vavenyque, et là en responderoient communément; et sé Guis, Aubretins et Rollans ne veulent otrier tele pais, bien sacent, dist li connestables, que jà par eus ne remanrast; et puis que ils vauront aller contre raison, jà puis, che dist, n'aront aide de lui né des siens. Dont ont entre eus une trive fiancie, tant que cette chose soit faite savoir à Joffroi et à Othon de la Roche, et as autres barons qui vinrent au parlement si biel, que li emperères les en merchia moult. Et chi en dedans manda Rollans Quenon de Biethune et Ansiel de Chaeu, que il venissent lui à parler, et il i vinrent. Et Rollans issi à moult grant doute fors dou castiel; mais il ne li convenist pas douter. Que vous diroie-jou? Assés parlèrent ensamble; mais che fu pour noient; car à tele pais comme il devisoient, né li une partie né li autre ne se porent assentir : ains retornèrent cascuns arrière là dont il estoient venu.

XXXIII. Ensi, comme je devant vous dis, fu li parlemens pris au val de Vavenyque. Là vint li emperères Henris et li quens Biertous et Ourris li sires dou Cyntre, et autre chevalier assés. Li connestables vint à l'empereour, et mist pié à terre si tost comme il le vit; et quant il vint devant lui, il s'agenoilla; et li emperères l'en leva, et le baisa et li pardonna son mautalent, et quanques il avoit meffait enviers lui ; et l'en demain vint Joffrois de Ville-Harduin, et Othes de la Roche, et Gautiers de Tombes, bien à quarante chevaliers bien armés et moult bien montés, comme chil qui grant pièce avoient sis devant Corinthe. Et por oïr la pais en quelle manière et en quelle forme elle seroit ordonnée i estoient-il venu. Que vous diroie-jou ? Lombart défaillirent du parlement, que il n'i vinrent point, si empirièrent trop lor plaist; car li emperères s'afficha bien d'eus destruire selon son pooir. Et là devint Joffrois hom l'emperéour Henri, et li emperères li acrut son fief de la séneschauscie de Rouménie ; et il en baisa l'emperères en foi. Et Aimes Buffois refu connestables en fief. Quant li emperères voit que Lombart ne se voelent assentir à s'amour, et qu'il au parlement qui estoit pris à Vavenyque ne vaurent venir, il s'en partist, et fist por lui garnir le castiel des Lombars, por chou qu'il ne sait qu'à avenir li est. Li emperères vint gesir à Labondeice un mercredi au soir. Dont passa la Closure, et Lombart le vinrent encliner. Li emperères chevauche tant que il est à Thèbes venus. Et Lombart font le castiel tenir contre lui; mais li emperères dit bien que il les fera assaillir, et s'il à force les puet prendre, il s'ahatist bien que il les fera honnir des cors. Et quant il entra dans Thèbes, dont peussiés voir un si grant polucrone de palpas, et d'alcontes, et d'ommes, et de femes, et si grant tumulte de tymbres, de tabours et de trompes, que toute la terre en trembloit. Que vaut chou? Tous viennent encontre lui, por obéir à son commandement.

XXXIV. Li emperères est entré en Thèbes; mais avant que il entrast en la ville, il descendi, si que li archevesques et li clergiés le menèrent au moustier Nostre-Dame. Là rendi grace à nostre Seigneur de l'honnour que il li avoit consenti à avoir en cet siècle. Puis ist hors du moustier, et fait asseoir le castiel, et dist que il l'assauroit se ils ne li rendent. Mais Lombart dient qui dedens sont que il ne li rendront mie. Dont fait drecier mangouniaus, et arengier ses arbalestriers entour les fossés, et fait traire et jeter à la maistre fremeté. Mais chou est por noient; car trop est li castiaus fors. Dont fist Hues d'Aire faire un chat, et le fist bien cuirier et acesmer. Et quant il fu toz fais, si le fisent mener par-dessus le fossé. Et fu, cele viesprée, mauvaisement gardés. Si l'arsent chil dou castiel en tel manière qu'oncques ne pot iestre secourus d'ommes de defors. L'en demain les assailirent meslément siergant et chevalier ensamble, et chil dedans se deffendoient et jetoient pierres, et traioient carriaus moult espessement, et moult bleçoient des nostres. Guillaumes dou Chaisnoit estoit entrés el fossé, et faisoit passières à s'espée pour monter amont. Et quant chil de laiens le perchurent, si li jettièrent passières, et tant firent que il le navrèrent ou chief et en la main; né oncques por chou né guerpi l'assaut, ains l'en donnèrent le pris, au départir, tout chil qui à l'assaut estoient. Mais, sans faille, il est vérités que on ne puet mie faire grant hardement de legier que il n'i ait folie; et li troi qui plus s'abandonnoient à cel assaut furent né de Valenciennes : si ot non li uns Roimondis, et li autres Sohiers li Pannetiers, et li autres Franques de Chausmes; mais chil Franques i fu navrés mortellement en la tieste. Moult fut grans li assaus que li escuier rendirent au castiel en celui jour, et moult se travellièrent de drescier les eschieles au mur; mais chil qui là-dedens estoient se deffendoient cascuns comme por soi-meismes. Guillaumes dou Chesnoit faisoit passières ou fosset de s'espée, si comme j'ai dit; mais chil de dessus li jettèrent d'amont pieres pour lui acraventer sé ils le péussent faire; et nostre archier et nostre arbaletrier traioient à cels dedans saietes et carriaus, mais ne valoit rien; car trop se deffendoient apiertement, en jettant pierres et peus agus; et si avoit vilains qui à nostre gent jettoient des pieres en grans fondes, qui moult merveilleusement lor grevoient. Moult i estoit grans li hus et la noise. Que vous diroie-jou? Sé chil defors assaillisent ausi asprement comme chil dedens se deffendoient, li castiaus ot esté tos pris; mais il assailloient lentement et pereceusement.

XXXV. Quant li emperères vit que par assaut ne porroit le castiel avoir, si fist sonner le retrait. Puis fist querre carpentiers par tout por faire eschieles et bierfrois; et chil dedens se deffendoient selon lor pooir. Mais rien ne lor vaut défense, si comme je croi. Car les eschieles sont faites haues et grans et bien chevillites. Et quant

Lombart les virent, s'il en furent esbahi che ne fu mie merveille. Que vous diroie-je? Ils fisent parler de la pais, et Aubretins et Rollans mandèrent les trives, et, chi en dedens, il ont mandé à l'emperéour et mis en habandon tous lor fiés et lor terres, et li donnèrent grans dons, et li rendirent le castiel; et li emperères en rechut les clés, et ensi furent tout acordé d'une part et d'autre, et si fu li quens des Blans dras délivrés. Mais fist-il tant de males œuvres que jamais ne poroieut estre amendées à s'onnour. Li quens des Blans dras fu délivrés et si fu envoiés Poins de Lyon por lui délivrer. Il le trova à Salenyque, et li dist que il le menroit droit à l'emperéour por oïr le droit de la court. Dont se mist li quens au chemin et lassa celui de Thèbes par mauvais consel pour eschiver l'emperéour, et torna vers Négrepont; et Poins de Lyon revint à l'emperéour, et li conta comment li quens s'en aloit viers Négrepont par mauvais consel que il avoit creu. Quant li emperères oï chou, si l'en anuia moult. « Comment « donc, » dist li emperères, « ne venra-il mie chà ? — « Sire, non, » fist Poins de Lyon; « ains dist bien que il « se vengera de vous. » Que vous diroie-jou? Li castiaus est rendus, et la chose remest ensi. Tous fisent lor pais à l'emperéour, fors seulement li quens des Blans dras. Mais chil en exploita si folement, comme li contes devisera chi apriès, s'il est qui le vous die. Li emperères ala à la maistre église d'Athaines en orisons; chou est une église qu'on dist de Nostre-Dame. Et Othes de la Roche, qui sire en est, à cui li marchis l'avoit donnée, li honnera de tout son pooir. Là séjorna li emperères deux jors, et au tiers s'en ala vers Négrepont. La nuit se jut à un casal et se reposa jusques à l'en demain, que Bauduins de Pas li dist que li quens des Blans dras estoit à Négrepont. « Et sachiés, sire, que je « dormi anuit à Négrepont, et là ai tout entendu que « sé vous i alés il vous prendera. » Et quant l'emperères l'oï si en fu moult dolans, et dist que jà por chou ne laira que il n'i voist. Dont apiela Ravant et le connestable qui o lui estoit, et Othon de la Roche et Ansiel de Caeu, et lor dist que s'ahasti li quens, sé il va à Négrepont, que il le fera prendre : et Ravans li dist qu'oncques n'en soit en effroi. « Vous savés bien, » fait-il, « que la cités est moie : je vous y prens en « conduit sor ma teste. — Je ne sai, » dist li emperères, « chou qu'il en avenra, mai jou irai. » Dont se mist l'en demain à la voie en une galie entre lui et Ravans por aler à Négrepont. Mais de quele eure que il soit ens, je cruic que il ara toute paour avant que il en puisse issir; car la trahison estoit toute porparlée et ordenée.

XXXVI. Li emperères Henris entra en Négrepont à grant joie, et moult le rechurent joieusement li Grifon de la ville et de la contrée, et vinrent encontre lui à grant tabureis de trompes et d'instrumens, et le menèrent à une église de Nostre-Dame por orer. Et quant il ot oré tant comme lui plot, il s'en parti et issi de l'église. Et li quens des Blans dras avoit jà ordené comment li emperères devoit estre ocis, et avoient di que il estoit venus auques aescari, car il n'avoit o lui que trente chevaliers. Si ont devisé que il le prenderont quand il dormira en son lit, et ensi poront estre vengié et non autrement. Trois jors remest ensi li emperères entre eus. Et nouvieles vinrent à Thèbes que il estoit pris à Négrepont. Et dont véissiés ches chevaliers esbahis et courechiés estrangement et desconselliés : et de chou espart la nouvelle partout le païs. Ensi fut li emperères trois jors à Négrepont, qu'oncques n'i trova qui li fesist né li désist chose qui li despléust. Et tant fist Ravans que il sot toute la trahison comme elle estoit porparlée. Dont vint au conte, et li dist : « Cuens « des Blans dras, que chou est que tu veus faire? Com- « ment, por Diu, se poroit tes cuers assentir à si grant « desloiauté faire comme d'ocire l'emperéour, dont tu « ne poroies à la fin eschaper que tu n'en fusses honnis? « et d'autre part, tu sais por voir que il est en Négre- « pont venus sor ma fiance, et si sui ses hommes liges. « Comment cuide-tu dont que je péusse consentir que « on lui féist mal? Cuens des Blans dras, que t'en « diroie-jou autre chose? si m'aït Dex! je ne le porroie « souffrir. » Que vaut che? sé Ravans ne fu, jà li emperères ne fust issus de Négrepont sans damage rechevoir et sans grant anui de son cors. Dont dist li emperères que il voloit retorner à Thèbes por véoir ses hommes qui de lui estoient en effroi, si comme on lui avoit conté. Il se mut de Négrepont et vint à Thèbes, et sé si home vinrent encontre lui et li fisent grant joie comme à lor seigneur, chou ne fait mie à demander. Mais à tant se taist ore chi li contes de cette matère, et retourne à Burille, qui s'appareilloit d'entrer en la terre l'emperéour à grant gent.

XXXVII. Quant li emperères oï ces nouvielles, si li anuia molt durement : et nonporquant il dist que il li iroit au-devant. Dont fait mander siergans, chevalliers et arbaletriers, et fait tout son pooir semonre et amonester; et li trahitres qui cuens estoit des Blans dras mande à l'emperéour que il est aprestés de jurer sor sains que jamais ne sera contraires à lui. Que vaut chou? Tant a fait que li emperères a recheu son sairement. Ensi fist li cuens des Blans dras sa pais, et remest à l'emperéour comme baillius. Or est li quens des Blandras accordé à l'emperéour si comme vous avés oï; et moult s'ahastist que il Blas et Commains le aidera à desconfire; mais la félonie de son cuer pensoit tout el contraire. Nonporquant ne vous diroie-jou ore plus chi endroit; ains diroie-jou de Michalis, qui fist tant de l'emperéour qu'il fist de lui parlement por pais faire, et fust li lius nommés desor Salenyque. Li emperères i vint, et se loga desor les oliviers. Puis apiela Quenon de Biéthune et Pierre de Douay, et lor dist : « Segnor, on me fait entendant
« que Michalis, contre qui nous sommes venus chi à
« parlement, est mervelleusement trahitres et faus et
« agus de parler et tranchans. Je ne dois mie ses dons
« convoitier, né nul ne convoite, car preudom ne doit
« convoitier chose qui li court à deshonneur. Or vous
« dirai-je que vous ferés : vous irés à lui et li dirés de
« ma part que sé il mes hommes veut estre en tele
« manière que toute sa tierre voele tenir de moi et tous
« ses tenemens, je li ferai autant d'honneur comme je
« ferai à mon frère proprement. Et s'il chou ne veut

« faire, sache-il bien que jou irai sor lui à tout mon
« pooir. Or alés à lui, et si li dites chou que je vous ai
« dit; car ausi vous a-t-il tous deus mandés. » Lors
montèrent li message et s'en tornèrent; et ont tant
erré que il ont trouvé Michalis en une abbéie où il
estoit hébrégiés. Dont descendirent et saluèrent Michalis de par l'empereour, et li baillèrent les lettres si
comme il avoit commandé, et disoient les lettres que
ils fussent cru de tout che que ils diroient de par l'empereour. Michalis fist lire les lettres, et quant elles
furent leues, si dist as messages que il desissent lor
volenté. Et Quenes de Biéthune et Pierres de Douay
se mettent à parler et à dire uns biaus mos polis et à
mettre avant la parole de lor seignor par si grant
mesure, et à deffendre sa partie en répondant. Car
mestiers lor en iert, que chil qui encontre eus estoient
en estoient ausi tout comme abaubi et non mie por
chou que de rien mesprésissent envers aus; ains lor
monstroient tant bieles paroles et tantes bieles raisons
aournées et traitiés de droit que tout chil de la partie
Michalis et Michalis méismes estoient tous desirans de
venir à lor amour. Que vaut che? Le mant l'empereour ont-il tant courtoisement dit et despondu que
auques ont fait Michalis le cuer amoliier. Adont lor
dist ensi comme sosriant : « Segnor, jou ai une moie
« fille et li emperères un frère sien qui a non Vitasse :
« sé nous ces deus poiemes ensamble ajoindre par ma-
« riage, dont primes seroit nostre pais legière à faire.
« Et je donrai à Vitasse avoec ma fille la tierce partie
« de toute ma terre ; et bien voel que vous sachiés que

« je puis miex servir l'emperéour et par mer et par
« tierre que nus qui soit en toute Roumenie. » Et
quant Quenes de Biéthune entent cette parole, il
voit lors et pense que grans biens en poroient venir.
Dont dist à Michalis que il le fera savoir à l'emperéour,
et li fera acorder; et puis li relaira savoir au plus tost
que il porra.

XXXVIII ET DERNIER. A tant se partent li message
de Michalis et vienent à l'emperéour, et li dient tout
che que il ont trouvé, et comment il mist avant le
mariage de son frère avoec sa fille; et qu'il donroit à
Vitasse la tierce partie de toute sa tierre avoec sa fille
por fief, et d'ore en avant il vaurra de vous tenir tout
son tenement.

Explicit de l'emperéour Henri de Constentinoble.

NOTES

POUR

L'INTELLIGENCE DE L'HISTOIRE

DE

LA CONQUESTE DE CONSTANTINOBLE.

TITRE.

De la Conqueste de Constantinoble. Les éditions précédentes et les manuscrits varient sur le titre de l'ouvrage de Villehardouin ou ne lui en donnent pas du tout. Commençons par les manuscrits.

Les n°ˢ 9644, modèle des éditions de Vigenère et de Du Cange, et 7974, consulté par D. Brial, n'ont pas de titre.

N° 207 Supplément françois, consulté par D. Brial : « Chi « commence li Histore dou conte Bauduin de Flandres et de Hai- « nau, comment il conquist par sa proesce l'empire de Constan- « tinoble, et comment il en fu couronnés à emperéour. »

N° 455 Supplément françois, consulté pour la première fois : « Chi commence l'Ystore de l'empereur Bauduin de Constanti- « noble. »

N° 687 Supplément françois, consulté pour la première fois. Il n'a pas de titre ; mais on lit à la fin : « Explicit li Roumans de « Constantinoble tout. »

Quant aux éditions, celle de Vigenère a pour titre : « Histoire « de Geoffroi de Villehardouin, mareschal de Champagne et de « Romenie, de la Conqueste de Constantinople par les barons « françois associés aux Vénitiens, l'an 1204. » — L'édition de Lyon, 1601 : « L'Histoire ou Chronique du seigneur Geoffroy de « Villeharduin, maréchal de Champagne et de Romenie.... conte- « nant la Conqueste de Constantinoble faicte par des barons fran- « çois, confédérez et uniz avec les seigneurs Vénitiens, l'an 1204. » — L'édition de Du Cange : « Geoffroy de Villehardouin, de la « Conqueste de Constantinople. » — L'édition de D. Brial : « Geof- « froi de Villehardouin, de la Conqueste de Constantinople par les « François et les Vénitiens. » — Enfin celle de M. Buchon : « Chronique de la Conqueste de Constantinople par les Francs, « écrite par Geoffroi de Villehardouin, maréchal de Champagne « et de Romanie. »

A défaut d'un titre satisfaisant dans les manuscrits, j'ai choisi celui que Du Cange avoit adopté, comme le plus simple et le plus irréprochable.

§. I.

Ligne 1. *Mil et cent et quatre-vins et dis-huit ans.* Tous les manuscrits portent aujourd'hui la date M. C. XCVII.; mais dans le plus ancien et le plus correct (n° 455 Supplément franç.), on a bien postérieurement effacé le troisième I, et c'est à lui que nous avons dû nous en rapporter. D. Brial, qui ne le connoissoit pas, n'en a pas moins eu tort de dire qu'Innocent III fut élu pape seu- lement en 1198; son exaltation date du 11 janvier 1197, *comme on comptoit alors*. — Remarquez aussi que le nombre III, ajouté par tous les anciens éditeurs au nom du pontife, ne se trouve dans aucun manuscrit et fait disparate dans un ouvrage du XIII° siècle.

Ligne 3. *Phelippon.* L'une des élégances de l'ancien langage consistoit à préférer le diminutif pour les noms propres, quand ils étoient employés comme régime ou accusatif. Au nominatif, c'eût été une faute grammaticale.

Ligne 5. *Foulque de Nulli*. La renommée de Foulques, curé de Nulli-sur-Marne (qu'on prononçoit alors, aussi bien qu'aujourd'hui, *Neuilly*), étoit tellement répandue, depuis ses premières prédications de l'année 1195 contre les usuriers et les femmes débauchées, que l'historien Rigord croit pouvoir désigner assez clairement l'année 1198 en disant que ce fut *la troisième après la prédication de Foulques*. Le peuple alla même jusqu'à perdre le souvenir de son vrai nom pour le remplacer par celui de *Saint homme*. Foulques avoit réellement une grande simplicité, et le plus admirable éloignement pour toute espèce de rigorisme. Ajoutez que de nombreux miracles, mille fois racontés, constatoient mieux chaque jour la confiance universelle. Il mourut à Neuilly, au mois de mai 1202, comme nous le verrons plus loin. Il avoit recueilli de très fortes aumônes, dans le but d'être en aide aux croisés; mais la plus grande partie fut consacrée à l'érection de la nouvelle église de Neuilly.

Les prédications de Foulques n'eurent pas seulement pour résultat la prise de croix; voici comme s'exprime celui des continuateurs de Guillaume de Tyr que j'appellerai le premier, seulement afin de le distinguer de l'autre (Ms. de Colbert 8315¹ fol. 178 verso): « L'an qui fu de l'Incarnation Nostre Signour mil c. iiii^{xx} et xviij, « fu fondée l'abbéie de Saint-Antoine deles Paris, par le preeche- « ment de dui moult vaillans hommes : li uns avoit non Foukes « de Nueli, et li autres Pierres de Rosoi. Cil preechoient des crois, « et contre les useriers et les foles femes. Il firent plusours useriers « laissier lour mestier, et de foles femes plusours repenties; de « coi cèle abbéie Saint-Antoine fu édifiée de plusours. »

Ligne 8. *Par France*. Par l'Ile-de-France.

Ligne 12. *L'apostoles li manda*. La lettre d'Innocent III à Foulques, datée du 5 novembre 1198, est imprimée dans le *Recueil des Historiens de France*, tom. XIX, p. 369.

Ligne 13. *Et apres.* Le pape parle déjà de *Pierre de Capes* dans sa lettre au curé de Neuilly : « P. Sanctæ Mariæ in via Lata diaconi « cardinalis, apostolicæ sedis legati, quem ad hoc officium exe- « quendum specialiter destinavimus.... » — *De Capes;* variante, *de Chappes :* en latin, *Capuensis.* C'est ainsi que les François nommoient autrefois la ville de Capoue. Pierre ne devoit pas ce surnom au lieu de sa naissance ; car, suivant Baronius, il étoit d'Amalfi dans le royaume de Naples : mais il avoit été nourri et élevé en France, comme le dit Innocent III, dans la première de ses lettres à Philippe-Auguste. (Voyez *Histor. de France,* tom. XIX, p. 367.)

Ligne 15. *Le pardon.* Les indulgences attachées à la croisade.

Ligne 18. *Por tant que.* A condition qu'ils seroient confessés, mais sans avoir eu besoin d'accomplir une autre pénitence.

§. II.

Ligne 3. *Ecri.* Variantes : *Aiscris, Aicri, Eris.* Le premier continuateur de Guillaume de Tyr dit que le tournoi se donna entre Ecri et Balehan. Voici ses propres paroles : « En cel an.... « mesires Foukes de Nulli, li preudom de cui nous avons parlé « dessus, qui sermounoit des crois, oï nouvelles d'une grant assam- « blée de barons qui devoient venir entre Ecri et Baleham, por « tornoier. Li preudom ala cele part et fist un sermon par quoi « mout de cuers furent atenri envers Nostre Signour, et mout s'i « croisièrent baron, chevalier et autre gent. » (Fol. 180 recto.)

Baleham ou *Balham* est un petit village à trois lieues de Rethel. Quant au château d'*Ecri,* il n'existe plus, et son emplacement a plusieurs fois changé de nom. Mais d'abord il est singulier que ce mot d'*Ecri* n'ait pas éveillé la docte attention de Du Cange, et que Valois, dans sa *Notice des Gaules,* et D. Germain, dans son livre des *Maisons royales,* n'aient pas soupçonné que l'*Ercherecum* et l'*Erchariacum* où Martin, petit-fils de saint Arnoul, fut assassiné par le maire Ébroïn [1], pourroit bien être l'Ecri-sur-Aisne cité dans cet endroit de Villehardouin. Remarquez en effet que Frédégaire nomme le palais où cet attentat fut commis *Ertreco*, et le *Chronicon Fontanellense*, *Erceriaco palatio*. Or, le château d'*Ecri* étoit précisément à cinq ou six lieues de la ville de Laon, d'où sortoit Martin pour se rendre auprès du roi Théodoric, à l'*Erceriacum palatium*.

J'ignore quand fut démoli *Ecri*, devenu château féodal; mais en 1671, des lettres-patentes érigèrent en comté le village d'Avaux, formé à l'entour de ses ruines : ce fut au profit du sieur de Mesmes-Roissy. Plus tard, le comte d'Asfeld fit élever, sur les fondemens d'Ecri, un nouveau château magnifique, dont l'église, si l'on en croit le P. Lelong, historien du Laonois, est d'une singulière structure. Aujourd'hui, Asfeld est un chef-lieu de canton, avec bureau d'enregistrement et une population de douze cents âmes; il est sur la rivière d'Aisne, à quatre lieues de Rethel.

LIGNE 4. *Li quens Thiebaus.* Voyez plus bas, pour les noms propres, la *Notice alphabétique*. Quant au mot *quens* ou *cuens*, il est à remarquer que, dans notre vieux françois, il avoit conservé deux cas : sujet, *quens*, traduction du latin *comes*, qui sans doute se prononçoit *coems*; régime, *comte*, traduction de *comitem*. Il en étoit de même de *Dex*, sujet; *Dieu*, régime; *liquiex*, sujet; *lequel*, régime, etc., etc. On voit donc que, dans tous ces cas, la langue s'est moins perfectionnée qu'on ne le croit; elle s'est appauvrie ou simplifiée, voilà tout.

LIGNE 5. *De Chartain,* ou comme nous disons, non par euphonie, de *Chartrain* « Carnotensis. »

LIGNE 8. *Cil dui conte estoient cousin germain et neveu le roi de France et neveu le roi d'Engleterre.* La mère de Thibaud III, comte de Champagne, étoit Marie; celle de Louis, comte de Blois, Alix; et ces deux princesses étoient filles de Louis VII et

---

[1] Voyez le Chronicon Fontanellense (*Achery*, *Spicilège*, tome III)

d'Alienor d'Aquitaine. Thibaud et Louis étoient donc neveux des deux rois, fils des deux époux d'Alienor. Ils étoient encore cousins germains de Philippe-Auguste, par Adèle de Champagne, mère de ce prince, et fille de Thibaud II.

§. VII.

LIGNE 7. *Et moult d'autres dont je ne sai mie les nons.* Si l'on s'en rapporte à Guillaume le Breton et au second continuateur de Guillaume de Tyr (Ms. 8316, fol. 362), les motifs qui portèrent la plupart des barons à se croiser venoient de la crainte que leur inspiroit plutôt le roi de France que celui du ciel et de la terre. Voici comme s'exprime le continuateur : « Je vos dirai du conte de « Flandres et des barons de France qui contre le roy de France « orent esté, et au roi d'Engleterre s'estoient alié ains qu'il fust « mort. Il firent un tournoi crier entre Bar-sur-Aube et Ancre [1], et « si i alèrent tuit. Quant il furent tuit venu d'une part et d'autre « pour tornoier, et il furent assemblé, si ostèrent les hiaumes et « corurent tuit aus crois, et se croisèrent por aler outre mer. Dont « aucuns dirent qu'il se croisèrent par doute le roi de France, « qu'il ne les grevast. » — Jacques de Guise a suivi la même autorité : « Balduinus, de morte regis Richardi pusillanimis et dolens « nimium effectus, et Franciæ regem semper suspectum habens, « ut ab ejus dominio et occasione bellorum se substrahat, crucem « accepit cum multis baronibus, etc. » (Lib. XIX, cap. XI. — t. XIII, p. 272, de l'édition de M. le marquis de Fortia d'Urban.)

Ces historiens se sont montrés bons patriotes en déversant le blâme sur les barons qui se croisèrent à Ecri pour éviter la vengeance de Philippe-Auguste ; mais il ne faut pas oublier les circonstances qui peuvent faire excuser la conduite antérieure des seigneurs françois. Philippe n'avoit-il pas lui-même, en 1193, violé le plus grand des sermens ? N'avoit-il pas profité de la captivité de Richard pour lui ravir une partie des provinces françoises qui appartenoient aux

---

[1] *Entre Brai et Ancre* (Ms. 8315, fol. 410.)

rois d'Angleterre? Et les barons, presque tous unis par la confraternité militaire ou par les liens du sang avec Richard, pouvoient-ils bien voir du même sang-froid ce héros de leur siècle dépouillé de son patrimoine par le souverain qui devoit non seulement défendre ses droits, mais employer tous ses efforts pour mettre fin à sa captivité? Je demande la permission de citer ici la belle chanson que le roi Richard adressa des prisons du duc d'Autriche aux barons de France, pour leur reprocher l'abandon dans lequel ils le laissoient : elle fut composée sans doute à la fin de l'hiver 1193, car l'illustre prisonnier exprime la crainte de passer un second hiver dans les fers, et ne fut effectivement délivré que l'année suivante, au mois de février :

1.

Jà nus hons pris ne dira sa raison
Adroitement, sé dolentement non [1];
Mais, por confort, puet-il faire chanson.
Moult ai d'amis, mais povre sont li don;
Honte en auront, sé por ma réançon
  Sui ces deus yvers pris.

2.

Ce savent bien mi home et mi baron,
Englois, Normant, Poitevin et Gascon,
Que je n'avoie si povre compagnon
Que je laissaisse, por avoir [2], en prison.
Je nou lo dis por nule retraiçon [3],
  Mais encor sui-je pris.

3.

Or sai-je bien, de voir certainement,
Que moi ne prisent né amin né parent,
Quant on me laist, por or né por argent.
Moult est de moi, mais plus m'est de ma gent;

---

[1] Jamais un prisonnier ne s'exprimera sincèrement, s'il ne montre de la tristesse.

[2] *Por avoir*, par faute de donner du mien.

[3] *Retraicon*, revendication, réclamation.

Qu'après ma mort auront reprovier grant
    Se longement sui pris.

4.

N'est pas merveille sé j'ai lo cuer dolent,
Quant mes sires [1] tient ma terre à torment
Se li membroit de nostre sairement
Que nos feismes amdui, communaument,
Bien sai, de voir, que céans longement
    Ne seroie pas pris.

5.

Mes compaignons que j'amoie et que j'aim
Ces de Caeu et ces de Porcherain [2],
Dis-lor, chanson, que ne sunt pas certain [3];
Qu'onques vers aus n'en oi cuer faus ne vain
S'il me guerroient, il font mout que vilain,
    Tant cum je serai pris.

6.

Ce savent bien Angevin et Torain,
Cil bacheler qui or sont riche et sain,
Qu'encombrés sui loin d'aus, en autrui main,
Forment m'aidaissent, mais il n'i voient grain
De beles armes sont ore vuit cil plain [4],
    Por tant que je sui pris.

---

[1] *Mes sires*, le roi de France.

[2] *De Caeu*, Anseau de Caeu, qui se croisa, avec les comtes de Flandre et de Saint-Pol, sans doute pour avoir trop bien répondu, en 1195, à l'appel de Richard. — Joffroi, comte de Perche, étoit revenu de la croisade avec Philippe Auguste, et dans le temps que Richard écrivoit cette chanson, il étoit encore attaché aux intérêts du roi de France. Mais il s'étoit réconcilié bientôt après avec l'Anglois. Nous l'avons vu au nombre des croisés.

[3] *Certain*, constans, fidèles.

[4] « Maintenant ces contrées ne voient plus faire de belles armes depuis que je « suis pris. » Le vers est obscur, et je ne suis pas bien sûr de la traduction que je soumets ici. Peut-être faudroit-il lire :

    De beles arme sont ore tuit cil plain.

C'est-à-dire d'une façon proverbiale : *Ils font tous blanc de leur epee*

ENVOI.

Contesse, suer vostre pris souverain [1],
Vous saut et gart cil à qui je m'enclain,
Et por qui je suis pris ;
Je ne dis pas de cele de Chartain,
La mère Loéis.

Il me semble qu'après avoir lu ces vers touchans, on sera disposé à quelque indulgence pour les barons françois qui se croisèrent à Ecri en 1198, quand même ils ne l'eussent fait que pour éviter la colère du roi Philippe-Auguste.

§. VIII.

LIGNE 2. *Por savoir quant il mouveroient.* Cette incertitude sur le temps du départ confirme assez bien les motifs purement politiques que l'on assignoit à la prise de croix. Le point important pour les barons françois étoit d'opposer à la vengeance de Philippe-Auguste le manteau du croisé ; tout le reste étoit d'un intérêt secondaire. Aussi furent-ils long-temps avant de se décider à partir, et Quènes de Béthune le leur a vivement reproché dans une chanson insérée au *Romancero françois*, page 95. Voyez aussi la note de Du Cange sur les difficultés réelles de la traversée, page 262.

LIGNE 5. *Encore deniers assez.* Variante : *Assez gens croisie.*

LIGNE 6. *A Compiegne.* Variante du n° 455 : *En Champaigne.*

---

[1] *Contesse suer.* C'est Marie de France, comtesse de Champagne, fille de Louis VII et d'Aliénor, mère de Richard. Marie gouvernoit la Champagne en l'absence de son mari croisé. — Voici la traduction complète de cet envoi : « Ma « sœur la comtesse, puisse le Dieu, à la volonté duquel je me soumets, et pour « lequel je suis pris, vous conserver vos honneurs et votre terre ; je ne forme pas « ces vœux-là pour la comtesse de Chartres, la mère de Louis. » Ce passage prouve que Richard croyoit alors avoir à se plaindre d'Alix, sœur de Marie de France et alors veuve de Thibaud V, comte de Blois et de Chartres.

§. IX.

Ce paragraphe témoigne clairement que les trois chefs de l'entreprise étoient d'abord le comte de Champagne, puis le comte de Flandre, puis le comte de Blois. Et, sans doute, si le Champenois eût vécu, les croisés, après la conquête, l'auroient élu empereur de Constantinople, comme le *primus inter pares*.

§. X.

LIGNE 3. *Chartes pendans.* Variante : *Lor lettres overtes.* Jacques de Guise, dans son *Histoire des princes du Haynaut*, traduit ce passage par « litteras sigillatas. » *Pendans*, c'est-à-dire auxquelles pendoient les sceaux des barons, principaux chefs de la croisade.

LIGNE 5. *Et s'acordèrent entr'aus à ce qu'il se trairoient envers Venise, que là cuidoient-il,* etc. C'est-à-dire, « Ils convinrent « entre eux qu'ils se dirigeroient vers Venise, parce que là pensoient-« ils, etc. » La deuxième Continuation de Guillaume de Tyr renfermée dans le Ms. 8316, raconte la chose autrement et sans doute avec moins d'exactitude ; car qui pouvoit mieux être instruit de la vérité que notre Villehardouin ? « Quant li baron de France.... « parlèrent ensemble, il prirent conseil de faire une estoire pour « eaus mener. Conseil lor aporta que il envoiassent en Venise, et « que il feissent venir des Véniciens en France pour faire marchié « à eaus de faire estoire. Quant li Vénicien furent en France, si « s'asemblèrent tuit li baron à Corbueil, et li Venicien ausi. Là fu « li marchais fais des nés et des galères, et des oissiers pour les « chevaus porter à estre ou service des croisiés dui ans, là où il les « vaudroient mener par mer.... » (Fol. 362.)

§. XI.

LIGNE 5. *Ce que nous direz de par aus et ferés, et il tendront fermement.* Les éditions portent, au lieu de cela : *Ce que vos noz direz, et tenons ferme ce que vos ferez.* Le doge de Venise ne pou voit, dès la première entrevue, parler ainsi. J'ai donc préféré la leçon du n° 687, Supplément françois.

§. XII.

LIGNE 8. *Nule gent n'ont si grant pooir par mer comme vous avés.* C'est la leçon du n° 687. Le n° 455 porte : *Por chou k'il savent que nulles gens n'ont si grant pooir d'aus aidier comme vous et li vostre.* Elle vaut également mieux que la leçon des précédentes éditions : *Porce que il savent que nule genz n'ont si grant pooir come vos et la vostre gent.* Des barons françois ne pouvoient s'exprimer ainsi.

§. XIV.

LIGNE 1. *Vaissiaus.* Variantes : n° 9644, *wissiers;* — n° 7974, et 687 Supplément, *vessiax;* — n° 207, Supplément, *vaissieaulx;* — n° 455 Supplément, et 84 Saint-Germain (*Histoire générale*), *vaissiaus.*

On voit qu'un seul manuscrit et le plus corrompu de tous, porte *wissiers,* comme dans toutes les éditions précédentes. Je ne pouvois donc m'en rapporter à lui, quoique peut-être le meilleur ; et j'ai par conséquent de la peine à admettre complétement le sens donné par Du Cange et dom Brial au mot de *wissier,* « espèce de *bateau* « destiné au transport des chevaux. » Même d'après les autorités que Du Cange cite à l'appui de son opinion, le sens du mot *wissiers* ou *huissiers* n'auroit été différent de celui de *nefs* que par la capacité plus grande des premiers, laquelle leur permettoit de transporter non seulement les hommes, mais toute leur fourniture, leurs chevaux, leurs vivres, etc. Quoi qu'il en soit, l'étymologie proposée par Du Cange et admise par D. Brial n'en est pas moins bonne ; c'est en effet parce qu'ils avoient sur le côté une ouverture ou porte qu'ils ont pris ce nom. On a dit d'abord *nefs vissières,* puis *vissiers* tout simplement. Voici comment s'exprime Godefroi, moine de Saint-Pantaleon de Cologne, sous l'an 1224 : « Dominus « imperator quinquaginta *naves* fecit fabricari, quæ Usseriæ nuncu-

« pantur, quorum magnitudo *tantæ capacitatis* erat, ut duo millia
« militum cum dexterariis suis, et omnium armorum suorum per-
« tinentiis, et præterea decem millia aliorum hominum valentium
« ad pugnam et ad bella, cum armis suis in eisdem usseriis va-
« leant transferri. » (Cité par Du Cange, p. 263.)

LIGNE 2. *Quatre mille et cinq cens chevaus.* Les éditions précédentes ajoutent tout de suite *et neuf mille escuyers;* mais c'est une transposition du Ms. n° 9644. Le n° 7974 porte : « Nous ferons ves-
« siax à porter quatre mille et sis cens chevaus, neuf mille escuiés,
« quatre mille chevaliers, et sis cens et vint mille serjans à pié. »
Cette leçon étoit moins mauvaise, parce qu'elle ne distinguoit pas les *vessiax* des *nés;* mais, d'après la leçon suivie par D. Brial, il sembleroit que les écuyers fussent employés au services des chevaux. Or, leur nombre excédant du double celui des chevaux rend absurde cette supposition. J'ai établi le texte de ce passage sur les trois manuscrits du Supplément françois, n°ˢ 207, 455 et 687. Toutefois, ce dernier et le manuscrit de Saint-Germain (*Histoire generale*) portent seulement *deux mille écuyers;* mais la récapitulation des marcs d'argent exigés par les Vénitiens prouve qu'il faut lire *neuf mille.*

§. XV.

LIGNE 11. *Tant que tous le loerent.* L'énumération des gens auxquels le doge demanda conseil varie dans les manuscrits. J'ai suivi la leçon des n°ˢ du Supplément françois 287 et 455, et du n° 7974, ancien fonds. Cependant Jacques de Guise, d'après un texte que nous n'avons plus, traduit : « Dux primo convocavit
« quadraginta notabiliores.... iterum mandavit alios quadraginta....
« et iterum alios quadraginta, et tandem totam mandavit commu-
« nitatem. » Les précédens éditeurs ont préféré la leçon du n° 9644 : « Puis cent, puis deux cent, puis mil, tant que tuit le
« créantèrent.... puis en assembla ensemble bien dix mil en la
« chapelle de Saint-Marc, la plus bele qui soit. » Mais on sait que l'église Saint-Marc, si admirable de décoration et de détails de

belle architecture, ne pouvoit alors plus qu'aujourd'hui contenir une pareille multitude.

§. XVI.

Ligne 6. *Monstra.... la parole.* Cet ancien gallicisme de *montrer la parole* exprimoit l'action de *prendre la parole hautement et d'un lieu élevé;* ce que l'on disoit aussi *preeschier* ou *prêcher.*

§. XVII.

Ligne 9. *Monta ou letrin.* C'est la leçon du Ms. 455. Le n° 207 porte *leterin*, et le n° 687 Supplément, *en haut*. Ce lutrin étoit le *jubé*, ou, comme disen encore les Italiens, l'*ambone* de l'église Saint-Marc. « L'*ambone*, » dit Giambatista Albrizzi, dans son *Forestiere illuminato intorno le cose della città di Venegia*, édition de 1740, « est un point éminent environné d'un mur'; on y monte par plusieurs degrés. Dans quelques églises, l'*ambone* avoit un seul pupitre; dans d'autres, comme à Saint-Marc, il en a deux. Celui qui est du côté de l'Évangile étoit octangulaire, soutenu par quinze colonnes de six pieds de hauteur et divisé en deux étages; au premier on lit l'épître et l'on fait les prédications solennelles; au second étage on lit l'Évangile. Le deuxième lutrin, élevé du côté de l'épître, est de la même forme octangulaire et soutenu par neuf colonnes du marbre le plus exquis. C'est là que se montre le doge après son sacre. »

Ce fut sans doute de ce deuxième pupitre que le doge adressa la parole à ses sujets pour les exhorter à la croisade.

§. XVIII.

Ligne 4. *Et distrent*, etc. C'est la leçon du Ms. 687. Voici celle du n° 455, qui s'y rapporte exactement quant au sens : « Si fu la « chose si devisée à consel que il iroient par Babyloine, por chou « que par Babylone poroient mius les Turs destruire, que par « autres terres; et en oiance fu devisé que il en iroient outre mer. » Dom Brial a suivi la leçon de Du Cange, qui lui-même avoit mal

lu le Ms. 9644 : « Si fu la chose seue que on iroit en Babylonne....
« Ettem oiant ce fu devisé que de Saint-Johan en un an.... de-
« voient li baron.... estre en Venise.... » Il y a dans le manuscrit :
Et en oiance.

Babylone d'Égypte, dont il s'agit ici, est située au nord de Memphis, sur la rive orientale du Nil. (Voyez Champollion jeune, *l'Égypte sous les Pharaons*, t. II, p. 33.)

§. XIX.

LIGNE 5. *Et leur jura seur sains que il à bonne foi tenroit les convenances.* Du Cange dit ici que cette façon de parler marquoit le serment solennel qui se faisoit *sur les saints Évangiles et en levant la main.* Je crois qu'alors on abaissoit plutôt la main sur la relique sacrée. Dans tous les cas, on juroit plus fréquemment encore sur la châsse des saints, ou sur quelque précieuse relique que sur les saints Évangiles. La formule du serment commençoit par les mots : *Si m'aït Diex*; en latin, *Sic me Deus adjuvet.* Et voilà pourquoi, dans nos anciens romans, on trouve si souvent *si m'aït Diex*, ou simplement *m'aïst Diex*.

LIGNE 7. *Qui estoit de quarente homes.* C'est la leçon des Mss. 455 et 207. Les éditeurs précédens ont suivi celle des autres manuscrits : *quarante-six.* C'est évidemment une erreur.

Voyez la teneur du traité entre les barons croisés et les Vénitiens, dans Muratori, *Rer. Ital. Scriptores*, t. XII, p. 323, et dans le *Recueil des Historiens de France*, t. XVIII, p. 436.

LIGNE 12. *Et il le fist moult volentiers.* C'est-à-dire, si l'on s'en rapporte à l'auteur des *Gesta Innocentii III*, sous la réserve que le traité ne mettroit aucun obstacle à la voie directe des croisés vers la Terre-Sainte. Cette défiance de la foi des Vénitiens auroit été parfaitement justifiée par l'événement : et ce qui la rend plus vraisemblable, c'est le rôle de mécontent opiniâtre que ne cessa de remplir dans l'armée le légat de Rome, comme on le verra bientôt.

§. XX.

Ligne 1. *Dui cens mars.* Variantes : n° 9644, *dui mil mars d'argent*; — n°s 7974 et 455 Supplément, *cinq mile mars*; — n° 207 Supplément, *sis mille mars*; — n° 687, *dui cens mars*. — Jacques de Guise, lib. XIX, cap. XII : « Dicti legati fecerunt « finem de CC marchis argenti, pro provisionibus recipiendis. » — Le texte de Jacques de Guise m'a décidé pour cette dernière leçon ; mais il faut que Villehardouin ait entendu parler de *marcs d'or*, répondant alors à six ou sept cents livres de notre monnoie ; somme totale : cent vingt à cent quarante mille livres.

§. XXI.

Ligne 6. *Et nous somes jà méu.* Nous sommes déjà en chemin. — Le premier continuateur de Guillaume de Tyr va nous résumer l'histoire de Gautier de Brienne, frère du célèbre Jean de Brienne : « Entre ces choses avint que la fille au roi Tancré de Sésile, qui en
« Puille estoit, s'en ala à Roume, et par le conseil l'apostole et
« d'aucun baron de Puille s'en ala en Champagne ; et pour recou-
« vrer son héritage de Puille[1] espousa le conte Gautier de Braine ;
« après tourna li quens ses besongnes et s'en ala vers Puille.
« Il mena avec lui Gautier de Monbéliart, Ustasse de Conflans,
« Robert de Genville et grant plenté de bonne gent de Cham-
« pagne. Quant il vint à Mon-Cenis, il encontra Joifroi de Vile-
« harduin, etc.... dont se parti Joffrois de lui, et li quens s'en
« ala par Roume. Li apostoles li fist grant honneur, et li donna
« assés dou sien, et li promist s'aide. De là s'en ala li quens en
« Puille. Quant il vint en Puille, grant partie de ceux de la terre

---

[1] Saisi par l'empereur Henri VI. Le pape n'avoit trouvé d'autre moyen de mettre un terme à cette usurpation, que d'engager la fille de Tancrede à passer en France et y prendre pour epoux un des plus braves guerriers du royaume.

« se tinrent à lui. Quant Thiébaus [1], cui li emperères Henris avoit
« chargié la terre, sot ceste chose, il assembla ce que il pot avoir
« de gent, si poursui le conte tant que une nuit que li quens estoit
« logiés, Thiébaus entra privéement en son pavillon, à tout ne sai
« quans chevaliers, si li copa la teste. Li cris leva par l'ost, et
« quant il sorent la mort le conte, cil s'en fuirent cil qui porent,
« et Thiébaus recouvra toute la terre. La femme au conte Gautier
« ot un fil de lui qui ot non Gautiers, qui puis fut quens de
« Brienne. » (Fol. 181, recto.)

§. XXII.

LIGNE 10. *Qu'il fist sa devise.* Qu'il fit la division des biens dont il pouvoit disposer ; son testament. Tout ce paragraphe est corrompu dans les éditions imprimées.

§. XXIV.

LIGNE 6. *Le damage qui à la terre d'outre-mer est avenus.* La Continuation de Guillaume de Tyr nous apprend positivement que Thibaud avoit été nommé chef de la croisade : « Quant li haut
« home orent loée l'istoire, il parlèrent ensemble, et distrent que il
« feroient de uns d'eaus seignor à cui il seroient obéissant, et qui
« justise feroit de aus. Là esgardèrent le conte Tibaut de Cham-
« paigne, si en firent seigneur. » (Ms. 8316, fol. 362.)

§. XXV.

LIGNE 3. *Au conte de Bar-le-Duc.* Les deux manuscrits suivis par Du Cange et dom Brial nomment ce comte *Thibaut* ou *Thiebaut*. Les leçons 455, 687 et 207 ne le nomment pas.

§. XXVII.

LIGNE 3. *En un vergier, droit à l'abaïe Nostre-Dame de Soissons.* Dom Germain a fait une longue et savante histoire de cette

---

[1] *Thiebaus* ou *Diepold,* allemand de nation

abbaye, dont la révolution a dispersé les moines. Aujourd'hui c'est un séminaire de l'évêché de Laon, duquel dépend l'église de Soissons.

Ligne 13. *Dui blanc abbé.* Deux abbés de l'ordre de Saint-Augustin.

Ligne 14. *Et li atachèrent, de par Dieu, la crois en l'espaule.* Remarquez ce mot *attachèrent*, et non pas *figurèrent*. Cette croix de par Dieu, véritable croix d'honneur du xiiie siècle, ne devoit être attachée que par des clercs investis des pouvoirs du souverain pontife. Comme elle entraînoit de grands priviléges, on sent qu'il ne pouvoit être permis aux individus de s'en décorer quand bon leur sembloit. C'étoit donc une sorte de contrat qui, pour être valable, avoit besoin de la sanction ecclésiastique.

§. XXVIII.

Ligne 6. *Au chapitre à Citiau.* « Robert, abbé du Mont Saint-« Michel, en son traité *de Immutat. ord. Monach.*, cap. 1, remarque « qu'en son temps tous les abbés, et même les évêques tirés de « l'Ordre de Cîteaux, se trouvoient au chapitre général qui se tenoit « au mois de septembre à Cîteaux. » (Note de Du Cange, p. 268.)

Ligne 13. *Et maintes bonnes gens.* Entre les autres Garnier de Rochefort, évêque de Langres et abbé de Cîteaux. C'est là seulement que Foulques de Neuilly se croisa lui-même. (Voy. la Chronique de Raoul de Coggeshall, an. 1198.)

§. XXIX.

Ligne 3. *A val, en Provence.* Tous les manuscrits s'accordent à placer un point avant ces mots; les éditions précédentes offrent donc ici une incorrection. Du Cange présume qu'il faut lire ici *del Val* ou *la Val*, « qui est une seigneurie sise au territoire d'Aix en « Provence. » Je ne suis pas de cet avis. Après avoir nommé la ville d'Ostun et le comté de *Forois*, notre auteur a dû vouloir ajouter : « En descendant, vers la Provence, se croisa, etc. » *A val, en Provence*, etc., il n'y a pas de difficulté.

Ligne 11. *De ce change se souffrissent moult bien li pélerin, sé Diex vousist.* Du Cange et dom Brial, qui n'ont pas compris cette phrase, ont corrompu le texte de tous les manuscrits, et ont mis : *De cest escange se* SOFFRIRENT *moult bien li pélerin se Diex volsist.* Mais c'est ainsi que la phrase est vraiment inintelligible. Le verbe *se souffrir* avoit autrefois le sens exact de *supporter patiemment, ne pas trouver mauvais*, comme dans ces vers de *Garin le Loherain*, t. II, page 29, de mon édition :

> Devant le roi s'est Bernars présentés :
> « Sire, » dist-il, « mes niés est jà armés ;
> « Li Loherens vous ont servi assés :
> « Prenez un jor et si vous acordés. »
> Et dist li rois : « Bernars, or vos soffrés¹. »

Ainsi le sens du passage de Villehardouin est bien clairement : « De cet échange se fussent les pélerins tenus pour satisfaits, si « Dieu leur en eût laissé le profit. » Mais Du Cange a traduit : *Duquel échange les croisés* SE FUSSENT BIEN PASSÉS, *s'il eust plu à Dieu.* On sent que cette forme ironique ne pouvoit être dans le génie de Villehardouin.

§. XXX.

Ligne 9. *En une ille que l'en apele Saint-Nicholas ens el port.* Aujourd'hui *S.-Nicolo di Lido*. Elle prend son nom d'une abbaye dans laquelle sont conservées les reliques de saint Nicolas, évêque de Smyrne. Elle a cinq milles de longueur, et s'étend jusqu'à *Malamoco*.

Ligne 16. *Par les destrois de Maroc.* Ainsi nommés parce qu'ils séparoient l'Espagne de l'empire du Maroc. On ne les connoît aujourd'hui que sous le nom de *Détroit de Gibraltar*.

---

¹ Et non pas *or vos s'offres*, comme je l'avois d'abord lu.

§. XXXI.

Ligne 6. *Cist et maint autre doutèrent le grant péril que cil de Venise avoient empris.* Je crois que par ce *grant péril*, il faut entendre la *traversée périlleuse*, comme plus bas dans le même paragraphe. Mais d'autres raisons pouvoient avoir déterminé ceux qui montoient cette flotte ou *estoire*. Pourquoi demeurer plusieurs mois au port de Venise, soit pour y dépenser leurs provisions, soit pour contribuer à lever les embarras pécuniaires qui commençoient à assiéger la première armée, déjà à la merci des Vénitiens? Ajoutez que des bruits sourds se répandoient de la trahison de ces derniers. Voici comme s'exprime le continuateur inédit de Guillaume de Tyr :

« La nouvelle de ceste emprise s'espandi moult loin. Quant li « soudans de Égipte, qui avoit esté frères Salehadin, et qui avoit « son neveu de Damas déshireté, entendi ces choses, il s'en ala « en Égipte, et fist moult bien garnir ses fortereches; puis envoia « en Venise, et manda as Vénissiens que sé il pooient tant faire « ke il destornaissent les crestiens d'aler en Égypte, il leur donroit « dou sien largement, et grans franchises averoient en ses pors. « Avoec chou leur envoia biaus dons.... » (Ms. 8315.⁷· fol. 182.)

Le second continuateur de Guillaume de Tyr non seulement raconte le même fait, mais après avoir parlé de l'engagement pris à Soissons par les barons de se rendre à Venise, il ajoute : « Assez « ot chevaliers en France qui ne furent mie à l'acort de cele muete, « né qui n'i alèrent pas, ains alèrent passer à Marseille.... Et « Jehans de Néele entra en mer deerains, et grant plenté de Fla- « mans alèrent par le destroit de Marroc, et tuit li croisié deçà « les mons murent à un point de leur osteulz, et passèrent; si arri- « vèrent à Acre, fors ceus qui alèrent en Venise. Bien furent trois « cent chevaliers et plus de toutes terres, et moult i passa de « menues gens. A ce passage passa li quens de Forez, mais ne « vesqui gaires, ains fu tantost mors que il arriva à Acre. » (Ms. 8316, fol. 362.)

Enfin, Robert d'Auxerre, parlant de cette flotte de Flamands, s'exprime ainsi : « De Flandria siquidem *sexaginta rates* mediæ quan-
« titatis, quas illi *nacas* vocant, necessariis omnibus præmunitæ,
« mare ingressæ sunt, et toto æstivo tempore, aurarum intemperie,
« per fretum quod Hispanias Africamque determinat circumactæ,
« per longos tamen circuitus, exceptis paucis, Massiliensi portui
« appulerunt, progredi ulterius non volentes. » (Ad ann. 1202.)

LIGNE 10. *Car moult petit conquisrent là où il alèrent.* Ceux qui se rendirent directement en Palestine, abordèrent à Acre au moment où l'on venoit de conclure une trêve avec les Sarrasins. Ils n'y trouvèrent donc pas l'occasion d'y signaler leur valeur impatiente.

§. XXXIII.

LIGNE 15. *Bien à trois tant de gent qu'il n'avoit là.* C'est-à-dire, pour bien trois fois autant de gens qu'il y en avoit à Venise. Dom Brial a fait ici, d'après le seul Ms. 9644, une faute que Du Cange avoit évitée : *Bien à trois tanz que il n'aust eu l'ost de gens.* Cela est incompréhensible, et le texte manuscrit porte *que il n'aust en l'ost de gens.* J'ai suivi la leçon du n° 687.

§. XXXV.

LIGNE 2. *Si ne furent né à mi né à son.* C'est-à-dire évidemment : « Ils ne furent d'accord d'aucune manière. » Peut-être ce proverbe est-il emprunté à la langue musicale : *Ils ne purent trouver l'accord en mi, ni l'accord en sol.*

§. XXXVIII.

LIGNE 4. *Mais nostre droit ne seroit mie conté par tout.* C'est-à-dire : « Mais on ne conteroit pas en tous lieux les raisons légitimes « de notre conduite. » La leçon préférée par dom Brial porte : *Mais nostre droit ne seroit mie par tout contens.* Ce qui ne signifie rien. Cette faute ne se trouvoit pourtant que dans le Ms. 9644.

LIGNE 7. *Requérons un plait.* Proposons un *accord*, un *arran-*

gement. Plais a été formé de *placere, placitum;* et Du Cange ne l'a pas bien entendu quand il a traduit ce passage : *Requérons-les plutôt d'une chose,* et plus loin quand il a rendu *li plais* par *la condition.*

Ligne 7. *Li rois de Hongrie nos tolt Jadres en Esclavonnie.* Jadres, aujourd'hui *Zara,* en Dalmatie, s'étoit donnée au roi de Hongrie Bela III, pour se soustraire au joug détesté des Vénitiens.

Ligne 16. *Li plais..... fu moult contredit de ceus,* etc. C'est-à-dire : « Bien des barons furent d'avis de ne pas entrer en ac-« cord. » Pour bien être en état d'apprécier les raisons mises en avant par les deux partis, il faut confronter toutes les autorités. Écoutons d'abord la Chronique de Robert d'Auxerre : « Sed pro-« ceres, dum libere transituros se putant, quædam inter ipsos et « Venetos emergunt causæ quibus transitus impeditur; ob hoc inte-« rim peregrini multas patiuntur molestias, aliique redeunt, alii « obeunt, alii dum morantur sua prorsus expendunt, eo quod ve-« hemens ingrueret inopia victualium, quæ non modo Italiam et oc-« cidentales provincias, sed et partes premeret transmarinas. » (Ad ann. 1202.)

La deuxième continuation de Guillaume de Tyr est encore moins favorable aux Vénitiens : « Quant li baron de France vin-« drent en Venise, il y a une ille près de Venise, à une mille, qui « a non l'ille de Saint-Nicholas; à la mesure que li pélerin venoient « deçà Venise si les faisoit-on passer en l'ille et héberger là. Si « establi-l'en et assena l'en chascun haut home à sa nef et combien « paieroit. Et quant il orent tout paié ce que à chascun estoit as-« sené, ne fut mie l'estoire demi-paié de ce que l'en leur avoit en « couvent. Et mout en retorna arrière de la menue gens en lor « païs, et mout s'en espandi par la terre, pour querre lor viande. « Quant li pélerin orent paié et doné aus Vénisiens ce que il avoient « et que il orent en couvent, si dirent as maronniers que il les « passaissent. Li Vénisien dirent que il n'entreroient jà en mer « tant que il auroient toutes les convenances eues, que il avoient

« bien faites les lor. Et li haut home lor vaudrent donner bons
« pléges et bone seurté de l'avoir, et il dirent que il n'en feroient
« néent, ne il ne méteroient jà en mer tant que il en fussent paié.
« Là les tindrent si à mésaise en celle ille que li estez fu passés,
« et vindrent vers l'iver, et ne porent passer par le froit. Lors fu-
« rent li haut home mout dolent et mout corroucié de lor avoir que
« il avoient dépendu et gasté, et de ce que il ne pooient rien esploi-
« tier. Quant li Vénisien virent que il estoient si à malaise, si en
« furent moult lié. Dont vint li dus as haus homes de l'ost, si lor
« dist que il avoit mal fait, et moult les avoit grevés, si se vouloit
« accorder ensemble. Et conseil lor donnoit que il allassent avec
« eaus, et lor aidassent à prendre une cité, si lor quiteroit l'avoir
« que il devoient de l'estoire, et si les mèneroient là où il les de-
« voient mener. Li haut home dirent que il en auroient conseil....
« et dirent que il feroient la volonté des Vénisiens.... » (Fol. 364.)

La première continuation adopte le récit de Villehardouin et le reproduit en d'autres termes. Celle que nous venons de citer l'admet également, si ce n'est dans l'opinion défavorable qu'elle exprime relativement à la bonne foi des Vénitiens. Il se pourroit qu'elle eût raison : les Vénitiens se soucioient beaucoup moins de la gloire de Jésus-Christ que des intérêts de leur république; ils le prouvèrent bien dans toute cette expédition.

§. XXXIX.

Ligne 2. *Il fu moult grans feste de Saint-Marc.* J'ai suivi le Ms. 687. Variantes : n° 7974, *Une moult grant feste de saint Marc en l'église;* n° 455, *Et fut moult grans feste de monsegneur S. Marc.* Le n° 9644 porte simplement, *A un dimanche, à l'église Saint-Marc, si ert une moult grant feste;* c'est celui que dom Bouquet a suivi. Les deux grandes fêtes de saint Marc tombent, la première le 25 avril, jour de sa mort, la seconde le 31 janvier, jour de la translation de ses reliques à Venise. Je pense qu'on devoit être alors plutôt en avril

Ligne 14. *Mes fils.* Il se nommoit *Raynerio Dandulo* ou *Dandolo*.

§. XL.

Ligne 5. *Car perdue avoit la vue.* La première continuation de Guillaume de Tyr est ici plus exacte que Villehardouin : « Bien « eust ochoison de demorer sé il voulsist, car il estoit de grant « eage et ne véoit *à paines* goute, car il avoit euc une plaie en la « teste, par coi il avoit la vue aussi comme perdue, et nequedent « avoit-il les iex moult biaus en la teste. » (Fol. 184.)

Ligne 11. *En un grant chapel de coton.* Tous les manuscrits sont unanimes sur cette leçon, mais les textes de la première continuation de Guillaume de Tyr portent : « Voiant tous, prist la crois « et le fist atachier à son chapiel *de bonnet*, por chou que plus de « gent le pussent voir. » (Fol. 184.)

Le *chapel de bonnet* justifie complétement la conjecture de Cazeneuve, que *bonnet*, dans l'origine, se disoit d'un certain drap. J'ajouterai même que ce *drap* étoit une espèce de bourre de laine dont on se servoit particulièrement pour couvrir la tête. Ainsi le *chapel de bonnet* ou *de coton* étoit simplement le *couvre-chief* blanc du doge ; et Dandolo fit attacher la croix sur le devant de son bonnet, comme aujourd'hui nous y plaçons une cocarde, ou mieux encore comme les jeunes *conscrits* tracent sur leur chapeau le numéro qui détermine l'ordre de leur appel sous les drapeaux. — *Coton* a de même ici le sens de *bourre de laine ou de soie.*

§. XLII.

Ligne 19. *Quanques il deviseront de bouche : et espoir il leur enprendra pitié.* C'est la leçon des Mss. 207 et 455 Supplément françois. Variantes : n° 9644, *Quanque il devisèrent de bouque, espoir en lor en prendra pitiez;* — n° 7974, *Quanque il sauroient deviser de bouche, espoir il leur emprendra pitié;* — n° 687 Supplément françois : *Quanqu'il vodront demander et deviser de bouche, espoir il leur emprendra pitié.*

Du Cange, et après lui dom Brial qui connoissoit non seulement la leçon du n° 9644, mais celles des n°˙ 7974 et 207 Supplément françois, ont ici corrompu le texte qu'ils ne comprenoient pas, de la manière suivante : *Quanque il deviseront. Je donc espooir que lor en prendra pitiez.* Puis dom Brial a mis en note : « Manuscrits : *de bouque espoir en lor en prendra pitiez;* leçon évidemment fautive. » C'est la correction qui étoit *évidemment* mauvaise.

Quant aux mots *enprendra*, si je les ai réunis, c'est pour me conformer à l'orthographe ancienne la plus habituelle, qui fort souvent même transformoit l'*n* final du pronom en un *m*, quand la première lettre du mot suivant étoit un *b* ou un *p*. Nous avons respecté ce changement de lettre dans les mots auxquels nous conservons l'addition intégrale du pronom : comme *emprisonner, embrouiller, embarras,* etc.

§. XLIII.

LIGNE 10. *Avoec le vallet de Constantinoble.* Du Cange a fait ici une note fort savante, mais peut-être trop confuse, ou, pour parler comme aujourd'hui, trop *éclectique*. *Vallet* pour *vasselet*, en bas latin *vassaletus*, étoit autrefois synonyme, non pas de *serviteur*, mais de *fils de vassal*; et *vassal*, autrefois, n'avoit pas un autre sens que celui de *baron*, chevalier, homme noble. Villehardouin se sert donc ici d'une expression analogue à celles de *fils de France* ou *infant d'Espagne*.

§. XLIV.

LIGNE 1. *Li evesques de Havestach, et li quens Bertous de Thascelene en Tosces, Garniers de Bolande..... Rogiers de Suitres..... Horris de Thone.* C'est la leçon des Mss. 207 et 455 Supplément françois. Variantes : n° 9644, *Li évesques de Havestat et li cuens Beltons de Chassenele et de Boghe, Garnier de Borlande.... Rogiers de Suistre.... Otris de Tone*; — n° 7974, *L'évesque de Avestach et li quens Bertons de Chastelaine Amboge. Garnier de Borlande.... Rogier de Suitre.... Orris de Torne*; — n° 687 Supplément françois : *Le vesque de Honestach et li quens de Bertons en Taissenele en Thoches, Garnier de Bolande.... Rogier de Sutre, Horris de Cone.* La deuxième continuation de Guillaume de Tyr porte : *L'évesque de Havestac, Bertous li quens de Kassenelebourc, Garnier de Bolande.... Rogiers de Suitre.....*

Les véritables noms sont : l'*évêque de Halberstadt,* ville de la Basse-Saxe. — *Bertous de Catzenelbogen, Garnier de Beaulande,* et sans doute *Rogiers de Suitres.*

LIGNE 9. *Li escu furent pourtendu es chastiaus et tout environ les nes, si drecièrent les banières dont il avoit moult de beles.* Variantes : Ms. 9644, *Li escu furent portendu environ des bords et des chaldeals des nés et les banières....* — Ms. 7974, ... *environ des bors et des chastiax des nés....* — Mss. 207 et 455 Supplément françois, *Et li escu furent pourtendus environ et es chastieaus des nés, et les banières....* J'ai suivi le n° 687. Par *chastiaus*, il faut entendre ici les tours de bois dressées sur chaque vaisseau ; ce qui n'empêchoit pas que l'extrémité circulaire des bords du même bâtiment ne fût encore ordinairement crénelée. On attachoit les écus des barons soit au-dessus de ces créneaux, soit dans l'intervalle qui les séparoit l'un de l'autre, soit enfin sur les *châteaux.* Il est probable qu'on les appuyoit aussi sur le bois des bannières que l'on élevoit au-dessus d'eux en forme de trophée. Défendus par ce nouveau retranchement, les guerriers dirigeoient leurs flèches et disposoient leurs machines de guerre sans demeurer à la merci de leurs adversaires. Une pierre ou bien un dard pouvoient renverser l'écu, mais on en étoit quitte pour tomber sous lui et bientôt le replacer comme devant.

Je ne pense pas que sur chacun de ces écus fussent encore figurées les armoiries du baron auquel il appartenoit ; on ne sentoit la nécessité de les peindre que sur les bannières. Ou, s'il en étoit autrement, les écus, beaucoup plus nombreux et appartenant aux chevaliers du second ordre, n'offroient que le blason du chevalier banneret. Car il ne faut pas l'oublier si l'on veut bien comprendre l'origine des armoiries, elles n'étoient pas destinées à flatter l'orgueil des individus, mais à servir de point de réunion dans les armées. Le baron féodal, revêtu d'une autorité analogue à celle de nos colonels, avoit seul besoin d'employer un signe de ralliement et de faire entendre un cri de guerre. Au milieu d'une mêlée générale, le sire de Châtillon étoit-il désarçonné? le cri *Châtillon! Châtillon!* avertissoit les chevaliers de ses terres ou de sa maison d'abandonner leur proie pour courir à son secours, le replacer sur son cheval ou lui en offrir un autre. Mais si tout étoit désespéré et qu'il n'y eût plus d'autre espérance de salut que la fuite, le sire de Châtillon ordonnoit à son *porte-bannière* de la replier, pour ne pas être en aide aux poursuivans. C'est ainsi qu'à la bataille de Bovines, « quant l'empereur Othon vit que tout estoit tourné à gast, si « fist sa banière laissier chéoir, et tourna ses riesnes et s'enfui. » (Chronique de Reims, Msc. de Sorbonne). Mais de quelle utilité auroit été dans les combats la couleur ou l'émail d'un écu? Il ne pouvoit que rappeler la bannière sous laquelle combattoit le simple chevalier; il n'avoit donc encore rien de personnel.

Si ce que je viens d'indiquer a quelque fondement, on avouera que l'on a été singulièrement préoccupé quand on a rattaché l'origine des armoiries à celle des tournois et des fêtes chevaleresques. Ces tournois étoient l'image de la guerre; on n'a pas pris d'eux l'usage des bannières plutôt qu'on n'a pour la première fois imaginé de dessiner la figure humaine d'après sa représentation dans un miroir.

§. XLVI.

LIGNE 12. *Et tuit cil passèrent en Surie.* La raison que mettoient en avant les barons retardataires étoit assez plausible. Que leur importoit la querelle des Vénitiens et du roi de Hongrie? ce dernier n'étoit-il pas chrétien et croisé comme eux, et n'avoient-ils pas juré en prenant la croix de n'employer leur valeur qu'au détriment des infidèles? Puis le pape voyoit avec peine cette expédition contre Zara; l'auteur des Actes d'Innocent III assure positivement

que le marquis de Montferrat, en retardant son voyage, ne faisoit qu'obéir aux instances du souverain pontife. Cependant il rejoignit les croisés quelques jours après la prise de la ville, et rien ne laisse deviner qu'il eût contre les Vénitiens quelque disposition défavorable. Ecoutons maintenant le second continuateur de Guillaume de Tyr : « Quant li rois de Hongrie oy dire que li pélerin qui de-
« voient aler outremer avoient sa cité assise et sa terre gastée, si
« fu moult dolens, et manda as barons et as pélerins que il ne fai-
« soient mie bien, que sa terre li gastoient; car il estoit croisié
« ausi come il estoient, si ne faisoient mie ce que frères doit faire
« à autre; dont il les prioit por Deu que il se levassent dou siége,
« et sé il voloient dou suen, il lor en donroit grant planté, et si iroit
« avec caus en la terre d'outremer. Il li mandèrent qu'il n'en
« pooient partir, car il avoient juré l'aide des Véniciens. Dont le
« manda li rois à l'apostoile, par bons mesages, à Rome, coment
« li pélerin qui aloient outremer estoient entré en sa terre, et li
« gastoient et essilloient, et sé il lor avoit riens forfait il lor amen-
« deroit à lor volonté. Quant li apostoiles oï ces noveles, il n'en
« fu mie liez, ainsi envoia un cardonal por amonester-les que
« il ississent hors de la terre dou roi, et sé il n'en issoient que il
« les escomeniast. Li cardonaus i ala, et les amonesta de par
« l'apostoile, et il n'en vostrent riens faire, ains pristrent la cité.
« Dont vint li cardonaus, si les escomenia de par l'apostoile. »
(Fol. 364.)

Cette excommunication étoit conforme à la lettre d'Innocent, que le cardinal dut remettre d'abord aux barons croisés. On peut lire cette admirable lettre dans les *Historiens de France*, t. XIX, page 421. Pour Villehardouin, il n'entre pas dans ces précieux détails dont nous verrons la suite entièrement conforme à son récit, dans la note du paragraphe LV.

§. XLVIII.

Ligne 12. *Uns abbes de Vaux.* Voyez aux *noms propres* celui de *Gui*, abbé de Vaux-Sernai.

Ligne 28. *Por mal de ceux.* En dépit de ceux ; — malgré ceux.

§. XLIX.

Ligne 8. *Leur trenchieurs :* les *sapeurs* du temps.

§. LI.

Ligne 17. *Il sait bien que vos avés mis.* C'est-à-dire : *ce que, tout ce que vous avez mis.*

§. LIII.

Ligne 9. *Par devers la partie as François.* Villehardouin divise ici toute l'armée en François et Vénitiens : ainsi le marquis de Montferrat étoit de la partie aux François.

§. LIV.

Ligne 18. *Il fu envoiés el message en Surie en une des nés de l'estour.* Cette ambassade avoit sans doute pour but d'apaiser les remords des croisés, qui ne pouvoient se dissimuler qu'en prenant la croix ils avoient promis tout autre chose que ce qu'ils faisoient et alloient encore faire. La raison qui devoit sembler à leurs yeux la plus plausible étoit l'impossibilité de faire utilement, cette année, la guerre aux Sarrasins. On parloit d'ailleurs d'une trève conclue entre ces derniers et le roi de Jérusalem ; c'est donc afin de mieux s'en assurer que Renaud de Montmirail fut envoyé en Syrie.

Ligne 40. *Michon en Romanie.* C'est la leçon des Mss. 455 et 207 Supplément françois. Variantes : n° 9644, *Moucon ;* — 7974, *Muison ;* — 687 Supplément françois, *Mucon.* Les éditions anciennes ont corrigé ici *Modon,* et il est probable qu'il s'agit de cette ville de Morée, comme plusieurs autres passages de Villehardouin nous le confirmeront ; cependant l'île de *Myconi*, l'une des Cyclades, se trouvoit tout aussi bien sur la route que devoient parcourir les croisés de Zara, et pouvoit à la rigueur avoir été le point de rendez-vous indiqué par le comte de Flandre. Il falloit donc respecter le texte des manuscrits.

§. LV.

Ligne 6. *Maistres Jehans de Noion li autres : cis estoit chamberlans au conte Baudoin.* Le mot *chamberlans* ne se trouve que dans le Ms. 687. Du Cange, qui ne le connoissoit pas, a montré sa sagacité ordinaire en rappelant que le chancelier de Flandre n'étoit pas alors Jean de Noion, mais bien Gérard, fils de Thierry d'Alsace, ancien comte de Flandre. « C'est pourquoi, « ajoute-t-il, quand Villehardouin dit que Jean de Noion étoit « *chancelier* du comte Baudouin, cela se doit entendre en ce sens « qu'il eut cette dignité durant le voyage, en l'absence de Gérard, « ou bien qu'il étoit chancelier de Hainaut. » Cette explication n'auroit pas empêché notre auteur d'avoir employé une expression inexacte ; et c'est ce qu'il n'a réellement pas fait.

Ligne 21. *Savoit-il bien qu'il lor convenoit grand meschief faire.* Innocent, dans la 162ᵉ lettre du Vᵉ livre, est loin de faire un aveu semblable, qui pouvoit compromettre l'infaillibilité de son excommunication précédente : mais comme, dans cette même lettre, il charge Nevelon de faire connoître verbalement aux croisés ses dispositions confidentielles : « Cæterum, verba *quædam* in ore po-« suimus episcopi memorati, quæ ipse poterit vobis fideliter expli-« care, » il est probable que Villehardouin n'aura voulu résumer exactement que les paroles de Nevelon. Citons un fragment de la lettre : « Licet autem super hoc primus non modicum conturbati, « gaudemus tamen in Domino quod culpam vestram cognoscitis et « eam proponitis per pœnitentiam expiare ; sicut venerabilis frater « noster Suessionensis episcopus, et alii qui venerunt extenuarint « excessum, noluerunt tamen, quia non poterant contumaciter

« excusare. Intelleximus namque per eos quod, non inducti pro-
« pria voluntate, sed quasi quadam necessitate coacti, ad expug-
« nationem Jaderæ processistis; licet hoc tantæ crudelitatis au-
« daciam non excuset, cum in hujusmodi necessitate induxeritis
« vosmetipsos, etc.... » Innocent finit par leur imposer l'ordre
de rendre Zara; et comme les Vénitiens n'y vouloient pas en-
tendre, le marquis de Montferrat prit sur lui la responsabilité
d'une mesure décisive. Il retint la lettre entre ses mains; puis il
écrivit au pontife qu'il n'agissoit que dans l'intérêt de la religion.
En effet, laisser les Vénitiens sous le poids de l'excommunication,
c'étoit obliger les chrétiens à rompre tout pacte avec eux; et si les
Vénitiens étoient en abomination aux François, comment consen-
tiroient-ils à les transporter en Syrie? « Attendens igitur, immo te-
« nens pro certo, quod eo loco et tempore, litteræ vestræ nullatenus
« possent ostendi, quin statim noster dissolveretur exercitus....
« reminiscentes de consilio vestro, multa dissimulanda pro loco et
« tempore.... consilium habui litteras illas ad tempus supprimen-
« das, donec mandatum vestrum atque consilium iterata percipe-
« rem jussione. »

La réponse d'Innocent ne se fit pas attendre. Il n'y témoigne au
marquis de Montferrat aucun ressentiment; il loue l'armée des
dispositions qu'elle fait paroître, lui recommande bien de ne pas
s'occuper des affaires de Constantinople, et conclut à ce que ses
lettres précédentes soient sur-le-champ montrées aux Vénitiens.
« Volumus et mandamus ut litteras nostras quas ipsis assignandas
« duxerimus, et *quæ adhuc apud vos esse noscuntur*, assignari fa-
« ciatis eisdem, ne ipsi excusationem in peccatis assumant. » Puis,
dans une seconde lettre, il indique clairement le mode à suivre
pour communiquer durant la traversée avec les Vénitiens sans en-
courir l'indignation de Dieu. Il faut être parfaitement au courant
de toute cette diplomatie de la cour de Rome pour comprendre
la conduite des légats et les dissidences qui s'élevoient au sein de
l'armée.

NOTES.

§. LVI.

Ligne 3. *Et li Venicien firent abatre de Jadres les murs et les tors.* Cette leçon du Ms. 687 vaut mieux que celle des éditions imprimées : *firent abattre la ville, les murs et les tours.* Le premier continuateur de Guillaume de Tyr dit également : « Li Veni- « sien firent abattre les murs de la ville, et puis entrèrent es nés. » Du Cange, dans ses observations, a commis une erreur en rapportant à cette action des Vénitiens les expressions employées par Innocent dans ses premières lettres aux barons françois. Le pape rappeloit ce qui s'étoit passé précédemment quand la ville fut emportée d'assaut; et quand il écrivoit, les croisés ne se disposoient pas encore à partir.

Ligne 15. *Si fut moult grant honte pour eus, et moult grant damage à ceus de l'ost.* Ici, Villehardouin donne à la conduite de Simon de Montfort un caractère odieux que peut-être elle n'avoit pas. Supposons, comme on ne le mit jamais en doute, la foi ardente de ce comte de Montfort qui devoit acquérir plus tard et dans une autre croisade tant de célébrité, nous pencherons à croire qu'à Zara il n'eut pas besoin d'ourdir une trame secrète avec le roi de Hongrie pour se résoudre à quitter les croisés; il ne lui fallut qu'écouter la voix du pape et même celle de sa conscience. Je vais rapporter un précieux passage de la *Chronique des Albigeois*, écrite par Pierre, moine de Vau-Sernai, témoin oculaire comme Villehardouin. Selon cet auteur, la défection de Simon de Montfort étoit d'une date bien moins récente :

« Cives autem Venetici.... quod peregrini nostri erant illis ob-
« noxii et subjecti, duxerunt eos ad destruendam civitatem quam-
« dam christianorum, quæ erat regis Hungariæ, nomine Jadram.
« Quo cum peregrini nostri pervenissent, sicut est mos obsidentium,
« fixere tentoria prope muros civitatis. Comes autem Montisfortis et
« abbas Vallium, non sequentes turbam ad faciendum malum, no-
« luerunt obsidere cum aliis, sed longius à civitate se locaverunt.

« Interea dominus papa misit litteras suas omnibus peregrinis,
« districte et sub periculo indulgentiæ peccatorum quam eis fecerat,
« et sub pœna gravissimæ excommunicationis, inhibens ne civita-
« tem Jadræ in aliquo damnificarent. Quas litteras, cum abbas
« Vallium die quodam nobilibus exercitus qui erant congregati in
« unum recitaret, et Venetici ipsum vellent occidere, nobilis comes
« Montisfortis surrexit in medium, et Veneticis se opponens, restitit
« eis ne abbatem occiderent prænotatum. Cives autem Jadrenses
« qui ibi causa postulandæ pacis advenerant, allocutus est comes
« nobilis in præsentia baronum omnium in hunc modum : *Non
« veni*, inquit, *ut destruerem christianos, nullum malum vobis in-
« feram, sed quidquid faciant alii, ego a me et meis facio vos
« securos.* Sic fatur vir strenuissimus, statimque ipse et sui a
« loco colloquii exierunt. Quid amplius immoremur? Barones exer-
« citus, mandato apostolico non deferentes, capiunt et destruunt
« civitatem. Iterum a domino papa miserabiliter et gravissime ex-
« communicantur : et ego, qui ibi eram, testimonium perhibeo
« veritati, quia et literas vidi et legi, excommunicationem apo-
« stolicam continentes. Nobilis autem comes non adquievit pluri-
« morum sententiæ, ut deviaret a vero : sed exiens a consortio
« peccatorum, cum multo gravamine et dispendio, per terram
« desertam et inviam, post multas angustias et multos labores,
« Barolum villam nobilissimam Apuliæ pervenit, ibique denuò naves
« conducens et ascendens, perrexit cursu prospero ultra mare, ubi
« per annum et amplius moram faciens, et multas contra paganos
« militiæ probitates [1] exercens, baronibus Franciæ quos apud Ja-
« dram dimiserat, periclitatis et mortuis fere cunctis, ipse vivus et
« sanus rediit ad propria cum honore. »

Le moine de Vau-Sernai, malgré son attachement inviolable pour le comte de Monfort, semble ici plus exact que notre Villehardouin, quand il fait arriver son héros d'abord à Barlette en Pouille, puis en Palestine. Albéric de Trois-Fontaines dit égale-

---

[1] *Probitates*, prouesses.

ment que Simon de Montfort passa bientôt après en Syrie. (Voy. *Historiens de France*, t. XVIII, p. 765.)

Ligne 25. *Et li dus li bailla de vaisseaus et de galies tant come il li en convint.* Cette leçon des deux n⁰ˢ 455 et 687 est préférable à celle des éditions imprimées : *Et einsi bailla li dux les galées et les vassiaulx tant comme il lui convient.*

Ligne 26. *Ensi se departirent.* Cette phrase doit uniquement se rapporter au duc de Venise, au marquis de Montferrat et aux gens du varlet de Constantinople. Quant au reste de la flotte croisée, elle étoit en route déjà depuis plusieurs jours et ne s'arrêta qu'à Corfou.

Ligne 28. *Et ce firent-il moult volentiers.* J'aurois dû préférer à cette leçon du Ms. 687, celle du n⁰ 455. Je n'ai pu réparer cette faute; je replace donc ici les mots omis. « Illuec se rendirent chil « de la ville à lor segnour; car il le virent volentiers et li fisent « feauté. » Le texte de la même phrase est corrompu dans les éditions imprimées.

Ligne 30. *Et trouvèrent l'ost.* C'est-à-dire : ceux de l'ost qui étoient partis avant le *doge* de Venise.

Ligne 30. *Et avoient tendus très et paveillons.* Ces expressions, de *tref*, de *paveillon* et d'*aucubes*, reviennent à chaque instant dans les anciens monumens de la langue françoise. Ils répondent au seul mot de *tente*, mais ils ont pourtant un sens moins absolu. Le *tref* étoit l'étoffe ou tapisserie qui recouvroit la charpente de la tente. Dans cette acception, *tref* ne vient pas, comme on pourroit le croire, de *trabes* origine de *travée*, mais de *trifolium;* parce que les draps de la tente étoient partagés en trois lés, à peu près comme, dans les jeux de cartes, la couleur dite de *trèfle*.

Le *pavillon* a gardé sur les vaisseaux l'acception qu'on lui donne ici.

Les *aucubes* étoient les tapis de pied, de table, de lit, en un mot toute la tenture intérieure. Je demande la permission de citer ici la belle description d'une tente, d'après l'une de nos plus anciennes chansons de geste, celle d'*Auberi le Bourgoing* :

> Dou *tref* Lambert sont large li giron;
> Bestes sauvages i ot à grant fuison :
> Li très fu riches, nul meillor ne vit-on,
> Vermaus et indes, et de mainte faison.
> Sor le pomel ont assis le dragon,
> Dont li oil luisent ausi que d'un charbon.
> Pierres i ot qui sunt d'un gran renon,
> Par nuit oscure tout cler i véoit-on
> Plus d'une archie entor et environ.
> La mer i fu pourtraite et li poisson,
> Et tuit li oir de France le roion,
> Dès Cloevis qui tant fu loiaus hom.
> Séoir i puent bien quatre cent baron,
> Lambers l'embla l'emperéour Oton.
> (Ms. du Roi 7227.⁵)

§. LVIII.

LIGNE 5. *Et distrent que ceste chose leur sembloit estre trop longue.* Sans doute ils ajoutoient que le pape leur avoit expressément défendu de se mêler des affaires de Constantinople, et qu'en s'arrêtant en Grèce, ils étoient les sergens des Vénitiens plutôt que ceux de Jésus-Christ. Le second continuateur de Guillaume de Tyr, après avoir raconté le départ de la flotte pour Constantinople, ajoute : « Et orent bien fait li Vénicien la requeste que li soudans lor ot « faite, que il destournaissent les pèlerins d'aler en la tere de Surie, « dont je vous parlai dessus. » (Fol. 367, recto.)

§. LIX.

LIGNE 18. *Que dès lors en avant.* C'est-à-dire, *à partir de la Saint-Michel.* On étoit au mois de mai; la Saint-Michel tombe le 29 septembre.

§. LX.

Ligne 8. *Si que li cuers de chascun*, etc. Tout le commencement de ce paragraphe est d'une admirable poésie. Il est impossible de faire une description plus complète et plus expressive en aussi peu de mots. La pureté du ciel, la faveur du vent, l'aspect imposant de la flotte, tout cela est exprimé puis résumé par ces mots d'une simplicité touchante : *Si que li cuers de chascun s'en resjoïssoit moult durement*. Et puis comme au milieu de ce tableau, Villehardouin enchâsse heureusement le souvenir de son œuvre véridique ! Nos prosateurs du xiiie siècle sont remplis de morceaux d'un pareil style, et voilà la *barbarie du moyen âge*.

Ligne 10. *Cademalée*. Aujourd'hui *Cap Malée* ou *Matapan*. Ce *trespas* ou promontoire, autrefois nommé *Malea*, est à l'extrémité de la Morée, en face de l'île de Cerigo, ou Cythère. Variantes : *Quademelée*; — *Cademelée*; — *Chademclet*.

Ligne 17. *Quel gent c'estoient*. C'est la leçon du n° 687. Le n° 455 ajoute : *Et ils disent quele gent ce estoit*. C'est-à-dire : pour qu'ils eussent à dire. Les éditions imprimées ont eu tort de mettre *Et ils distrent qu'il estoient*, avec le Ms. 7974. S'ils se cachoient, ce n'étoit pas pour conter aussitôt leur histoire.

Ligne 18. *Se laissa couler*. Edit. imp. *correr*. Ce dernier mot n'a jamais été françois. Le n° 7974, porte *couler*, comme les deux autres.

Ligne 24. *Cil fait que saiges*, etc. C'est la leçon du n° 687, préférable, à mon avis, à celle des éditions imprimées : *de mil males voies puet-on retorner*.

Ligne 25. *Nigrepont*, ou Négrepont l'ancienne *île d'Eubée*.

Ligne 29. *Andre*, ou *Andro*. Séparée de Négrepont par le promontoire de Caffarée.

Ligne 37 *Bouche de Av* *Avie*, nom vulgaire d'*Abydos*, que les Grecs modernes et probablement les anciens prononçoient *Avydos*. C'est, comme on sait, la *bouche* ou l'embouchure des Dardanelles. Variantes : *Boque d'Avie*; — *Bouche Duide*; — *Bouche de Havi*; — *Iboudiare*.

Ligne 38. *Le bras Saint-Georges*. Autrefois l'*Hellespont*, aujourd'hui le *Bosphore*. « Ainsi nommé, » remarque Du Cange, « à « cause du monastère de Saint-George, surnommé *de Mangana*, « qui estoit basti hors des murs de la ville sur le rivage, et à l'entrée « du détroit. » (Observations, page 282.)

§. LXI.

Ligne 23. *Si grans affaires ne fu empris de nulle gent*. C'est la leçon des n°ˢ 455 et 207; bien meilleure que celle des autres manuscrits : *de tant de gent*. Comparez au reste le style de ce paragraphe avec celui des leçons imprimées.

§. LXII.

Ligne 39. *Calcidoines*. Ancienne ville située presque en face de Constantinople, et séparée d'elle par le *Bosphore* ou *Bras Saint-Georges*. Il ne restoit déjà plus rien du port ni du palais des empereurs, quand Pierre Gilles, vers le milieu du xvɪᵉ siècle, visita Chalcédoine réduit à la dimension d'un petit village. « Nulla extant mœnium vestigia supra terram neque « sub terra; nisi raris locis fundamenta alta ingentibus saxis qua- « dratis constructa, quæ penitus effodi nuper vidi in ædifica- « tionem substructionum, quas rex Soleimanus molitur in tertio « monte Constantinopolis. » (*De Bosporo Thracio*, lib. ɪɪɪ.) Puisque j'ai cité ce précieux ouvrage de Pierre Gilles, je ne dois pas négliger de rappeler que M. Buchon, dans son troisième volume des *Chroniques nationales françaises,* n'a pas voulu, comme on pourroit le croire, en donner la traduction sous ce titre : *Description du Bosphore et de la ville de Constantinople, traduite du grec de Pierre Gilles, par le comte d'Hauterive*. La vérité, c'est que Pierre Gilles n'a rien écrit de pareil en grec; c'est que cette traduction de la *Description du Bosphore* n'est que celle du préambule de l'ouvrage de Pierre Gilles, *De Bosporo Thraciae libri tres* ; c'est enfin que cette traduction de la *Description de Constantinople* n'est que celle de la préface de l'autre ouvrage de Pierre Gilles, *de Constantinopoleos Topographia libri quatuor*.

§. LXIII.

Ligne 7. *Et orent des blés les moies qui estoient demorés parmi les chans*. C'est la leçon du n° 687. Msc. 455 : « Et les moies des « blés estoient maisonnées aval les chans. » Ces deux leçons valent mieux que celle des éditions précédentes : *Et les moies des blés qui estoient moissonne parmi les champs*. De *moie*, les vignerons ont conservé le mot *moiere*, qui se dit de la réunion des échalas en faisceau.

§. LXIV.

Ligne 6. *Lo Scutarie*. Ce n'est pas l'ancienne Chrysopolis, mais le nom d'un palais bâti vers le xii° siècle sur l'emplacement de cette ville. Du Cange a reproché à P. Gilles d'avoir attribué aux François ce changement de nom. Il n'y a pas eu de changement de nom, mais un nouvel édifice, auquel un nouveau nom a été donné. Et si ce passage de Villehardouin doit nous porter à faire remonter la fondation *du* ou *de Scutari* au-delà de la prise de Constantinople par les François, il n'en faut pas absolument conclure que le mot Σκουτάριον n'est pas d'origine françoise. Sans doute nos croisés le trouvèrent admis dans la langue grecque vulgaire, mais il pouvoit avoir été apporté dans Constantinople au xii° siècle. Dans la *Chronique de Morée* on lit :

Μετα σκουτάρια καὶ σπαθία ἐσίζαιναν ἀπίσω.

Ligne 21. *Li quens Gerars*. C'est la leçon des n°ˢ 455, 207 et 7974. Variantes : n° 687, *Cras*; n° 9644, *Gras*. Les éditions imprimées ont adopté *Gras*, et Du Cange semble pencher pour l'opinion du P. Doutreman, qui reconnoît ici le *comte de Blandras*, dont parlera tant Henri de Valenciennes. Mais il est mille fois plus probable que le scribe du n° 9644 aura oublié l'*i* du nom de *Giras* ou *Girars*, qu'il avoit à transcrire.

Ligne 25. *Li Méghedus*, ou le grand-duc, Μέγας Δούξ : cette charge répondoit assez bien à celle d'amiral.

§. LXV.

Ligne 12. *L'eschec.* Ce mot, dans sa véritable acception, signifie *prise, saisie*. Au jeu du même nom, être en *échec*, c'est être en prise ou dans le cas d'être pris.

§. LXVIII.

Ligne 21. *Pour la cremeur.* Toutes les éditions portent *tremeur*, et tous les manuscrits *cremeur*. Ce dernier mot étoit seul admis au XIII° siècle.

§. LXIX.

Ligne 4. *Assés i ot parlé d'une chose et d'autres.* C'est la leçon du Ms. 687. Variantes : n°ˢ 455 et 207, *bestens*; n° 7974, *et paroles i ot assés;* n° 9644, *bestances*. Ce mot de *bestens* ou *bestances* répondoit à celui de *debat*, et non pas à l'adverbe *assez*, comme l'a cru M. Buchon, trompé par son analogie avec le mot italien *bastanza*.

§. LXX.

Ligne 22. *Et les galies furent amenées et atornées.* C'est la leçon des trois nouveaux manuscrits. Au lieu *d'amenées*, les autres portent : *armées*.

Toute cette description est d'une verve et d'une rapidité admirables : mais aussi quel sujet put jamais mieux inspirer un historien, un poète! Le célèbre passage du Rhin semble bien peu de chose à côté de ces chevaliers peu confians alors dans le résultat de leur entreprise, et se précipitant à la mer jusqu'aux ceintures en face d'une innombrable armée rangée sur le rivage.

§. LXXI.

Ligne 11. *Seur le port devant la tour Galatas, où la chaîne fre-*

moit qui movoit de Costantinoble. Galate étoit, au moyen-âge, le nom d'une partie du faubourg de *Pera.* La tour élevée sur le bord du rivage, et qui servoit alors à fermer le port de Constantinople, n'a été réduite en cendres qu'en 1830, comme nous l'apprennent MM. Michaud et Poujoulat, dans les notes de leur édition de Villehardouin. Citons ici le texte du second continuateur de Guillaume de Tyr : « Quand li Grieu sorent que li Crestien aprochoient
« de Constantinoble, si firent une chaene lever qui estoit à l'entrée
« dou port, pour ce que les nez né li vaissel n'entraissent dedens. Or,
« vous dirai combien cele chaene estoit longue. Elle avoit de lonc
« plus de trois trais d'arc, et de gros le bras d'un home. Li uns
« des chiés estoit à une des tours de Constantinoble : li autres estoit
« à une vile que l'en appele Pere. Là manoient li Juif de Constan-
« tinoble; au chief de cele rue avoit une tour là où li uns des chiés
« de cele chaenne estoit qui de Constantinoble venoit. Cele tour
« estoit moult bien garnie, pour ce que li Crestien prendroient de
« cele port terre, et avoit non Galateas. Là fist saint Pol une partie
« de ces epistres. » (Ms. 8316, fol. 367, recto.)

On voit, dans cette dernière phrase, que le bon continuateur confond la tour de Galata, avec les Galatenses, auxquels saint Paul adressa plusieurs épîtres. En général, cet historien est beaucoup moins judicieux et moins éclairé que le premier continuateur.

§. LXXII.

LIGNE 1. *En la Juierie qu'on apeloit* LESTANOR *ou l'Escanor, et mieux le Stenon.* Ce dernier mot a souvent désigné toute la rive européenne du Bosphore de Thrace ; mais ici il s'applique uniquement à la partie du rivage comprise entre *Bechicktug* et *Top-Khane.* Aujourd'hui les Juifs habitent la partie opposée du faubourg de Péra, vers l'embouchure de la *Barbysse.* (Voyez la *Correspondance d'Orient* de MM. Michaud et Poujoulat, tome III, page 1:8, et tome II, page 224.)

§. LXXIV.

LIGNE 6. *Le palais de Blaquerne.* Les Blaquernes étoient un lieu situé dans le fond du port, et à peu de distance de la ville. Un palais et une église, construits depuis fort long-temps en cet endroit, en reçurent le surnom. On ignore quel fut le fondateur du palais, mais Suidas nous apprend que l'empereur Anastase ajouta à l'étendue des anciens bâtimens. « Manuel Comnène, » dit Du Cange, « le rebâtit complétement; l'orna de peintures et de riches tableaux, « où toutes ses victoires étoient représentées; le fortifia de tours et « de murs.... » Voilà pourquoi Guillaume de Tyr ne le désigne que sous le nom de *Palais Neuf des Blaquernes*, bâti « in angulo civitatis juxta portum. »

LIGNE 7. *La navie vint par dedens le port.* Les éditions imprimées portent : *par devant le port.* J'ai dû préférer le texte meilleur des nouveaux manuscrits et même des n°⁸ 7974 et 207.

LIGNE 8. *Si a un flum.* Ce fleuve est formé par la réunion du *Cydaris* et du *Barbyzès;* ses eaux viennent se mêler à celles de la mer dans le fond du port de Constantinople. Pour le franchir, l'armée de terre, jusqu'alors campée sur la rive septentrionale, avoit besoin du pont que les Grecs avoient rompu. C'est le fleuve dont Guillaume de Tyr parle ainsi au livre II : « El port descent « une yauc douce courant qui est petite et nete; mais en yver « est moult grant pour les pluies. Sur cele yaue a un pont. » (Ms. 6816, fol. 19.)

LIGNE 19. *Le chastel de Buiemont,* autrement appelé le *Cosmidium,* du nom des saints Cosme et Damien, patrons de ce monastère. Quand Boémond vint à Constantinople avec les premiers croisés, Anne Comnène nous apprend qu'on le logea dans le *Cosmidium.* C'est de là sans doute qu'il aura retenu le nom de Château de Boémond. Guillaume de Tyr, au livre II, dit également que l'église de Saint-Cosme étoit vulgairement appelée le Château de Boémond.

LIGNE 37. *Sé de feves non.* C'est la leçon des Mss. 455, 207 et 687, Supplément françois. Les éditions portent : *Sé de farine non,* d'après le seul Ms. 9644, le moins bon de tous. Ils n'auroient pas été fort à plaindre, si la farine ne leur eût pas manqué. — On sait que le mot *viande* se disoit de tous les genres de comestibles, *vivendae*. Les *bacons* étoient la chair salée, et particulièrement les jambons.

§. LXXV.

Ligne 20. *Quennes dou Marchais*. Les éditions imprimées, d'après le Ms. 9644, portent *Eustaices le Marchis*. Variantes : n° 7974, *Huitace dou Marchois;* n°ˢ 455 et 207 Supplément françois, *Cuenes dou Markois;* n° 687, *Gannes dou Marchis*.

La seconde continuation de Guillaume de Tyr, qui, pour ce qui touche à la prise de Constantinople, semble avoir consulté un témoin oculaire, raconte ainsi les premières escarmouches des croisés avec les Grecs :

« Or orent tant erré li pélerin que il vindrent un samedi, à
« quinze jour de mars, devant Constantinoble. Mais ne porent
« entrer dedens le port, ains alèrent arriver d'autre part de sus la
« Juiverie, près d'un lieu que l'en appelle la Rouge Abbéie. Là
« arrivèrent li François, et prirent terre, et n'i ot mie grant con-
« tredit de ceaus de Constantinoble. Dont il advint que cil de la
« ville, quant il virent l'ost venir, si vindrent à l'emperéour, si li
« dirent : *Sire, car issommes hors; si lor deffendons l'entrée de
« la terre*. Li emperères dist que non, ains les lairroit arriver et
« prendre terre ; et quant il seroient herbergié, il feroient issir
« toutes les poutains de Constantinoble ; si les feroient monter desus
« une montaigne, qui estoit de cele part où il estoient herbergié :
« si pisseroient tant que il seroient tuit noié en lor escloi, et dist
« que de simil mort les feroit morir. Je ne le vos di mie por voir,
« mais ensi l'affermèrent aucunes gent. Quant ce vint l'endemain
« que nos gens furent arivé d'autre part de Constantinoble, si
« alèrent assaillir la tour de Galateas, si la prirent par force de
« gent, et puis boutèrent le feu en la ville des Juis, et desconfirent
« les Grifons qui estoient venu de Constantinoble à garantise de

« la tour. Quant li Crestien orent le port à délivre pour entrer
« ens, si firent les nés entrer ou port, et alèrent tout outre jusques
« au chief, devant un chastel qui est devant Constantinoble, par
« devers la terre, qui a non Blaquerne. Là estoit uns des manoirs
« de l'emperaour, et là estoit-il le plus. Là entrèrent les nés près
« de ce chastel, et li chevalier et li pélerin, et se logièrent illuec,
« et assegièrent de cele part Constantinoble. Et il avoit derrière
« aus une montaigne, où il avoit une abéie qui avoit non Buia-
« mont, que il avoit garnie. Quant il orent illuecques esté une
« pièce, si ordenèrent les batailles. » (Fol. 367.)

LIGNE 21. *D'un gambeson.* Du Cange, Roquefort et tous les autres à la suite ont regardé le *gambeson, gambison, vambison* ou *wamboison* comme une cotte piquée qui se plaçoit sous la cuirasse, et servoit à garantir les membres nus du contact des armures métalliques. Je suis d'un avis contraire; le gambeson étoit une cotte de cuir ou de drap piqué, qui se mettoit sur la cotte de maille, ou sur le haubert, et qui descendoit jusques sur les cuisses. Les citations bien faites de ce mot ne détruisent pas cette explication, et les vers suivans la confirment :

> Gautiers s'arma, li vavassors gentis
> Vest un haubert qui fu fors et treslis;
> De *sor* vesti un gambison faitis·
> N'a si fort home en trestout le païs,
> Sé il le porte un arpent et demi,
> Qu'il ne fust auques febloiés, je l' vos di.
> (Chanson de geste de *Gaides*, Ms. 7227.[5.])

Plus bas, dans la même chanson, la *cuirie* est encore le gambison :

> Et Amanfrois si grant cop le (Gautier) feri
> Parmi l'escu, del roit espié burni,
> L'escu li perce; mais le haubert treslis
> N'empira-il vaillissant un espi,
> Car la *cuirie* qu'il ot le garanti.

Il est certain que si les armes de fer exigeoient une sorte de bourrelet, elles avoient également besoin d'être recouvertes d'une cotte piquée, qui amortît la violence des coups portés. Quennes dou Marchais n'avoit pas revêtu de haubert ; il étoit également dépourvu de la ventaille, lacée ordinairement par-devant, pour défendre le cou et le visage.

§. LXXVI.

Ligne 7. *Guillaumes d'Ogi.* N° 9644 : *Guillelme del Gi.* N° 7974 : *Guillaume de Jgi.* N° 687 : *Guillaume d'Angi.* J'ai suivi la leçon des n°ˢ 455 et 207.

Ligne 25. *A une barbacane.* Ce mot avoit le sens de muraille extérieure ou avancée.

Ligne 26. *Garnis d'Englois et Danois.* Au temps de Ville-hardouin, le souvenir des anciens *Warenges* ou *Waregues* étant à peu près perdu, l'on croyoit généralement en Europe que la milice impériale des *Varenges* étoit formé d'*Angles* ou Anglois, et de Danois ; cette opinion étoit même établie long-temps avant le xiiiᵉ siècle. Codinus, dans son *livre de la Cour de Constantinople*, remarque que les Barenges faisoient leur acclamation à l'empereur, dans leur propre langage, *c'est-à-dire en anglois.* Geoffrois Mala-terre, dans l'*Histoire de Robert Guiscart*, en parlant d'eux, dit : *Angli verò, quos Waringos appellant.* Enfin, ce qui est plus fort, Orderic Vital raconte qu'un grand nombre d'Anglo-Saxons, ne voulant pas demeurer en Angleterre, sous la domination des Normands, s'étoient embarqués et s'étoient dirigés les uns vers leur ancienne patrie, les autres vers Constantinople ; que l'empereur Alexis avoit alors attaché ces derniers à la garde de sa personne, etc. Du Cange a très bien prouvé que ce récit d'Orderic Vital étoit surchargé de grossiers anachronismes ; il est d'ailleurs fort douteux qu'il y ait eu jamais un seul véritable Anglois attaché a la garde du corps de l'empereur de Constantinople.

Les Warègues, qui prirent plus tard le nom de Russes, et qui subjuguèrent le vaste pays des Slaves, au ixe siècle, sortoient de la Scandinavie et des pays limitrophes. Sur la fin du xe siècle, le grand-duc de Moscovie Vladimir, se trouvant embarrassé de la milice des Warègues, permit, suivant le récit de Nestor, à ses chefs d'aller offrir leurs services à l'empereur de Constantinople. Depuis ce temps, les Warègues, accueillis par les princes grecs, formèrent un corps militaire, dont on peut comparer les fonctions et l'importance aux régimens suisses de notre ancienne armée, ou bien aux janissaires de la Sublime Porte. Les écrivains grecs les nomment *Varenges*, *Barangues*, ou *Barangoins* (Βαράγγοι); et peut-être notre mot *baragouin* est-il une importation des conquérans françois de Constantinople, lesquels ne purent jamais rien comprendre à la langue de ces anciens habitans du Danemarck [1]. Ce qui paroît du moins certain, c'est que les *Anglois et Danois* de notre Villehardouin étoient bien le fameux corps de Barengues qui joue dans l'histoire du Bas-Empire un si grand rôle.

§. LXXIX.

LIGNE 7. *Et bien le tesmoigne Joffrois... qui ceste œuvre traita et tout vit cela à l'ueil*, etc. C'est la leçon du n° 687, Supplément françois, bien différente de celle que les éditeurs précédens ont suivie : *Et ce tesmoigne Joffrois... qui ceste ovre tracta, de ce que plus de quarant li distrent por verité que il virent*, etc. Le premier continuateur de Guillaume de Tyr, qui adopte toutes les circonstances de ce récit, dit : « Et sachiez que Joifrois de Villehardouin, « mareschaus de Champaigne, et pluiseur autre tiesmoignent par « verité ke li confanons saint March fu veus en une des tours. » (Fol. 188.)

---

[1] Ce mot de *baragouin*, je le sais, est le triomphe des partisans du celtique breton. *Bara*, disent-ils, signifie *pain*; *gouin* signifie *vin*, et *baragouin* s'est dit par allusion aux deux mots les plus usuels de la langue bretonne. Je conserve des doutes.

Dans le reste du récit, le second continuateur diffère un peu de Villehardouin; voici comme il raconte la prise de Constantinople:

« Ne demoura puis gaires que cil de Constantinoble alèrent à « l'emperaour; si li dirent: Sire, sé tu ne nous délivres de ces « chiens qui ci nous ont assegiés, nous lor rendrons la cité. Et il « dist que il les deliverroit bien. Il manda ses chevaliers et lor « dist que il s'armaissent, et fist crier par toute la terre que il « s'appareillassent de combatre as Latins. Quant il furent armé, « si issirent hors de Constantinoble par une porte que l'en appele « la porte Romane, à une liue près de là où li Latins estoient « hebergié... Si envoya jusque à cinq batailles vers les batailles « des Latins... Quant li Latin oïrent dire que cil de la cité issoient « hors, si issirent des lices et si tindrent tuit quoi, et li Grifon se « tindrent quoi, de l'autre part. Li Vénicien qui estoient es nez, « sans ce que il le feissent assavoir as Latins, quand il sorent que « li emperères et ses gens estoient issus de Constantinoble, et li « Latin estoient hors des lices tuit armé et atendoient la bataille, « il s'armèrent et entrèrent ès batiaux et portèrent eschièles avec « eaus, et vindrent as murs de la cité et drecièrent les eschièles et « entrèrent en la cité. Après ce, si ouvrirent les portes par devers « la mer et boutèrent le feu en la cité. Après ce, mandèrent as « François sé il avoient mestier de chevaliers que il lor envoie- « roient, que il estoient dedens la cité et l'avoient prise. Quant li « emperères vit que la cité ardoit et que li Vénicien l'avoient « prise, si s'en ala lui et ses chevaliers qui estoient avec lui, et li « François se herbergièrent dedens la cité, et mistrent celui en « possession qui les iex avoit crevés. » (Fol. 367.)

Dans tout ce récit on voit percer la passion dominante du narrateur, c'est-à-dire sa haine pour les Vénitiens. Il sembleroit que leur entrée dans la ville eût été un acte de perfidie à l'égard des pèlerins. L'impartialité est évidemment dans Villehardouin.

§. LXXXI.

LIGNE 2. *As engiens, devant la porte de Blaquerne.* Ces mots importans sont omis dans les éditions imprimées, et se trouvent dans tous les Mss.

Ligne 6. *Pour assaillir aus trois portes.* C'est-à-dire pour attaquer les François par trois portes, tandis qu'avec le reste de son armée, il s'avançoit lui-même sur eux, *par la campagne.* — Le texte des éditions imprimées est ici d'autant plus embrouillé qu'il compte aussitôt après *sept* batailles dans le camp. Mais les Mss. 7974, 455 et 207 Supplément françois n'en comptent que *six*, et ont raison, puisque la septième étoit avec Henri d'Ango à la porte de Blaquerne.

Ligne 10. *Lor sergent et lor escuier à pié, par derrière, seur les cropes de leur chevaus.* On peut s'étonner de voir les chevaliers porter en croupe leurs écuyers et sergens. Mais il ne faut pas oublier que, dans la mêlée, le chevalier étoit perdu si, désarçonné comme cela lui arrivoit fréquemment, il n'avoit pas aussitôt le secours de son écuyer pour le relever, lui donner un second glaive ou *espie*, rattacher les *enarmes* ou *guiches* de son écu, et soulever ou lacer de nouveau la ventaille de son casque. A vrai dire, les sergens et les écuyers n'avoient pas d'autre devoir, si vous y joignez celui de porter des armes de rechange, de tenir de nouveaux coursiers à la portée de leur seigneur, et enfin de retenir les prisonniers.

§. LXXXII.

Ligne 18. *Li Phelipos,* ou le *Philopatrion.* Ce palais étoit bâti près de la porte Selivrée ; vers le lieu nommé aujourd'hui *Baloukli.* Il n'existe plus. (Voyez M. Michaud, *Correspondance d'Orient,* tome III, page 122.)

§. LXXXIII.

Ligne 7. *En cele nuit, li emperères Alexis,* etc. C'est la leçon des Mss. 455, 207 et 687 Supplément françois, et 7974. Le seul n° 9644 ajoute, après les premiers mots, celui de *domagement* qui ne signifie rien et ne se lie à rien. Les éditions imprimées ont toutes reproduit cette faute.

§. LXXXVI.

Ligne 6. *Englois et Danois, à toutes leur haches.* Les *Va-ranges* ou *Waregues* avoient pour arme spéciale de longues haches assez semblables à nos hallebardes. Dans nos anciens poëmes, les *haches danoises* sont fréquemment citées, comme l'a remarqué Du Cange avant moi.

Ligne 9. *L'empereour Kyrsac moult richement apareillié.* C'est la leçon des trois nouveaux Mss. Les anciens portent cette phrase niaise que Villehardouin n'a guère pu dicter ni écrire : *Là trovèrent l'empereor Sursac si richement vestu que por noient demandast-on home plus richement vestu.*

§. LXXXVII.

Ligne 56. *Li nouviaus emperères.* Le valet de Constantinople, *Alexis*; non pas son père *Kyrsac*. La *Chronique de Morée* le dit positivement :

Μετὰ βουλῆς καὶ ὁρισμοῦ Κυρσάκη τῦ Βατάτζη
Ἔστεψαν διὰ βασιλέα Ἀλέξιον τὸν υἱόν του
Ἐν τούτω ἐσυμβουλεύθηκαν μετὰ τὸν βασιλέα.

§. LXXXVIII.

Ligne 26. *Et je vos alongnerai vostre estoire de la feste Saint-Michiel en un an.* C'est-à-dire, je ferai consentir les Vénitiens à vous laisser la disposition de leurs vaisseaux, un an de plus.

§. XC.

Ligne 8. *Li rois de Blaquie et de Borgherie.* Le roi de Valachie et de Bulgarie.

§. XCI.

Ligne 1. *Endementiers,* tandis. Ce mot, que l'on trouve mieux écrit, *dementiers,* offre la réunion de deux mots latins qui signifient la même chose : *dum interea.*

LIGNE 16. *Et dura li feus dui jors et dui nuit..... et tenoit bien li frons del feu.... demie-liue de terre.* Variantes, n° 7974 : *et dura set jours.* Les n°ˢ 455, 207 et 687 Suppl. françois, portent la leçon que j'ai adoptée. Les éditions imprimées ont : *et dura huit jorz.... et tenoit bien li frons del feu.... en de une lieue de terre.* Tous les Mss. portent *demie-lieue.* Quant aux véritables auteurs de l'incendie, on les a toujours ignorés. Seulement, il est certain qu'il ne vint à l'esprit de personne d'en accuser les croisés. La querelle intestine s'éleva entre les Grecs et les Latins qui depuis le commencement du xıı° siècle habitoient Constantinople. Villehardouin le dit assez clairement : *Une meslee commença des Grieus et des Latins qui en Constantinoble estoient estagier.* Le mot *estagier* répond ici à notre participe *établis, logés.* Le second continuateur de Guillaume de Tyr le confirme mieux encore : « Ne demora puis gaires après ce que il ot ensi fait, que il sort « grant mellée en Constantinoble de Grifons et de Latins, *qui i* « *manoient devant ce que l'estoire i alast ;* dont li Grifon orent « grant paour que cil de l'ost ne s'en meslaissent, si boutèrent le « feu ès maisons des Latins. » (Fol. 368.)

LIGNE 30. *Et puis fu-il grans mestiers aus pelerins qu'il fussent ensi outre-passé.* C'est-à-dire, plus tard, ils servirent aux pèlerins d'un renfort bien utile, quand il fallut une seconde fois conquérir Constantinople. Mais il y eut cela de fâcheux dans le départ des Latins, que les pèlerins n'eurent plus autant d'occasions de converser avec les Grecs et de s'en faire bien venir.

§. XCII.

LIGNE 5. *Et les dames de la vile alèrent encontre leur amis, à grans chevauchiées.* Ces mots seuls peignent assez bien les mœurs de la haute société au moyen âge ; et remarquez que nous sommes seulement en l'année 1204 ; dix ans avant la bataille de Bouvines.

LIGNE 24. *Tout adès. Toujours* ou *tout de même.* Il doit avoir été formé du latin *ad hæc*; M. Raynouard le fait venir de *ad ipsum tempus*. Les Italiens ont conservé, dans le même sens, *adesso*.

§. XCIII.

LIGNE 7. *Reprover leur servise*. C'est-à-dire, réclamer le paiement de leur service.

LIGNE 22. *Qui feme estoit au père et marastre au fil, et estoit suer le roi de Hongrie*. On ne sauroit dire combien l'esprit et l'imagination des croisés furent frappés de tous ces détails de la cour de Constantinople. Pour moi, je ne doute pas qu'ils ne soient devenus à quelque temps de là l'origine d'une foule de cadres romanesques. C'est vers la même époque que le *Dolopatos*, ou *Roman des Sept sages*, pénétra dans l'Occident, et les principaux personnages en sont, comme on sait, l'empereur, son fils et sa marastre, belle dame, si non *bonne durement*. Vers le milieu du XIII° siècle, se répand également le charmant roman de *Flore et Blanchefleur*. Blanchefleur est fille de l'empereur de Constantinople, et femme du roi de Hongrie. N'y a-t-il pas même quelque rapport entre le nom de la femme d'Isaac l'Ange, *Marguerite*, et celui de *Blanchefleur*? Un peu plus tard, la chanson de geste de *Berte as grans piés* nous présente cette princesse comme la fille du roi de Hongrie; mais, sans la prise de Constantinople, je pense que la reine Berte n'auroit pu se glorifier d'une origine aussi illustre.

LIGNE 28. *Qui plus estoit sages et bien emparlés que nus des autres*. On ne peut trop admirer ici, comme en plusieurs autres endroits, la modestie de Villehardouin. Quenes de Béthune étoit sans doute bien *emparlés*, mais, dans l'armée des croisés, Villehardouin passoit au moins pour son égal en sagesse et en éloquence. La *Chronique de Morée* donne même la palme à Joffroi.

Οἱ Φράγκοι γὰρ ὡς ἔμαθον, περὶ τοῦ βασιλέως
Λαλοῦσι τὸν μισὲρ Τζεφρὲ, τὸν πρωτοσύμβουλόν τους...

(Lib. 1.)

§. XCIV.

Je ne connois rien de plus beau que ce discours de Quenes de Béthune. Quelle simplicité, quelle grandeur, quel admirable orgueil! nos écoliers apprennent par cœur des discours imaginés, bien inférieurs à celui-ci. « Et bien vous mandent ce, que sans def-« fiance il ne feroient mal né à vous né à altrui, quar il ne firent « onques trahison, et en leur terres n'est-il mie acoustumé que il « le facent. »

On voit par là que l'acte de *défi* ou de *défiance* n'étoit pas une formule arrêtée. *Defier quelqu'un*, c'étoit lui ôter la confiance et le prévenir de se mettre sur ses gardes. Dans ce sens là, *se deffier de quelque chose* est parfaitement françois. Mais je n'oserois en dire autant de cette autre expression : *Je vous défie d'aller plus loin;* du moins faudroit-t-il l'expliquer : *Je vous deffie, si vous allez plus loin.* Quand un homme placé dans la dépendance d'un autre vouloit le quitter, *il le deffioit* au préalable, c'est-à-dire, il lui rendoit sa foi. Dans la chanson de geste du *Couronnement dou roi Loeis*, le portier de Tours, fidèle à l'héritier légitime, dit à l'usurpateur Richard :

> Je te *deffi*, Richars, toi et ta terre,
> Qu'en ton servise ne vueil ores plus estre
> Quant traïson vues faire né porquerre,
> Il est bien drois et raison que me perde.

Du Cange dit : « C'estoit *lors* la coustume de ne faire la guerre à « aucun sans l'avoir envoyé deffier. » Mais cette coutume existe et toujours existera. Les traîtres seuls s'en dispenseront. Qu'est-ce que nos *déclarations de guerre* sinon des *deffiemens?*

§. XCV.

Ligne 9. *Maubaillis*, mal menés. Dans la chanson de Garin le Loherain, Bernard de Naisil, après avoir été frappé au visage par Garin, se présente devant ses parens, les Fromont de Lens et de Bordeaux :

Afublés fu, s'ot le chaperon mis.
« Ostés vos chappe, » li quens Fromons a dit;
« Moult vos vois ore enbrunchiés et pensis.
— « Par Dieu, biaus niés, *malement* sui *baillis,*
« Si m'a batu li Loherains Garins,
« Ne fust li rois, voir il m'eust ocis.
« Il et sa suer, la putain Héloïs,
« Et la roïne à cui il est cousins,
« Les lor vilains firent sor moi venir. »
(Tome II, page 130.)

LIGNE 11. *Et forfist qui forfaire pot.* Forfaire, commettre des excès, *foris* ou *extra legem facere.* Le mot *forfait* est devenu bien plus expressif qu'il ne l'étoit autrefois.

LIGNE 14. *Assemblèrent.* Eurent des rencontres, des mêlées.

§. XCVII.

LIGNE 15. *Chauça erramment les hueses vermeilles.* Revêtit aussitôt les houses vermeilles, c'est-à-dire la chaussure élevée qui étoit la première partie du costume impérial, à Constantinople.

§. XCVIII.

LIGNE 10. *Et clèrement fu seu prochainement des Grieus et des François comment il avoit esté estranglés.* Tous les historiens grecs et françois s'accordent à raconter de même la trahison de *Morchufles* ou Murzuphle. La Chronique métrique de Morée ajoute que la nouvelle en fut donnée par les Grecs aux pèlerins, comme ceux-ci se mettoient déjà en marche vers la Syrie.

Ἐνταῦτα γὰρ ὡς εἴδασι τινὲς ἀπὸ τὴν πόλιν....
Βαρκέτα ἁρματώσασι πινῆντα δύο κουπίαν,
Ἐπλεύσασιν, ἰδάσασιν, ὅπου ἦσαν οἱ Φράγκοι,
Ἐκεῖ ὅπου ὑπάγαιναν 'ς τὰ μέρη τῆς Συρίας.
Διπλομιρῶς τοὺς εἶπασι, καὶ ἐπληροφόρησάν τούς
Τοῦ Βασιλέως τὸν θάνατον....

Voici comme le second continuateur de Guillaume de Tyr raconte la mort d'Alexis : « Morchofles.... fist entrer à Blaquerne

« en la chambre où li emperères se dormoit, une nuit, un ser-
« gent, si le fist estrangler. Or fu bien averés li songes que li
« emperères songea une nuit. Il avoit un porc sauvage de cuivre
« contrefait à Boque de Lion qui estoit sus la mer. Si songea une
« nuit que cil pors l'estrangloit. Et quand ce vint l'endemain, pour
« la paour que il avoit eue la nuit, si le fist depecier par pièces.
« Mais ne li valut riens. » (Fol. 368.) Ce passage est intéressant,
quand on le compare au discours ampoulé de Nicetas, sur les
monumens détruits par les croisés. D'après notre vieux chroniqueur,
ce porc ou *bœuf sauvage* auroit été détruit avant la mort d'Alexis,
et par d'autres que les Francs. Les autres historiens grecs nous
disent d'ailleurs que, pour acquitter la somme qu'il devoit aux
croisés, Isaac fit *fondre les vases sacrés*. Ne peut-on admettre,
sans invraisemblance, qu'il fit également mettre au creuset les
statues et les autres monumens de l'art antique qui décoroient
Constantinople? Et, sans doute, il n'aura pas commencé par les
vases sacrés.

Le bœuf sauvage dont parle ici le second continuateur de Guillaume de Tyr, est évidemment le groupe d'un bœuf et d'un lion luttant ensemble, et qui avoit donné le nom de *Bucolion*, ou Bouche-de-Lion, au grand palais impérial construit sur la rive de la Propontide. On conçoit d'où sera venu le bruit du rêve de l'empereur : les Grecs, ne pouvant comprendre le motif qui portoit ce prince à détruire un monument aussi remarquable, auront supposé qu'en agissant ainsi il obéissoit non pas aux exigences des Latins, mais aux terreurs d'un songe.

§. XCIX.

Ligne 13. *Afilée*. Albéric de Trois-Fontaines la nomme également *Afileta*. Cette ville étoit au-dessus de *Buiuk-Deré*, sur le *Bosphore de Thrace*, que Villehardouin nomme le *Bras de Roussie*. Dans les anciens Itinéraires, elle est nommée *Phinaea* ou *Phinopolis*. Du Cange s'est trompé en la plaçant sur la mer Noire. Villehardouin disant précisément le *bras* et non pas la *mer de Roussie*.

Ligne 14. *Grant gaaing de prisons* Aujourd'hui nous disons *prisonniers*.

Ligne 31. *Et il méismes i dut estre pris. Là perdi-il son gonfanon roial et une ancone qu'il faisoit porter devant lui.* Le manuscrit 9644, au lieu des premiers mots, porte : *Là déust estre prins les cors domaines;* c'est-à-dire *son corps même.* D'après cette leçon mal lue, l'édition de Lyon imprima : *ses chars d'armes*, et toutes les éditions suivantes ont reproduit la même bévue. Cependant, le bon sens de Du Cange l'a conduit à deviner le véritable texte. Il est certain, en effet, que le *carroccio* des Italiens ne fut jamais connu des Grecs, et que dans le moyen âge, comme en France, deux enseignes accompagnoient souvent leurs armées. La première étoit religieuse : c'est ici l'*ancone*, l'*icone* ou image de Notre-Dame ; la seconde étoit impériale, c'est le gonfanon. Toutes deux furent prises dans cette rencontre. En France, l'oriflamme ou bannière rouge de saint Denis marchoit avant la bannière d'azur aux fleurs de lis d'or. (Voy. le nouvel ouvrage de M. Rey, sur les *Drapeaux et insignes de la monarchie françoise.*) Quant à cette *ancone*, Baudoin, dans sa lettre aux chrétiens de l'Occident, dit que l'intention des pèlerins étoit de la confier aux moines de Cîteaux « Quam ordini Cisterciensi nostri dedicavere victores. » Sicard, évêque de Crémone, parle sans doute de cette image dans le passage suivant : « Et cum palatium Blachernæ Latini obsede- « runt, Oclighita, id est beatæ Virginis icona, ab evangelista « Luca Virgini conformata, ad confusionem hostium mœnibus « superponitur, sed à Latinis reverentius adoratur. » — (*Muratori*, Rer. Ital. Scriptores. t. VII, p. 620.)

§. C

Ligne 33. *Et pour ce, fait que sages qui se tient avoec les bons.* Cette leçon des deux Mss. 455 et 207 vaut bien mieux que celle des éditions imprimées : *Et por ce, si fait que sage qui se tient devers le mielx.*

NOTES.

§. CII.

LIGNE 1. *Ensi fu ceste convenance asseurée.... de l'issue de mars qui venoit, en un an....* Voici le traité conclu alors entre les Vénitiens et les François, tel que l'auteur des *Acta Innocentii III* nous l'a conservé.

« IN NOMINE DOMINI, AMEN. Nos quidem B. Montisferati mar-
« chio, et Balduinus Flandriæ et Hannoniæ, et L. Blesensis et
« Carnotensis, et H. Sancti-Pauli comites, pro parte nostrâ, vobis-
« cum, vir inclite Domine H. Dandule, Venitiæ, Dalmatiæ atque
« Croratiæ dux, et cum parte vestrâ, ad hoc ut unitas et firma
« inter nos possit esse concordia, et ad omnem scandali materiam
« evitadam, ipso cooperante qui est pax nostra et fecit utraque
« unum, ad ejus laudem et gloriam talem duximus ordinem obser-
« vandum, utrâque parte juramento adstrictâ.

« Imprimis omnium, armatâ manu, Christi invocato nomine,
« civitatem expugnare debemus. Et si, divinâ auxiliante potentiâ,
« civitatem intraverimus, sub eorum regimine debemus manere
« et ire, qui fuerint super exercitum præelecti, et eos sequi secun-
« dùm quod fuerit ordinatum.

« Totum quidem havere quod in civitatem inventum fuerit à quo-
« libet duci, debet et poni in commune, in eo loco qui fuerit ordi-
« natum, de quo tamen havere vobis et hominibus Venetis tres
« partes debent solvi pro illo havere quod Alexius quondam impe-
« rator vobis et nobis solvere tenebatur; quartam verò partem nobis
« retinere debemus, donec fuerimus in ipsâ solutione coæquales.

« Si autem aliquid residuum fuerit, debemus per medietatem
« inter nos et vos dividere, donec fueritis apacati; si verò minùs
« fuerit, ità quod non possit sufficere ad memoratum debitum per-
« solvendum, undecumque fuerit priùs havere acquisitum, ex eo
« debemus dictum ordinem observare; salvis tamen victualibus
« quæ debent observari et dividi tam vestris quàm nostris æqua-
« liter, ità quod utraque pars possit indè congruè sustentari. Quod
« autem residuum fuerit, partiri debet in alio havere, juxtà ordi-
« nem prænominatum.

« Vos etiam et homines Veneti libcrè et absolutè, absque omni
« controversiâ, per totum imperium habere debetis omnes honori-
« ficentias et possessiones quas quondam consuevistis habere, tam
« in spiritualibus quàm in temporalibus, et omnes rationes quæ
« sunt in scripto et sine scripto.

« Debent etiam sex homines eligi pro parte vestrâ et sex pro
« nostrâ, qui juramento astricti, eam personam eligere debent in
« exercitu quam credant meliùs scire et meliùs posse tenere et
« meliùs scire ordinare terram et imperium ad honorem Dei et
« sanctæ Romanæ ecclesiæ et imperii; et si fuerint in uno con-
« cordes, illum debemus imperatorem habere quem ipsi concor-
« diter elegerint.

« Si verò sex in unâ parte et sex in aliâ concordaverint, sors
« mitti debet, et super quem sors ceciderit debemus pro impera-
« torem habere. Et si plures consenserint in unâ parte quàm in
« aliâ, illum imperatorem habebimus in quem major pars consen-
« serit. Si verò plures partes fuerint quàm duæ, super quem major
« pars concordaverit sit imperator.

« Debet verò iste imperator habere universam quartam partem
« acquisiti imperii, et palatium Blachernæ et Buccam Leonis. Re-
« liquæ verò tres partes per medietatem inter nos et vos dividantur.

« Sciendum etiam quod clerici qui de parte illâ fuerint de quâ
« non fuerit imperator electus, potestatem habebunt ecclesiam
« sanctæ Sophiæ ordinandi et patriarcham eligendi ad honorem
« Dei et sanctæ Romanæ ecclesiæ et imperii. Clerici verò utriusque
« partis illas ecclesias ordinare debent quæ suæ parti contigerint.

« De possessionibus verò ecclesiarum, tot et tantùm clericis de-
« bet provideri, quod honorificè possint vivere et sustentari. Reliquæ
« verò possessiones ecclesiarum dividi et partiri debent secundùm
« ordinem præsignatum.

« Insuper etiam jurare debemus, tam ex nostrâ parte quàm ex
« vestrâ, quod ab ultimo die instantis mensis martii morari de-
« bemus, usque ad annum expletum, ad imperium et impera-
« torem manutenendum ad honorem Dei et sanctæ Romanæ eccle-

« siæ et imperii. Deindè, verò et ut anteà, omnes qui in imperio
« remanserint, ipsi imperatori astringi debent juramento, secun-
« dùm bonam et rationabilem consuetudinem : et illi qui tunc in
« imperio remanserint, ut prædictum est, jurare debent quod firmas
« et stabiles partes et pactiones quæ factæ fuerint, habebunt.

« Est autem etiam sciendum quod à nostrâ et vestrâ parte, duo-
« decim homines vel plures pro parte eligi debent, qui juramento
« astricti, feuda et honorificentias inter homines distribuere de-
« bent, et servitia assignare quæ ipsi homines imperatori facere
« debent, secundùm quod illis bonum videbitur et conveniens
« apparebit. Feudum verò quod unicuique assignatum fuerit liberè
« et absolutè possidere debent de herede in heredem, tam in
« masculo quàm in fœminâ, et plenam habeant potestatem ad
« faciendum inde quidquid suæ fuerit voluntatis, salvo tamen jure
« et servitio imperatoris et imperii. Imperatori autem reliqua
« servitia faceri debent quæ fuerint facienda, præter ea quæ ipsi
« facient qui feuda et honorificentias possidebunt, secundùm or-
« dinem sibi injunctum.

« Sciendum est etiam quod nemo hominum alicujus gentis quæ
« guerram vobiscum et successoribus vestris vel populo Veneto
« habuerit, recipiatur in imperio, donec guerra illa fuerit paci-
‹ ficata.

« Teneatur etiam utraque pars ad dandam operam bonâ fide, ut
« hoc à Domino Papâ possit impetrari, quod si aliquis contra
« hanc institutionem ire tentaverit, sit excommunicationis vinculo
« innodatus.

« Insuper, imperator jurare debet quod firmas et stabiles parti-
« tiones et dotationes quæ factæ fuerint irrevocabiliter habebit,
« secundùm ordinem superiùs distinctum.

« Si verò aliquid in istis omnibus fuerit addendum vel minuendum,
« in potestate et discretione vestrâ et vestrorum sex consiliatorum,
« et domini marchionis et sex ejus consiliatorum consistat.

« Sciendum est etiam quod vos, prædicte domine dux, non de-
‹ betis imperatori qui fuerit electus vel imperio, ad aliqua servitia

« facienda juramentum præstare, propter aliquod datum vel feu-
« dum sive honorificentiam quæ vobis debeat assignari; tamen ille
« vel illi quem vel quos loco vestro statueritis super his quæ vobis
« fuerint assignata, debeant juramento teneri ad omne servitium
« imperatori et imperio faciendum juxtà omnem ordinem superiùs
« declaratum.

« Datum anno Domini MCCIV, mense martii, indictione
« septimâ. »

§. CIII.

LIGNE 12. *Adonc commença li assaus.* « Les croisés n'attaquè-
« rent point la cité impériale du côté de la terre. Les Vénitiens et
« les François réunirent tous leurs efforts contre les remparts qui
« bordoient le havre. » (Michaud et Poujoulat, *Correspondance
d'Orient*, tome III, p. 123.)

§. CIV.

LIGNE 7. *Et cil de la ville les doutèrent mains.* C'est la leçon de tous
les manuscrits. Toutes les éditions imprimées portent cependant :
Les doutèrent plus. Les mots qui suivent rendoient l'erreur inex-
cusable : *Si furent si esbaudi.* C'est-à-dire : ils étoient si animés,
si ardens, de si bon courage.

LIGNE 14. *Un vent qu'en apele Byse.* Variantes des Mss. 7974,
9644 et 687 Supplément françois : *Boire.* J'ai suivi les Mss. 455
et 207 Supplément françois. — *Boire,* ou *vent de Borée.*

LIGNE 17. *L'une avoit non la Pelerine et l'autre li Parevis.*
L'évêque de Soissons étoit dans l'une, et l'évêque de Troyes dans
l'autre, comme on le voit par la lettre que Baudouin envoya en
Occident : « Duæ naves pariter colligatæ, quæ nostros episcopos,
« Suessionem videlicet ac Trecensem, deferebant, quarum erant
« insignia *Paradisus* et *Peregrina,* primæ scalis suis scalas turrium
« attigerunt, et felici auspicio, *Peregrinos* pro *Paradiso* certantes
« hostibus admoverunt Prima muros obtinent vexilla Pontifi

« cum, etc. » On voit que le *clerc* du comte de Flandre avoit l'imagination poétique.

LIGNE 21. *Uns des chevaliers de France et uns Véniciens.* Villehardouin nomme le chevalier françois, et Nicétas nous apprend que le premier assaillant avoit nom Pierre, étoit d'une taille colossale et avoit un casque *qui paroissoit aussi grand qu'une tour.* C'est peut-être le même que Ramnusius, je ne sais sur quel autre fondement, nomme *Pierre Albert.* Ce nom d'Albert appartient à une ancienne famille noble de Venise, à laquelle se rattache la maison françoise de Luynes.

LIGNE 22. *Andris d'Urbaise.* Variantes : n° 7974 et 455 Supplément françois, *d'Urc boise.* Les continuateurs de Villehardouin écrivent *de Turbise* et *Durjonche*, et les compilateurs belges ont pensé qu'il falloit lire *de Turbise*, nom d'un village du comté de Hainant. Mais, bien que le premier continuateur de Guillaume de Tyr dise expressément que ce chevalier étoit au comte de Flandre, je pense que l'opinion de Villehardouin est préférable. André d'Urbaise pouvoit d'ailleurs faire partie de la bataille du comte de Flandre, sans être pour cela Flamand ou Hennuyer. Au reste voici le récit assez curieux que fait de la prise de Constantinople le second continuateur de Guillaume de Tyr :

« Illuec yvernèrent li Franc à grant meschief, tant que vint en
« caresmes que li Véniciens firent pons des mas des nez, et les
« atirèrent par tel engieng que il montèrent sus tuit armé. Et quant
« il voloient, si estoient sus les plus hautes tors qui estoient par
« devers la mer où il devoient assaillir. Ensi orent lor afaire
« apareillie à la Pasque florie. L'en demain par matin, s'armèrent
« et entrèrent ès nez. Diex lor donna tantost un pou de bon vent
« qui les mena jusques as murs de Constantinoble. La première nef
« qui vint as murs fu la nef de l'évesque de Soissons. Cele avala
« tantost son pont sus une tour, et François et Vénicien mou-
« terent sus le pont, si prinrent cele tour. Cil qui primes i entra fu
« un Vénicien, et fu ocis; li autre apres fu uns chevaliers de

NOTES.

« France et ot non Andrex Durejonche; cil gaagna cent mars
« d'argent et li autres cinquante. Tantost comme cele tor fu prise,
« la gent s'en alèrent et ouvrirent les portes de la cité et entrèrent
« ens. » (Fol. 368.)

§. CV.

LIGNE 7. *Et commencièrent à metre hors les chevaus des huissiers. Et li chevalier commencièrent à monter.* Les éditions imprimées ont supprimé, sans doute par suite de l'inadvertance de la première, toute cette phrase; elles portent seulement : *Et commencièrent à monter.*

LIGNE 16. *Et murs et mules.* — *Murs* pour mulets. C'est ainsi qu'on disoit *mar* pour *mal*.

> « La véissiez les chamberlans venir....
> « Les escuiers aus *murs* et aus roncins,
> « Aus palefrois et aus chevaus de pris. »
> (*Garin le Loherain*, tome II, page 146.)

§. CVI.

LIGNE 7. *Vers les pres de la ville.* Les éditions précédentes portent avec le Ms. 9644 : *Devers l'espés de la ville.* C'est une faute que corrigent les n°ˢ 7974, et 455 et 207 Supplément françois. Comment *Bonifaces*, à la suite du conseil dont on vient de parler, se seroit-il aventuré au milieu de la ville?

LIGNE 9. *Le lundi de Pasques flories.* C'est-à-dire le lundi de la semaine qui précéda et non pas suivit le dimanche des Rameaux, 12 avril 1204-5. Le continuateur de Guillaume de Tyr marque que ce fut le mardi. « Ainsi fu prise la noble cité de Constanti-
« noble, à XIIIe jours d'avril, par un mardi. » (Fol. 368). Mais il se trompe probablement.

LIGNE 20. *Porte Oirée,* ou porte Dorée. « Elle est située à l'angle
« oriental de la ville. Ce fut de ce côté-là et par cette même porte
« que les Grecs entrèrent dans la cité impériale, soixante ans après

« la conquête des Latins. » (Michaud et Poujoulat, *Correspondance d'Orient*, tome III, page 124.)

Ligne 24. *Ne sai quels gens*. Villehardouin le savoit peut-être, mais n'a pas voulu le dire, afin de ne pas réveiller des souvenirs de discorde. Guntherus est moins discret; il accuse un comte allemand (sans doute Berthous de Katzenelbogen). « Quod videns « quidam comes Theutonicus, jussit urbem in quadam parte suc- « cendi, ut Græci duplici laborantes incommodo, belli scilicet « atque incendii, faciliùs vincerentur. » Les Allemands faisoient partie de la *bataille* du marquis de Montferrat.

§. CVII.

Ligne 8. *Toute la marine*. Variantes : *toute la matinée*. La leçon des n°ˢ 455, 207 et 9644 que j'ai suivie me paroît préférable. *Chevaucher la marine*, pour courir le long de la mer, est une bonne et fréquente expression de nos vieux auteurs. Le marquis ne pouvoit d'ailleurs employer la matinée entière à gagner le palais de Bucolion. J'aimerois mieux le texte du premier continuateur de Guillaume de Tyr. « Li marchis vint à toute sa banière au palais de Bouquedelion. »

Ligne 9. *La suer au roi Phelippe de France*. Agnès, fille de Louis VII et d'Alix de Champagne. Elle avoit alors trente-quatre ans, avoit d'abord été la fiancée d'Alexis Comnène, fils de Manuel; puis l'épouse d'Andronic Comnène, l'assassin d'Alexis. Lorsque mourut Andronic, Agnès n'avoit pas encore quinze ans. — *La suer au roi de Hongrie*. C'étoit *Marguerite*, fille du roi Bela.

§. CVIII.

Ligne 46. *Huit cens mil mars d'argent*. Variantes : *trois cens mil*; — *quatre cens mil*; — *cinq cens mil*. J'ai peut-être eu tort de préférer la première leçon. — *Chevaucheures*, équipement de chevaux.

Baudouin, dans la lettre qu'il écrivit peu de temps après aux chrétiens de l'Occident, parle également de l'immense butin fait

par les croisés à Constantinople. « Diripitur equorum innumera
« multitudo ; auri et argenti, sericorum pretiosarumque vestium
« atque gemmarum, et omnium eorum qui ab hominibus inter
« divitias computantur, tam inæstimabilis abundantia reperitur,
« *ut tantùm tota non videatur possidere Latinitas.* » Quel effet un
pareil récit ne dut pas faire sur l'imagination de tous ceux qui
avoient refusé de prendre part à la croisade ! Les historiens mo-
dernes s'indignent de la conduite des pèlerins au sac de Constan-
tinople ; comme si, de temps immémorial, l'usage suivi et, jusqu'à
nos jours, religieusement conservé de piller les villes prises d'assaut
ne justifioit pas suffisamment leur conduite. Quoi ! parce qu'il
s'agissoit de Constantinople, et d'une nation contre laquelle les
Latins nourrissoient des ressentimens implacables, parce que les
Latins avoient échappé, à force d'audace, au danger le plus grand
que jamais armée eût couru, il falloit que des sentimens de justice
et d'humanité prissent subitement la place de la témérité la plus
désespérée ! « Les habitations des citoyens, » dit M. Daru, « les
« magasins du commerce, les palais, les églises, étoient *fouillés*;
« sans égard pour l'humanité, sans respect pour la majesté des
« lieux. Les historiens évaluent à deux mille le nombre des ha-
« bitans qui furent victimes de l'*irruption des vainqueurs*, ou des
« excès qui la suivirent. Ni les ordres des *généraux*, pour faire
« respecter la foiblesse et le malheur, ni l'excommunication, dont
« les évêques menaçoient quiconque détourneroit une partie du
« butin, ni la sévérité du comte de Saint-Paul, qui fit pendre un
« chevalier : rien ne put arrêter les désordres, etc. »

Tout cela sent un peu la déclamation ; l'historien de Venise y
confond d'ailleurs la sévérité déployée contre ceux des pèlerins qui
ne rapportèrent pas à la *masse* ce qu'ils avoient pris, avec je ne
sais quels ordres donnés, par je ne sais quels *généraux*, d'arrêter le
pillage immédiat. C'est plus tard, et quand on en vint à réunir
dans un lieu commun tout le butin, que le clergé surtout exprima
ses plaintes amères, de ce que toutes les reliques, toutes les ri-
chesses enlevées aux églises, n'étoient pas représentées par ceux qui

les avoient conquises. Mais quant au nombre de deux mille Grecs tués dans le moment du désordre, quant au pillage des palais, quant à tous les excès auxquels les pèlerins se livrèrent dans la première ivresse de triomphe, on peut les déplorer comme un effet ordinaire des guerres, mais non pas à la honte particulière de nos croisés.

Je joins ici le récit du second continuateur de Guillaume de Tyr, en général assez peu favorable aux croisés, mais surtout prévenu contre les Vénitiens :

« Or vous dirai que li François et li Vénicien firent ains que il
« assaillissent la cité. Il firent un commandement que dedans
« moustier ne prendroient nulle riens ; et les avoirs que l'en pren-
« droit en la cité, l'en les métroit tous ensemble, et partiroient
« à droit. Que li Vénicien devoient avoir la moitié partout, en
« quele terre que ce fust. Après quant il orent establi ce fait, si
« firent escommunier à trois évesques qui là estoient, li évesques
« de Soissons et li évesques de Troies et uns évesques d'Alemai-
« gne ; cil escommunièrent tous ceus qui riens destorneroient, et
« qui n'apporteroient ce que il trouveroient là où l'en establi-
« roit, por partir. Après ce, si escommenia l'en tous ceaus qui en
« moustier prendroient nule chose, né prestre né moine déro-
« beroient de chose que il eust sus lui, et qui sus femmes métoit
« main. Ensi fu establi et commandé, et li escommuniemens fais.
« Quant li Latin orent prinse Constantinoble, il avoient l'escu de
« dame Deu embracié, et tantost comme il furent dedans, il le je-
« tèrent jus et embracèrent l'escu du deable. Il coururent sus à
« sainte Yglise premièrement, et brisièrent les abéies et les robè-
« rent. Là fu la convoitise si grant entr'aus que quant il devoient
« porter amont, il portoient aval. Là fu grande la hayne et la
« rancune ; que li chevalier disoient que li povre gent avoient
« tout, et la povre gent disoient que li chevalier avoient tout ravi,
« et li clerc et li prestre ausi tout mucié. Dont il fu bien aparis-
« sant à la départie. Cil qui plus emblèrent, ce furent li Vénicien,
« qui l'emportèrent par nuit à lor nés. Dont il avint quant il orent
« pris Constantinoble que li dus de Venice vault faire marchié as

« Véniciens de l'avoir qui estoit en Constantinoble; si feroit l'avoir
« ajouster à ses hommes et metre à une part, si donroit à chascun
« homme à pié cent mars; ensi l'eut-il fait et créanté. Mais li
« François ne le vaurent mie otroier, ains enbla l'en tout et des-
« tourna ains que l'en partist as Véniciens; que de la partie as
« François n'ot li chevalier que vint mars, et li prestre et li ser-
« jant à cheval dis mars, et li hom à pié cinq mars. »

De ce récit, qui d'ailleurs confirme celui de Villehardouin, il résulte que la seule restriction au pillage fut l'entrée des églises et la violence à l'égard des ecclésiastiques et des femmes; mais il paroît que la crainte de l'excommunication retint foiblement le plus grand nombre. Le sac de Constantinople ressembla donc parfaitement à tous les autres, si ce n'est qu'en général on s'abstient de faire aux vainqueurs les mêmes recommandations pieuses ou philanthropiques.

Un nombre infini d'objets précieux, tels que reliques, peintures, sculptures, pierres gravées, livres et bas-reliefs, fut alors transporté de Constantinople dans les églises de France et d'Italie. Le trésor de la Sainte-Chapelle, celui des églises de Troyes [1], de Soissons et de Reims, ont conservé de précieux souvenirs de l'entrée des François à Constantinople, jusqu'à l'époque de notre

---

[1] « Une quantité étonnante de pierres précieuses, gravées en creux et en relief, « ornent les reliquaires, qui de C. P. ont passé dans le trésor de la cathédrale « et dans ceux de Saint-Étienne et de l'abbaye de Clairvaux. Sur la légère indica- « tion que nous en avons donnée dès l'année 1757, M. le comte de Caylus a voulu « se procurer des empreintes de ces pierres, qui se sont trouvées au nombre de « 300, dans nos deux trésors. Parmi 162 seulement, prises au hasard, il en a « choisi cinq, qui remplissent la cinquantième planche du cinquieme volume de « ses *Antiquités égyptiennes, etrusques, grecques*, etc. La première représentant « Apollon avec sa lyre, est une de ces figures qui ne laissent rien à désirer du « côté de l'elegance et de la précision; la seconde represente un Grec, combat- « tant sur un vaisseau; la troisieme représente l'enlèvement du Palladium à Troie; « la quatrieme, la course d'un homme à cheval; la cinquième, un homme debout « tenant un oiseau sur le poing.... » (Grosley, *Memoires pour l'Histoire de Troyes*, tome II, page 273.)

grande révolution de 1789. Le cabinet des antiques de la Bibliothéque du Roi doit au soin des croisés une partie de ses pierres précieuses; enfin ces fameux chevaux de Venise, que nous avons vu devenir ensuite pour la France, comme le dit très bien M. Daru, un juste monument d'orgueil et de douleur; ces quatre chevaux en bronze doré étoient placés dans l'hippodrome de Constantinople; Dandolo les envoya à Venise, et ils furent élevés sur le portail de Saint-Marc, Saint-Marc, encore aujourd'hui opulent de l'ancienne dépouille de Constantinople. Maria Sanuto, dans sa Vie des doges de Venise, nous apprend que l'un des pieds de ces chevaux ayant été cassé pendant la traversée, ce pied fut donné à Dominico Morosini, qui les conduisit de Constantinople à Venise; la seigneurie en fit faire un autre pour remplacer celui qui manquoit. On le distingue encore aujourd'hui des autres, assez facilement.

N'oublions pas d'ajouter que Nicétas, l'auteur du *Discours sur les Monumens de Constantinople détruits par les croisés,* cite les *chevaux de Venise* au premier rang des chefs-d'œuvre brisés. Avant ces chevaux, il nomme la Junon colossale du Forum de *Constantin;* et précisément dans sa vie de l'empereur Alexis, le même Nicétas nous apprend que la populace grecque détruisit elle-même la superbe *statue colossale* de Minerve, qui faisoit l'ornement du Forum de Constantin. En plusieurs autres endroits de son histoire, il blâme les empereurs d'avoir plutôt respecté les statues profanes que les vases des églises. Comment peut-il donc être l'auteur du discours sur les monumens des arts détruits par les croisés?

§. CIX.

LIGNE 32. *Et l'île de Grèce.* C'est la leçon des Mss. 687, 455 et 207 Supplément françois. Le n° 7974 porte : *Criste;* — le n° 9644 *Crète.* Il me semble que les Vénitiens ne devoient pas ainsi, de prime abord, faire taire leurs prétentions sur l'île de *Candie,* l'ancienne Crète.

Les historiens françois ne parlent pas des chances d'élection qu'auroit eues un instant le doge de Venise. Tous s'accordent à ne citer que deux compétiteurs sérieux : le comte de Flandre et le marquis de Montferrat. Villehardouin, cependant, ne peut être accusé d'être défavorable aux Vénitiens.

§. CX.

LIGNE 33. *Lors fu li quens levés à grant joie au palais.* Tout ce paragraphe, que j'ai copié sur les Mss. 687, 455 et 807 Supplément françois, a été mutilé dans les éditions précédentes.

§. CXII.

LIGNE 12. *Le royaume de Salenique* ou Thessalonique.

§. CXIII.

LIGNE 4. *Qui fille fu l'empereour Alexis.* Alexis l'Ange Comnène, qui prenoit le titre d'empereur, conjointement avec son gendre Murzuphle. Au reste, Villehardouin anticipe sur les faits quand il donne ici le nom d'impératrice à cette jeune fille; elle ne fut mariée à Murzuphle que quelques mois après.

LIGNE 7. *Messinoble.* C'est aujourd'hui *Ghumourdgina* ou *Kemouldgina* dans le sandjiak de *Gallipoli*; l'ancienne *Rhodopée.* Elle est à quatre lieues environ du golfe de Lagos. Autrefois elle porta les noms de *Porsulae* et de *Maximianopolis.* Elle est désignée sous ces deux noms, d'après l'Itinéraire d'Antonin, dans l'*Orbis Antiquus* de Reichart.

LIGNE 13. *Locurlot.* Variantes : le *Churlot, Churlo.* J'ai suivi la leçon des Mss. 455 et 207 Supplément françois. Vigenère reconnoît ici la ville d'Héraclée ; c'est une erreur relevée par Du Cange. Il est question de la ville du *Tchorlou,* l'ancienne *Tzurullum,* à quinze lieues environ de *Selivrée.*

§. CXIV.

LIVRE 11. *Quant li emperères Morchufles oï dire qu'il venoient, si ne les osa atendre.* C'est-à-dire dès qu'il eut appris le départ du comte Henri et de ses chevaliers, il s'enfuit du Churlot, et s'éloigna jusqu'à *Messinople*.

La fin de cet alinéa est défiguré dans les éditions imprimées.

§. CXVI.

LIGNE 13. *Sur un flum. Messinople* est effectivement situé sur un fleuve qui se décharge non loin de là dans la *mer Égee*.

LIGNE 24. *Non ferés ore.* Baudouin avoit promis d'échanger Salonique contre les possessions d'*outre le bras par devers la Turquie*. Mais, avant de tenir sa promesse, il vouloit voir lui-même en quoi consistoit ce qu'il abandonnoit au marquis. Peut-être aussi n'étant pas très sûr du marquis, nouvel époux d'une ancienne impératrice, craignoit-il de l'envoyer sur la trace de l'empereur Alexis. Quant à Boniface, avant d'aider l'empereur contre ses ennemis, il vouloit prendre possession de son royaume. De là, la querelle. Le texte des éditions précédentes est encore ici fort corrompu.

§. CXVII.

LIGNE 10. *Le Dimos*, aujourd'hui *Dimotie*, l'ancienne *Didymoticon*, sur la *Maritza*, l'ancien *Hèbre*. Elle est bâtie sur un rocher, entre *Ipsala* et Andrinople.

§. CXVIII.

LIGNE 3. *Cristople.* C'est une ville assise non pas sur la rive de la Propontide, comme le dit Du Cange, mais à sept ou huit lieues du *golfe de la Cavale*, sur le fleuve *Nestus*. Elle fut d'abord connue sous le nom de *Nicopolis ad Nestum*, puis sous celui de *Chrystopolis*. (Voyez l'*Orbis Vetus* de Reichart.) Aujourd'hui c'est une petite bourgade qui a repris son nom de *Nikopolis* à quelques centaines de pas du *Carasou*, l'ancien Nestus.

Ligne 6. *Lablanche.* Variante : *La Lance;* — *la Blache.* — J'ai suivi les Mss. 687, 455 et 207 Supplément françois, et le premier continuateur de Guillaume de Tyr. Ce fort, bâti entre *Seres* et *Christople*, doit être le *Vaslack* de la carte du colonel Lapie, à une lieue du golfe de la Cavale. Nos François auront dit *la Blaque*, comme ils disoient les *Blacs* pour les *Valaques*.

Ligne 8. *La Serre.* Tous les manuscrits portent *La Serre*, et Du Cange a eu grand tort de substituer *La Setre*, dans la persuasion qu'il s'agissoit ici de *Kitro*, ville placée au-delà de Salonique, sur la partie occidentale du golfe de Salonique. *La Serre* est évidemment la ville actuelle de *Seres*, à vingt lieues environ de *Lablaque*, et sur la route de Salonique. Voyez ce qu'on en dit encore au §. CXXII et ce qui rend Du Cange inexcusable.

Ligne 10. *A Salenique.* Il n'y a que l'édition de Dom Brial qui ait conservé ces deux mots importans. Du Cange et MM. Buchon et Petitot rapportent au château de *Kitros* ce qui appartient à Salonique, faisant ainsi de *La Setre*, « l'une des plus abondantes villes « en biens et en richesses qui fust lors en toute la chrétienté ! » Après tant d'étourderies de la part des éditeurs, on comprend qu'ils aient regardé comme impossible de « suivre la géographie de « Villehardouin, et d'y asseoir jugement. »

§. CXIX.

Ligne 9. *Fu requis Joffrois li mareschaus de Champaigne que il alast à Andrenoble.* Remarquez que, par inadvertance et malgré les textes manuscrits, les éditeurs précédens, Du Cange et Dom Brial eux-mêmes, mettent tous Joffrois de Villehardouin au nombre de ceux qui avoient suivi l'empereur. (Voyez §. CXIII.)

§. CXXII.

Ligne 10. *Et mout s'ahasti.* Et moult se piqua. Ce mot *ahastir* a été pris dans un sens parfaitement analogue à celui de *piquer*. Avant de dire *pique*, on disoit *haste*, voilà la cause de l'antériorité de *ahastir* ou *aatir* sur *piquer*. On trouve un exemple décisif de cette acception dans le roman de Garin le Loherain. Bernars de Naisil veut porter son neveu Fromont à armer chevalier le vallet Fromondin :

> « Or esgardés, biaus nies, Bernars a dit,
> « Com cil est biaus et de bras et de pis !
> « Car en faisons chevalier le matin,
> « Il puet mout bien grosses lances croissir
> « Et guerroier ses mortés ennemis.
> « Sé tu vivois jusqu'au jor del juis,
> « En meilleur point n'iert chavaliers tes fis. »
> Et dit Fromons : « Merveilles avés dit.
> « Il est trop jones, ne le porroit soffrir. »
> — « Si fera, voir ; » dit Bernars de Naisil,
> « Vous estes vieus et chenus et floris,
> « Reposés-vous et faites vos délis ;
> « Et cil voudra la guerre à main tenir. »
> Fromons l'oï, à pou n'enrage vis :
> — « Sire Bernars, vous m'avés *aati*,
> « Que me clamés viellart et rasotti ;
> « Encor puis bien sor mòn cheval saillir,
> « Au grant estor demain vous en envi ;
> « Et cil qui pis, ou de moi ou de ti,
> « S'i fera, oncles, savés que je vos di ?
> « Li esperons li soit coupés par mi
> « Près du talon, au branc d'acier forbi !...
> (Tome II, page 144.)

Ou je me trompe grandement, ou voilà de la poésie épique. Mais cela n'étant allemand, italien ni grec, qui peut y faire attention ?

LIGNE 21. *Qui estoit chanceliers.* Ici tous les manuscrits lui donnent ce titre, et j'ai dû le lui conserver.

§. CXXIII.

LIGNE 34. *Je ne's asseurrai.* Je ne *les* ferai pas sûrs

§. CXXIV.

Ligne 11. *Qui le conduiroient.* C'est-à-dire qui lui serviroient de sauf-conduit. *Conduire* est ordinairement pris dans ce sens chez nos vieux auteurs. Dans *Garin le Loherain*, Fromont propose de s'en rapporter au jugement du Roi :

    « Donnes-li jor, il venra devant ti,
    De l'amander est-il près et garnis.... »
Ce dist li rois : « Or le faites venir. »
— « Qui l' *conduira*, sire? » dit Lancelin,
« Sé il ne vient envers vous à plaisir,
« Qu'il s'en r'alast sain et sauf et garis? »
— « Je l' *conduirai*, » dist Bègues de Belin,
« De par le roi que vous véés ici. »
            (Tome I, page 284.)

§. CXXV.

Ligne 14. *Lasgur.* Variantes : *Largur,* — *Lasgar,* — *Lascre.* Ainsi portent les Mss. 455 et 207 Supplément françois ; aucun des autres ne donne la leçon adoptée par les éditeurs précédens : *Leosgur.* Toutefois, il s'agit bien ici de Leo Sgurre, possesseur indépendant de Corinthe et de Napoli.

Ligne 15. *Naples et de Corinthe.* C'est Napoli de Romanie et Corinthe, situés bien loin de Salonique. La cession du royaume de Salonique ne comprenoit pas la Morée; l'empereur s'en étoit réservé la souveraineté; mais de là, Leo Sgurre s'avançoit jusqu'en Thessalie.

Ligne 15. *Larche.* Tous les manuscrits s'accordent à donner ce nom, à l'exception du n° 9644, qui l'a laissé en blanc. Il ne suffit donc pas que sous l'année 1205 Alberic des Trois-Fontaines ait parlé de l'envoi de Michaelis dans la direction de Duras, pour nous faire reconnoître avec Du Cange, dans ce passage de Villehardouin, la ville de Duras. C'est évidemment *Larisse* en Thessalie, à deux journées de Salonique. Au reste, voici le texte d'Alberic : « Qui-
« dam Michaelis, dum missus fuisset *versus* Dyrrachium, *in parti-*

« *bus illis* se ducem fecit de consensu Græcorum. » Ainsi, dans les premiers mois de son couronnement, Baudoin avoit chargé Michaelis de recevoir la soumission des provinces grecques placées au-delà de Salonique, et dans la direction de Duras. Michaelis, au lieu de remplir son mandat, avoit fait des incursions sur les terres du marquis de Montferrat ; il avoit surpris *l'Arche* ou *Larisse*, d'où facilement il pouvoit inquiéter les terres de l'empire et celles du royaume de Salonique.

§. CXXVI.

Ligne 6. *Lors commença l'en les terres à departir.* On fit le partage de tous les domaines de l'ancien empire d'Orient ; mais les temps étoient bien changés, et l'on donnoit plutôt des terres à conquérir que des terres conquises. C'étoit assez l'usage des chevaliers françois au moyen âge. Ainsi la Sicile fut partagée avant d'être la proie des aventuriers normands ; ainsi la Palestine, ainsi le Bas-Empire. Dans nos anciennes chansons de geste, les chevaliers mettent le plus grand prix à obtenir du roi de France les fiefs qu'ils se proposent d'arracher aux Sarrasins d'Espagne. Il sembloit qu'une fois le droit bien établi, la mise en possession n'étoit plus qu'une formalité peu embarrassante. Les croisés, au moment du partage, n'ignoroient pas que l'Asie-Mineure étoit sous le joug des Turcs et de Théodore Lascaris ; que la Bulgarie et la Valachie reconnoissoient *Joannis*; que Michalis avoit la Thessalie et Léon Sgurre la Morée : ils n'en distribuèrent pas moins toute cette étendue de territoire.

Ligne 13. *La duchée de Nique.* Nicée, dans l'Asie-Mineure, ancienne Bithynie, aujourd'hui *Niq*.

Ligne 19. *La duchée de Finepople. Philippopolis*, dans l'ancienne Thrace.

Ligne 24. *Passèrent à navie.* Ainsi portent tous les manuscrits. Toutes les éditions précédentes ont écrit très incorrectement : *Passèrent le bras Saint-Georges à Avie.*

Ligne 25. *L'Espigat.* Villehardouin remarque a plusieurs reprises que cette ville *séoit sour mer;* elle ne peut donc être, comme l'ont pensé les précédens éditeurs, la ville actuelle de *Biga*, située dans l'Asie-Mineure, à cinq lieues de la mer. Je crois reconnoître l'*Espigat* vers le point que le colonel Lapie, dans sa carte, indique sous le nom de *Ruines de Pityeia* (ou *Pitgeia*). Elles sont sur la *mer de Marmara*, à dix lieues environ de *Cyzique*.

§. CXXVII.

Ligne 26. *Ensi fu cele prophécie averée.* Comme il n'y a rien de nouveau sous le soleil, il est impossible qu'une série de bas-reliefs, sculptés sur une colonne destinée à perpétuer les choses passées, n'offre pas la prophétie plus ou moins bien coordonnée des choses à venir. Mais la foi des Grecs dans de semblables prédictions prouve leur complète ignorance des tastes de leurs ancêtres. Guntherus nous apprend qu'ils poussèrent même le grossier délire jusqu'à détruire la représentation d'une ville prise d'assaut, que l'on admiroit sur les contours de cette colonne, parce qu'ils y virent le mauvais présage de la victoire des croisés. Nicétas a bonne grâce, vraiment, de venir ensuite nous parler de la barbarie des Latins.

Suivant MM. Michaud et Poujoulat, « la colonne dont il est ici
« question pourroit bien être celle qui étoit appelée autrefois
« *Colonne Purpurine*, appelée aujourd'hui *Colonne Brûlée*, située
« non loin de *l'At-Méidam*, sur la troisième colline de Constan-
« tinople. Elle est formée de pièces de porphyre noircies par le feu
« des incendies, et garnies de cercles de cuivre en bosse, qui
« cachent les jointures des pierres. »

§. CXXVIII.

Ligne 10. *Li Hermin.* Les Arméniens. De là notre *hermine*, c'est-à-dire *fourrure arménienne*.

Ligne 23. *Et l'autre partie se tornèrent devers Johannis.* Les éditions précédentes ont suivi le texte fautif du n° 6944. « *Et la*

« *grande partie qui s'ere retenue devers Johans se torna devers* « *lui.* » Ce qui est pour le moins obscur. Du Cange a donc fait un contre-sens dans sa traduction : « Leur aidant de si bonne sorte, « que la plus grande partie de la contrée, *mesme ceux qui avoient* « *pris le parti de Jean*, se tournèrent de *son* côté. »

Ligne 29. *Nicomie.* Nicomédie.

§. CXXIX.

Ligne 6. *Thodres li Acres.* Théodore Lascaris.

Ligne 26. *Turcoples.* C'étoit un corps de cavaliers tantôt au service des Turcs et tantôt à celui des Chrétiens. Leur nom rappeloit qu'ils étoient *fils* d'un père *turc* et d'une mère chrétienne.

Ligne 28. *Phinadelphe.* Philadelphie, dans l'ancienne Phrygie, Asie-Mineure. Baudoin la lui donnoit, à condition qu'il sauroit s'en emparer; car elle étoit alors sous la main de *Morotheodorus*, qui s'y étoit fortifié aussitôt après la prise de Constantinople par les Latins. Quant à la réception que l'empereur Baudoin fit en général à tous ces nouveaux arrivés, elle n'auroit pas été fort empressée, si nous nous en rapportons au second continuateur de Guillaume de Tyr. « Li emperères manda en la terre d'outremer « et fist crier partout que qui voudroit avoir terre né garison que « il venist à lui. Il y ala à cele fois cent chevaliers de la terre et « d'autre gent jusque à dis mille. Et quant il vindrent là, il ne lor « volt riens donner; ains s'espandirent par la terre et alèrent là « où il cuidièrent miex faire. » (Fol. 369.)

C'est-à-dire que l'empereur les *autorisa* à conquérir pour leur compte les villes et places de l'ancien empire grec. Il n'avoit pu agir autrement même avec le comte de Blois.

§. CXXX.

Ligne 12. *Si li prist une maladie de joie.* Ce dernier mot important est omis dans les manuscrits consultés par les précédens éditeurs. Marie, comtesse de Flandre, étoit fille du comte de

Champagne, Henry-le-Large, et de Marie de France, fille de Louis VII (et non pas du roi *Philippe*, comme le disent Du Cange et M. Buchon).

Ligne 22. *Palorme*. Autrefois *Panorme*, et aujourd'hui *Pondernia*, endroit ruiné, proche de l'ancienne Cyzique.

§. CXXXI.

Ligne 4. *Le Puimenior*. Nicétas et Anne Comnène l'appellent Ποιμανινὸν; c'est l'ancienne *Poemenum*, sur le fleuve de Tharse, à six lieues environ du détroit de *Cyzique*.

Ligne 11. *Dont il reçurent*. Dont les Grecs reçurent. — Ligne 12. *Car on leur rendi*. Car on rendit aux Latins.

Ligne 14. *Le Lupaire*. Aujourd'hui *Loupad*, située sur le lac du même nom ; c'est l'ancienne *Lopadion*. — *Le Pulmach*. C'est évidemment la ville moderne d'*Aboullona*, placée sur le lac de *Loupad* (ou Lupaire), autrefois nommé *Apolloniatis Lacus*. Du Cange, après avoir très bien conjecturé que Villehardouin eût mieux fait d'écrire *Pulinac*, ne veut pas que ce soit l'ancienne ville d'*Apollonia*: c'est pourtant la vérité.

Ligne 24. *Landromite*. L'ancienne *Adramyttum*, ville maritime de Mysie, aujourd'hui *Adramiti*, à deux lieues du golfe du même nom.

§. CXXXIII.

Ligne 12. *Michon*. *Modon*, dans la Morée. L'ancienne *Methone*.

Ligne 13. *Par estevoir*. Par nécessité. (Voy. la note du §. CLXX.)

Ligne 26. *Quant Joffrois vit ce, si en fu mout courouciés, et adonc*... Tout cela est passé dans les éditions imprimées; ce qui rend le sens très-embarrassé.

Ligne 34. *Par un si*. Sous la condition. Nous avons perdu ce tour, qui donnoit beaucoup de grâce à la phrase.

Ligne 41. *Je le tenrai de vous*. Joffroi faisoit à Guillaume cette proposition, non parce que Guillaume étoit d'une famille plus illustre que la sienne, mais parce que Guillaume avoit des hommes sous sa bannière, tandis que Joffroi n'avoit de secours qu'en lui-même.

§. CXXXIV.

LIGNE 5. *Si hourdèrent Michon.* C'est-à-dire *alors ils fortifièrent Modon.* Il est parlé de cette guerre des François contre les Grecs de la Morée dans la *Chronique de Morée,* livre II; mais tout s'y trouve confondu.

§. CXXXV.

LIGNE 2. *Coronne.* L'ancienne *Coronée,* aujourd'hui *Coron,* à huit lieues de Modon.

LIGNE 6. *La Calemate.* Aujourd'hui Calamata, située à une demi-lieue de la mer, au fond du golfe de Coron. M. Pouqueville nous apprend qu'on trouve encore à peu de distance de cette ville les restes d'une forteresse bâtie par les croisés. Voyez d'ailleurs le récit succinct de la conquête de Morée par les Francs, dans le *Voyage de la Grèce,* tome V, p. 319 à 325.

LIGNE 9. *Adont se tindrent plus li Grieu...* Dans la précieuse Chronique métrique de Morée, dont par malheur M. Buchon ne nous a donné le texte que du premier livre, nous voyons que les Champenois firent avec les Grecs un traité à l'amiable qui semble devoir présenter de grandes analogies avec le système tant recherché du partage des Gaules entre les Francs et les Romains, lors de la conquête du ve siècle. Voici ce que dit la Chronique de Morée : « Les « principaux des Grecs envoyèrent à leurs amis une garantie du « Champenois, portant que ceux qui viendroient le reconnoître con-« serveroient tout leur patrimoine, et qu'on leur accorderoit même « quelque chose en sus, et que ceux qui seroient habiles et braves « parviendroient aux plus grands honneurs. — Alors les Grecs « commencèrent à reconnoître le Champenois. Les chefs de la « Morée se réunirent à Andravida, et firent un traité avec le Cham-« penois aux conditions suivantes : Les fils de familles nobles qui « avoient des priviléges devoient les conserver en proportion de

« leurs biens. Les hommages et les avantages militaires devoient
« être répartis dans la même proportion. Le surplus appartenoit de
« droit aux Francs. Quant aux habitants des campagnes, ils de-
« voient rester sur le même pied qu'ils étoient sous la domination
« grecque. On envoya alors six des principaux Grecs et six des
« Francs pour faire le partage du pays et des terres privilégiées. »
(*Chronique de Morée*, livre II.)

§. CXXXVI.

Ligne 7. *Saint-George de la Manche*. Ou plutôt *de la Man-gana*, situé sur le rivage de la Propontide.

§. CXXXVII.

Ligne 6. *Le Curlot*. De *Dimotika* les Francs se sauvent à Andrinople ; chassés d'Andrinople, ils reviennent dans la direction de *Dimotika*, qu'ils laissent à cinq lieues sur la droite pour gagner le *Curlot*. De là, reprenant courage, ils retournent en avant jusqu'à Cardiople, à douze lieues de *Tchourlou*, vers Andrinople.

Cardiople, l'ancienne *Heraeupolis* ou *Arcadiopolis*, est aujourd'hui *Hirepoli*, à quatorze lieues du *Curlot*. Elle est sur la route d'Andrinople.

§. CXXXVIII.

Ligne 18. *Burgarofle*. Anne Comnène place cette ville auprès de *Nikitza* ou *Nequise*. C'étoit le siége d'un évêché dépendant d'Andrinople, et sans doute la même que la ville actuelle de *Eski-baba*, l'antique *Bordutizos*; elle est à dix lieues de Cardiople.

Ligne 21. *Nequise*, sur la route d'Andrinople, et à douze lieues de cette ville. C'est la ville actuelle de *Kafsa*, l'ancienne *Nicée*, *Niquea* ou *Nikitza*.

§. CXXXIX.

Ligne 22. *Estamenac*. Aujourd'hui *Stanimak*, à trois lieues de *Philibé*, *Finepople* ou *Philippopolis*.

CXLI.

Ligne 3. *Et virent les bannières Johannis le Blac seur les murs.* Ce n'est pas que Johannis fût dans la ville, mais les Grecs après avoir chassé les Vénitiens, auxquels appartenoit Andrinople aux termes du partage de l'empire, avoient fait alliance avec le roi des Bulgares et des Valaques. *Voyez* plus haut §§. CXXXV et suivans. On ne sera pas fâché de voir comment le second continuateur de Guillaume de Tyr raconte toute cette malheureuse affaire :

« Or vous dirai des Grifons d'Andrenople que il firent en la cité
« d'Andrenople. Elle estoit eschue as Véniciens, à lor partie. Il
« menoient moult mal ceaus de la cité, et moult lor faisoient de
« honte. Il mandèrent es citez et es chastiaus qui près d'eaus
« estoient, pour Dieu, que il s'accordaissent ensemble et mandais-
« sent au seignour de Blaquerne [1] que il les secourust. Et il lor
« manda que il les secorroit volontiers dedens la Pasques à tout
« grant gent. Et ce fu quinze jours devant karesmes prenant que
« li messages i ala. Il a quatorze bones jornées de Constantinoble
« jusques à Andrenople, de bien mauvaise voie.

« Or vous dirai que cil des chastiaus et de la cité d'Andrenople
« firent : quant il orent l'assegurement des Blacs que il les secor-
« roient, il mandèrent as garnisons des Véniciens que il vuidaissent
« la terre ou il les occiroient tous; mais en pais s'en alaissent,
« ains qu'il les tuaissent. Les garnisons virent que il n'avoient mie
« la force, si s'en issirent et alèrent en Constantinoble, et ensi fit
« l'en faire à toutes les garnisons qui près d'illuec estoient. Les
« garnisons envoièrent messages à l'empereor de Constantinoble et
« li firent savoir que si faitement s'en venoient, et coment li
« Grifon les avoient mis hors. Li messages vint en Constantinoble
« le jour des Cendres, si come li emperères issoit de la chapele où
« il avoit oï le service de la messe; et li dist son message. Quant li
« emperères l'oï si en fu moult dolens; si entra en sa chambre et

---

[1] Il falloit de *Blaquie*.

« manda le duc de Venice et le conte Loys et les autres barons
« qui en Constantinoble estoient. Il alèrent tuit à son commant, et
« moult furent dolent quant li emperères lor dist la nouvele que il
« avoit oye. Là prirent conseil et s'accordèrent ensemble d'aler
« assegier la cité d'Andrenoble et tout metre à l'espée, que par
« Andrenoble estoit toute la terre revelée. Dont commanda li em-
« perères que tuit fussent appareilliés de mouvoir dedens la mi-
« quaresme, et tuit cil qui armes porroient porter, fors ceaus que
« l'en esgarderoit à demourer en la cité pour garder la. Ensi
« comme il le commanda si fu fait. Quant ce vint à mi-quaresme,
« il alèrent asseoir Andrenoble. Il n'orent gaires esté devant An-
« drenoble, quand li Blac et li Comman furent près d'illuec, et
« coroient chascun jour devant l'ost, et gardoient si la viande que
« à paines en pooient-il point avoir. Il firent lices derrières aus,
« que li Blac et li Comman ne se ferissent en lor ost. Quant li em-
« perères vit que li sires de Blaquerne avoit amené sus lui si
« grant gent, si prist message, si les envoia en Turquie outre le
« bras Saint-Jorge à Henri son frère, et li manda que il s'en
« venist o tout quanques il avoit de gent ; que li Blac et li Com-
« man l'avoient assegié devant Andrenople. Tout aussi manda-il à
« Païen d'Orliens et à Baudes de Beauvoir et à Pieron de Bra-
« chuel, qui un autre ost tenoient en Turquie.

« Quant li emperères vint devant Andrenople, cil de la cité
« issirent contre lui et le bienveignèrent comme seignor, et li
« demandèrent porquoi il venoit terre assegier ; que il le connois-
« soient bien à seignour et la cité lui rendroient, et sé il les voloit
« tenir à droit comme ses hommes ; mais la cité ne li rendroient-il
« mie, ains se lairoient tous depecier pièce à pièce pourquoi il les
« vousist metre en autre main que en la soie. Et ce que il avoient
« fait des garnisons que il avoient mis hors, il l'avoient fait sus lor
« droit deffendant ; car il les malmenoient de lor fames et de lor
« enfans, si que il ne le pooient plus sofrir ; né jà tant come il
« vesquissent, Vénicien n'auroient pooir sor aus. Quant li empe-
« reres oï ce que cil d'Andrenople orent dit et offert, si prist con-

« seil que il en feroit. L'en li loa et ses consaus li aporta que se li
« dus voloit prendre ailleurs terre, que il li donnast, por si que il
« laissast Andrenople en pais. Li emperères le requist au duc, et li
« dus respondi que autre eschange n'en auroit-il jà, ains se ven-
« geroit de la honte que il avoient fait à lui et à ses hommes; et li
« requist que il li aidast la terre à assaillir. Li emperères dist que
« il ne li faudroit mie, ains li aideroit de ce que il porroit. Après
« fist li emperères armer sa gent et assaillir la cité, et envoia une
« partie de ses mineurs qui minèrent des murs une partie de la
« cité, et estançonnèrent et mirent les atrais [1], si qu'il n'avoit
« que bouter le feu dedans. Quant il fu ensi apareillé, li empe-
« rères manda les chevaliers de l'ost pour establir liquel garde-
« roient l'entrée de la cité, et liquel garderoient les lices, et liquel
« entreroient ens; que il ne voloient mie que la menue gent y
« entrast por destourner l'avoir qui dedens estoit. Après com-
« manda li emperères que pour chose qu'il oïssent né véissent
« n'ississent fors des lices.

« Il fu bien nonne quant il orent cil atirement fait; si se parti-
« rent et alèrent chascun à sa herberge. Ce fu fait le joeudi après
« Pasques. Li quens Loys fu assis au dîner et mengoit; si comme
« il mengeoit vindrent li Blac et li Commain jusques à lices, gla-
« tissant. Quant li quens Loys le sot, si en fu moult dolens et dist:
« *Vois, par les trumiaus Dieu* [2] ! *cist garçon ne nous lairront*
« *mie mengier. Va,* dist-il à un de ses escuiers, *amaine-moi mon*
« *cheval.* Et il dit à un autre: *Va, si di à Robert dou Perche et à*
« *Robert de Monmiral et à mes chevaliers que il viengnent après*
« *moi.* Il demanda un haubert, si le jeta sor son dos, si monta à
« cheval et issi hors des lices, et si chevalier et sa maisnie après
« lui. Quant cil de l'ost virent que li quens issoit hors des lices, il
« crièrent tuit *as armes,* et issirent après lui. Quant li emperères oï

---

[1] Amorces, matieres combustibles destinées à propager subitement le feu.
[2] C'etoit là sans doute le *juron* du comte de Blois; comme celui de Philippe Auguste etoit: *Par la lance saint Jacques!* (*Voyez la Chronique de Reims.*)

« le cri et la noise en l'ost, si demanda que ce estoit ; et l'en li dist
« que li quens Loys estoit issus et aloit après les Blacs et les Com-
« mans. Li emperères commanda que l'en li amenast un cheval,
« si iroit après lui, et le feroit retorner. Si commanda au mares-
« chal de Champaigne que il feist garder que nuls n'alast après lui
« sé chevalier non, et que il feist bien garder les lices et les engins
« pour ceaus de la cité qu'il n'ississent hors, et il iroit après le
« conte Loys pour faire le retorner. Li quens Loys chaça tant les
« Blacs et les Commans que il s'embati sor leur agait. Et bien
« avoit-il jà chacié quatre lieues ou plus, quant il s'aperçut de
« l'agait, si s'en retorna arrières. Et une partie de la leur gent
« qui frès estoient saillirent après lui et le navrèrent à mort, et
« l'abatirent de son cheval et ocirent ceus qui avec lui estoient.

« Adont issi li emperères et aveuc lui dui cent chevaliers des
« meillours de l'ost por aler rescourre le conte Loys, entre les
« Véniciens qui aprez lui venoient. Quant li agais qui saillis estoit
« vit l'empereour venir, si se retraïst arrières. Li emperères se
« traïst avant. Si trouva le conte Loys où il se moroit et les autres
« qui mors estoient. Si fu moult dolens et grant duel commença à
« faire sur le conte Loys. Li quens Loys li dist : *Sire, pour Dieu,*
« *ne faites duel, mais pour Dieu aiés merci de vous et de la cres-*
« *tienté, car je me muir. Mais tenés-vous tout quoi, et si raliez vos*
« *gens ensemble. Car il iert nuis par temps, si porrois aler as*
« *herberges; que je ai esté sus lor agait et veuz les ai; que sé*
« *vous alez avant, sachez de voir que jà pié* [1] *n'en eschapera.*
« Li emperères li dist que jà Diex ne pleust que il eust reprouvier
« de nul homme que il eust le conte leissié mort en champ ; ains
« l'emporteroit avuec lui ou il morroit.

---

[1] *Pie n'en eschapera.* Cette expression est précieuse. L'analogie de *pie* avec
notre conjonction *pas*, employée non comme négation, mais pour donner plus de
force à la négation, prouve bien qu'elles ont toutes deux une origine commune.
On aura dit d'abord, je ne sortirai *pas*, je n'entends *pas*, je n'avance *pas*, je ne
fais *pas*. Puis on a mis cette forme explétive à la suite de toutes les négations.
Je ne dirai *pas*, je ne veux *pas*, etc.

« Tant chevauche li emperères et si chevalier avant, que li Blac
« et li Comman saillirent de lor embuschement et les avironnèrent,
« et les ocirent tous quanques il en y ot en la compaignie de l'em-
« pereour, fors ne sai quans chevaliers et serjans qui eschapèrent
« par effors de cheval et tornèrent à lor herberges. Quant li Véni-
« cien et ceux cui avec aus estoient virent la bataille, il s'en retor-
« nèrent arrière pour le grant peuple que il avoient veu. Car il
« savoient bien que sé il aloient avant que il n'i auroient durée.
« Il estoit jà prin-somme quant il vindrent à lor herberges. Dont
« firent savoir au duc de Venise et au mareschal de Champaigne la
« mescheance coment elle estoit avenue. Quant il oïrent ce, si levè-
« rent le siége coiement, et montèrent qui miex miex, et lessièrent
« lor herberges et lor harnois, et s'en alèrent sus la mer, vers une
« cité des Véniciens qui a non Rodescoc. Et vers Constantinoble en
« ala une partie, mais poi y en ala. » (Fol. 370.)

A quelques erreurs de date près, ce récit est conforme à celui de Villehardouin ; seulement le maréchal de Champagne ne blâme pas les Vénitiens, et nous donne moins de détails sur le commencement de la poursuite à laquelle se livra le malheureux comte de Blois.

LIGNE 14. *Se recrurent d'une route de serjans à cheval.* C'est-à-dire se recrutèrent d'une troupe. C'étoit un maigre renfort, attendu que ces *sergens* n'avoient pas l'équipement complet ni l'armure des chevaliers.

LIGNE 18. *Fourrer.* Fourrager. La *fuerre* ou *feurre* étoit ce qu'on appelle aujourd'hui le *fourrage*.

LIGNE 22. *Comains.* Ces peuples habitoient les frontières de la Bulgarie, et le long du Danube. Ils ne reçurent le baptême que vers le milieu du xiv siècle.

LIGNE 29. *Pentates.* « J'estime que Villehardouin a entendu
« parler de la place appelée τούτξα ou πίστξα, dans *Anna Comnena*,
« lib. x. Alexiad., laquelle la fait voisine d'Adrianopolis. » (Du Cange, observat., p. 337.) On ne la reconnoît plus sur les cartes.

Ligne 33. *Chappuisier.* Tailler, charpenter. Dans la chanson d'*Auberi le Bourgoin :*

> Prist un coutel qui iert sor le tablier,
> Desous la table commence à *chapuisier*....
> — Li Borguignons tint le coutel trenchant,
> Desous la table va dou pain *chapuissant.*

§. CXLII.

Ligne 4. *Erramment.* Promptement, en courant. Cet adverbe est formé du verbe *errer,* et ce verbe vient lui-même du substantif *erre,* course, voyage, en latin *iter. Appareiller son erre,* c'est dans notre ancienne langue *faire ses* préparatifs de voyage. *Chevalier errant,* c'est un chevalier qui est en voyage, et qui ne fait pas encore comme

> « . . . . Les chenus, les barbés,
> « Qui le séjour aiment et repouser,
> « Et au couchier le vin et le claré. »
>   (*Garin le Loherain,* tome I.)

§. CXLIII.

Ligne 14. *Et li nostre orent batailles d'autres gens que de chevaliers.* C'est-à-dire l'armée des Latins étoit en partie composée de gens qui n'avoient ni l'armure ni l'expérience militaire des chevaliers. C'étoient des sergens, des *garçons,* des *ribauds,* etc. Alberic de Trois-Fontaines raconte que les Bulgares entraînèrent les guerriers françois dans un terrain marécageux. « Balduinus, dum insi-
« diis non præcavit, captus est ab eo (Johannitio) per dolum in
« paludibus aquosis, à quibus non possent exire nisi terræ indi-
« genæ. » Villehardouin n'eût pas manqué de rapporter cette circonstance, si elle eût été véritable. Mais des chevaliers et leurs valets, fatigués d'une poursuite de plusieurs lieues, accablés sous le poids de leurs armes et pouvant à peine faire encore marcher leurs chevaux, n'avoient pas besoin d'être entraînés au milieu de

marais fangeux pour devenir la proie d'ennemis armés à la légère et qui se renouveloient sans cesse.

Ligne 19. *Quant uns siens chevaliers.* Le récit du premier continuateur de Guillaume de Tyr donne ici quelques détails de plus que Villehardouin : « Li emperères, ki venoit après le conte « Loys, trouva le conte abattu de son cheval et griement navré en « dui lieus. Jehans de Friaise estoit descendus et le faisoit monter « sur son cheval. Li emperères se feri ou tas de ses ennemis... » (Folio 198.)

§. CXLV.

Ligne 28. *Rodestoc.* Aujourd'hui *Rodosto*, ville située sur la mer de Marmara, à quarante lieues environ de Constantinople.

Ligne 36. *Li quens Gerars.* Variantes : N° 7974, *Girars.* N° 687 Supplément françois, *Cras.* J'ai suivi la leçon des n°⁸ 455 et 207 Supplément françois.

Ligne 48. *Il cuidièrent vraiement que li remenans fust perdus.* Il en est de même dans tous les grands désastres. Les plus pressés d'entre les fuyards racontent les malheurs de leurs compagnons avec toutes les exagérations imaginables : ainsi pensent-ils justifier leur arrivée et leur premier effroi.

§. CXLVI.

Ligne 6. *La Pamphilée.* Ou Pamphile, évêché dépendant de la métropole d'Héraclée. L'armée ayant atteint cette ville au point du jour, après avoir quitté les murs d'Andrinople à la nuit fermée, il faut placer *Pamphile* à huit ou dix lieues de là. Mais il ne reste de *Pamphilée* aucune trace sur les cartes anciennes ou modernes.

Ligne 14. *Si corurent as armes.* L'adoubement des armes exigeoit un certain temps, et voilà pourquoi les surprises étoient si funestes autrefois. Dans l'*Histoire de li Normant*, publiée par M. Champollion pour la Société de l'Histoire de France, on voit à chaque page le récit de nouveaux malheurs occasionnés par la nécessité de repousser des attaques avant d'avoir eu le temps de revêtir les armes. (Voyez aussi *Garin le Loherain,* note du tome II, page 117.)

Ligne 42. *Cardiople.* C'est le texte des Mss. 455, 207 et 687 Supplément françois, auquel se rapporte le premier continuateur de Guillaume de Tyr; il ne faut donc pas admettre la leçon des éditions imprimées : *Cariople.*

§. CXLVII.

Ligne 10. *Qui s'en voloient départir.* Sans doute après avoir vu l'épouvante des premiers fuyards dont notre auteur a parlé plus haut.

§. CXLIX.

Ligne 8. *Qui n'osoient demorer el païs.* Les Arméniens, comme Villehardouin nous l'a dit plus haut, haïssoient mortellement les Grecs et n'avoient pas été d'un foible secours aux barons françois, dans leur expédition de l'Asie-Mineure. Quand Baudoin rappela ses barons, ils demandèrent comme une grâce de suivre l'armée françoise, et le comte Henri leur promit de les faire recevoir favorablement à Constantinople par son frère. Écoutons ici le second continuateur de Guillaume de Tyr :

« Dame Diex... envoya un paysant au conte Henri pour dire la
« nouvelle de l'empereour et dou conte Loys et des chevaliers qui
« mors estoient,... et que li Blac venoient encontre lui, et que sé il
« ne se hastoit d'aler par jour et par nuit il seroit ocis et tuit cil
« qui avec lui estoient. Mais pour Dieu pensast de son corps ga-
« rentir et de ses compaignons. Quant Henri oy la nouvelle, si
« en fu moult dolens, et grant paour ot de la soie mort et de ceus qui
« avec lui estoient. Si ne sot que faire; que il avoit avec lui trente
« mille Hermins et lor fames et lor enfans et lor harnois por faire
« manoir en Constantinoble ; si lor avoit juré que pour riens qui
« avenist ne lor faudroit, tant que il les auroit mis en Constanti-
« noble. Or ne sot que faire, que il savoit bien que sé il s'en aloit et

« il les laissoit, que il i auroit grant pechié et que il feroit contre
« son sairement. Li chevalier lui conseillèrent que miex estoit que
« il laissast son menu peuple en aventure et s'en alast à Rodostoc
« à lor gent, et se ralliassent là, que ce que il demourassent pour
« eus faire ocire. Que ce seust-il bien selonc ce que li païsans lor
« avoit dit, que pié n'en eschaperoit jà; si venoit miex que li
« Hermin fussent mort que il. Car sé il estoit mors, en Constan-
« tinoble né à Rodestoc né en toute la terre ne remaindroit pié que
« tuit ne fussent mis à l'espée. Il fu avis à Henri que li chevalier li
« donnoient bon conseil.... » (Folio 371.)

LIGNE 19. *Cortacople*. Cette ville n'est plus reconnoissable sur les cartes. Elle devoit être sur la route de *Gallipoli* à Rodestoc, vers la ville actuelle de *Ainadjik*.

LIGNE. 22. *Macra, Traïnople et de l'abaïe de Vers*. Ces trois endroits étoient assis sur ou proche la rivière de Mariza. *Macra*, aujourd'hui *Makri*, aboutissant au *cap Macri*. *Traïnople*, c'est Trajanople, et l'abbaye de *Vers* ou *Bera*, aujourd'hui *Feredjik* ou *Feret*, à peu de distance de Makri. Les éditions imprimées ont eu tort d'écrire *Macte* et *Vervisne*, avec un seul et fautif manuscrit, le n° 9644. Du Cange a remarqué que Cantacusène, liv. 3, ch. 26, parle d'un monastère célèbre fondé à Vera, où l'on avoit inhumé l'empereur Andronic, fils du fondateur, Isaac Comnène.

§. CL.

LIGNE. 3. *Come baus de l'Empire*. C'est-à-dire comme régent, tuteur, bailli. Du Cange fait ici une belle note qu'on me saura gré de citer tout au long : « C'est une louange toute particulière à nos prin-
« ces françois, d'avoir de tout temps tellement déféré à la succession
« légitime des royaumes, qu'il ne se lit presque point qu'aucun se
« soit mis en estat d'usurper la couronne avant le décedsdes roys,
« ni d'entreprendre de régner durant leur minorité, leurs esloigne-
« mens ou leurs prisons ; establissans des baillifs ou régens qui
« gouvernoient l'estat jusques à ce qu'ils fussent parvenus à l'âge

« parfait, ou retournez de leurs voyages et captivité. Nous avons
« plusieurs exemples de ceci dans nostre histoire et celles des rois
« de la Terre-Sainte. Mais Henry en fournit icy un autre qui ravit
« les esprits des Grecs, lesquels (comme escrit Nicetas) se trou-
« vèrent surpris d'une telle modération en la personne d'un prince
« qui avoit eu le droit et la force pour se mettre la couronne sur la
« tête; eux particulièrement qui estoient accoustumés à voir des
« princes qui arrivoient au throsne par les meurtres et les parricides
« dont toutes leurs histoires sont remplies. »

Voyez aussi ce que j'ai remarqué, sur le même sujet, dans le *Romancero françois*, page 137, à propos de l'empereur Frédéric II.

Ligne 17. *Salembrie*, aujourd'hui *Selivri*, à quinze lieues de Constantinople et sur la Propontide.

Ligne. 28. *Le cors de la Cité*, c'est-à-dire l'enceinte, et pas même le territoire, comme plus bas, §. CLIX.

§. CLI.

Ligne 23. *Visoi*. C'est le *Vedizus*, ou *Bedizus* de la carte de Reichart, à dix lieues environ de *Cardiople*. Pour *Naples*, sa distance de Rodestoc, indiquée plus bas, doit nous la faire reconnoître dans la ville ancienne d'Ἄπρος ou *Apri*. Nicétas, en rapportant la destruction de cette ville, lui laisse ce dernier nom.

§. CLII.

Ligne 3. *La Serre*, aujourd'hui *Serrès*, qu'ici Du Cange n'a plus confondu avec *Kitros*.

§. CLIII.

Ligne. 32. *Pamphile*, ou *Pamphilée*, comme au §. CXLVI, ligne 6.

§. CLIV.

Ligne 18. *Qui Popelican estoient*. De même que Villehardouin, en énumérant les guerriers de Johannis, avoit remarqué que les

Commains n'étoient pas baptisés; il note ici que la plupart des citoyens de Philippopolis ou Finepople étoient hérétiques. L'un des plus grands motifs d'antipathie de ces gens-là contre les Latins, prenoit sa source dans la différence de leur foi religieuse. Les *Popelicans* tiroient leur nom de leur maître *Paul de Samosate*, Παυλικιανοί. *Voyez* la note savante de Du Cange sur ce mot.

Ligne 26. *A estage*. En garnison : les *estagiers* étoient ceux que l'on chargeoit de séjourner dans une place pour la défendre Dans *Garin le Loherain*, tome II, p. 93 :

> Bègues li dus fu auques bien garis ;
> Il a mande sa gent par le païs,
> Très bien se ferme de murs et de palis,
> Les *estagiers* fait au chastel venir.

De là, nous avons fait nos mots *stage* et *stagiaire*, dans un sens assez analogue.

§. CLV.

Ligne 6. *Larouse*, aujourd'hui *Rouskoiuan*, à sept lieues de *Rodesto*, dans les terres, entre *Apros* et *Ipsala*. La carte de Reichart la nomme *Rhusium*. Remarquez cet usage de Villehardouin, de mettre une lettre ou une syllabe en tête de la plupart des noms de lieux, comme *le Dimot*, *la Serre*, *la Pamphile Naples* et *Larouse*.

Ligne 27. *Posteis*, c'est-à-dire *puissant*. Du substantif *potestas*, on dit *poeste*, puis *poestis* ou *posteis*.

§. CLIX.

Ligne 1. *Panedor*, aujourd'hui *Panados*, sur la mer, à deux lieues de *Rodesto* et au-delà; c'est l'ancienne *Panium*.

Ligne 5. *Arredoie*; tous les Mss. portent *Arredoie*, mais c'est une faute que les éditions ont peut-être bien fait de corriger *Arrecloie*. C'est *Heraclee*, l'ancienne Pérynthe, à dix lieues de Rodesto, vers Constantinople.

Ligne 9. *Dain.* Variante : *Daïm.* C'est l'ancienne *Daonnon* ou *Daminum*, entre *Heraclée* et *Selivri.*

Ligne 28. *Nantyre.* L'ancienne *Athyra*, aujourd'hui *Alhati*, à la naissance d'un isthme. Elle porte le nom du fleuve qui vient se réunir à la mer sous ses murailles, et n'est éloignée de Constantinople que de quatre lieues. Il doit donc y avoir erreur dans nos manuscrits, et il faudroit lire à deux lieues plutôt qu'à douze.

§. CLXI.

Ligne 2. *Furent tuit confès et comenié.* Cet usage de recevoir la communion avant de donner une bataille étoit revenu avec les croisades. Au xie siècle, il n'étoit pas en vigueur, et je n'en voudrois d'autre preuve que le passage suivant du pseudonyme Turpin, écrivain de la fin du xie siècle : « Ce jour meisme s'estoit « Rollans confessés à un prestre, et avoit receu son Sauveur « avant qu'il alast en bataille; que la coustume estoit telle que les « combateurs se confessoient et recevoient leur Créateur, par les « mains des prestres et des gens de religion qui en l'ost estoient « avant qu'ils se combatissent. Si estoit la coustume et belle et « bonne. » (*Chroniques de Saint-Denis*, nouvelle édition, in-fol., page 429.) Nous verrons un bel exemple de cette communion générale, dans la continuation de Henri de Valenciennes.

Ligne 4. *A Joffroi.* Notre Villehardouin a presque toujours le poste le plus périlleux.

Ligne 34. Il n'est pas facile, comme le remarque Du Cange, de déterminer la position des places nommées dans ce paragraphe. *Rodestinc*, *le Franc* et *Momac* étoient sans doute dans la direction du royaume de Salonique, dont presque toutes les places appartenoient à Johannis. (Voyez la note du §. CLXIII.)

§. CLXII.

Ligne 2. *Aus bretesches.* Sur les échafauds en bois qui surmontent les murs. Ce mot a été formé de l'allemand *bret; bretzchen*, petite planche.

NOTES.

LIGNE 3. *Quant il choisi*. Quand il distingua, remarqua.

LIGNE 6. *Sé il s'en doubta*. S'il s'en prit garde, s'il ne les reconnut pas. On voit que cette maniere de parler avoit autrefois un sens à peu près contraire à celui que nous lui donnons aujourd'hui. Et il faut avouer que le sens ancien étoit plus naturel.

LIGNE 10. *Turcoples*. Cavaliers armés à la légère.

LIGNE 10. *La covine*; l'état, la disposition.

LIGNE 22. *Qu'il estoit mors voirement*. Aux récits d'Albéric et de Nicétas, que l'on peut voir dans les observations de Du Cange et qui se rapportent à la mort de l'empereur Baudouin, j'ajouterai la relation du second continuateur de Villehardouin :

« Henris fu puis baillis plus d'un an. Il faisoit querre et cerchier, « et donna grant avoir à moines grés et à autre gent, né oncques « n'en pot oïr noveles ; fors tant que un homme vint à lui, si li dist « que il avoit veu deus homes qui avoient l'empereor emblé, si « l'avoient mené en une forest, où il les mena. Cele forest est sur « le mer Majour. Comme il vindrent là, si descendirent de sor « chevaus à terre. Cil alèrent desous un arbre où cil dist que il « avoit veu l'empereour et ne le trouvèrent mie. Mais il trouvèrent « relief de pain et d'oignons et de sel. Mais ne sorent qui i avoient « mengié. Cil lor jura que de sous cil arbre, avec soi deus homes, « avoit laissié l'emperaour. L'en cercha la forest, mais l'en n'i « trouva riens, et sont toutes les nouvelles que l'en put savoir de « l'emperaour Bauduin puis que il fu perdus. » (F° 372.)

§. CLXIII.

LIGNE 5. *Sur le flum de Charte*. Variantes : n° 7974, *d'Arce*, n° 9644, *Arze*. — N° 687, Supplément françois, *Charce*. Il s'agit ici de l'*Arda*, ou *Harpessus*, rivière qui coule à égale distance de la mer et de Philippopolis, depuis *Stanimak* jusqu'à Andrinople. Les cartes anciennes et celle du colonel Lapie n'inscrivent aucun nom de lieu sur les bords de l'*Arda*, et même à une grande distance de part et d'autre. La position de *Momac* est donc fort difficile à déterminer.

§. CLXIV.

Ligne 28. *Veroi*, autrefois *Beroe*. La carte de l'ingénieur Bonne met à la place de cette ancienne *Beroe*, la ville moderne d'*Eski-Saghra*. Mais c'est plutôt la place actuelle de *Beria*, à vingt-cinq lieues environ de *Stanimak*, entre cette dernière ville et *Eski-Saghra*. *Beria*, jadis très importante et réduite aujourd'hui à une population de deux mille cinq cents habitans, est située à l'extrémité du *mont Berminis*. (Voyez Pouqueville, *Voyage en Grèce*, tome III, p. 94 et suiv.)

§ CLXV.

Ligne 6. *Blime*. Variantes : *Blismes*, appelée par Anne Comnène Βλίσνον, ou Σάλινον. L'historien *de Expeditione Frederici imperatoris* écrit *Blismon*. Ce doit être la ville actuelle de *Selimno*, sur la rivière d'*Islandji*, au pied du mont Hæmus, et à vingt lieues environ de *Beria*. Et si je ne me trompe pas dans cette attribution, il faut lire dans Anne Comnène : Σάλινον, et non pas Βλίσνον, comme le veut Du Cange.

§. CLXVI.

Ligne 25. *Qui orent amené leurs gaains à garison tresques en l'ost*. C'est-à-dire : « Qui avoient ramené leur butin jusqu'au « quartier-général, ou bien les avoient ramenés chacun dans leur « famille. » On a vu plus haut, §. CLXV, que les libérateurs des captifs de Johannis étoient d'*Andrinople* ou du *Dimot*.

Ligne 29. *La Ferme*, appelée par Nicétas *Crenum*. Du Cange, sans indiquer précisément la position de *Crenum*, dit qu'on la connoît encore aujourd'hui sous le nom de *Thermas*. Elle ne devoit pas être éloignée d'*Anchialus*; et je pense que sa situation est indiquée sous le nom d'*Aquæ Calidæ* (*Thermes*), dans l'*Orbis Vetus* de Reichart, à dix lieues au-dessus d'*Anchialus*, le *Laquile* de Villehardouin.

§. CLXVII.

Ligne 36. *La fist ardoir*. Parce qu'elle étoit ville frontière des Bulgares.

§. CLXVII.

Ligne 14. *Esquise*. Les éditeurs précédens n'ont pu reconnoître cette ville, qui est pourtant bien évidemment l'ancienne *Cysique*, même d'après un passage d'Albéric de Trois-Fontaines, cité par Du Cange. « Quædam insula non longè à Constantinopoli ultrà brachium, « vocatur *Azycum*, sive *Lysicum*, id est *Eskisia* » La presqu'île de Cysique seroit effectivement une île, sans l'emplacement de la cité qui lui a donné son nom, et dont il ne reste plus que les ruines. « Cysique, » disent les auteurs de la *Correspondance d'Orient*, « étoit séparée du continent par un canal qui aboutissoit à deux « ports, et sur lequel on avoit construit deux ponts. » N'est-il pas fâcheux que l'illustre auteur des *Croisades*, en contemplant les derniers restes de Cysique, n'y ait pas reconnu l'*Esquise* de Villehardouin, l'un de ses chroniqueurs favoris! Certes, la comparaison du récit du maréchal de Champagne avec ce qu'il avoit devant les yeux n'auroit pas ajouté peu d'intérêt à la lettre qu'il a consacrée aux ruines de Cysique. Il nous auroit dit que cette ville avoit dû aux Croisés et à Pierre de Braiecul son seigneur, un retour de prospérité d'un instant; il auroit reconnu les travaux des François et il n'auroit pas regretté de ne pouvoir dire « quels furent « les derniers hôtes de ces palais dont on cherche l'emplacement. » (Tome II, lettre 31.)

§. CLXVIII.

Ligne 2. *Cui Nicomie devoit estre*, auquel devoit appartenir Nicomédie, à dix ou douze lieues de l'ancienne Nicée. Au temps de Busbek, le château refermé par Thierri de Los existoit encore; il a été renversé, du moins d'après la relation de M. Camille Callier, qui a trouvé dans Nicomédie « peu de restes de son ancienne splen- « deur. » (Lettre à M. Michaud, dans la *Correspondance d'Orient*, t VII, p. 553.)

Ligne 8. *Et la retint en droit la guere.* C'est-à-dire : et il arrêta là les hostilités de Théodore Lascaris.

Ligne 12. *Qui avoient non Davie.* Variantes : *Davis*, *Dame*, *Diame* et *Dramine*. J'aurois dû préférer ce dernier nom. Il s'agit ici de la ville actuelle de *Drame*, à six lieues des ruines de l'ancienne Philippe, et à huit du golfe de *la Cavale*.

Ligne 18. *La cité d'Avie.* Ici c'est bien *Abydos* dont il est question.

§. CLXIX.

Ligne 14. *Droit au Charac.* Ce doit être aujourd'hui la ville de *Cartal*, à l'entrée du golfe de Nicomédie, et à sept lieues de Constantinople. Ce ne peut être l'emplacement appelé aujourd'hui *Carakisla*, ou *Karamoussa* ; outre que leur distance de Constantinople est beaucoup plus grande, ils sont placés sur le côté du golfe qui regarde Constantinople. Quant au *Civetot*, placé sur la rive opposée au *Charac*, on n'en retrouve plus de traces. Il devoit s'élever vers *Caterli*.

§. CLXX.

Ligne 3. *Par estouvoir.* Par force, par le besoin urgent qu'il en avoit. Je crois que c'est l'infinitif de l'impersonnel *il estuelt*, comme *soloir* de *il seult*, *vouloir* de *il vuelt*, etc. Dans la Chanson de *Garin le Loherain*,

> La gent Fromont, cui que doit abelir,
> Font del palais par *estevoir* issir.
> (Tome II, page 20.)

Ligne 25. *Vint un messager batant.* C'est-à-dire *eperonnant*.

Ligne 34. *En un chalant.* Espèce de galère garnie d'une voile.

Ligne 38. *Estormir*, soulever tumultueusement.

Ligne 53. *Qu'il estoient près.* C'est-à-dire les gens de Théodore Lascaris.

LIGNE 69. *A toutes les grans gens.* C'est-à-dire : En même temps que tous les guerriers débarqués sur le rivage, à pied et à cheval, vers lesquels ils vont finir par reculer tout-à-fait.

§. CLXXII.

LIGNE 22. *Il seroient tuit mort.* Parce que Johannis ayant battu leur ville en brèche et ayant détruit toutes leurs fortifications, ils demeureroient la proie du premier agresseur.

LIGNE 32. *Marmora.* L'île de Marmara est voisine de la presqu'île de *Cysique* ou *Esquise*.

§. CLXXIV.

LIGNE 42. *Il en oï blasmer.* Villehardouin avoit déjà fait plus haut le même reproche à ceux qui laissèrent leurs compagnons devant Andrinople, et se hâtèrent de revenir à Constantinople. Les lois de la chevalerie exigeoient qu'on ne laissât jamais emmener prisonnier le chef principal de l'armée. Le devoir étoit alors de mourir en cherchant à le *rescourre* ou de partager sa captivité. Voyez les dernières paroles du comte Louis de Blois, quand on le pressoit de se retirer.

§. CLXXV.

LIGNE 9. *Par devers la montagne.* Au pied de la montagne de Tchaïrli, à distance égale de Nicomédie et de Nicée.

§. CLXXVI.

LIGNE. *A la montagne de Blaquie.* Autrefois la vaste chaîne des montagnes de l'*Hæmus*, aujourd'hui celle des *monts Balcans*, engraissés dans les premières années du XIIIe siècle du plus pur sang de France. Ce mot *Balcan* paroît venir de celui des *Blaques*. *Aulin*, placée sans doute dans les premières gorges, n'est plus aujourd'hui reconnoissable.

§. CLXXVII.

Ligne 25. L'*Eskipesale*. Aujourd'hui *Ipsala*, sur la Maritza, à huit lieues du golfe d'Enos, et à quinze de Dimotika.

Ligne 59. *En la montagne de Messinoble*. Dans les gorges du mont Rhodope. La topographie de ces contrées est, encore aujourd'hui, la plus obscure du monde, et les faiseurs de cartes pourroient tirer plus de profit de la lecture de Villehardouin que nos lecteurs de l'examen de leurs travaux.

NOTES

POUR

LA CONTINUATION DE L'HISTOIRE

DE

LA CONQUÊTE DE CONSTANTINOPLE.

TITRE.

Trois manuscrits cotés, dans le *Supplement françois*, n°s 207, 455 et 687 nous ont conservé la relation de Henri. Le n° 207, le plus nouveau, est transcrit sur le n° 455, et tous deux offrent la rubrique que j'ai reproduite. Le n° 687 n'a pas de titre ni de rubrique. Seulement, après les derniers mots qui appartiennent à Villehardouin, il ajoute :

« Ensi fu mors li marchis con vos avés oïs, et quant li emperères
« et li autre baron le sorent, si en furent moult dolent et mout
« courouciez, et ce ne fu pas de merveille. Mès à tant en lesse or
« li contes à parler et retorne à l'empereur de Costentinoble pour
« conter comment il desconfist un haut home grieu qui Bucles
« estoit appelés, et cil Bucles guerroioit un sien cousin germein
« qui avoit nom Esclas. — Or avint, ce dist li contes, que li
« emperères, etc. »

Cette leçon, comme on voit, supprime le préambule de Henri de Valenciennes et la mention du nom de cet écrivain. Dans la première continuation de Guillaume de Tyr, le récit des événemens qui précède n'est pas interrompu; mais aussitôt après les derniers mots de Villehardouin on lit : « Or vous dirons de l'em-
« pereour Henri qui sejornoit en Constantinoble. Nouveles li
« vindrent, etc. »

§. Ier.

Ligne 2. *Traictier.* C'est-à-dire rédiger, composer, mettre en écrit.

Ligne 4. *Que il ensiuce le nom de sa grace par traitement de plaine vérité.* C'est-à-dire « qu'il justifie sa réputation et les éloges « qu'on lui a donnés, en ne composant rien dont il ne sache la « vérité. » *Ensiuce*, mauvais dérivé du latin *insequi*.

Ligne 7. *A la desconfiture.* L'auteur s'embarrasse ici dans son préambule. Il met *desconfiture*, défaite, au lieu d'*assemblée* ou *estour*, rencontre ou lutte.

Ligne 29. *Qui tourt aucun à anui.* « Qu'il paroisse ennuyeux à « plusieurs. » *Qui* pour *qu'il*. — *Tourt*, à la troisième personne du présent du subjonctif du verbe *tourner*.

§. II.

Ligne 15. *Et dont primes.* C'est-à-dire : et alors pour la première fois ; comme s'il y avoit : *Et adont primes*.

Ligne 18. *Qui avoit non Esclas.* Les éditeurs précédens ont fait sur ce personnage des conjectures inexactes. Dom Brial dit que c'étoit Azan, fils aîné d'Azan Ier, et compétiteur de *Phroriles* ou *Burille* pour le royaume que Johannis avoit usurpé sur son père. Mais d'après ce que nous confirme l'empereur Henri, dans la circulaire aux barons d'Occident (*Histor. de France,* tome XVIII, p. 531), Esclas étoit un Grec, dont les possessions relevant de l'empire latin, s'étendoient vers les marches des royaumes de Salonique et de Bulgarie. Il ne faut pas le confondre avec le neveu de Johannis nommé, par Henri, *Stratius*. Voici les passages de la lettre de Henri qui s'opposent à cette attribution :

« Stratius nepos Johannicii, magni olim populatoris Græciæ,
« qui et Michalitius, licet nobis fidelitatis juramento sacramentum
« præstitissent, totis tamen viribus suis in partibus illis nostro
« exitio imminebant. Unde pro illis duobus debilitandis et deji-

« ciendâ eorum durâ potentiâ, de consilio baronum nostrorum,
« descendimus à Constantinopoli.....

« Eodem tempore, nuntiatum fuit nobis à nostris baronibus
« regni Thessalonicensis, quibus marchiam servandam commise-
« ramus, quod Burillus illuc venerat cum magno exercitu, damna
« nobis plurima inferendo. Sed barones collecti et *associati*
« *Sclavo Græco nostro*, occurrerant. Sed ipse Burillus illos me-
« tuens terram fugiendo exiverat. Sic igitur intelligatis, quatuor
« prænominatos hostes, Burillum scilicet, Lascarum, Michialitium
« et *Stratium* humiliatos. »

Ligne 28. *Bernay*. Sans doute *Beroe*, la *Veroi* de Villehardouin. Le premier continuateur de Guillaume de Tyr la nomme *Berla*.

Ligne 33. *Paleter et bierser*. Poindre et chasser. *Paleter* a été formé de *pal*, espèce de pieu.

Ligne 40. *Hielemes*. Variantes : *Heleines*. Le continuateur de Guillaume de Tyr l'appelle *Lienars de Helmes*.

§. III.

Ligne 3. *Cheval moriel*, ou *morel*; cheval noir. Souvent on se contentoit de désigner les chevaux par leur surnom. *Moriaus*, *Baucent*, *Bayart*, etc. On se rappelle le joli fabliau *De la Dame qui aveine demandoit por Morel :*

> Toutes fois qu'avec moi seras....
> Si me diras : Biaus frères dous,
> Faites *Moriaus* ait de l'aveine;
> Et tu soies de ce certaine
> Que je l'en donrai volentiers.

§. IV.

Ligne 4. *Gasigau*. Le seul n° 687 porte *Gambison*, et je crois qu'il a raison. (Voyez plus haut la note de la page 276.)

Ligne 8. *Le pignon el puing tout ensanglanté*. « Le pennon de
« la lance tout ensanglanté au poing. » Ce pennon attaché sous

le fer de la lance devoit rendre la plaie mortelle; et c'étoit d'ailleurs un glorieux ornement que ce drap mi-parti du sang de l'ennemi.

Ligne 9. *Au cheval reparoit.* Il paroissoit bien au cheval. Le présent du verbe impersonnel *par-estre* étoit alors *pert;* imparfait *paroit* ou *par-estoit.*

Ligne 36. *Sé il fust remés.* S'il y fût demeuré.

Ligne 38. *Mains en seriesmes cremu.* Moins en serions-nous craints.

Ligne 45. *S'est un peu desjeunes de pain biscuit et de vin.* Il a rompu le jeûne qu'il gardoit depuis le matin, avec du biscuit et du vin. On disoit autrefois *se déjeûner*, et non pas comme aujourd'hui *déjeûner*. — *Si firent li autre qui l'orent.* C'est-à-dire autant en firent ceux qui eurent biscuit et vin. Il étoit alors dangereux, comme il le seroit encore à présent, de pénétrer dans ces contrées sans biscuit.

§. V.

Ligne 10. *Li cans si plains.* La plaine si unie.

Ligne 22. *Et nos adversaires soient bruhiers.* L'empereur fait ici allusion au proverbe *jà de bruhier ne fera-on esprevier.* « Bruier, « oiseau de proie, vivant aux champs de vermine, lequel jamais « on ne peut faire né au poing né au leurre. » (Dictionnaire françois-latin de J. Dupuis. 1564.)

Ligne 29. *L'oriflambe l'empereour.* Vous voyez bien que le nom d'*oriflamme* n'étoit pas particulier à la bannière de Saint-Denis. On peut consulter une longue note de *Garin le Loherain*, tome II, p. 121.

§. VI.

Ligne 14. *Confies;* confessés.

Ligne 33. *Bannières et escus de diverses connissences.* C'est-à-dire *de diverses couleurs et émaux*, destinés à les distinguer. — *Et desus toutes;* et par-dessus toutes.

Ligne 47. *Neis Diu tonnant;* même Dieu tonnant.

§. VII.

Ligne 39. *A celui matin, por la douchour dou tans.* Henri de Valenciennes use ici d'un lieu commun des écrivains de son temps, lesquels ne manquent jamais de rappeler la beauté du jour, avant de faire la description des combats.

> Li jors fu biaus et chaus fu li estés,
> A grant merveille reverdoient les prés,
> Cil oiselet chantent ès bois ramés;
> Charlons chevauche, qui avoit peine assez.
> (*Garin le Loherain*, tome I, page 19.)

Ligne 44. *Les eschieles;* les colonnes de combattans.

Ligne 48. *Glaives.* Ce mot ne répond pas, comme le disent les glossaires, au mot *épée*, mais bien à celui de *pieu* ou *lance*. De là *javelot* ou *glavelot*. — *Bohaigne*, Bohême.

Ligne 77. *Si enruhis.* Rendus si rogues, si arrogans. Les éditions précédentes donnent ce passage corrompu.

Ligne 85. *Les palefrois.* Cette circonstance fixe exactement la différence des destriers et des palefrois. Les premiers, véritables chevaux de bataille, tenus fraîchement jusqu'au moment de la course; les autres, montures de parade. — *Et sé d'ore en avant ne remaint en la gent Burille*. C'est-à-dire : Et si les gens de Burille ne restent en repos. *Remaindre en* ou *ens;* se tenir coi.

§. VIII.

Ligne 11. *Pour l'occhoison del mors que il morsent en la pum;* à cause de la morsure de la pomme.

§. IX.

Ligne 12. *Sont appareillié li autre qui les ocyent.* En général, dans les armées, chaque chevalier banneret faisoit la premiere pointe ou course; les chevaliers de sa bannière le suivoient du même pas ou à peu de distance. Chacun d'eux avoit en outre un écuyer chargé de lui présenter des armes, de tenir un cheval de rechange à portée de lui, de le relever s'il étoit désarçonné, de le ramener s'il étoit *navré,* etc. Puis venoient les gens de pied, dont le principal office étoit de tomber sur les ennemis abattus, et de les achever ou garder prisonniers.

LIGNE. *Li encaus,* ou *li enchaus;* la poursuite.

§. X.

LIGNE 12. *Crucemont.* Ce lieu, qu'il n'est pas facile de reconnoître sur les cartes modernes, étoit sans doute au-delà de Philippopolis, vers les *monts Rhodopes.*

LIGNE 31. *Que il rouvast;* qu'il demandât. De *rogare.*

LIGNE 34. *Que vous avés une fille.* Dom Brial traite ce récit de fable. « On ne lit nulle part, dit-il, que l'empereur Henri ait eu « une fille avant le mariage qu'il contracta l'an 1206 avec la fille « de Boniface, marquis de Montferrat, qui à la vérité lui donna « un enfant dont on ignore même le sexe, mais qui, à cette épo-« que, ne pouvoit être nubile... Il est certain que Henri mourut « sans laisser d'enfans légitimes. » En supposant exact ce dernier fait, ne pouvoit-on pas encore admettre le mariage de la fille de Henri avec *Esclas?* Certes, il n'auroit pas été besoin qu'elle fût nubile; on compte un trop grand nombre de princesses mariées ou fiancées avant quatorze ans. Ajoutons que Henri de Valenciennes n'a pas seul mentionné un fait de cette importance; le premier continuateur de Guillaume de Tyr a dit la même chose. « Li emperères, » dit-il, « li otroia une soie fille en mariage, et « li dist que il li donroit le royaume de Blaquie sé il le pooit con-« querre, et Esclas devint hom liges à l'emperour. » (Fol. 205.) Et si la lettre de l'empereur à ses amis d'Occident n'en dit pas un mot, c'est que, suivant toutes les apparences, elle précède

NOTES.

l'époque des événemens racontés par Henri de Valenciennes. Le récit de Henri de Valenciennes est parfaitement confirmé par Acropolis, chapitre XXIV, « Sthlavus (Αθλαβος), » dit-il, « pa-« rent du roi Azan, avoit reçu le titre de despote, de l'empereur « Henri, dont il avoit épousé la fille naturelle. » Ce passage rend le doute de dom Brial insoutenable.

§. XI.

LIGNE 21. *Ot seurecorut Davit*. Eut fait des courses sur David, empereur de Trébizonde.

LIGNE 36. *Chartelenne*. Aujourd'hui *Caterli*, sur la mer de Marmara, de l'autre côté et en face de Constantinople.

LIGNE 39. *L'Areclée*. C'est l'*Héraclée* de l'Asie-Mineure, sur la mer Noire, à plus de soixante lieues au-delà de Constantinople. C'étoit alors l'une des villes frontières de l'empire de Trébizonde.

§. XII.

LIGNE 49. *Ne soüez ombrage*. Ne soyez soupçonneuse. — *Talent*. Volonté, sentiment.

§. XIII.

LIGNE 22. *Verisse*. Sans doute l'abbaye de *Vers*, de Villehardouin, c'est-à-dire la *Feredjik* actuelle. — *Vizoi*, l'ancienne *Bedizus*.

§. XIV.

LIGNE 22. *A Naples*. Ou plutôt *Apres*.

LIGNE 27. *Mege charrée*. Je vois, sur la carte du colonel Lapie, a huit lieues de *Rouskouan* ou *la Rousse*, la ville de *Megalgara*: ce pourroit bien être notre *Megecharree*

LIGNE 42. *L'Esquipesale*. Ipsala.

LIGNE 43. *A un flum qui la estoit.* La *Maritza*, l'ancien *Hebre*

LIGNE 61. *A Machre, et puis à Truhinople.* Aujourd'hui *Makra-Gephyra*, et *Orikhova*, au-dessus d'Ipsala et sur les deux rives opposées de la Maritza.

LIGNE 66. *Ains fist commander... que on apportast.* Le texte du premier continuateur de Guillaume de Tyr vaut mieux : *Et deffendist que on ne portast.*

§. XV.

LIGNE 13. *Le val de Phelippe.* Aujourd'hui la *plaine de Philippi*, dans le pachalik de Serres, sur la frontière de l'ancienne Macédoine. Il est assez inutile de rappeler que le bon Henri de Valenciennes prend, quatre lignes plus bas, le nom de ce royaume pour celui d'une ville; et confond la défaite de Brutus et de Cassius avec celle de Pompée.

LIGNE 32. *Ne doit avoir respons en court.* Ne doit être entendu en cour, n'a pas le droit de faire écouter ses excuses.

LIGNE 33. *Dragmes.* Aujourd'hui *Drama.* — *Vigueri.* On ne peut plus reconnoître ce lieu, entre Drama et *Nicopoli* ou *Cristople*.

LIGNE 37. *La Ginge*, aujourd'hui *Zigna*, à six lieues de *Serres*, et sur une rivière qui se jette dans l'*Anghista*.

LIGNE 38. *Aubretins.* Le premier continuateur de Guillaume de Tyr ajoute ici : « Ki sires estoit d'Estives et se tenoit dou tout « au conte de Blandras. »

§. XVI.

LIGNE 2. *Un autre plus grand.* Entre Serres et *Zigna*. La Zigna et cet autre fleuve se jettent dans le lac de *Cercine*. C'est pour éviter ce lac que l'empereur remontoit dans les terres.

LIGNE 4. Le *Corthiac*, à deux lieues de Salonique, sur la pente du mont encore appelé aujourd'hui *Cortiach*. Au lieu de *moines gris*, le premier continuateur de Guillaume de Tyr porte : de *Grieus*.

Ligne 30. *Au Castiel*. Il existe encore avec une partie de ses vieilles fortifications.

Ligne 46. *Nus essoignes*. Nul obstacle n'auroit dû t'empêcher de, etc.

§. XVII.

Ligne 47. *Retés de traïson*. Accusé, repris.

§. XVIII.

Ligne 13. *La tierre de Duras deschi à la Maigre*. C'est-à-dire la possession incontestée (pour le moins de la part des Latins), de l'Albanie, de la Macédoine et d'une partie de la Romanie, jusqu'au *cap Makri*. Le cours de la *Maritza*, c'est-à-dire *Andrinople*, *Dimotika* et *Ipsala*. — *Toute la terre Largut*, sans doute l'extrémité de la Morée, dont Leo Sgurre avoit toujours disputé la possession au roi de Thessalonique. — *Quanque il y appent*. Les îles qui en dépendent, — *et toute l'île de Grèce*; la Thessalie, l'Épire, la Phocide, l'Anatolie et la Béotie. Toutefois, le premier continuateur de Guillaume de Tyr porte : *et les apendances de l'île de Crète*. Il pourroit bien avoir raison. — *La Verre*. C'est *Veria*, de l'autre côté de Salonique, à dix lieues de *Kidros* ou le *Citre*. — *Et la Ferme et toute la terre jusques à Phinepople*. C'est-à-dire tout ce qui borde la *Maritza*. *La Ferme* n'est plus les *Aquæ Calidæ* des bords de la *mer Noire*, mais *Thermolitza*, entre *Ipsala* et *Dimotika*.

Ligne 29. *A bregiers*. A voleurs et larrons. *Bregier*, c'est un querelleur, un faiseur de brigues, ou courses défendues. Dans le roman de *Garin le Loherain* :

> A ces paroles vint Hernais d'Orliens;
> Icil fu niès à Garin le guerrier,
> Et frères Huedon l'evesque droiturier,
> Cil qui fit faire la grant tour de Pevier (Pithiviers.)

> Hernais vient pour recouvrir ses fies,
> Il n'i vint pas comme vilain *bregier*,
> Mais comme prou et viguereus et fier;
> En sa compagne ot set mil chevaliers
> Aus beles armes et aus corans destriers.
>   (Tome I, page 133.)

J'avois donné une mauvaise explication du même mot, dans la note qui accompagne ce passage.

LIGNE 31. *Sauf chou que nous n'i partons.* Pourvu que nous n'y ayons aucune part. Autrefois on disoit *partir*, au lieu de *partager*.

LIGNE 46. *De çaiens fourclos.* Qu'on lui défende l'entrée de cette ville. — *Et moult est grans,* etc. Et c'est vous qui vous êtes mépris et aveuglé grandement en la lui interdisant une seule heure.

LIGNE 70. *A nul consel que nous vous laissons point de la nostre terre.* C'est-à-dire : « A aucune résolution d'après laquelle nous « vous abandonnerions un seul point, un seul pouce de notre « terre. »

§. XIX.

LIGNE 20. *La force paist le pré.* Ancien proverbe, exprimant la folie de ne pas se soumettre à la nécessité. *La faux tond le pre*

LIGNE 31. *Estives.* Sans doute *Thiva* ou *Thèbes*; bien que plus loin notre auteur ait conservé l'ancien nom de cette fameuse ville

§. XX.

LIGNE 2. *Hubiers.* C'est la leçon des deux anciens Mss. 455 et 687. Les éditeurs précédens ont omis ce nom propre qui lève toute les difficultés relativement à l'identité supposée des comtes *Gerars* et *de Blandras*.

LIGNE 7. *Tant ont fait Lombart.* Tout cela est passé dans les editions imprimées. — *Que il ont jete.* Je crois qu'il faut appliquer ce proverbe à la situation des François, et le rendre ainsi : que les François ont eu la plus mauvaise chance du jeu.

Ligne 16. *Que a paine que il ne diervoient por la demeure.* Que peu s'en falloit qu'ils ne se désespérassent du retard qu'il mettoit à venir. Au reste, on peut essayer de justifier les Lombards en reconnoissant qu'un prince en âge de raison leur convenoit mieux qu'un enfant au berceau.

Ligne 24. *Que il li en laissièrent le mander, et li disent.* Qu'ils cessèrent de le lui faire dire, et lui parlèrent eux-mêmes.

Ligne 30. *De Mothon jusqu'à Macre.* De Modon au cap Macri.

Ligne 37. *Del Cytre.* Le Kidros actuel, sur le golfe de Salonique.

§. XXI.

Ligne 46. *Demeura encore li cuens en sa baillie,* etc. Le comte de Blandras resta encore *bail* du royaume; et, comme tenant la place du roi, fut revêtu des habits royaux, distribua de nouveaux honneurs et garnit de nouvelles places.

§. XXII.

Ligne 8. *Li emperercs.* Il y a ici une faute dans les Mss.; il faut l'*empereris,* comme plus bas encore.

Ligne 22. *Et li cuens dist.* Le premier continuateur de Guillaume de Tyr dit en quelques mots et plus clairement la même chose : « Li quens, ki estoit orgilleus, respondi ke il li renderoit « volentiers, et méesme la baillie dou roiaume, sé ele le voloit. Ele « dist ke ele li prenderoit volentiers. »

Ligne 25. *Li cours.* La cour. Le conseil de l'impératrice. Premier continuateur de Guillaume de Tyr : « La marchise demanda « seurté des chastiaus ravoir ; il dit ke il en feroit par l'esgart de « la court. »

Ligne 32. *Mon droit avoué.* Celui auquel je dois aveu, et duquel je dois tenir ma terre. *Que il me tiegne à droit.* Qu'il me reconnoisse comme plainement en possession de mon droit. — *Et la vostre baillie poes-vous ravoir à moi por assés petit.* Et vous pouvez me reprendre la régence, le bail du royaume, sans beaucoup de difficulté.

Ligne 37. *Comme fols et mal enseigniés.* En effet, ayant été déclaré bail et régent par les barons du royaume, l'impératrice n'avoit pas le droit d'exiger qu'il se démît de sa charge.

Ligne 49. *Et li cuens.* Le comte de Blandras.

Ligne 53. *Que je li mange.* Que je lui mande.

§. XXIII.

Ligne 17. *La Gige.* Plus haut *La Ginge*, aujourd'hui *Zigna*.

Ligne 52. *Ains estoient tout asseuré.* Premier continuateur de Guillaume de Tyr : « Li Franchois, ki cuidoient estre assur par les « trives, s'espandirent par la terre. »

§. XXIV.

Ligne 1 *Ces à-Deu-ales.* Les Mss. s'accordent ici ; les éditions imprimées ont mis : *ces adesvales.*

Ligne. 9. *Menelik.* Ville qui a conservé ce nom, et qui est à vingt lieues au-dessus de *Seres.*

§. XXV.

Ligne 46. *Rendirent estal.* Demeurèrent, tinrent bon. *Estaus*, formé de *statio*, a lui-même produit notre *étaller*, et *detaller*.

§. XXVI.

Ligne 22. *Li eslossa.* Lui cassa, ou lui *disloqua*.

§. XXVII.

Ligne 3. *Por els atendre et por eus delivrer.* Il compte que pour les reprendre, et en échange des prisonniers, les Lombards consentiront à abandonner Cristople. Quand le texte porte *li cuens* ou *le conte*, c'est toujours de celui de Blandras qu'il s'agit.

Ligne 11. *Fors que il se traisent en sus d'eus ou il les trairoient.* Mot à mot : *Si ce n'est* qu'ils se tirassent au-dessus d'eux, ou ils tireroient sur eux. Ils lanceroient leurs engins contre eux.

Ligne 25. *Je n'oc se bien non aviers aus.* Je n'eus que du bien et des commodités en comparaison de ce qu'ils souffrirent.

Ligne 36. *De par Rollant.* Premier continuateur de Guillaume de Tyr : « Ne demoura gaires apriés ke li sires de Plantemont, « qui avoit non Rollans Pice et estoit hom l'empereour, fist sa- « voir, etc. » Plantemont est aujourd'hui *Platamona*, ville forte sur le golfe de Salonique, à quinze lieues au-dessous de *Kidros*.

Ligne 50. *Parmi deniers et perpes d'or.* Ms. 687 : *Parmi cinc cens perpres d'or.* La *perpe* ou *hyperperum* étoit une monnoie d'or, dont le nom venoit de la nuance rouge et pourprée de l'or dont elle étoit faite. Voyez la *Dissertation de Du Cange sur les monnoies bysantines*.

Ligne 67. *A la Gyge.* Ce doit être une faute, et le premier continuateur de Guillaume de Tyr est plus exact en désignant *le Citre* ou *Kidros* comme le lieu dont il est question.

§. XXVIII.

Ligne 15. *Li flun.* Le flot ; c'est ainsi qu'il faut entendre fréquemment ce mot dans nos deux auteurs.

Ligne 19. *En cele chevaucie.* C'est-à-dire parmi ceux qui se dirigeoient vers *Kidros*, par terre et à cheval.

Ligne 26. *Devant la Verre.* Aujourd'hui *Veria*, sur la rivière du même nom, à quinze lieues environ de Salonique et à dix au-dessus de *Kidros*.

LIGNE 34. *Sa garnison de la tour.* Cette tour de Salonique existe encore, et est appelée la *Tour du Sang.*

LIGNE 40. *Ou val de la Venisce.* Il s'agit ici de la ville actuelle de *Vanitches*, située sur la rivière de *Venetica*, à douze lieues au-dessous de *Kidros*. Par la *Closure,* il faut, je crois, entendre la chaîne de montagnes qui sépare le golfe de Salonique de l'intérieur des terres, et qui se poursuit jusqu'à l'*Olympe* et l'*Ossa.*

LIGNE 42. *Li Lombart.* Ceux qui restoient vers la Thessalie, au-delà de Salonique, comme l'indique plus clairement le premier continuateur de Guillaume de Tyr : « Quant li Lombart enten- « dirent la venue de l'empereour, il envoièrent à li Robert de « Mancicourt. »

§. XXIX.

LIGNE 7. *Le pont de l'Arse.* Ce pourroit être le *pont* actuel de *Bakrina*, désigné, dans la carte des voyages de Sonnini, sous le nom de *Pont de vingt arches*. Mais il est plus probable qu'il s'agit ici du *pont de Larisse,* placé sur le fleuve Pénée ; car ce mot *arche* étant françois, on ne voit pas comment nos chroniqueurs, Villehardouin et Henri, l'auroient changé en celui de *Larse,* qui ne l'est pas. Larisse est à quinze lieues au-dessous de *Platamona,* et le *pont de Bacrina,* à cinq lieues seulement de cette dernière ville, dans la direction de *Larisse.*

LIGNE 8. *Leur renonc.* Leur nouveau message (*renuncius*).

LIGNE 29. *Estains d'ire.* Coloré, *teint* de colère.

LIGNE 32. *Le maistre dois.* Le siége principal.

§. XXX.

LIGNE 35. *Nostre gent croisièrent.* Nos gens approchèrent. — *Ou castiel.* Sans doute la forteresse de Larisse.

§. XXXI.

LIGNE 44. *Qui au rivage estoit ales.* Le golfe de Salonique est à dix lieues de Larisse environ

Ligne 49. *Vers le Flagre.* Ms. 687, *La Flarge.* Aujourd'hui *Sataldgé*; c'est l'ancienne *Pharsale*, à douze lieues au-dessous de *Larisse* ou *Larsè*.

Ligne 53. *A Placemont.* Robert de Mancicourt pouvoit jusqu'alors excuser sa conduite. Chargé des intérêts des Lombards, il avoit pu défendre leur cause auprès de l'empereur. Mais sa trahison devint palpable par le soin qu'il mit à éviter de se joindre à l'armée impériale. Il alla se renfermer à Placemont, que les Francs laissoient derrière eux entre les mains des Lombards.

Ligne 59. *Lamiro.* Aujourd'hui *Amyros*, à huit lieues au-delà de *Pharsale*, et à peu de distance du golfe de Volo.

Ligne 62. *Si li font polucrone.* C'est-à-dire : lui font leurs acclamations dans la forme admise chez eux. *Polucrone* est le mot grec πολυχρόνιον (*longum tempus* vivat), « *Polychronias* vocantur
« reverentiæ, quas non solum regibus sed etiam quibuslibet suis
« majoribus exhibent, caput et corpus submissiùs inclinantes, vel
« fixis in terram genibus, vel etiam sese toto corpore prosternentes. »
(*Odo de Diogilo*, lib. III.)

§. XXXII.

Ligne 52. *A Joffroi.* C'est Joffroi de Villehardouin, le maréchal de Morée, neveu de l'historien.

§. XXXIII.

Ligne 12. *Qui grant pièce avoient sis.* Variante du n° 687. *Qui grant proesce avoient sis et sis.* Il eût fallu *avoient fait.*

Ligne 26. *Labondeice.* Aujourd'hui *Boudounitza*, au pied du mont OEta, à quelques milles du golfe de Zeitoun. — *La Closure.* La chaîne de montagnes dont les nombreuses lignes s'étendent au-dessous de Boudounitza.

Ligne 29. *Thebes.* Aujourd'hui *Thiva*

Ligne 34. *De palpas* ou mieux *pappas*, moines grecs. — *D'alcontes*, mieux *archontes*, magistrats.

§. XXXIV.

Ligne 11. *Fremeté*. Fortification. — *Un chat*. Une tour ordinairement en bois, mais garnie de peaux et de cuirs pour la mettre en état de résister aux archers et aux *engigneurs*, les ingénieurs du temps. On construisoit ces machines loin de la place assiégée; on les montoit sur des roues, puis des guerriers s'y tenoient et quand on avoit poussé le *chat* au pied des murailles, ils tentoient de s'élancer dans la place.

Ligne 22. *Faisoit passières*. Des trous, des escaliers.

Ligne 24. *Si li jettièrent passières*. C'est une faute; il falloit *pierres*.

§. XXXVI.

Ligne 9. *Auques aescari*. Assez peu gardé. Ce mot me semble venir de celui de *scaritus*, que l'on trouve dans Frédégaire, avec le sens d'homme armé. Voici le passage : « Ibique (in Saloïssa), « Theodericus cum *scaritis* tantùm decem millibus accessit, Teode« bertus verò cum magno exercitu Austrasiorum, inibi prælium « volens committendum, adgreditur. » On voit souvent dans nos anciens auteurs le mot *aescheri* :

> Droès monta, de la ville est partis,
> De sa mesnie ala *aescheri*,
> Por le message que il voloit servir.
> (*Garin le Loherain*, tome I, p. 152.)

De ce mot *scaritus*, duquel nous avions fait autrefois ceux d'*escheri* et d'*aescheri*, les Anglois ont pris celui de *squire*, homme d'armes. Samuel Johnson le dérive du françois *écuyer*; mais c'est une grave erreur.

§. XXXVII.

Ligne 52. *Le mant.* Le mandement, le message. — *Despondu*, exposé, développé.

§. XXXVIII.

Ligne 8. *Explicit.* Le premier continuateur de Guillaume de Tyr complète ainsi le récit de Henry.

« Dont se partirent de Mikalis et revinrent à l'emperéour ; si li
« contèrent chou que il avoient trouvé. Li emperères gréa bien
« ceste chose. Si furent asseurées les convenances d'une part et
« d'autre, et fist Michalis hommage à l'emperéour. » (Fol. 209.)

FIN DES NOTES.

TABLE RAISONNÉE

DES

NOMS PROPRES.

A.

ABBÉS DE LOS; s'efforce de rétablir la concorde entre les croisés, LII. Meurt, XCI.

Du Cange et après lui dom Brial et les autres éditeurs ont ici reconnu l'abbé de Sainte-Marie de *Lucela*, ou Locedio, dans le diocèse de Verceil; ils se sont trompés. L'abbé de Lucedo étoit bien, il est vrai, de la suite du marquis de Montferrat; il fut même l'un des douze arbitres chargés d'élire un empereur, après la prise de Constantinople : mais Villehardouin n'en a pas parlé. Il n'a cité que l'abbé de *Sainte-Marie de Los*, au diocèse de Tournay, à peu de distance de Lille. Dans la *Chronique de Raoul de Coggeshall* on lit, sous la date de 1203 :

« Multi nobiles et potentes viri..... crucem sumpserunt. Horum
« caput.... effectus est Bonifacius.... Hic autem.... quemdam abbatem
« regionis suæ, scilicet abbatem de *Lucelane*, in comitatu assumptæ
« peregrinationis humiliter expetiit et obtinuit.... Comes etiam Bal-
« devinus cum comitissa sua in comitatu suo obtinuerunt *Abbatem*
« *de Los*. » (*Histor. de France*, tome XVIII, page 93.)

Le *Gallia Christiana* nomme notre abbé *Simon*. « Ayant, » dit-il, « pris la croix sans le consentement de l'abbé de Cîteaux, il en fut « réprimandé dans le chapitre général; cependant, à la prière de Bau- « douin, on lui permit de suivre l'armée croisée. Il mourut le 8 juillet « 1204. » (Tome III, page 303.)

ACHARS DE VERDUN, gendre de Renier de Trit; l'abandonne à Finepople. Surpris par les Grecs, il est livré à Johannis, qui le fait mourir, CXXXIX.

Le Ms. 9644 le nomme *Chars de Vereli*. Cela me fait penser qu'il devoit être le même que l'*Achardus de Berli* dont parle Gillebert de

Mons, sous l'année 1188. Gérard de Saint-Obert l'avoit cité devant le comte de Hainaut et le réclamoit comme étant réellement de condition serve. Tandis que l'affaire se plaidoit à Mons, Robert de Beaurain, chevalier très renommé, parent du comte de Hainaut et d'Achart, se leva, donna à Gérard de Saint-Obert un démenti formel et l'appela en duel, dans le cas où il soutiendroit qu'Achars et lui fussent de condition serve. Gérard soutint ses prétentions, et le combat, remis à un court délai, dut avoir lieu à Mons. Alors Gérard ayant vainement attendu son adversaire pendant le temps fixé, obtint des juges du camp gain de cause, et Robert de Beaurain fut obligé de demeurer le serf du vainqueur. Il est probable qu'Achars suivit la triste destinée de son parent; mais à quelques années de là, une décision de Henri, roi des Romains, annula celle des juges du comte de Hainaut et rétablit les adversaires de Gérard de Saint-Obert dans la possession de leurs honneurs militaires. Au nombre de ces premiers juges du camp, nommés par Gillebert, on trouve *Renier de Trit* et *Guillaume de Gomenies*. Sans doute Renier de Trit, qui pourtant ne devoit pas encore être le beau-père d'Achars de Verdun, avoit été choisi par Robert de Beaurain.

AGNÈS, fille de Boniface, roi de Salonique; mariée à l'empereur Henri, CLXVIII. Est enceinte, CLXXVII.

Elle étoit fille d'Eléonore de Savoie, première femme du marquis de Montferrat; et Guichenon s'est trompé dans son *Histoire généalogique de la maison de Savoie*, quand il assure que Boniface n'eut d'Eléonore aucun enfant. (Tome I*", page 242.)

AIMERIS DE VILLERAI (ou VILLEROI), se croise, VII. Meurt à C. P., CXXVI.

Cette famille étoit illustrée dès le XIe siècle, comme on peut le voir d'après le témoignage d'Orderic Vital. Elle étoit de la province de Brie, et portoit d'*argent à neuf merlettes de sable*.

AIMÉS BUFFOIS, connétable de Salonique; consulté, CONT. XXI. Prêt à mettre à la voile, XXXI. Fait hommage à l'empereur, au parlement de Vavenique; conservé dans son emploi, CONT. XXXIII. Consulté par l'empereur sur l'opportunité du voyage de Négrepont, XXXV.

Peu de temps après les derniers évenemens racontés par Henry de

Valenciennes, Aimé Buffois fut surpris et mis cruellement à mort par Michalis ; comme nous l'apprend Innocent III dans sa lettre à Thomas Morosini, patriarche de Constantinople (lib. XIII, ep. 184) : « Michalitius.... spreto... juramento quod imperatori et Eustachio fra-
« tri ejus, cui idem Michalitius filiam suam primogenitam tradiderat
« in uxorem, præstiterat, A. imperii comestabulum, cum militibus et
« aliis usque centum, in dolo capiens, quosdam flagellavit ex ipsis,
« quosdam retrusit in carcerem, et quibusdam nequiter interfectis,
« comestabulum ipsum cum tribus aliis et capellano suo (quod est
« horribile dictu), suspendit in cruce. »

Alars de Kieri ; l'un de ceux qui firent le mieux au pont de Larse, cont. xxx.

Alars Maqueriel, l'un des six messagers de Venise ; choisi par le comte de Flandre, ix. Se sépare, avec Joffrois de Villehardouin, des quatre autres messagers, pour revenir en France, xx. L'un des chevaliers auxquels l'empereur Henri parle avant la bataille de Finepople, cont. vii.

Cette famille, originaire de Flandre, existoit encore au xviie siècle, et sans doute n'est pas éteinte. Mais les petits-neveux de notre Alard ont cru devoir ajouter à leur véritable nom de famille une particule, persuadés à tort qu'ils ne pouvoient être vraiment nobles s'ils ne s'appeloient pas messieurs de Maquerel.

Alexis (Alexis III, l'Ange, dit Comnène), frère de Kirsac. Surprend son frère, lui arrache les yeux et usurpe sur lui l'empire de Constantinople. Enferme Alexis, fils de Kirsac, xlii. Les croisés prennent port devant son palais de Calcédoine, lxii, puis devant son palais de lo Scutarie. Il s'avance en face d'eux. Son megheduc rencontre une partie de l'armée et prend la fuite, lxiv. Envoie un message aux barons, lxv. La crainte qu'il inspire dans C. P. empêche le peuple de manifester ses dispositions en faveur du jeune Alexis, lxviii. Attend les croisés, puis prend la fuite, lxx. Deux prisonniers croisés sont amenés devant lui, LXXVI. S'avance vers les Vénitiens. Sort de la ville, LXXX. Ses dispositions, LXXXI. Joint les croisés. Se retire, LXXXII. Rentre dans la ville; puis s'enfuit, LXXXIII. Suite de son évasion. LXXXIV. Sa fille s'éloigne avec Morchufles. Il se réfugie à Messinoble, CXIII. Y reçoit Morchufles, auquel il donne sa fille en mariage : lui fait crever les yeux. Effet de cette trahison sur l'esprit des croisés, CXVI. S'enfuit de Messinoble, CXVI. Fait prisonnier par le roi de Salonique, qui l'envoie à Montferrat, CXXVII.

Alexis ne resta pas long-temps à Montferrat. Il parvint à s'échapper de prison ; mais étant passé dans l'Asie-Mineure, il fut pris par Thodres li Ascres (Théodore Lascaris), qui le fit enfermer dans un monastère, où il termina sa vie.

ALEXIS (Alexis IV, le jeune), fils de Sursac ; retenu longtemps en prison par son oncle Alexis. S'enfuit à Ancône ; puis va trouver le roi d'Allemagne, Philippe, son beaufrère. Se rend près des croisés à Venise, XLII. Envoie au marquis de Montferrat des messagers; retourne près du roi d'Allemagne, XLIII. Rejoint le duc de Venise et le marquis de Montferrat. Monte sur les vaisseaux du duc de Venise, LVI. Se réunit aux barons qui ne veulent pas retourner à Brandis, LIV. Débarque à Andre, LX. Se montre inutilement au peuple de C. P., LXVIII. Mande au marquis de Montferrat la restauration de son père, LXXXIV. Est couronné. Paie une partie de ce qu'il doit aux croisés. Les prie de prolonger leur séjour, LXXXVIII. Sort de C. P. pour conquérir son empire, LXXXIX. Succès presque complet de l'expédition, XC. Troubles à C. P. durant son absence, XCI. Revient à C. P. Change à l'égard des croisés, XCII. Reçoit leurs envoyés, XCIII. S'indigne des discours qu'ils lui tiennent, XCV. Son ingratitude. Est trahi et mis en prison par Morchufles, xcvii. Étranglé, xcviii.

Alixandres de Vilers; l'un des Allemands qui joignent les croisés à Venise, xliv.

Sous le nom d'Allemands, le chroniqueur réunit les Brabançons, les Wallons et les gens d'outre le Rhin. La famille de Vilers étoit de Brabant.

Andrieu ou **Droins de Beaurain**; se croise, vi. Se sépare de ceux qui poursuivoient les Blas, clxi.

Aussi nommé *Drius* et *Drues*. Chevalier de Hainaut; de la même famille que Robert, dont il est parlé à l'article *Achars de Verdun*.

Andris d'Urbaise ou **Andrieu d'Urboise**; l'un des deux croisés qui les premiers montent sur une tour de C. P., civ. L'un des chevaliers qui gardoient Larouse. Atteint par les Blas, clvi. Tué, clvii.

Andris Valaires, Vénitien; l'un de ceux qui vont secourir Regnier de Trit, clxi.

Ansiaumes de Biaumont; l'un des quatre François surpris par les traitres Lombards, cont. xxiv.

Ansiaus de Caeu ou **Anseaus de Caieu**; se croise, vii. Est de la troisième bataille, lxix. Accompagne Henri d'Anjo à Landromite, cxxxii. Chargé de la garde de Visoi, avec cent quarante chevaliers, clv, clix. Est de la quatrième bataille dans la chevauchée d'Andrenoble. Va secourir Regnier de Trit, clxi. L'un de ceux qui vont secourir Lespigal, clxvii. Revient en Europe au secours de l'empereur, clxix. Va secourir Esquise, clxxiii. L'un de ceux qui s'engagent dans les monts de Blaquie, clxxvii. L'un de ceux qui soutiennent le choc des Blas devant Phinepople, cont. iv. Envoyé vers le comte de Blandras, xix. Chargé de surveiller le comte de Blandras, xxiii. Le ramène à Salonique et le livre à l'empereur, xxiv.

L'un des trente qui vont au secours de Rolland Pire, xxvii. Chargé de conduire trente chevaliers vers le Val de Venisce, xxviii. Passe le pont de Larse après Quenes de Béthune, xxxi. Conduit les secours et les deniers de l'empereur de Salonique à Lamiro. Essaie inutilement de faire la paix des Lombards avec l'empereur, xxxii. Consulté par l'empereur sur le voyage de Négrepont, xxxv.

Anseau de Caieu, l'un des plus braves chevaliers de l'expédition, vivoit encore en 1222; il épousa alors l'une des filles de Théodore Lascaris (Thodres li Ascres), comme nous l'apprend Albéric des Trois Fontaines. Cet historien remarque qu'Anseau de Caieu étoit originaire du Ponthieu.

Ansiaus de Courceles, neveu de Joffroi le maréchal, envoyé par lui vers Macra. Apprend, à son retour, la déroute d'Andrenoble. Se réunit aux restes de l'armée à Rodestoc, cxlix.

Ansiaus de Remi, home lige de Tierri de Los. Blâmé de sa conduite devant Nicomie. Se retire au moutier Sainte-Sophie. Dépêche un message à l'empereur, clxxiv.

Archevêque de Salonique; consulté par l'empereur Henri, cont. xx.

C'étoit le successeur de Nevelon.

Aubretin; l'instigateur principal de la trahison des Lombards. Rencontré vers la Ginge par l'empereur Henri. Garnit La Serre, cont. xv. Fait mettre tous les François hors de Salonique, xvi. L'un des conseillers du comte de Blandras. Sa réplique à Quenes de Béthune, xviii. L'un des trois qui se déclarent pour la proposition du comte. Seigneur d'Estives, xx. Se prépare à mettre à la voile, dans la crainte de l'empereur, xxxi. Nommé, xxxii. Demande et obtient la paix, xxxv.

Innocent III, dans une de ses lettres, nous apprend qu'il étoit frere de Roland de Canosse

B.

Baudes ou Baudouins de Biauveoir; se croise, vi. Est de la deuxième bataille, lxix. Fait le guet avec Henri d'Anjo, lxxxi. Accompagne Henri d'Anjo dans l'expédition d'Afilée, xcix. Dans la défense de Landromite, cxxxii. Commande la cinquième bataille dans la chevauchée d'Andrenoble. Se sépare de ceux qui poursuivoient les Blas, clxi.

Baudes de Beauvoir est le premier chevalier connu de la maison de *Beauvoir du Roure*, l'une des plus illustres de France. M. le marquis du Roure, éditeur des *Mémoires de Louville*, et l'auteur du savant et spirituel ouvrage intitulé *Analecta-Biblion*, en est l'un des derniers rejetons.

Bauduins ou Baudoins, comte de Flandre et de Hainaut; se croise à Bruges, vi. Choisit deux des six messagers de Venise, ix. Se trouve à la conférence de Soissons, xxv. Fait jurer aux trois commandans de la flotte de Flandre qu'ils rejoindront les croisés à Venise, xxx. Arrive à Venise, xxxi. Remet 500 livres au comte Gille de Trasegnies, pour ses dépens durant le voyage. En est abandonné, xxxii. Offre tout ce qu'il possède et tout ce qu'il peut emprunter pour acquitter la dette des Vénitiens, xxxvii. L'un des douze qui jurent de soutenir le valet de C. P. liii. Mande à la flotte de Flandre arrivée à Marseille de se rendre à Modon. N'est pas obéi, liv. Empêche une partie des croisés de retourner à Brandis, lviii. Débarque à Andre, lx. Pourquoi commande l'avant-garde, lxix. Poursuit l'usurpateur Alexis, lxxi. Conduit sa *bataille* à l'assaut, lxxvi. Demeure à C. P. pendant l'expédition du jeune Alexis, xc. Après l'assaut de C. P. passe la nuit dans le camp abandonné de Morchufles, cvi. Désigné comme candidat à l'empire, cix. Proclamé empereur, cx. Couronné, cxi. Conduit à Bouche-de-Lion. Accorde à Boniface l'échange du royaume de Salonique contre la Turquie d'Asie, cxii. Après la prise du Curlot, sort de C. P. avec une partie de ses chevaliers pour s'opposer aux Grecs, cxiii. Rejoint son frère Henri d'Anjo à Andrenoble, cxiv. S'avance vers Messinoble. Garnit Andrenoble, cxv. Est reçu dans Messinoble. Y reçoit le marquis de Montferrat. Se brouille avec lui, cxvi. S'avance vers Salonique, cxvii. Entre dans Cristople; dans Lablanche; dans La Serre; dans Salonique, cxviii. Apprend les dispositions du marquis, cxxi. Quitte Salonique. Apprend la prise du Dimot et le siége d'Andrenoble. Sa colère. Malheurs de son expédition, cxxii. Rencontre les messagers de C. P. Sa réponse à leur discours, cxxiii. Arrive à C. P.; est honorablement accueilli. Consent à nommer des arbitres de sa querelle avec le marquis. Se réconcilie, cxxiv. Préside au partage des terres, cxxv. Reste à C. P. Accueille ceux qui reviennent de Syrie, cxxix. Apprend la mort de sa femme, cxxx. Sa douleur de la révolte des Grecs, cxxxvi. Apprend la reprise de Cardiople. Envoie aux Latins occupés en Asie l'ordre de revenir, cxxxvii. Envoie de nouveaux chevaliers pour rejoindre Joffroi le maréchal au Curlot, cxxxviii. Embarrassé dans C. P. Est rejoint par cent chevaliers d'Asie. Prend conseil et se décide à joindre le maréchal. Se trouve à Nequise. Se propose de marcher sur Andrenoble, cxl. Est rejoint devant Andrenoble par le duc de Venise, cxli. Prend la résolution de ne pas s'engager dans la poursuite des Blas, cxlii. S'avance à la suite du comte de Blois, cxliii. Fait prisonnier, cxliv. Suite de cette prise, cxlv, cxlvi. La nouvelle en arrive à Henri, cxlix. Mention de la charte donnée par lui au marquis Boniface, cont. xvi.

Baudoins d'Aubegni; l'un de ceux qui, après la prise de l'empereur Baudouin, quittent la Grèce. Blâmé, cxlvii, cxlviii.

Bauduins de Pas; avertit l'empereur que le comte de Blandras étoit à Négrepont, cont. xxxv.

La maison de Pas-Feuquières, qui a donné plusieurs grands hommes à la France, aux xvi° et xvii° siècles, étoit déjà recommandable au xii°. Je crois que le dernier rejeton direct de cette famille de Pas est aujourd'hui madame la duchesse de Cazes.

Bauduin de Soriel; l'un des barons chargés de surveiller le comte de Blandras, cont. xxiii. Laissé à Dragmes. Défait les Lombards. Son combat contre Pierre Vent, qu'il force à crier merci, xxvi.

Bègues de Fransures, chevalier du comte de Blois; l'un des envoyés de C. P. à Baudouin. Son éloge. Son discours à l'empereur, cxxiii. Chevalier de Beauvoisin. L'un de ceux qui gardent Naples (Apres). Tué par l'ordre de Johannis, clvii.

Bela III, roi de Hongrie; avoit enlevé Jadres aux Vénitiens, xxxviii. Sa fille, femme de Kirsac, et sœur d'Émeric, son successeur, lxxxvi, cxiii. Reine de Salonique, xciii, cvii, cxii.

Bernars de Montreuil; se croise en France, v. Blâmé de n'avoir pas suivi les croisés à Venise; passe à Marseille, xxxi. L'un de ceux qui veulent rejoindre Boémond. Fait prisonnier par les Turcs, c.

Bernars de Sombrangian; se croise, vi.

Bertous de Thascelene en Tosces, ou Biertous, comte allemand; joint les croisés à Venise, xliv. Reste, avec la plupart des Allemands, dans le parti du marquis de Montferrat, cxvii. Consulté par l'empereur, à Salonique, cont., xx. Chargé de la personne du comte de Blandras, qu'il fait enfermer dans le château de Serres, xxv. Propose de l'échanger contre les clefs du château de Cristople. N'est pas écouté, xxvii. Se trouve au parlement de Vavenyce, xxxiii.

<small>Villehardouin ou ses copistes ont mal écrit le nom de famille de ce chevalier. La véritable orthographe étoit *Katzenelbogen*. Les arrière-neveux de notre Berthous tiennent encore un rang élevé en Allemagne.</small>

Blanche, comtesse de Champagne, fille du roi de Navarre et femme de Thibaut; reste veuve avec une fille, et enceinte d'un fils, xxiii.

Boniface, marquis de Montferrat; proposé pour chef de la croisade, est accepté. Vient en France, y est honoré comme cousin germain du roi de France. Vient à Soissons, xxvi. Reçoit la croix, xxvii. Retourne en Italie. Passe par Citeaux, xxviii. Donne tout ce qu'il possède et ce qu'il peut emprunter pour acquitter la dette de Venise, xxxvii. Reçoit les envoyés du valet de C. P., xliii. N'accompagne pas les croisés à Jadres, xlvi. Les rejoint, l. Jure de secourir le valet de C. P., liii. Fait tendre ses pavillons près de ceux du valet de C. P., lvii. Empêche une partie des croisés de retourner à Brandis, lviii. Débarque à Andre, lx. Montre au peuple de C. P. le jeune Alexis, lxviii. Commande la septième bataille. Chargé de faire l'arrière-garde, lxx. Garde le camp, tandis que les autres vont à l'assaut, lxxvi. Apprend la restauration de Kyrsac, lxxxiv. Reçoit une visite du jeune Alexis, lxxxviii. Accompagne le jeune Alexis dans son expédition, lxxxix. Reproche au jeune Alexis son ingratitude, xcii. Après l'assaut de la ville, campe sur le bord de la mer. Des gens de sa *bataille* mettent le feu dans la ville, cvi. S'empare du palais de Bouche-de-Lion, cvii. Fait crier que chacun eût à réunir son butin à la masse, cviii.

Désigné comme candidat à l'empire, cix. Porte l'empereur Baudouin à Sainte-Sophie, et s'empresse de le reconnoître, cx. Épouse Marguerite, la veuve de Kyrsac, cxi. Demande et obtient l'échange de la Turquie d'Asie contre le royaume de Salonique. Joie qu'éprouvent les croisés de sa bonne intelligence avec Baudouin, cxii. Rejoint, avec sa femme, l'empereur à Messinoble. Se brouille avec lui, cxvi. Retourne vers le Dimot, cxvii. Assiége Andrenoble, cxviii. Reçoit les envoyés des barons de C. P., cxix. Consent à s'en rapporter au jugement de quatre personnes, cxx. Revient au Dimot, où il avait laissé sa femme, cxxi. Consent à se rendre à C. P., où il se réconcilie avec l'empereur, cxxiv. Marche vers Salonique. Entre dans cette ville, soutient la guerre contre Lasgur et Michalis, cxxv. Fait prisonnier Alexis et sa femme, et les fait conduire à Montferrat, cxxvii. Va assiéger Corinthe et Naples. Accueille Joffroi de Villehardouin, cxxxiii. Ne peut prendre Naples, cxxxv. Lève le siége, et revient à Salonique, que menaçoit Johannis, cli, cliii. Sa douleur de la prise de l'empereur, cliv. Envoie Otes de la Roche pour proposer à l'empereur sa fille en mariage. L'empereur y consent, clxvi. Rétablit les murs de la Serre, clxviii. Entre dans Messinoble. Propose à l'empereur une entrevue. Récit de sa mort. Sa tête envoyée à Johannis. Son éloge, clxxvii.

Buiemont, prince d'Antioche et comte de Tripoli ; une partie des croisés veut aller le rejoindre ; surpris par les Turcs, ils sont tués ou faits prisonniers, c.

Burile, roi de Blaquie, cont. i. Cherche à surprendre les Latins, ii. Range en bataille ses guerriers, vi. Prenoit le nom d'empereur. Combat avec les gens de Henri, vii,

VIII, IX. Ses démêlés avec Esclas, X. Les gens du château de la Serre envoient vers son bailli, qui ne peut réussir à s'emparer de la Serre, XXIV. Prépare une nouvelle guerre, XXXVI.

C.

CAPITIEL, petit sergent ; cité comme l'un de ceux qui firent le mieux au combat du Pont-de-l'Arse, CONT., XXX.

CHARLES DE FRAISNE ; l'un de ceux qui gardoient La Rouse. Atteint par les Blas. Tué. CLVII.

L'un des juges de la querelle émue entre Gérard de Saint-Obert et Robert de Beaurain. (Voyez Gillebert de Mons, *Histor. de France*, tome XVIII, page 391.)

CLEREMBAUS, neveu de Gui de Capes; se croise avec les barons de Champagne, III. Veut de Corfou retourner à Brandis, LVIII. Est de la cinquième bataille, LXIX.

Guyot de Provins a mentionné Clérembaud de Capes dans sa Bible

> Un Clarembaut revi vers Troies
> De Chapes, qui mout fu courtois,
> Qui fu Huedes li Champenois,
> Qui refu Joffrois de Jenville;
> Meillor chevalier, par saint Gille,
> N'avoit de lui, deçà le Far.
> *Bible de Guyot.*

Il vivoit encore en 1224; du moins le même nom se trouve-t-il dans l'établissement donné cette année-là par le comte Thibaud, pour régler le partage des successions entre les barons de ses domaines.

COMTE DE TRAVAS ; l'un des conseillers du comte de Blandras, CONT. XVIII.

CONRAD, évêque de Havestach; rejoint les croisés à Venise, XLIV.

CONSTANTINS LI ACRES (Lascaris); fait prisonnier par Gautier de Nulli, LXXV. Frère de *Thodres li Ascres*. Chargé par son frère d'assiéger Landromite. Son éloge. Est battu CXXXII.

D.

David; attaqué par Thodres li Ascres, protégé par l'empereur Henri, cont. xi.

Droins de Biaurains. Voyez **Andrieu de Beaurain**.

Drues de Cressonnessars; se croise en France, v. Quitte les croisés à Jadres avec Simon de Montfort, lvii.

Variantes : *Druins de Grossonessart*. Ce doit être Cressonsac en Beauvoisis, aujourd'hui village du département de l'Oise.

Drues d'Estruein, preux chevalier, tué devant Corinthe, cxxxv.

E.

Engelier, traître; l'un des trois que le comte de Blandras envoie secrètement à la Serre, cont. xxii. Leur conduite, xxiii.

Enguerrans de Boves; se croise en France, v. Passe vers le roi de Hongrie. En est blâmé, lvii.

Boves étoit le nom d'un château situé à deux lieues d'Amiens. Les seigneurs de Boves étoient de la maison de Coucy.

Ernaus d'Armentières; saisit un Lombard que Gautiers de La Rivière avoit abattu sur le pont de l'Arse, cont. xxx.

Esclas, haut homme; en guerre contre Burile, son cousin germain, cont. ii. Demande la fille de l'empereur Henri, x. Se sépare de l'empereur, xi. Épouse la fille de l'empereur, xii.

Estiennes du ou del Perche, frère de Joffroi, comte du Perche; se croise, vii. Chargé par son frère mourant de conduire les barons du pays à la croisade, xxix. Demeuré malade à Venise. Passe en Pouille et de là en Syrie, xlvi. Revient à C. P. Reçoit de Baudouin le fief de la duchée de Phinadelphe, cxxix. Cousin du comte de

Blois (*id.*). Va *fourrer* devant Pentates, CXLII. Perdu à la déroute d'Andrenoble, CXLIV.

ESTURMIS; amiral de Thodres li Ascres, et son fils; assiége *Esquise* par mer, CLXXII. Lève le siége, CLXXIII.

EUDES DE DAMPIERRE, frère de Richard de Dampierre; se croise à Cîteaux, XXVIII. Veut retourner à Brandis, LVIII. De la sixième *bataille* (celle des Bourguignons), LXIX.

EUDES, duc de Bourgogne; refuse le commandement de l'armée croisée, XXV.

EUDES ou ODES LI CHAMPENOIS DE CHANLITE; se croise à Cîteaux, XXVIII. Veut de Corfou retourner à Brandis, LVIII. L'un de ceux qui se combattent au meghedus de l'empereur, LXIV. De la sixième bataille, LXIX. Accompagne Henri d'Anjo dans l'expédition d'Afilée, XCIX. Meurt à C. P. regretté, CXI.

Cité par Guyot de Provins. Voyez *Clérembaud de Capes.*

EUSTACES DE CONFLANS; se croise avec le comte de Champagne, III. Passe en Pouille avec Gautier de Brienne, XXI.

Nommé *Eustachius de Conflans*, dans l'établissement (*stabilimentum*) du comte Thibaut pour régler les partages héréditaires entre les barons de la province, en 1224.

EVRARS DE MONTAIGNI; se croise avec les barons de Champagne, III.

F.

FERRIS DIARE; se croise en France, V. Perdu dans la déroute d'Andrenoble, CXLIV.

FOULQUES DE NULLI ou FOUQUES, prêtre de Lagni-sur-Marne; célèbre par ses prédications. Est chargé par Innocent III de prêcher la croisade, I. L'un des quatre prêtres qui conduisent le marquis de Montferrat à l'église de Soissons et lui attachent la croix, XXVII. Va prêcher à Citeaux, XXVIII. Les croisés apprennent sa mort avec douleur, XLIII.

FRANÇOIS DE COLOEMI; se croise.

FRANQUES DE CHAUMES; l'un des trois hommes de Valenciennes qui firent le mieux au siége du château de Thèbes. Y est blessé mortellement, CONT. XXXIV.

G.

GADOUS; l'un des chevaliers auxquels l'empereur parle avant le combat de Finepople, CONT. VII.

GADOUS DE KIÉVRI; se distingue au passage du pont de Larse, XXX.

GARNIERS DE BOLANDE; l'un des Allemands qui joignent les croisés à Venise, XLIV. Quitte les croisés après le départ de Jadres, LIV.

GARNIERS, vesques (ou évêque) de Troyes en Champagne; se croise, III.

Ce prélat, nommé *Garnier de Trainel*, n'attendit pas que l'armée des croisés se mît en marche. Il fit sur-le-champ ses préparatifs de départ et se rendit à Plaisance, où des pélerins lui apprirent la mort récente de Henry, comte de Champagne, alors roi de Jerusalem. Il changea de projet, et se fit relever de son vœu par le pape. Mais à peine revenu en France, il repartit avec les seigneurs croisés en même temps que lui, et se trouva à la prise de Constantinople. On lui donna la garde des reliques, et c'est à lui que la ville de Troyes est encore aujourd'hui redevable de plusieurs beaux morceaux d'antiquité, entre autres d'un grand bassin de marbre bordé d'argent et revêtu d'une inscription grecque.

GAUTIERS DE BOUSIES; se croise, VI.

GAUTIERS DE BRAINE OU DE BRIENNE, se croise avec le comte de Champagne, III. Passe le Montcenis, où il rencontre Joffroi de Villehardouin. Va en Pouille dans l'intention de soumettre la terre de sa nouvelle épouse, fille du roi *Tancré*, xx. Une partie des croisés veut retourner en Pouille auprès de lui, LVIII.

Il étoit fils d'Erard, comte de Brienne, et d'Agnès de Montbéliard. C'étoit l'aîné du fameux Jean de Brienne, plus tard roi de Jérusalem.

GAUTIERS DE FULINES; se croise avec les barons de Champagne, III.

GAUTIERS DE GADONVILLE; se croise avec le comte de Blois, IV. L'un des six messagers de Venise, IX.

GAUTIERS DE LA RIVIÈRE; l'un de ceux qui reconnurent les premiers le pont de Larse. Abat un Lombard, CONT. XXX.

GAUTIERS DE MONTBELIART; se croise avec le comte de Champagne, III. Passe en Pouille avec Gautier de Brienne, XXI.

Il étoit fils d'Amédée de Montfaucon, comte de Montbéliard, et frère de Richard qui succéda à son père. Il finit par s'établir en Chypre, où son mariage avec une sœur du jeune roi Hugues de Lusignan le fit nommer régent de ce royaume.

Une mention précieuse de Gautier de Montbéliard se trouve dans un fragment du poème du Saint-Graal, aujourd'hui conservé à la Bibliothèque du Roi dans un manuscrit unique (Saint-Germain, n° 1987.) Le poète, afin de nous avertir qu'il est le premier qui ait versifié le même sujet, s'exprime ainsi :

> A cel tems que je la retreis,
> A monseigneur Gautier, en pes,
> Qui de Monbelial estoit,
> Onques retreite esté n'avoit.

Il faut donc faire remonter la composition de ce poème aux dernières années du XII° siècle; puisque Gautier de Montbéliard quitta la France vers 1200 pour n'y plus revenir.

GAUTIERS DE NESLE (p.-ê. de *Nulli?*); se croise, VII.

GAUTIERS DE NULLI; fait prisonnier Constantin *L'Ascre*, LXXV. Perdu dans la déroute d'Andrenoble, CXLIV.

GAUTIERS DE SAINT-DENISE; se croise en France, V. Blâmé

de n'avoir pas rejoint les croisés à Venise. Passe à Marseille, xxxi.

Gautiers de Tombes; se croise, vi. Se trouve au parlement de Vavenyque. L'un de ceux qui avoient tenu le long siége de Corinthe, cont. xxxiii.

Gautiers d'Escornay; fait la septième bataille dans la chevauchée d'Andrenoble, clxi. L'un de ceux qui s'engagent dans les monts de Blaquie, clxxvii.

Gautiers de Voignori; se croise avec le comte de Champagne, iii.

De Vignori ou *de Gaignonru.* Il mourut en 1229. Dans l'établissement de Thibaud-le-Posthume, fait pour régler les partages héréditaires entre les barons de la comté de Champagne, en date de 1224, il est nommé *Galterus de Gangiorivo.* Vignori étoit un château bâti sur un ruisseau qui lui a donné son nom, entre Joinville et Chaumont en Bassigny. Ce château fut érigé en comté l'an 1555. Aujourd'hui c'est un bourg, chef-lieu de canton.

Gautiers, évesque d'Autun; se croise, xxix. Ne rejoint pas les croisés, xxxi.

Gérars, comte lombard, de la maison du marquis de Montferrat; l'un de ceux qui combattent le megheduc de l'empereur, lxiv. Blâmé d'avoir fui l'un des premiers devant Andrenoble, cxlv.

Gerous de le Vincourt; se distingue au passage du pont de Larse, cont. xxx.

Gervaises du Castel; se croise avec le comte de Blois, iv. Envoyé vers le marquis pour l'amener à C. P. cxxv. Va fourrer vers Pentates avec le comte de Blois, cxli.

Gervais se trouve dans la liste des chevaliers bannerets sous Philippe-Auguste. Ce *Chastel* dont il étoit seigneur est aujourd'hui *Château-Neuf en Timerais,* dans le departement d'Eure-et-Loire, et à cinq lieues de Dreux.

Gilles d'Aunoi; meurt au retour de Salonique, cxxii.

Gilles de Brebière; se distingue au passage du pont de Larse, CONT. XXX.

Giles de Landast, puissant homme de Flandre; mort à Jadres dans la mêlée survenue entre les François et les Vénitiens, L.

Gilles de Trasegnies, homme-lige du comte de Flandre, qui lui avoit remis 500 livres pour qu'il l'accompagnât dans son voyage. Passe en Pouille au lieu de se rendre à Venise, XXXIII. L'un de ceux qui veulent rejoindre Boémond. Est tué par les Turcs, C.

Gilles de Trit, frère de *Renier*; abandonne son père à Finepople. Surpris par les Grecs, et rendu à Johannis, qui le fait mourir, CXXXIX.

Gilles, neveu de *Mile le Brabant*; tué au siége de Civetot, CLXX.

Girars de Manchecort; se croise, VI. Meurt au retour de Salonique. Son éloge, CXXII.

Godefrois de Buillon; mention des troubles occasionnés par son élection au trône de Jérusalem, CIX.

Gossiaus li Moines; Henri l'appelle près de lui avant la bataille de Finepople, CONT. VII. Ses exploits à la prise du pont de Larse, XXX.

Guillaumes, avoué de Béthune; se croise, VI. L'un de ceux qui, après la prise de Baudouin, abandonnèrent la Grèce. Blâmé, CXLVII, CXLVIII.

Le deuxième continuateur de Guillaume Tyr le surnomme *li Rous*. Quant à son titre d'avoué ou défenseur ecclésiastique, voyez ce que j'en ai dit dans le *Romancero françois*, article *Quenes de Béthune*.

Guillaumes d'Arondel; cité parmi ceux qui firent le mieux au passage du pont de Larse, CONT. XXX.

Guillaumes d'Aunoi; se croise en France, V. Veut de Corfou retourner à Brandis, LVIII. Maréchal du roi de Salonique. Chargé par lui de garder La Serre, CLII. (Sans doute tué par ordre de Johannis.)

GUILLAUMES DE BEAUMES, OU DE BIELMES ; chargé de garder le Curlot pour Baudouin. Ranime le courage des fugitifs d'Andrenoble. Les accompagne devant Cardiople, qu'ils prennent, CXXXVII. Envoyé pour reconnoître si le pont de Larse est détruit, CONT. XXX.

GUILLAUMES DE BLENDEL OU DE BLENDUEL ; se rend à Viguerie pour faire à l'empereur acte de soumission, CONT. XV. Chargé d'aller reprendre les châteaux confiés au comte de Blandras, CONT. XXII. L'un des trente qui vont secourir Roland Pice, XXVII.

GUILLAUMES DE BRAIECUL ; rejoint au Curlot par Joffroi le maréchal et Manessier de Lille, CXXXVIII.

GUILLAUMES DE GOMENIES ; se croise, VI. Se sépare de ceux qui poursuivoient les Blas, CLXI.

L'un des juges de la querelle soulevée, en 1181, entre Gérard de Saint-Obert et Robert de Beaurain. (Voyez Gillebert de Mons, *Hist. de France*, tome XVIII, p. 390.)

GUILLAUMES DE L'ARSE ; supplie l'empereur de laisser fuir les Lombards, CONT. XXXI.

GUILLAUMES DE NUILLI ; l'un des croisés qui, au lieu de passer par Venise, se rendent directement en Syrie. Veut rejoindre Boémond. Est fait prisonnier, C.

GUILLAUMES DE SAINS ; se croise avec le comte de Blois, IV. Ferme un château, nommé le Civetot, vers Nique, CLXIX, CLXX. Chargé d'aller reprendre, pour l'impératrice, les châteaux confiés au comte de Blandras. Alors, maréchal de l'*ost*, XXII. L'un des trente qui vont secourir Roland Pice, XXVII. Envoyé pour reconnoître si le pont de Larse est détruit. Se distingue dans le combat, XXX.

GUILLAUMES D'OGI, OU DEL GI; tué dans une sortie des Grecs devant C. P., LXXVI.

GUILLAUMES DOU CHAISNOIT; a le prix du bien faire à l'assaut du château de Thèbes, CONT. XXXIV.

GUILLAUMES DOU PERCOI, DOU PARCOI, OU DEL PERCHE; l'un de ceux qui vont au secours de Regnier de Trit, CLXI. Va secourir Esquise dans la huitième galée, CLXXIII. Chargé de la défendre. Va pour fourrer. Est abattu et remonté. Échappe avec peine, et envoie du moutier Sainte-Sophie un message à l'empereur, CLXXIV. L'un de ceux qui fournissent la première course au combat de Finepople, CONT. VII.

GUILLAUMES LI CHAMPENOIS DE CHAMLITE, frère de Eudes li Champenois de Chamlite; se croise à Cîteaux, XXVIII. L'un de ceux qui combattent le megheduc de l'empereur, LXIV. De la sixième bataille, LXIX. A le bras brisé d'un coup de pierre devant C. P., CXXV. Accompagne le jeune Alexis dans son expédition, LXXXIX. Accompagne Henri d'Anjo dans l'expédition d'Afilée, XCIX. Pleure son frère mort, CXI. Reste dans le parti du marquis de Montferrat, CXVII. L'un de ceux qui vont au-devant de Villehardouin, CXIX. Accepte l'offre de Joffroi de Villehardouin, neveu du maréchal. Arrive à Michon, CXXXIII. Ils fortifient cette ville et repoussent les Grecs, CXXXIV. Prennent Coronne, puis la Calemate, CXXXV.

Guillaume et Eudes étoient fils d'Eudes, comte de Champlite, fils du comte de Champagne, Eudes I*er*, et d'Elisabeth de Bourgogne; mais ce comte crut avoir de justes motifs de soupçonner la vertu de sa femme; il l'avoit répudiée comme elle étoit enceinte d'un fils. Celui-ci ne put donc hériter de la comté de Champagne : il obtint de son grand-père maternel le comté de Champlitte en Bourgogne; et toutefois il transmit à ses enfans le surnom de *Champenois*, qui rappeloit ses droits prétendus à l'héritage du comte Hugues.

Guillaumes, li vidames de Chartres ; passe en Syrie comme messager des croisés qui se rendoient en Grèce. Manque à son serment en ne revenant pas, LIV.

Ce vidame de Chartres étoit de la maison de Mello, comme le prouve un écu placé dans l'initiale des chansons qu'il a composées, ms. du Roi 7222. J'ai longuement parlé de lui et restauré son histoire dans le *Romancero françois*, pages 111-117; j'avois alors seulement soupçonné le nom de famille du vidame de Chartres : depuis, un acte conservé dans le cabinet des Titres de la Bibliothèque royale m'a prouvé que la vidamé de Chartres étoit, au XIIIe siècle, la propriété des seigneurs de Mello; car il contient un don fait par Geoffroy de Mello, chevalier et vidame de Chartres sous le règne de Saint-Louis. Le sceau apposé au bas de cet acte reproduit les armes peintes dans notre manuscrit des chansons de Guillaume.

Guillaumes, marquis de Montferrat, frère de Boniface; les Lombards veulent lui transférer le royaume de Salonique, CONT., XX, XXI, XXII. Se dispose à mettre à la voile pour éviter l'atteinte de l'empereur, XXXI.

Guis, abbé de Vaux, ordre de Citeaux ; défend aux croisés d'entrer dans la ville de Jadres, XLVIII. Défend aux croisés de secourir le valet de C. P., LII. Quitte les croisés à Jadres, avec Simon de Montfort, LVII.

Guis, châtelains de Couci, neveu de Mahieu de Montmorenci ; se croise en France, V. Veut de Corfou retourner à Brandis, LVIII. Meurt dans la traversée de Corfou à C. P. Est jeté à la mer, LX.

Il étoit fils de Jean de Coucy et d'Adèle de Montmorency, sœur de Mahieu de Montmorency. Le héros du délicieux roman traduit et publié par M. Crapelet devoit être le Guis de notre texte et l'auteur des chansons dont la célébrité donna sans doute naissance au roman. Mais l'auteur du roman, qui vivoit un siècle plus tard, ignoroit le véritable nom de son héros, et dut beaucoup ajouter à la tradition historique qui couroit de son temps sur les amours du châtelain de Coucy.

Guis, comte de Forois, se croise, xxix. Ne rejoint pas les croisés à Venise, xxxi.

Guis de Capes; se croise avec les barons de Champagne, iii. Veut de Corfou retourner à Brandis, lviii. Est de la cinquième *bataille*, lxix.

Ce frère de Clerembaus de Capes figure comme l'un des témoins d'un acte de donation fait en 1198, par le comte Thibaud, et conservé dans le Cartulaire de Champagne, Msc. 5992, f°. 75. Le voici :

« Ego Theobaldus, Trecarum comes palatinus, notum facio quod
« ego dedi domino Radulfo cognomine Plunquet, villam quæ di-
« citur *Venderie*, quæ est propè Castellionem, in feodo et casa
« mento, sibi et heredibus suis, cum nemore quod dicitur de loco
« Martini, cum omnibus proventibus et utilitatibus quas ibi habebam,
« excepto nemore de Forerio quod retinui ex parte Castellionis in manu
« meâ.... Cujus rei testes fuerunt Galtherus de Castellione, G. comes
« Brene, Guillelmus et Johannes fratres ejus, Gaufridus Marescallus,
« *Guido de Capis*, Hugo de Sancto-Mauricio, Ancellus Buridanie.
« Actum anno incarnati verbi M. C. nonagesimo octavo. »

Vendière est un petit village à peu de distance de Châtillon-sur-Marne, en Champagne.

Guis de Coulans ou de Conflans; se croise à Cîteaux, xxviii. Veut de Corfou retourner à Brandis, lviii. De la sixième *bataille*, celle des Bourguignons, lxix. Tué au retour de la Rouse, clvii.

Guis de Dant-Ruel; l'un de ceux que l'impératrice charge de recouvrer les châteaux confiés au comte de Blandras, cont., xxii.

Guis de Hosden; se croise, vii.

Guis de Montfort, frère de Simon de Montfort; quitte avec lui les croisés à Jadres, lvii.

Guis de Pesme, se croise à Cîteaux, xxviii. Veut de Corfou retourner à Brandis, lviii.

Guis du Plaissié, frère d'Eustaces de Conflans; se croise avec le comte de Champagne, iii.

DES NOMS PROPRES.

Guis ; l'un des plus ardens champions de la cause des Lombards, cont., xxxii.

H.

Haimes de Pesmes, frère de Guis de Pesme ; se croise à Citeaux, xxviii. Veut de Corfou retourner à Brandis, lviii.

Henris d'Anjo, frère de Baudouin, comte de Flandre ; se croise, vi. Commande la deuxième *bataille*, lxix. La conduit à l'assaut, lxxvi. Fait le guet devant la porte Blaquerne, lxxxi. Accompagne le jeune Alexis dans son expédition, lxxxix. Marche sur *Lafilée*, la surprend. Revient à l'arrière-garde et met Morchufles en déroute, xcix. Après l'assaut de la ville, campe devant le palais de Blaquerne, cvi. Entre dedans, cvii. Sort, avec cent chevaliers, de C. P. Entre dans Andrenoble ; y est rejoint par son frère, cxiv. Sort de C. P. S'empare d'Avie, cxxviii. Part de cette ville, et s'empare de Landromite, cxxxi. Met en fuite les Grecs commandés par Constantin, cxxxii. Rappelé par son frère en Europe, cxxxvii. Attendu à C. P., cxl. Passe à Avie avec les Hermins. Apprend la prise de son frère. Abandonne les Hermins. Gagne Curtacople, puis Rodestoc. *Baus* de l'empire. Garnit Salembrie, cl. Entre dans le Curlot. Marche sur Cardiople, puis sur Visoi, puis sur Naples. Prend cette dernière ville, cli. Assiége inutilement Andrenoble et ramène son armée au Dimot, clii. Séjourne l'hiver à la Pamphile. Fait fortifier Larouse. Arrive au Visoi. Confie Naples à Livernas. Revient à C. P., clv Apprend le désastre de Larouse. Garnit Salembrie, clvii, clvii. Sa triste position dans C. P. Donne à Livernas le Dimot et Andrenoble, clix. Ceux d'Andrenoble implorent son aide. Il sort de C. P., passe à Salembrie, au Visoi; s'avance vers le Dimot, CLX. Commande la huitième *bataille*. Entre dans Andrenoble. Poursuit Johannis jusqu'au Franc. Arrive au Momac, CLXI. Revient à C. P., ou il est couronné empereur, CLXIII. Nouveaux secours à lui demandés par ceux d'Andrenoble. Se rend dans cette ville, et poursuit Johannis jusqu'à Veroi, CLXIV. Vient à Blime. Envoie ceux d'Andrenoble pour recueillir les captifs de Johannis, CLXV. Revient à Andrenoble, puis au Dimot. Reçoit des propositions de mariage avec la fille du roi de Salonique. Retourne à Andrenoble. Prend la Ferme. Détruit Laquile. Revient à C. P. CLXVI. Envoie de ses gens en Asie contre Thodres li Ascres, CLXVII. Envoie chercher la princesse de Salonique, qu'il épouse à C. P., CLXVIII. Ses embarras. Rappelle ses gens de la Turquie d'Asie, CLXIX. Apprend le siége de Civetot. Fait un ban général de ses barons. Arrive au Civetot, CLXX. Fait lever le siége. Revient à C. P. Est sollicité par ceux d'Andrenoble. Apprend que Thodres li Ascres assiége Esquise, CLXXII. Fait lever le siége, CLXXIII. Obligé d'aller secourir Nicomie, CLXXIV. Met en fuite Thodres li Ascres. Lui cède Esquise, CLXXV. Marche sur Andrenoble. Arrive à Salembrie; entre dans Andrenoble. Poursuit les Blas jusqu'aux monts de Blaquie, CLXXVI. Échec qu'il éprouve. Revient à Andrenoble. Reçoit les messages du roi de Salonique. Entrevue des deux princes à Leskipesale. Revient à C. P., CLXXVII. Apprend les ravages des Comains. Vient à Salembrie, puis à Andrenoble. Projette de secourir Esclas. Vient à Bernay. Mêlée des deux armées, CONT. II. Secourt Liénard de Hielemes, III. Reproches que lui fait Pierre de Douay. Amène l'armée à Phinepople. Harangue ses troupes avant de combattre iv, v, vi. Sa bravoure durant le combat, vii. Ses armes, ix. Reçoit Esclas. Lui promet sa fille en mariage, x. Jure de réparer les murs de Pamphile. Apprend les mouvemens de Thodres li Ascres. Revient à C. P. Passe en Asie; fait éloigner Thodres, xi. Revient à C. P. Conclut le mariage de sa fille avec Esclas. Ses conseils à sa fille, xii. Se dispose à partir pour Salonique. Désigne ceux qui resteront à C. P. en son absence. Garnit Salembrie, xiii. Vient à Rodestoc. Difficultés du voyage. Vient à Naples. Rencontre des Blas. Arrive à la Rouse, à l'Esquipesale, à Machre, à Trahinople, à Messinople et à Cristople, dont le châtelain lui refuse l'entrée, xiv. Traverse le val Phelippe. Reçoit à Vigueri la soumission de Guillaume de Blendel. Rencontre Aubretin, xv. Couche au Corthiac. Envoie trois messagers au comte de Blandras, xvi. Sa décision désespérée. Renvoie vers le comte de Blandras deux messagers. Fait la paix avec ce dernier, est reçu dans Salonique, xix. Pressé de souscrire aux conditions proposées, xx. Envoie des messagers à la veuve de Boniface pour connoître ses intentions. Couronne son fils roi de Salonique, xxi. Démêlés avec le comte de Blandras, xxii. Veut se mettre en marche vers La Serre, puis charge le comte de Blandras de tout arranger, xxiii. Apprend l'entrée de ses hommes à La Serre, xxiv. Renvoie le comte de Blandras à l'impératrice, xxv. Ses menaces à Raoul. Garnit le château de Sabba. Envoie trente chevaliers au secours de Rollant, xxvii. En apprenant la trahison de ce dernier, il part de Salonique, arrive au Cyntre, revient à Salonique, et refuse tout accommodement avec les Lombards, xxviii. Passe la *Closure*, envoie vers les Lombards, qui s'obstinent à lui demander la réhabilitation du comte de Blandras. Refuse de les satisfaire, xxix. Conduit ses gens à l'attaque du pont de Larse, xxx, xxxi. Les Grecs l'accueillent. Reçoit de C. P. les secours qu'il attendoit, xxxii. Réunit ses barons à Vauvenique. Passe la Closure. Vient à Thèbes, xxxiii. Assiége inutilement le château de Thèbes, xxxiv. Traite de la paix. Veut aller à Négrepont, quand il reçoit avis des plans de trahison du comte de Blandras, xxxv. Va à Négrepont. Y est accueilli. Revient à Thèbes, xxxvi. Apprend les préparatifs de révolte de Burille. Accorde la paix au comte de Blandras. Revient à Salonique. Fait la paix avec Michalis, qui propose le mariage de sa fille avec Wistasse, frère de l'empereur. xxxvii, xxxviii.

Henris d'Araines; blâmé de n'avoir pas rejoint les croisés à Venise. Passe à Marseille, xxxi.

Henris d'Ardilières; se croise avec le comte de Champagne, iii. Se rend en Pouille au lieu de passer par Venise, xxxii.

Henris de Blois, apprend à l'empereur l'arrivée des secours qu'il attendoit, cont., xxxii.

Henris de Lonc-Champ; passe en Pouille au lieu de se rendre à Venise, xxxii.

Henris de Monstruel, se croise avec le comte de Blois, iv.

Henris Dendole, ou Dandolo, duc ou *doge* de Venise; accueille les messagers des barons croisés, x. Sa réponse aux lettres dont ils étoient chargés. Leur demande un délai de quatre jours, xi. En demande un second de huit jours, xiii. Offres qu'il est chargé de leur faire, xiv. Les engage à s'adresser au peuple, xv. Harangue lui-même les Vénitiens, xvii. Jure de tenir les conventions faites, xix. Propose aux Vénitiens d'employer les croisés à la conquête de Jadres, en Esclavonie, xxxviii. Offre de suivre les croisés, sous la condition que son fils lui succédera, xxxix. Est aveugle. On lui attache la croix, xl. Les habitans de Jadres lui demandent à capituler. Il veut, avant de conclure, en conférer avec les barons, xlvii. Rend compte à ces derniers des propositions. Les barons les acceptent, malgré l'opposition d'une partie de l'armée, xlviii. Jadres lui est rendue, xlix. Peines qu'il se donne pour rétablir la paix dans l'armée, l. Se réunit aux barons pour écouter les envoyés du valet de C. P., li. Conseille à Baudouin d'ordonner à sa flotte de se rendre à Modon, liv. Descend avec les barons au moutier Saint-Étienne. Son discours aux croisés, lxii. Montre au peuple de C. P. le jeune Alexis, lxviii. Fait approcher les vaisseaux des murailles, lxxvii. Ordonne à ses gens de le mettre à terre, lxxviii. Mande aux barons qu'il a pris vingt-cinq tours, lxxx. Apprend la restauration de Kyrsac, lxxxv. Lui envoie deux messagers, lxxxvi. Assiste à une conférence du jeune Alexis, lxxxviii. A celle des barons, xciii, xcviii. Fait crier que chacun rapportât son gain à la masse, cviii. Les croisés se réunissent dans le palais qu'il occupoit, pour élire un empereur, cx. Reste au palais de Blaquerne pendant l'expédition de Baudouin, cxiii. Reçoit la nouvelle de la querelle de l'empereur et du marquis, cxviii. L'un de ceux qui envoient Villehardouin vers le marquis, cxix. Et que le marquis prend pour arbitres, cxx. Qui écrivent à Baudouin les dispositions du marquis, cxxi. Qui les décident tous les deux à un raccommodement, cxxiv, cxxv. Demeure à C. P., cxxix. Joint l'empereur devant Andrenoble, cxli. Se conseille avec Joffroi le maréchal pour protéger la retraite, cxlv. Accompagne l'armée à la Pamphilée, à Cardiople, à Rodestoc, CXLVI. Garnit Rodestoc, et arrive à C. P., CL. Tombe malade et meurt regretté, CLI.

HENRIS DE SAINT-DENISE, frère de Gautier de Saint-Denis; se croise en France, V.

HENRIS DE VALENCIENNES, auteur de la continuation de Villehardouin, CONT. I, VII.

HENRIS D'OURME; l'un des Allemands qui joignent les croisés à Venise, XLIV.

HERBIERT; envoyé pour garder le Visoi, pendant l'expédition de Salonique, CONT., XIII.

HERNOUS, ou ERNOUS de Vilers; l'un de ceux qui reconnurent les premiers le pont de Larse, CONT., XXX.

HERVIS DE BIAUVOIR; se croise avec le comte de Blois, IV.

HERVIS DU CASTEL ou DEL CHASTEL, fils de Gervais du Castel, I; se croise avec le comte de Blois, IV. Neveu de Renaut de Montmirail. Est envoyé comme messager en Syrie, avec son oncle, et manque au serment qu'il avoit fait de revenir, LIV.

HERVIUS DE GARET; l'un de ceux que l'impératrice charge de recouvrer les châteaux confiés au comte de Blandras, CONT., XXII. L'un des quatre François surpris par les traîtres Lombards, XXIV.

HOEDES DE HAM, en Ponti; se croise, VI. Blâmé d'avoir fui l'un des premiers devant Andrenoble, CXLV.

Les seigneurs du château de Ham, en Picardie, tenoient un rang distingué en France dès le XIIe siècle. Ils passoient pour être issus en ligne directe des comtes de Vermandois.

HORRIS DE THONE; l'un des Allemands qui joignent les croisés à Venise, XLIV.

HUBERT, comte de Blandras ou des Blans Dras; fait garnir contre l'empereur Henri le val de Philippe. Refuse de se rendre à l'ordre de Henri, CONT. XV. Fait fermer Salonique.

Reçoit les messagers de Henri, xvi. Réponse qu'il leur fait, xvii. Se raccommode avec l'empereur, xix. Presse l'empereur de souscrire aux conditions proposées, xx. Recommence les querelles. Se laisse prendre. Remet les places dont il disposoit. Prépare de nouvelles trahisons, xxii. Propose un nouvel accommodement, xxiii. Nouvelle trahison, xxiv. Livré à l'empereur, qui le renvoie à l'impératrice. Enfermé dans le château de Serres, xxv. Son élargissement proposé à l'empereur, qui refuse, xxviii, xxix. Qui l'accorde. Évite l'empereur et se rend à Négrepont. Le seul qui ne se réconcilie pas avec l'empereur. Nouvelles trahisons, xxxv. Ravans l'empêche d'accomplir son dessein de faire mourir l'empereur, xxxvi.

Hubert, comte de Blandrate, avoit épousé Jourdaine, sœur aînée de Boniface, marquis de Montferrat. Il étoit donc l'oncle du jeune roi de Salonique Guillaume. (Voyez *Art de vérifier les dates*, t. iii, p. 632.)

Hues Bliaus; laissé à Salonique pour la garder, cont., xxviii.

Hues; châtelain de la Serre. Reçoit secrètement du comte de Blandras l'ordre de ne pas recevoir les François dans la ville, cont., xxiii.

Hues, comte de Saint-Pol; se croise, vii. Se trouve à la conférence de Soissons, xxv. L'un des deux messagers chargés de presser le comte de Blois d'arriver à Venise, xxxii. Donne tout ce qu'il possède et ce qu'il peut emprunter pour acquitter la dette de Venise, xxxvii. L'un des douze qui jurent de soutenir le valet de C. P., liii. Empêche une partie des croisés de retourner à Brandis, lviii. Commande la troisième *bataille*, lxix. La conduit à l'assaut, lxxvi. Accompagne le jeune Alexis dans son expédition, LXXXIX. Fait pendre l'un de ses chevaliers accusé d'avoir retenu le butin, CVIII. Regrette son parent Pierre d'Amiens, CXXII. Demeure à C. P. pour cause de maladie, CXXIX. Meurt à C. P. Enterré à Saint-Georges. Étoit seigneur du Dimot, CXXXVI.

Le surnom de cette illustre maison étoit d'abord *Camdavenes*. C'est la fille de notre comte Hues qui transporta le comté de Saint-Pol dans la maison de Châtillon.

Hues d'Aire; fait faire un chat ou tour de bois pour le siége du château de Thèbes, CONT., XXXIV.

Hues de Biaumés; se croise, VI. Fait la sixième *bataille* dans la chevauchée d'Andrenoble. Se sépare de ceux qui poursuivoient les Blas, CLXI.

Hues de Boves, frère d'Enguerrand de Boves; passe avec son frère vers le roi de Hongrie. En est blâmé, LVII.

Hues de Bracuel, frère de Pierre de Bracuel; se croise avec le comte de Blois, IV.

Hues de Chaumont; blâmé de n'avoir pas rejoint la flotte des croisés à Venise. Passe à Marseille, XXXI.

Hues de Cormeroi; se croise avec le comte de Blois, IV.

Cormeroy ou *Cormery* est aujourd'hui une petite ville du département d'Indre-et-Loire, à cinq lieues de Tours.

Hues de Saint-Denise, frère de Gautier de Saint-Denis; blâmé de n'avoir pas rejoint les croisés à Venise. Passe à Marseille, XXXI.

Hues de Tabarie; vient de Syrie à C. P. Accueilli par Baudouin, CXXIX.

Hugues de Bregi, père et fils; se croisent, XXIX.

Variantes : *Bresil* ou *Bersil*. L'un de ces deux chevaliers, sans doute le fils, se rendit fort célèbre au XIIIe siècle, par son talent poétique. On a publié de lui, dans le *Recueil des Fabliaux*, un ouvrage assez considérable sous le nom de la *Bible au seigneur de Berzil*. Il y revient sur les événemens dont il avoit été témoin dans les vers suivans ·

Et qui verroit ce que je vi,
Com pou devroit richesce amer,
Et com pou s'i devroit fier!
Car je vis en Constantinoble
Qui tant est belle et riche et noble,
Ce, dedans un an et demi,
Quatre emperères ; puis les vi
Dedans un terme toz morir
De vil mort : que je vis murdrir
L'un de napes et estrangler ;
Et l'autre saillir en la mer ;
Et li tiers fu désiretes,
Qui valut pis que mort asses,
Et menes en chaitivoison ;
Et cil cui Diex fase pardon,
Et amaint a port de salu,
Fu mors en bataille et vaincu....
Tant com nous fûmes entre nous
Humbles vers Dieu et amorous,
Nous avindrent si nostre afere
Qu'il n'i avoit riens à refere
Tout aloit a nostre plaisir,
Et je vi souvent avenir
Quant li uns de nous enchascoit
Cent des autres, los n'en avoit ;
Et se il fuiot por les cent,
Il en fust blasmes ledement.
Et quant nous eusmes toz mis
Au-dessous les nos anemis,
Et nous fûmes de povreté
Fors, plungie en la richete,
Es esmeraudes, ès rubis,
Et es porpres et ès samis,
Et aus terres et aus jardins,
Et aus biaus palés marberins,
Et aus dames et aus puceles,
Dont il i en ot molt de beles,
Si meismes Dieu en obli,
Et Dame Diex nous autresi.

Avant de composer cette *Bible* ou Palinodie, le seigneur de Biegi avoit fait plusieurs jolies chansons, encore inédites. La plus remarquable, sans contredit, est celle qu'on a cru devoir attribuer au châtelain de Coucy, bien que la plupart des manuscrits en fassent honneur à Hugues de Bregi. En voici le premier couplet :

> S'oncques nus hom, por dure departie,
> Eut cuer dolent, je l'aurai par raison :
> Onques tortre qui pert son compaignon
> Ne fut, un jour, de moi plus esbahie.
> Chascuns pleure sa terre et son païs,
> Quant se départ de ses charnex amis,
> Mais nus partir, sachiés, quoi que nus die,
> N'est dolerex com d'ami né d'amie.

Ces vers me paroissent dignes d'être appréciés en tout temps. Dans ses autres chansons, Hugues se plaint beaucoup des rigueurs de sa dame; mais il le fait en cherchant à donner le change sur l'air d'enjouement que les chagrins d'amour ne lui ont pas ravi.

> Ainsi com cil qui cuevre sa pesance
> Et son meschief entre ses anemis,
> Pour ce que plus ne l'aient en viltance,
> Fais beau semblant, quant plus sui d'ire espris,
> Et chant' por çou qu'à chascun soit avis
> Qu'il ait en moi aucune bonne-estance,
> Qu'om adoulés recuevre poi d'amis....

De pareilles raisons sont fort bonnes; il est malheureux que les amans trompeurs en aient si fréquemment abusé.

HUGUES DE COLEMI; se croise, XXIX. Accompagne le jeune Alexis dans son expédition, LXXXIX. Reste dans le parti du marquis de Montferrat, CXVII. L'un de ceux qui vont au-devant de Villehardouin, CXIX. Chargé par le marquis de la garde de la Serre. Tué, CLII.

HUITACES, WISTACES, ou WISTASSES, frère de l'empereur Henri; chef de l'une des batailles qui vont requérir les prisonniers de Johannis, CLXV. L'un de ceux qui vont secourir Lespigat, CLXVII. Revient au secours de l'empire,

CLXIX. Va secourir Esquise dans la huitième galie, CLXXIII. L'un de ceux qui s'engagent dans les monts de Blaquie, CLXXVII. Chargé d'escorter Esclas, CONT. XI. Vient à Dragmes, XV. Chargé de se porter avec trente chevaliers vers le Val de Venisce, XXVIII. Proposition faite à l'empereur de son mariage avec la fille de Michalis, XXXVII, XXXVIII.

Huitaces de Canteleu ou Chanteleu; se croise, VII. Est de la troisième bataille, LXIX. Meurt à C. P. CXXVI.

Huitaces ou Huistaces de Sambruit; se croise, VI. Chevalier de Flandre renommé. Reste à Andrenoble pour la garder, CXV. Défend la ville contre le marquis de Montferrat. Envoie des courriers à C. P. pour avertir les barons de la querelle de l'empereur avec le marquis, CXVIII.

I.

Impératrice (l'), femme, puis veuve de Boniface, marquis de Montferrat; consultée par l'empereur Henri. Prend son parti, CONT. XXI. Son habileté à l'égard du comte de Blandras, XXII. Fait enfermer, à La Serre, le comte, XXV. L'empereur prend congé d'elle, XXVII.

Innocent III, pape; autorise Foulque de Neuilly à prêcher la croisade. Envoie en France Pierre de Capes, I. Confirme les conventions passées entre les messagers des barons croisés et les Vénitiens, XIX. Sait mauvais gré aux barons de la prise de Jadres. Écoute les excuses que lui font faire les croisés. Leur pardonne, et charge l'évêque de Soissons de le remplacer à l'armée, LV. Des messagers lui sont envoyés pour implorer des secours, CL.

J.

Jacquemes Bliaus, né vers Blaveguies; loué pour sa con-

duite dans une rencontre avec les Lombards, CONT. XXVI.
Voyez *Jehans Bliaus*.

JACQUES D'AVESNES; se croise, VI. Veut de Corfou retourner à Brandis, LVIII. Soutient l'attaque des Grecs devant la tour de Galatas. Frappé d'un glaive : garanti de mort par Nicoles de Joulain, LXXII. Accompagne le jeune Alexis dans son expédition, LXXXIX. Accompagne Henri d'Anjou dans son expédition sur Lafilée, XCIX. Reste dans le parti du marquis de Montferrat, CXVII. L'un de ceux qui vont au-devant de Villehardouin, CXIX. Chargé par le roi de Salonique d'assiéger Corinthe, CXXXIII. Surpris par Lasgur. Sa bravoure. Est blessé. Forcé de se réfugier dans la citadelle, CXXXV.

JACQUES DE BONDIE, neveu de Reniers de Trit, qu'il abandonne à Finepople; surpris par les Grecs, il est livré à Johannis, qui le fait mourir, CXXXIX.

JEHANS BLIAUS; l'un de ceux que les barons envoient vers le pape, après la déroute d'Andrenoble, pour demander des secours, CL. L'un de ceux qui s'engagent dans les monts de Blaquie, CLXXVII. Voyez *Jaquemes*.

JEHANS DE CHOISI; l'un des chevaliers chargés de la garde de la Rouse. Est atteint, au retour d'une chevauchée, par les Blas, CLVI. Tué, CLVII.

JEHANS DE FOREVILLE ou FROIVILLE; passe en Syrie avec Renaut de Montmirail. Y reste malgré le serment qu'il avoit fait de revenir, LIV.

JEHANS DE FRIAISE; se croise avec le comte de Blois, IV. Est l'un des six messagers de Venise, IX. Envoyé vers le pape pour excuser les croisés. Revient vers ces derniers après avoir fait son message, LV. Relève le comte de Blois blessé, CXLIII. Perdu dans la déroute d'Andrenoble, CXLIV.

Jehan de Geulaing; loué pour sa conduite dans une rencontre avec les Lombards, cont. xxvi.

Jehans de Maseroles; blâmé d'avoir fui l'un des premiers à la bataille d'Andrenoble, cxlv.

Jehans de Neele, châtelain de Bruges; se croise, vi. L'un des trois commandans de la flotte des Flamands, qui avoient promis de rejoindre la flotte des Vénitiens, xxx. Tiennent mal leur promesse, xxxi. Arrivé à Marseille, envoyé vers le comte de Flandre, qui lui mande de conduire la flotte à Modon. La conduit en Syrie, liv.

Jehans de Noyon, chambellan ou chancelier du comte de Flandre; envoyé auprès du pape pour excuser les croisés de la prise de Jadres. Revient vers les croisés, lv. Meurt à la Serre. Son éloge, cxxii.

Jehans de Pomponne; tué au retour de la Rouse, clvii.

Jehans de Vieson; se croise avec le comte de Blois, iv. L'un de ceux qui, après la prise de Baudouin, quittent la Grèce. Blâmé, cxlvii, cxlviii.

Variantes : *Visen, Virsin, Viesin,* et *Virson. Vierzon* est une petite ville de Berry qui a donné son nom à une famille de chevaliers bannerets sous Philippe-Auguste.

Jehans de Villers; blâmé de n'avoir pas rejoint les croisés à Venise. Passe à Marseille, xxxi. Veut rejoindre Boémont. Fait prisonnier par les Turcs, c.

Jehans Diare, frère de Ferri Diare; se croise en France, v. Perdu dans la déroute d'Andrenoble, cxliv.

Jehans Fuisnons; se croise avec les barons de Champagne, iii. Est de la cinquième *bataille*, lxix.

Joffrois, comte du Perche; se croise, vii. Se trouve à la conférence de Soissons, xxv. Fait son testament, par lequel il charge son frère Étienne de conduire ses hommes en Syrie, xxix. Sa mort. Son éloge, xxx.

Voyez les notes de la chanson de Richard, citée pag. 244.

JOFFROIS DE BIAUMONT; se croise, VII. Passe en Syrie avec Renaut de Montmirail; y reste malgré le serment qu'il avoit fait de revenir, LIV.

JOFFROIS DE CORMEROI, frère de Huon de Cormeroi; se croise avec le comte de Blois, IV.

JOFFROIS DE JOINVILLE, sénéchal de Champagne; se croise avec le comte de Champagne, III. L'un des quatre barons qui vont offrir au duc Eudes de Bourgogne le commandement de l'armée, XXIV. Est chargé de faire la même offre au comte de Bar-le-Duc, XXV.

Remembré par Guillaume de Provins. (Voyez *Clerembaus de Capes*.) Le titre héréditaire de sénéchal de Champagne étoit réclamé par la maison de Joinville. Joffroy, plus tard celèbre avec le surnom de *Trouillart*, étoit oncle de Jean, sire de Joinville, l'ami et l'historien de Saint-Louis.

JOFFROIS DE VILLEHARDOUIN, maréchal de Champagne; se croise, III. L'un des six messagers de Venise, IX. Harangue le peuple de Venise, XVI. Se sépare, à Plaisance, des autres messagers et revient en France avec Alart Maqueriaus. Passe le Montcenis, y rencontre Gautier de Brienne, XX. Arrive à Troyes en Champagne, XXII. L'un des quatre barons qui vont offrir au duc Eudes de Bourgogne le commandement de l'armée, XXIV. Rend compte aux barons réunis à Soissons de ce refus, XXV. Propose pour chef le marquis de Montferrat. Est approuvé, XXVI. L'un des deux envoyés chargés de presser le comte de Blois de se rendre à Venise, XXXII. L'auteur du récit, LX, LXXIX, XCVI, CVII, CLXIX. Est de la cinquième *bataille*, LXIX. L'un des quatre messagers envoyés à Kyrsac, LXXXVI. Son discours à Kyrsac, LXXXVII. L'un des messagers envoyés au jeune Alexis, XCIII. Reste pour garder la ville pendant l'expédition de Baudouin, CXIII. Se rend à Andrenoble auprès du marquis. Comment il en est accueilli. Reproches qu'il lui adresse, cxix. Le fait consentir à choisir des arbitres de sa querelle, cxx. L'un des trois barons chargés de conduire le marquis à C. P. Reçoit en garde le Dimot, jusqu'à l'exécution du traité avec le marquis, cxxv. Sort de C. P. Arrive au Curlot. Entre dans Cardiople, puis revient à Burgarofle. Va à Néquise, cxxxviii. Est rejoint par l'empereur, cxl. Garde le camp au siége d'Andrenoble, cxlii. S'avance pour protéger la retraite, cxliv. Prend conseil du duc de Venise. Fait l'arrière-garde pendant la retraite. Se dirige vers Rodestoc, cxlv. Arrive à la Pamphilée; y rejoint les autres chevaliers. Remplacé dans l'arrière-garde. Arrive à Cardiople, et enfin à Rodestoc, cxlvi. Conjure ceux qui veulent s'éloigner de rester, cxlvii. Est rejoint à Rodestoc par Henri, cxlix. Commande l'avant-garde de ceux qui s'avancent sur Andrenoble. Va secourir Regnier de Trit, clxi. Va chercher la princesse de Salonique, fiancée à Henri, clxviii. Est avec l'empereur quand on annonce le siège du Civetot. Accompagne l'empereur à la défense, clxx. L'un de ceux qui vont secourir Esquise, clxxiii. Le marquis lui donne Messinoble, ou la Serre, à son choix, clxxvii. Avertit l'empereur de l'approche des gens de Burille, cont. vii. Est à l'avant-garde. Son discours aux chevaliers, *id.* Sa conduite durant la bataille, ix. Conseille à Esclas de demander en mariage la fille de l'empereur, x. Ferme Pamphile. Rencontre Esclas, xii. Chargé de la garde de C. P. pendant le voyage de Salonique, xiii.

Joffrois de Villehardouin, neveu du maréchal de Champagne; se croise, iii. Revient de Syrie au port de Michon. Accueilli par un Grec qui l'aide à conquérir plusieurs terres. Abandonné par le fils du Grec. Va trouver le roi de Salonique au siége de Naples. Offre à Guillaume de Chanlite de le servir, s'il veut conquérir la Morée. Arrivent tous les deux à Michon, CXXXIII. Fortifient cette ville et repoussent les Grecs, CXXXIV. Prennent Coronne, que Guillaume de Chanlite donne à Joffroi. Prennent la Calemate, CXXXV. Se rend au parlement de l'empereur à Vavenyque. L'empereur lui en sait gré, CONT. XXXII. Reçoit de l'empereur le titre de sénéchal de Roménie, XXXIII.

JOHANNIS, roi de Blaquie et de Bougherie; révolté contre son père et contre son oncle. Tient presque la moitié de l'empire grec, du côté de l'Europe, XC. Terreurs qu'il inspire aux habitans d'Andrenoble, CXV. Fait la guerre à Renier de Trit, CXXVIII. Les Grecs offrent de se joindre à lui contre les Latins, CXXXV. Il fait mourir les compagnons de Renier de Trit, CXXXIX. Ses enseignes sont devant les murs d'Adrenoble, CXLI. Arrive devant la ville, CXLII. Ses gens harcellent les croisés, CXLIII. Poursuit les vaincus, CXLVI. Massacre les Hermins. Ses conquêtes, CL. Tourne vers le royaume de Salonique, CLI. Vient à la Serre. S'en empare, CLII. Sa déloyauté, CLIII. Marche sur Salonique. Envoie son armée à Finepople, qui se rend. Cruauté de Johannis, CLIV. Envoie secourir Andrenoble, CLV. Ses gens surprennent ceux de Tierri de Tenremonde, CLVI, CLVII. Il entre en Romenie. Arrive à Naples. La detruit. Entre dans Rodestoc, CLVIII; dans Panedor; dans Arredoie; dans Dain; dans le Curlot. Les fait toutes détruire. Prend Nantyre. Les Grecs l'abandonnent et proposent aux Latins un accommodement, CLIX. Johannis retourne vers Andrenoble, dont les portes lui sont fermées. Revient assiéger le Dimot, que l'empereur fait secourir, CLX. Lève le siége. Est poursuivi, CLXI. Revient au Dimot, le prend, l'abat et se retire, emmenant des proies et des captifs, cLXIV. Forcé de rendre les proies, CLXV. Son alliance avec Thodres li Ascres. Entre en Roménie. Assiege Andrenoble, CLXIX, CLXXI. Lève le siége, CLXXII. Poursuivi dans les montagnes de Blaquie, CLXXVI. Reçoit la tête du marquis de Montferrat, CLXXVII.

K.

KIRSAC, SURSAC ou KYRSAC, empereur de Constantinople. Surpris par son frère Alexis, qui lui arrache les yeux et se fait nommer empereur à sa place, XLII. Oncle du valet de C. P., LXVII. Revêtu des habits impériaux, LXXXIII. Les Grecs apprennent aux croisés sa restauration, LXXXIV. Les croisés lui mandent leurs conditions de paix, LXXXV. Reçoit les envoyés des croisés. A pour femme la fille ou sœur du roi de Hongrie, LXXXVI. Accepte le traité fait avec son fils. Sa fille, femme de Philippe, roi d'Allemagne. Obtient des barons qu'ils habitent l'Escanor, LXXXVII. Reçoit les messagers des croisés, XCIII. Sa mort, XCVIII. Sa veuve épouse le marquis de Montferrat, CXI.

L.

LASGUR ou LARGUT (Leo Sgurre); se saisit de Naples et de Corinthe et fait la guerre au roi de Salonique, CXXV. Le roi de Salonique marche contre lui, CXXXIII. Surprend Jacques d'Avesnes et le force à se retirer dans la forteresse de Corinthe, CXXXV. Le comte de Blandras demande la propriété des terres qu'il occupe, CONT. XVIII.

LIVERNAS, marié à l'ancienne impératrice, sœur du roi de France; allié aux Latins. Reçoit de Henri la ville de Naples (*Apres*), CLV, CLVII. Reçoit les villes du Dimot et d'Andrenoble, CLIX. Son secours demandé par ces deux villes, CLX. Laissé dans ces provinces, CLXIII, CLXIV. Son nom etoit *Théodore Branas* ou *Vranas*. Albéric de Trois-

Fontaines nous apprend qu'avant d'épouser Agnès, sœur de Philippe-Auguste, il avoit été son amant heureux. « Ad hoc inductus est « ut sororem regis Francorum, quam huc usque tenuerat absque lega- « libus nuptiis, legitimo sibi conjungeret matrimonio. » Auprès du lac de Janina, M. Pouqueville a mentionné le Tchiflick de Braia ou *Brania*, « ainsi appelé du nom de Branus ou Branas, prince servien. « C'est le même qui épousa Agnès de France. » (*Voyage de la Grèce*, t. 1, p. 171.)

Looys de Blois et de Chartain (Louis, comte de Blois et du pays Chartrain); se croise à vingt-sept ans. Neveu et cousin-germain de Philippe-Auguste et de Richard Cœur-de-Lion, I. Choisit deux des six messagers de Venise, IX. Se trouve à la conférence de Soissons, XXV. Reçoit à Paris les messagers que les croisés lui envoient pour le prier de hâter son départ pour Venise, XXXII. Arrive à Venise, XXXIII. Donne tout ce qu'il possède et ce qu'il peut emprunter pour acquitter la dette des Vénitiens, XXXVII. L'un des douze qui jurent de soutenir la valet de C. P. LIII. Appuie la demande faite par Renaut de Montmirail, LIV. Empêche une partie des croisés de retourner à Brandis, LVIII. Commande la quatrième bataille, LXIX. La conduit à l'assaut, LXXVI. Reste à C. P. pendant l'expédition du jeune Alexis, CX. Malade lors de la prise de C. P., CVI. Honore Baudouin comme empereur, CXI. Reste à C. P. pour cause de maladie, CXIII. Reçoit avec douleur la nouvelle de la querelle de l'empereur avec le marquis, CXVIII. L'un de ceux qui engagent Joffroi de Villehardouin à se rendre à Andrenoble auprès du marquis, pour le reconcilier avec l'empereur, CXIX. L'un des quatre que le marquis prend pour arbitres, CXX. Qui font part à Baudouin des bonnes dispositions du marquis, CXXI, et qui disposent l'un et l'autre à la paix, CXXIV, CXXV. Reçoit en partage la duchée de Nique, qu'il lui falloit conquérir, cxxvi. Demeure à C. P. cxxix. Sa douleur de la révolte des Grecs, cxxxvi. Envoie vers Paien d'Orliens et Pierre de Braiecuel pour les faire revenir en Europe, cxxxvii. S'accorde avec l'empereur pour sortir de C. P. cxl. Va *fourrer* vers Pentates, mais sans succès, cxli. Se met le premier à la poursuite des Blas. Est mortellement blessé. Ses dernières paroles, cxliii. Tué, cxliv.

Lyenars de Hielemes ; sa témérité. S'avance contre les Blas, seul et sans en recevoir l'ordre, cont. ii. Secouru et blâmé par l'empereur, iii. Loué par le même, iv. L'un de ceux qui fournissent la première course au combat de Finepople, vii. Envoyé à Venise, xiii.

M.

Machaires de Sainte-Manehaut (ou Sainte-Menehould); se croise avec les barons de Champagne, iii. Est de la cinquième *bataille*, lxix. Envoyé par Baudouin en Asie. Marche sur Nicomie, cxxviii. Rappelé en Europe, cxxxvii. L'un des premiers qui reviennent, cxl. Chargé de garnir Salembrie, clvii, clix. Est à l'avant-garde dans l'expédition contre Andrenoble. Va secourir Regnier de Trit, clxi. Chef de l'une des batailles qui vont au secours des prisonniers de Johannis, clxv. Ferme un château près de Nicomie, nommé le Charac, clxix. Préside à la défense du Civetot, clxx. L'un de ceux qui vont secourir Esquise, clxxiii. Chargé de défendre le Carac, clxxiv.

Mahius Bliaus ; l'un des barons chargés par l'empereur de surveiller le comte de Blandras, cont. xxiii. Fait prisonnier Raoul, châtelain de Cristople, xxvi.

Mahius de Monmorenci ; se croise en France, v. L'un des quatre chevaliers qui vont offrir à Eudes, duc de Bourgogne, le commandement de l'armée croisée, xxiv. Demeure malade à Venise, XLVI. Rejoint les croises devant Jadres, L. Commande la cinquième *bataille*, LXIX. La conduit à l'assaut, LXXVI. L'un des quatre messagers envoyés à Kyrsac, LXXXVI. Tombe malade. Meurt. Est enterré. Son éloge, LXXXIX.

Il étoit fils de Mahieu ou Mathieu I*er*, seigneur de Montmorenci, et frère du célèbre *Thibaud de Marly*, l'auteur des *Vers sur la mort*, souvent attribués à Helinand. Après la mort de Thibaud, Mahieu fut seigneur de Marly.

MAHIUS DE VALINCOURT; se croise, VI. Est de la deuxième *bataille*, LXIX. Sa bravoure. Perd son cheval devant la porte Blaquerne, LXXVI. Fait le guet avec Henri d'Anjo, LXXXI. L'un de ceux que Baudouin envoie en Asie, vers Nicomie, CXXVIII. Rappelé en Europe, CXXXVII. L'un des premiers qui reviennent, CXL. Perdu dans la déroute d'Andrenoble, CXLIV.

Valincourt étoit un château du comte de Hainaut, dont la seigneurie appartenoit, par l'effet d'un transport, à la maison de Melun dans le dernier siecle.

MANESSIERS DE LILLE; se croise avec les barons de Champagne, III. L'un de ceux qui rencontrent le megheduc de l'empereur, LXIV. Est de la cinquième bataille, LXIX. Chargé de la garde de C. P. pendant l'expédition de Baudouin, CXIII. Accompagne Joffroi de Villehardouin à Andrenoble. Son éloge, CXIX. Sort de C. P. Arrive au Curlot. Entre dans Cardiople; revient à Burgarofle. Va à Nequise, CXXXVIII. Garde le camp avec le maréchal devant Andrenoble, CXLII. S'avance pour secourir les fuyards, CXLIV.

MARIE, comtesse de Flandre et de Hainaut, femme de Baudouin, sœur du comte de Champagne; se croise à Bruges, VI. Demeurée enceinte; accouchée d'une fille. Passe à

Marseille. Apprend l'élection de Baudouin. Meurt de joie. Regrets de sa mort, cxxx.

Micaelis, Michaleis ou Michalis, Grec; se sépare du roi de Salonique, entre dans Larche, se marie à la fille d'un Grec puissant, soutient la guerre contre le roi et l'empereur, cxxv. Battu devant Michon par Joffroi de Villehardouin et Guillaume de Chamlite, cxxxiv. Le comte de Blandras veut recevoir son hommage, cont. xviii. L'empereur exprime le désir de traiter avec lui, et lui envoie deux chevaliers. Il propose le mariage de sa fille avec le frère de l'empereur, xxxvii, xxxviii.

Miles li Brebans de Provins; se croise avec les barons de Champagne, iii. L'un des six messagers envoyés à Venise, ix. Est de la cinquième *bataille,* lxix. L'un des messagers envoyés au jeune Alexis, xciii. Chargé de la garde de C. P. pendant l'expédition de Baudouin, cxiii. Reçoit les premiers fuyards d'Andrenoble, cxlv. S'efforce inutilement d'empêcher un grand nombre de François de quitter la Grèce, cxlvii. Est de la deuxième *bataille* dans la chevauchée sur Andrenoble. Va secourir Regnier de Trit, clxi. Va chercher la princesse de Salonique, clxviii. Est avec l'empereur quand on annonce le siége du Civetot. Accompagne l'empereur à sa défense, clxx. L'un de ceux qui vont secourir Esquise, clxxiii. L'un de ceux qui font la première course au combat de Finepople, cont. vii, ix. Chargé de la garde de C. P. pendant le voyage de Salonique, xiii.

Miles li Brebans, l'un des plus célèbres chevaliers cités par Villehardouin, obtint en Romanie la charge de bouteiller, comme on le voit d'après une précieuse lettre adressée, dans le cartulaire de Champagne (Msc. 5992, fol. 42), à la comtesse de Champagne, Marie, par Geoffroi de Villehardouin et Miles le Brebant. Ce dernier étoit mort en 1228. On le trouve quelquefois nommé *Miles de Brebant.*

Morchufles (Alexis, surnommé Murzuphle), favori du jeune Alexis ; le trahit, le jette en prison et se fait couronner empereur, xcvii. Étrangle Alexis, xcviii. Surprend l'arriège-garde d'une *bataille* des croisés. Est mis en fuite, xcix. Tend ses tentes devant la ville, en face des assiégeans, civ. Prend la fuite et se réfugie dans le palais de Bouchedelion, cv. Fait mine de vouloir attaquer les croisés, et s'enfuit de C. P. par la porte Oirée, cvi. Il reste à quatre journées de C. P. avec la fille de l'empereur Alexis. Prend Locurlot, cxiii. Fuit deux ou trois journées devant Baudouin, cxiv. Gagne Messinoble. Épouse la fille de l'empereur Alexis. A les yeux crevés par l'ordre de son beau-père, cxv. Pris par Thierri de Los, qui le livre à Baudouin. Précipité du haut d'une colonne, et tué. Prophétie de cette colonne réalisée, cxxviii.

N.

Nevelons, évêque de Soissons ; se croise en France, v. L'un des quatre ecclésiastiques qui attachent la croix au marquis de Montferrat, xxvii. Envoyé vers le pape pour excuser les croisés. Revient avec pleins pouvoirs de lier et délier les pécheurs, lv. L'un des douze électeurs de l'empire. Proclame Baudouin empereur, cx. Envoyé vers le pape pour demander des secours, cl.

Il étoit fils de Gérard, seigneur de Cherisy, et petit-fils d'un châtelain de Laon. Il joua un grand rôle dans cette croisade, et fut nommé archevêque de Salonique, à la recommandation de l'empereur Baudouin.

Nicholas de Biarch ; appelé par Henri, l'empereur, auprès de lui, avant la bataille de Finepople, cont. vii.

Nicoles de Joulain, chevalier de la bannière de Jacques d'Avesnes. Sauve la vie à celui-ci. Loué, lxxii.

Nicoles Rous, Lombard ; envoyé par l'usurpateur Alexis

vers les croisés, LXV. Son discours, LXVI. Réponse qu'il est chargé de transmettre à son maître, LXVII.

NICOLAS DE MAILLI; se croise, VII. L'un des trois commandans de la flotte des Flamands. Avoit promis de rejoindre les croisés à Venise, XXX. Tient mal sa promesse, XXXI. Se rend à Marseille; de là en Syrie, LIV. (Sans doute revenu à C. P.). Accompagne Henri d'Anjo lors de la défense de Landromite, CXXXII. Envoyé vers le pape pour demander des secours, CL. Commande l'avant-garde devant Finepople, CONT. VI, VII, IX. L'un des trois messagers envoyés par l'empereur au comte de Blandras, XVI, XVII, XVIII.

Variantes : *Malli*. On sait que cette famille, qui ne le cède en illustration à aucune autre, existe encore.

O.

OLIVIERS DE ROCHEFORT; se croise avec le comte de Blois, IV.

ORRIS, SEIGNEUR DEL CYTRE OU DU CYNTRE; consulté par l'empereur à Salonique, CONT. XX. Reçoit bien les barons françois dans cette ville, XXVIII. Se trouve au parlement de Vavenyce, XXXIII.

OURIS DE LILLE; se croise avec le comte de Blois, IV. Tué au retour de la Rouse. Son éloge, CLXII.

OTHES, OTTES ou OTTON DE LA ROCHE; de la sixième *bataille* (celle des Bourguignons), LXIX. L'un de ceux qui vont, dans Andrenoble, au-devant de Villehardouin, CXIX. Envoyé, par le roi de Salonique, pour traiter du mariage de l'empereur avec la princesse de Salonique. Est accueilli, CLXVI. Se rend à Vavenyque au parlement de l'empereur, CONT. XXXII, XXXIII. Seigneur d'Athènes. Reçoit honorablement l'empereur dans cette ville. Est consulté par l'empereur sur le voyage de Négrepont, XXXV.

P.

Paiens d'Orliens; se croise avec le comte de Blois, iv. Envoyé en Turquie, par le comte de Blois, pour conquérir, cxxvi. Ferme le château de Palorme, cxxx. Reçoit du comte de Blois l'ordre de revenir en Europe, cxxxvii. L'un de ceux qui recueillent à la Pamphilée les fuyards d'Andrenoble, cxlvi. Reçoit en don la ville de Nantyre, que prend et détruit Johannis, clix. Est de la troisième *bataille* dans la chevauchée d'Andrenoble. Va secourir Regnier de Trit, clxi. Envoyé à la défense de Lespigat, clxvii. Reste dans ces parages, clxix. Chargé de la garde de C. P. pendant le voyage de Salonique, cont. xiii.

Phelippe, roi d'Allemagne, mari de la sœur d'Alexis, reçoit ce dernier, xlii. Le reçoit une seconde fois avec les envoyés des croisés, xliii. Le renvoie à Jadres, lvii. Avoit accepté le traité fait à Jadres entre le valet et les croisés, lxxxvii.

Phelippes, chapelain; prêche les Latins avant la bataille de Finepople. Chargé de porter la croix, cont. vi, viii.

Phelippon ou Philippe-Auguste, i. Sa sœur, impératrice de C. P. cvii, clix.

Pierres d'Amiens (neveu ou cousin germain du comte de Saint-Pol); se croise, vii. Veut de Corfou retourner à Brandis, lviii. Est de la troisième *bataille*, lxix. Meurt au retour de Salonique. Son éloge. Regrets du comte de Saint-Pol, cxxii.

Pierres de Bracuel ou de Braiecuel; se croise avec le comte de Blois, iv. Rejoint l'armée après la prise de Jadres, l. Obtient le prix de la bravoure devant la porte Blaquerne, dont il avoit la garde, lxxvi.

Envoyé, par le comte de Blois, en Asie, pour conquérir, cxxvi. Ferme le château de Palorme, cxxx. Reçoit du comte de Blois l'ordre de revenir en Europe, cxxxvii. L'un de ceux qui recueillent à Pamphile les fuyards d'Andrenoble, cxlvi. Frappé d'une pierre, sous Andrenoble, cliii. Est de la troisième *bataille* dans la chevauchée d'Andrenoble. Va secourir Regnier de Trit, clxi. Envoyé pour garder Lespigat. Fortifie Esquise, clxvii. Reste dans ces parages, clxix. Défend la ville contre Esturmis, clxxii. Consent à remettre Esquise à Thodres li Ascres, clxxv. Commande l'avant-garde devant Finepople, cont. vi, vii, ix.

On prononçoit encore *Bracheus*. Du Cange place cette famille illustre dans le diocèse de Beauvais; je croirois plutôt que son principal fief étoit *Bracieux*, aujourd'hui chef-lieu de canton du departement de Loire-et-Cher; ancien *Blaisois*.

Pierres de Bromont; se croise en Provence, xxix. Ne rejoint pas les croisés à Venise, xxxi.

Pierres de Capes ou Pierre de Capoue, cardinal; croisé. Est chargé d'annoncer en France les indulgences accordées à ceux qui se croiseroient, i. Reçoit les premiers fuyards d'Andrenoble à C. P. cxlv. S'efforce inutilement d'empêcher une partie des croisés de retourner en France, cxlvii. Donne indulgence à tous ceux qui mourroient dans la guerre contre Johannis, clx.

Pierres de Douay; blâme l'empereur Henri. Va devant Finepople, cont. iv, v. Henri lui recommande de ne pas le perdre de vue durant le combat. Ses paroles à l'empereur, vii. L'un des trois messagers envoyés au comte de Blandras, xvi, xvii. Sa réplique à Aubretin, xviii. Conseille à l'empereur de profiter de ses avantages, en passant le pont de Larse, xxxi. Consulté sur les moyens de traiter avec Michalis, xxxvi. Envoyé vers Michalis. L'amène à la paix, xxxvii, xxxviii.

Pierres (et non *Paiens*) de Froiville, frère de Robert de Froiville et de Jean de Foreville; se croise avec le comte de Blois, iv. Passe avec son frère Jehan, Renaut de Montmirail et autres, en Syrie; y reste malgré son serment, liv. (Revient sans doute plus tard). De grand renom. S'esquive la nuit pour retourner en France. Le plus blâmé de tous, cxlviii.

Pierres de Nesle, frère de Gautiers de Nesle; se croise, vii.

Pierres de Radingehan; laissé entre les Grecs, avec dix chevaliers, à la garde d'Andrenoble, clxvi, clxix.

Pierres l'évesques de Belléem; perdu dans la déroute d'Andrenoble, cxliv.

Pierres Vens; l'un des conseillers du comte de Blandras, cont. xviii. L'un des trois traîtres qui prennent le parti du comte contre l'empereur, xx. Le comte offre, par son entremise, de faire rentrer dans la Serre l'impératrice, xxiii. Envoyé à Cristople pour brasser aux François une nouvelle trahison, xxiv. Joûte contre Baudouin de Soriel. Est vaincu et fait prisonnier, xxvi. Menaces que lui fait l'empereur, xxvii.

Pierses, chevalier de la suite de Guillaume de Biaumés; se trouve au passage du pont de Larse, cont. xxx.

Ponces ou Poins de Lyon; conduit à Salonique les secours que l'empereur attendoit de C. P. cont. xxxii. Chargé de rendre la liberté au comte de Blandras. Avertit l'empereur des mauvaises dispositions de ce dernier, xxxv.

Q.

Quesnes de Béthune ou Conon, frère de Guillaume, avoué de Béthune; se croise, vi. L'un des six messagers de Ve-

nise, ix. Sa réponse au discours de Nicole Rous, lxvii.
L'un des messagers envoyés au jeune Alexis, xciii. Son
discours aux deux empereurs, xciv. Reste au palais de
Bouche-de-Lion pendant l'expédition de Baudouin, cxiii.
L'un de ceux que le marquis prend pour arbitres de sa
querelle avec l'empereur, cxx. Reçoit les premiers fuyards
d'Andrenoble à C. P. dont il avoit la garde, cxlv. S'efforce inutilement d'arrêter le départ d'une partie des barons françois, cxlvii. Commande la deuxième *bataille*
dans l'expédition d'Andrenoble. Va secourir Renier de
Trit, clxi. Se trouve avec l'empereur quand on annonce le siège du Civetot, clxx. L'un de ceux qui vont
au secours d'Esquise, clxxiii. Chargé de la garde d'Andrenoble, clxxvii. Son éloge. Envoyé vers le comte de
Blandras, cont. xvi. Propositions qu'il exprime, xvii. Sa
réplique au comte de Blandras, xviii. De nouveau renvoyé au comte de Blandras, duquel il obtient un rapprochement avec l'empereur, xix. Envoyé à l'impératrice,
veuve de Boniface, pour la disposer en faveur de l'empereur, xxi. Réprimande le comte de Blandras, xxii. L'un
de ceux que l'on charge de surveiller le comte de Blandras, xxiii. Va avec le comte à la Serre ; puis à Dragmes,
où il apprend une nouvelle trahison des Lombards, xxiv.
Ramène à Salonique le comte de Blandras, qu'il livre à
l'empereur, xxv. Est du voyage du Cyntre. Sa mauvaise
humeur des difficultés de la route. Fait un voyage à Salonique avec l'empereur, xxviii. Passe le Pont de Larse,
xxxi. Essaie inutilement d'accommoder les Lombards avec
l'empereur, xxxii. Consulté par l'empereur sur les moyens
de traiter avec Michalis, xxxvi. Envoyé vers lui, l'amène
à la conclusion de la paix, xxxvii, xxxviii.

Quenes de Béthune fut l'un des poètes les plus distingués, des orateurs les plus diserts et des conseillers les plus judicieux de son temps. J'ai publié avec ses chansons, dans le *Romancero francois*, une notice sur sa vie. On l'a souvent, à tort, appelé *le comte de Béthune*. Quenes est certainement un nom propre, le même que Conon, Canut et Quenet.

QUENNES DOU MARCHAIS, chevalier de la maison du comte de Flandre; obtient le prix de la bravoure dans un combat contre les Grecs, LXXV.

R.

RABE, traître; l'un des trois que le comte de Blandras envoie secrètement à la Serre, CONT. XXII. Leur conduite, XXIII.

RAOUS, frère de Hues de Tabarie; revient de Syrie à C. P. Accueilli par Baudouin, CXXIX.

RAOUS, compains de Guillaume d'Arundel; l'un de ceux qui firent le mieux au passage du pont de Larse, CONT. XXX.

RAVOUL ou RAOUL, châtelain de Cristople; comment Mahius Bliaus le punit de sa trahison, XXVI. Menaces que lui fait l'empereur.

RAVANS, seigneur de Négrepont; garantit à l'empereur qu'il pourra visiter cette ville en toute sécurité, XXXV. Détourne le comte de Blandras de ses projets d'assassinat, XXXVI.

REGNIERS DE MARQUE; se croise, VI.

REGNIERS ou RENIERS DE MONS; se croise, VI. Laissé dans Salonique pour la défendre. Son éloge, CXXII. Meurt, CXXV.

RENAUS DE DAMPIERE; se croise avec les barons de Champagne, III. Se rend en Pouille au lieu de passer par Venise, XXXII. L'un de ceux qui veulent rejoindre Boemond. Fait prisonnier par les Turcs, C.

RENAUS DE MONMIRAIL; se croise, III. Sollicite la permission de se rendre en Syrie avec serment de revenir, LIV. Revient à C. P. Cousin du comte de Blois, CXXIX. Frère du comte de Nevers. Va *fourrer* vers Pentales avec le comte de Blois, CXLII. Perdu dans la déroute d'Andrenoble, CXLIV.

Renaus etoit fils d'Hervé, seigneur de Donzy, et de la fille du précedent seigneur de Montmirail. Du Cange a fait, pour cette ville, une erreur singulière en la plaçant *dans le diocèse de Chartres entre Château-Thierry et Sedanne*. Il y a bien dans le diocèse de Chartres une ville de Montmirail; mais le fief de Renaud était en Brie, dans le diocèse de Châlons-sur-Marne, *entre Château-Thierry et Sezanne*.

Reniers de Trit ; se croise, vi. Envoyé vers le marquis pour le *conduire* à C. P., cxxv. Reçoit en partage la duchée de Finepople, cxxvi. Part de C. P., passe à Andrenoble, et entre dans Finepople, cxxviii. Son fils l'abandonne. Les autres suivent son exemple. Reste peu accompagné dans la ville, cxxxix. Obligé de sortir de Finepople, brûle un des faubourgs et s'enferme dans l'Estameniac, cliv. Les gens de l'empereur viennent à son secours, clxi. Il a peine à les reconnoître, puis il leur apprend la mort de Baudouin, clxii. Revient avec les barons à C. P. clxiii. L'un de ceux qui retournent à Phinepople, iv.

Trit étoit autrefois un château; c'est aujourd'hui un village du département du Nord, à une lieue de Valenciennes.

Reniers de Trit, fils; se croise, vi. Abandonne son père. Surpris par Johannis. A la tête coupée, cxxxix.

Reniers; l'un des conseillers du comte de Blandras, cont. xviii.

Richars de Dampierre; se croise à Cîteaux, xxviii. Veut de Corfou retourner à Brandis, lviii. De la sixième *bataille* (celle des Bourguignons), lxix.

Richard, roi d'Angleterre, i.

Robers de Boves; se croise en France, v. Est envoyé vers les habitans de Jadres par le parti opposé aux Vénitiens, xlvii. Parvient à rompre les conférences, xlviii. Envoyé vers le pape pour excuser les croisés. Ne revient pas alors, malgré son serment, lv. (Revenu plus tard.) Se distingue beaucoup à la prise du pont de Larse, cont. xxx.

Robers de Froiville; se croise avec le comte de Blois, iv.

Robers de Joinville, frère de Joffrois de Joinville; se croise avec le comte de Champagne, III. Passe en Pouille avec Gautier de Brienne, XXI.

Robert étoit, comme Joffroy, oncle de l'historien Jean sire de Joinville. Dans la deuxième continuation de Guillaume de Tyr, on le nomme *Robert de Ville*.

Robiers de Mancicourt; chargé de proposer à l'empereur un accommodement de la part des Lombards. Refusé, CONT. XXVIII. Supplie l'empereur de laisser fuir les Lombards. Obtient ce qu'il demande. S'enfuit à Placemont. Sa trahison, XXXI.

Robers du Quartier; se croise avec le comte de Blois, IV.

Robers Malvoisins; se croise en France, V. Quitte les croisés à Jadres, avec Simon de Montfort, LVI.

Les *Mauvoisins* étoient du Vexin françois, et tenoient le premier rang parmi les barons de France. Les vieilles *chansons de geste* ont célébré un *Mauvoisin* parent de *Garin le Loherain*.

Robers de Rosoi; se croise en France, V. Est de la cinquième *bataille*, LXIX. L'un de ceux que Baudouin envoie en Asie vers Nicomie, CXXVIII. Rappelé en Europe, CXXXVII. L'un des premiers qui reviennent, CXL. Perdu dans la déroute d'Andrenoble, CXLIV.

Rosoi est aujourd'hui chef-lieu de canton dans le département de l'Aisne, arrondissement de Laon.

Rogiers de Saint-Cheron; se croise avec le comte de Champagne, III. Veut de Corfou retourner à Brandis, LVIII. L'un de ceux qui combattent le megheduc de l'empereur, LXIV. Est de la cinquième *bataille*, LXIX.

Rogiers de Suitres; l'un des Allemands qui joignent les croisés à Venise, XLIV.

Roimondis; l'un des trois hommes de Valenciennes qui firent le plus de beaux faits d'armes au siége du château de Thèbes, CONT. XXXIV.

Rollans, seigneur de Négrepont; proposé pour arbitre,

cont., xxi. Ecrit à l'empereur pour lui demander secours contre les Lombards. Essaie de trahir les François, xxvii. Tente de s'emparer d'une grande nef de l'empereur. Refuse tout accommodement, xxxii. Demande et obtient la paix, xxxv.

Rotrous de Monfort ; se croise, vii. Ne suit pas les croisés à Jadres, mais se rend en Pouille et de là en Syrie, xlvi.

S.

Simons de Geulaing, frère de Jehans de Geulaing, cont., xxvi.

Sohiers li Pannetiers ; l'un des trois hommes de Valenciennes qui firent les plus beaux faits d'armes au siége du château de Thèbes, cont., xxxiv.

Symons de Monfort ; se croise, iii. L'un des quatre barons qui vont offrir à Eudes, duc de Bourgogne, le commandement de l'armée croisée, xxiv. Conclut un arrangement avec le roi de Hongrie, et quitte les croisés, lvii.

Simon III, comte de Montfort, fils d'Amauri II. On voit, par les paroles de Villehardouin, que la bravoure de Simon etoit dejà celèbre avant la guerre des Albigeois, dans laquelle il joua un si grand rôle.

Symons de Neafle ; quitte l'armée croisée après le siége de Jadres, avec Simon de Montfort, lvii.

T.

Tancré ou Tancrede, roi de Pouille. Sa fille épouse Gautier de Brienne, xx.

Thiebaus Ier, comte de Bar-le-Duc, cousin du comte de Champagne, Thiebaut. Refuse de prendre le commandement de l'armée croisée, xxv.

Thiebaus, comte de Champagne et de Brie ; se croise à vingt-deux ans. Cousin germain et neveu des rois de France et d'Angleterre, ii. Frère de la comtesse de Flandre, Marie, vi. Choisit deux des messagers de Venise, ix.

Tombe malade. Sa joie en revoyant Joffroi de Villehardouin. Fait son testament. Fait jurer à tous ses héritiers de passer en Syrie par Venise, XXII. Sa mort. Deuil qu'elle cause. Son éloge. Enterré à Saint-Étienne de Troyes, XXIII.

On voyoit encore, avant la révolution, le tombeau de Thibaut III, dans l'église de Saint-Etienne de Troyes. Il y étoit représenté en habit de pélerin.

THODRES ou TODRES LI ASCRES (Théodore Lascaris); reconnu par les Grecs d'Asie. Mari de la fille d'Alexis. Fait la guerre aux Latins, CXXIX. En vient aux mains avec les Latins. Est défait, CXXXI. Charge son frère Constantin d'aller assiéger Landromite, CXXXII. Sa grande puissance en Asie, CL. Enfreint les trèves. L'empereur soutient la guerre contre lui. Vient souvent devant Esquise, CLXVII. Fait alliance avec Johannis contre l'empereur, CLXIX. Assiége Esquise par terre. Envoie de ses gens au Civetot, CLXX. Ils prennent la fuite, CLXIX. Continue le siége d'Esquise, CLXXII. S'enfuit, CLXXIII. Ravage le territoire de Nicomie. Met en fuite les Latins, CLXXIV. S'éloigne vers Nique. Demande trèves pour deux ans, à la condition d'abattre Esquise. L'obtient, CLXXV. Attaque Davit. Lève le siége de l'Areclée, et se félicite d'avoir échappé à l'empereur, CONT., XI.

TIERRIS DE FLANDRE, neveu de l'empereur Henri; l'un de ceux qui s'engagent dans les monts de Blaquie, CLXXVII.

TIERRIS, neveu de Baudouin, comte de Flandre; se croise; VI. Fils du comte Philippe d'Alsace. L'un des trois commandans de la flotte des Flamands. Avoit promis de se rendre à Venise, XXX. Tient mal sa promesse, XXXI. Se rend à Marseille, de là en Syrie, LIV.

TIERRIS DE LOS; prend Morchufles et le livre à Baudouin, CXXVII. Accompagne Henri d Anjo dans son expédition d'Asie, et à Landromite, cxxxii. Chargé de la garde de La Rouse. Sénéchal de l'empire, clv. Est à C. P. quand la garnison de La Rouse est défaite, clvi. Fait l'arrière-garde dans la chevauchée d'Andrenoble. Va secourir Regnier de Trit, clxi. Nicomie lui avoit été donnée en partage. Rebâtit le château, clxviii. L'un de ceux qui vont secourir Esquise, clxxiii. Envoie demander aide à l'empereur. Reste à Nicomie pour la défendre. Va pour fourrer. Est pris et gravement blessé, clxxiv. Effet de sa prise, clxxv. Délivré, clxxvi.

Tierris de Tenremonde ; revient de Syrie à C. P. Accueilli par Baudouin, cxxix. Accompagne Henri d'Anjo dans son expédition d'Asie, cxxxii. Chargé de la garde de la Rouse. Connétable de l'empire, clv. Fait une chevauchée sur les Blas. Son mauvais succès, clvi. Sa *bataille* est atteinte. Tué, clvii.

V.

Vilains de Los, frère de Tierris de Los ; conduit l'arrière-garde de la garnison de La Rouse dans leur chevauchée contre les Blas. Défait, clvi. Tué, clvii.

Vilains de Nulli ; se croise avec le comte de Champagne, iii. S'en va en Pouille au lieu d'aller à Venise, xxxii. L'un de ceux qui veulent rejoindre Boémont. Tué par les Turcs. Son éloge, c.

Viviens, châtelain de Salonique ; l'un des trois que le comte de Blandras envoie secrètement à la Serre, cont., xxii. Leur conduite, xxiii. Menacé par l'empereur, xxii.

Y.

Yves de la Jaille ; se croise, vii. Ne suit pas les croisés à Jadres, passe en Pouille et de là en Syrie, xlvi.

FIN DE LA TABLE RAISONNÉE DES NOMS PROPRES.

ERRATA.

Pages	Lignes	
3,	9,	Pierres, *lisez* : Païens.
4,	9;	*après* Pierres d'Amiens, *ajoutez* : ses niés
15,	24,	vint, *lisez* : mut.
19,	4,	si, *lisez* : sé
23,	25,	es chastiaus tout environ, *lisez* : et tout environ.
32,	19,	Michou, *lisez* : Michon.
35,	19,	voiast envessiax, *lisez* : envoiast vessiax
38,	3,	de la nef, *lisez* : en la nef.
50,	10,	li nef, *lisez* : li tref.
52,	15,	*lisez* : Li marchis de Monferrat garda l'ost par devers les chans, et la bataille des Bourguignons et des Champenois ; et Mahius, etc.
55,	26,	dis, *lisez* : sis.
57,	16,	assemblés, *lisez* : assemblé.
57,	17,	ils, *lisez* : il.
77,	9,	les menroit par force contreval, *lisez* : les enmenroit contreval.
77,	19,	dui a dui, *lisez* : dui et dui.
77,	21,	à une tor, si estoient, *lisez* : à une tor ; si estoient.
89,	25,	La, *lisez* : Là. — Lig. 26, aloient, *lisez* : estoient. — Lig. 27, *supprimez* : qui avoec lui estoient.
94,	11,	estoit dou marchis, bien l'occoisonna, *lisez* : estoit dou marchis bien, l'occoisonna.
94,	22,	assés, *lisez* : amés.
100,	10,	deus, *lisez* : douze.
104,	25,	messages, *lisez* : messages.
107,	dern.	Joffroi, *lisez* : Joffrois.
112,	13,	guespirent, *lisez* : guerpirent.
117,	7,	le Blas, *lisez* : li Blas
120,	14,	si, *lisez* : se.
143,	15,	que, *lisez* : qui.
151,	11,	et le retint, *lisez* : Et là retint.
153,	25,	en deca de la, *lisez* : en decà né delà
158,	12,	que gent, *lisez* : que la gent.
159,	9,	mais Thodres, *lisez* : mais il.
160,	14,	i alèrent, *supprimez* : i.
172,	19,	Lyenart, *lisez* : Lyenars.
181,	dern.	ordure, *lisez* : ordures.
185,	14,	fait à entendant, *lisez* : fait entendant.
188,	1,	Et si, *lisez* : Ensi.
190,	23,	s aoir, *lisez* : savoir.
193,	22,	fus trois, *lisez* : fust rois.
199,	12,	mie ne deussiez, *lisez* : mie deussiez.
206,	10,	ne promettre né, *lisez* : né promettre, ne
207,	17 *et* 19,	li empererès, *lisez* : l'empereris.
211,	2,	de pars es, *lisez* : de par ses.
219,	10,	dolour ; *lisez* : dolour, — Lig. 13, Ils, *lisez* : Il
225,	23,	car os primes, *lisez* : car or primes.
229,	25,	passières, *lisez* : pierres.
237,	10,	Vigenere, *lisez* : Lyon.
272,	6,	le *Bosphore*, *lisez* : les Dardanelles.
272,	18,	*Saint-Georges*, *lisez* : de Russie.
324,	11,	Villehardouin, *lisez* : Guillaume de Tyr

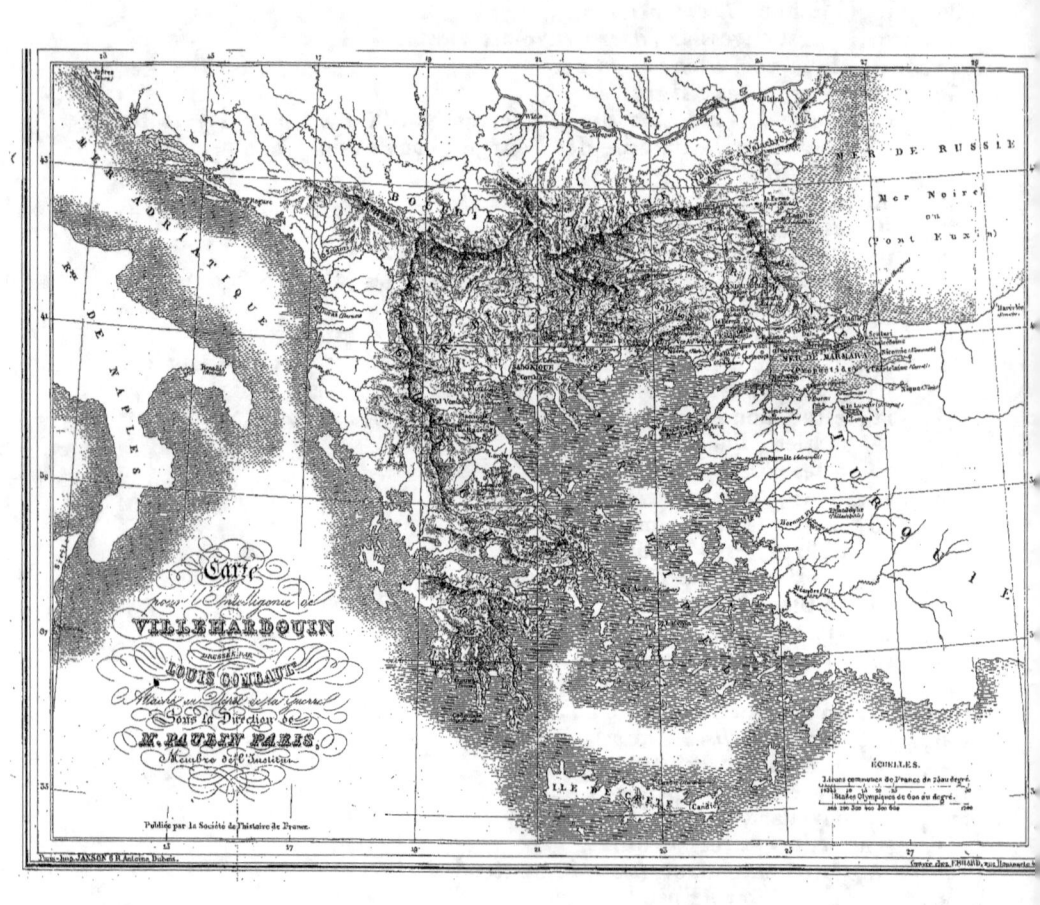

OUVRAGES PUBLIÉS PAR LA SOCIÉTÉ,

ET QUI SE TROUVENT A LA MÊME LIBRAIRIE.

L'Ystoire de li Normant, et la Chronique de Robert Viscart, par Aimé, moine du mont Cassin; publiées pour la première fois d'après un manuscrit françois inédit du XIIIe siècle, appartenant à la Bibliothèque royale, pour la Société de l'Histoire de France, par M. Champollion-Figeac. 1 vol. grand in-8.. 9 fr

Histoire ecclésiastique des Francs, par Grégoire de Tours, tomes I, II et III, texte latin et traduction françoise en regard, grand in-8.. 27 fr.

— Le même ouvrage, *texte latin seul*, premier tome, grand in-8... 5 fr.

— Le même ouvrage, *traduction françoise*, premier tome, grand in-8... 5 fr.

Lettres du cardinal Mazarin a la Reine, a la princesse Palatine, etc., écrites pendant sa retraite hors de France, en 1651 et 1652, publiées par M. J. Ravenel. 1 vol. grand in-8... 9 fr.

— Les Mêmes, sur papier colombier de Hollande, cartonnées... 45 fr.

Mémoires de Pierre de Fenin, comprenant le récit des événements qui se sont passés en France et en Bourgogne sous les règnes de Charles VI et de Charles VII (1407-1427), publiés par Mademoiselle Dupont......................... 9 fr.

Bulletin de la Société de l'Histoire de France; Revue de l'Histoire et des Antiquités nationales.
— Première année (1834), 6 forts cahiers grand in-8. 10 fr
— Seconde année (1835), 12 cahiers grand in-8...... 10 fr.

Annuaire de la Société de l'Histoire de France, pour 1837, 1 vol. in-18.. 2 fr.
— Le même, pour 1838, 1 vol. in-18.................. 2 ft.

SOUS PRESSE.

Le tome IV de l'Histoire des Francs, par Grégoire de Tours.

www.ingramcontent.com/pod-product-compliance
Lightning Source LLC
Chambersburg PA
CBHW051823230426
43671CB00008B/814